T0193732

FILHOS... DE QUEM?
QUAL FUTURO
NOS ESPERA

*A oração do Pai Nosso e as raízes cristãs
da vida, da família e da sociedade*

STEFANO TARDANI

WESTBOW
PRESS®
A DIVISION OF THOMAS NELSON
& ZONDERVAN

Título original:
Figli di chi?
Quale futuro ci aspetta

© Ancora, 2012

Tradução: António Ferreira
Adaptação do texto para o Brasil: Pe. Roni Benedito dos Reis, C.SS.R.

«A Bíblia da CNBB», Edições CNBB, Brasília-DF, 2011 (sic).

WestBow Press books may be ordered through booksellers or by contacting:

WestBow Press
A Division of Thomas Nelson & Zondervan
1663 Liberty Drive
Bloomington, IN 47403
www.westbowpress.com
1 (866) 928-1240

ISBN: 978-1-9736-3484-3 (sc)
ISBN: 978-1-9736-3486-7 (e)

Library of Congress Control Number: 2018908660

Print information available on the last page.

WestBow Press rev. date: 4/12/2019

"Se alguém é sábio, entenda essas coisas; se é inteligente, que as venha conhecer, pois os caminhos do SENHOR são retos, os justos neles caminham, os maus neles tropeçam."

(Oseias 14,10)

Índice

Prefácio ix

Introdução xiii

1. Pai 1
2. Pai nosso 10
3. Que estais nos céus 22
4. Santificado seja o vosso nome 38
5. Venha a nós o vosso reino (I) 52
6. Venha a nós o vosso reino (II) 70
7. Seja feita a vossa vontade 89
8. Assim na terra como no céu (I) 102
9. Assim na terra como no céu (II) 115
10. O pão nosso de cada dia nos dai hoje 129
11. Perdoai-nos as nossas ofensas 140
12. Assim como nós perdoamos a quem nos tem ofendido 152
13. E não nos deixeis cair em tentação (I) 163
14. E não nos deixeis cair em tentação (II) 172
15. Mas livrai-nos do mal (I) 184
16. Mas livrai-nos do mal (II) 204
17. A traição 221

Conclusão 235

Bibliografia 239

Prefácio

A crise econômica e financeira que se alastra por todo o mundo, nomeadamente nos países altamente desenvolvidos, obriga todos a se darem conta de que uma era está chegando ao fim: a era fácil da felicidade a preço reduzido, negociável e desvinculada de princípios, ideais e valores. A felicidade entendida como a satisfação de todo o desejo; um direito e um prazer que nunca deveriam ser mortificados. Com a busca frenética desta felicidade, muitas vezes ilusória, a cultura do consumismo desenfreado trouxe consigo um sentido sub-reptício de frustração que impeliu muitas pessoas – frequentemente jovens desvinculados de qualquer referimento a valores – a fugirem para paraísos artificiais, que se revelaram um verdadeiro inferno de tristeza e de morte. As drogas e a violência, para citar apenas algum exemplo, são sintomas e não causas do generalizado mal-estar juvenil. Se procuramos ir mais ao fundo, se nos introduzimos na análise desta sociedade pós-moderna farta e insatisfeita, nota-se que a inquietação e o vazio alastram no íntimo de muitos. Têm tudo, e todavia não basta! Sentem-se tristes! Mas por que? Que falta?

Se queremos ser ouvintes honestos e atentos do «grito de vida» que se levanta da geração atual, não devemos nos deter em análises superficiais da crise que marca hoje a família, já quase desmantelada, por um assédio concêntrico; não podemos nos limitar a denunciar o declínio das instituições que parecem ter perdido todo o referimento à riqueza do nosso patrimônio de valores; não podemos assistir, inertes, ao suicídio virtual das nossas tradições, que fizeram do Ocidente cristão, especialmente da Itália, um farol de civilização e de clarividente espiritualidade. É crise geral, crise da civilização ocidental.

Mas, está tudo mal? Encontramo-nos porventura à beira de uma catástrofe global que a vasta rede de computadores e de internet, envolvendo a terra inteira, torna mais perceptível? Interrogarmo-nos é justo, mas se deixar levar pelo pessimismo resignado e indeciso é tão perigoso como inútil. Ainda que tudo pareça estar desmoronando, não devemos capitular; antes, este é o tempo da provocação à esperança, esperança que se faz compromisso de dar novo ardor a quantos correm o risco de se afogar num mar tempestuoso. Mas, para esperar, é indispensável voltar à fonte, recomeçar das «certezas» da vida, redescobrir a novidade antiga e sempre atual que habita no coração do homem, de cada pessoa humana. Este é o tempo no qual se deve desafiar a esperança, se deve conscientemente ter a ousadia de quem está disposto a apostar tudo para não perder a si mesmo. E cabe, a toda e qualquer pessoa que sinta dentro de si este desejo, lutar para construir uma nova humanidade

«Antes que se rompa o cordão de prata e se despedace a taça de ouro, a jarra se quebre na fonte e a roldana se arrebente no poço» (Ecl 12, 6).

Quem pega neste livro de Stefano Tardani, com o título cativante *Filhos de quem? Qual futuro nos espera*, mergulha nas interrogações e nas dificuldades do nosso tempo, e deve se deixar interpelar sobre as razões mais profundas e radicais do revés humanitário que muitos se vêem, amargamente, constrangidos a constatar. A humanidade anda à deriva, lembrando uma nave arrastada pelas ondas no oceano da história, sem leme firme nem um timoneiro experiente. A nossa geração – mas também a que nos precedeu –, passo a passo, de forma consciente e frequentemente com inconsciência, foi recusando o abraço com Deus, com a pretensão de criar uma fraternidade humana sem Ele. Mas, a recusa de Deus, a crise da autoridade, a rejeição ideológica das regras em todas as suas formas produziram uma geração de filhos errantes, assustados e desorientados como «ovelhas sem pastor». No entanto, nem tudo está perdido; antes, a crise que estamos atravessando constitui uma oportunidade útil e providencial para recomeçar do princípio, para renascer e construir novas perspectivas de vida e de progresso. Sem Deus, o homem se perde; com Ele, nada é impossível. Justamente observa Stefano Tardani: «É precisamente na relação sincera com Deus que crescem o sentido do bem e o sentido verdadeiro da vida».

Nas páginas deste livro, que o leitor atento examinará com a paixão e a curiosidade de quem se deixa cativar pelo enredo de um romance, o autor traça um percurso humano e espiritual que entra no «eu» para ser capaz de se abrir a todo o «tu» com quem é chamado a se relacionar constantemente. À medida que for avançando no texto, o leitor sentirá um convite e um estímulo a assumir as próprias responsabilidades, juntamente com todas as pessoas de boa vontade, na construção de uma sociedade onde se tenha como horizonte de ação o bem comum e a felicidade de todos. Na verdade, a construção do «nós» da família e da sociedade pressupõe consciência e desejo de bem que possamos descobrir. Como? Qual é o segredo? Para viver plenamente a própria existência, não se pode excluir Deus; antes, é necessário manter um contato constante com Ele. Precisamos aprender a rezar. Como é atual a oração! «É precisamente na oração – observa Stefano Tardani – que cresce o nosso amor a Deus e à humanidade». Jesus ensinou os apóstolos a rezar; rezou com eles. Na oração por excelência – o Pai nosso –, ensinou-lhes a chamar Deus com o nome de Pai. Nesta oração, encontramos o resumo e o modelo de qualquer outro modo de rezar. É oração que abraça a vida e modela o coração segundo a ternura filial. Por isso, o Pai nosso se torna escola de vida para toda a comunidade cristã. Especialmente nestes tempos, é uma oração a redescobrir e traduzir na vida.

Recolhendo o fruto de catequeses e experiências pastorais com noivos e famílias, Stefano Tardani traça, neste livro, um itinerário de formação modelado precisamente sobre o Pai nosso. Parece-me uma opção singularmente eficaz. Repassando estas páginas, vemos entrelaçar-se doutrina e experiência, Palavra de Deus e pesquisa humana, doutrina perene da Igreja (nomeadamente o magistério dos últimos Papas depois do Concílio Vaticano II, e de forma muito especial João Paulo II e Bento XVI) e resultados da ciência que investiga os segredos do íntimo humano. Cada petição do Pai nosso constitui um maior aprofundamento da descoberta de si mesmo – o conhecimento do «eu» – à procura da verdade do bem. Aquilo que foi experimentado durante anos de sério trabalho pastoral no âmbito do Movimento do Amor Familiar, Stefano Tardani apresenta aqui de forma sistemática, colocando-o à disposição de todos.

Trata-se de um caminho útil para todos, mas especialmente recomendado às famílias, células vitais da sociedade e que formam o articulado corpo místico da Igreja. Um itinerário formativo, sim; mas também uma verdadeira proposta de santidade para todos. Aquele que porventura se declare não-crente ou se considere alheio à prática da fé, sentir-se-á contemplado também no projeto de vida que este livro apresenta. Na verdade, redescobrir as raízes cristãs da nossa sociedade é útil para quantos fazem parte de um mundo que foi moldado ao longo de dois milênios pelo rico patrimônio cultural e espiritual do Evangelho.

Nenhuma árvore pode sobreviver nem produzir frutos separada das suas raízes. Na ideia do autor, a oração do Pai nosso ajuda a voltar às nossas raízes e, por isso mesmo, torna-nos capazes de construir o futuro com esperança.

Por isso, sinceramente recomendo este livro aos sacerdotes e educadores, aos pais e professores, bem como aos jovens à procura de um sentido verdadeiro para a sua existência. Nos seus dezessete capítulos, aparece-nos a verdade do Evangelho, iluminada pelo magistério da Igreja e o testemunho dos Santos e proposta segundo um método de pesquisa antropológica que reúne o fruto de muito estudo e experiência. Pressente-se nestas páginas algo de muito interessante para a nova evangelização, à qual todos somos chamados. Temos aqui um contributo útil para aprofundar o plano de pastoral «Educar para a vida boa do Evangelho» que a Conferência Episcopal Italiana estabeleceu para esta década, tendo em vista a educação das novas gerações para a fé; e, uma vez traduzido nas diversas línguas, poderá ser útil para a nova evangelização também noutros países. Desde a introdução, Stefano Tardani deixa clara a perspectiva em que se move: «Quando cresce a confusão, é verdadeiramente necessário retomar a luz da sabedoria do Evangelho: a oração do Pai nosso, conhecida também como "a oração do Senhor", é de certo modo a sua síntese. Damo-nos conta então de que as suas palavras encerram, realmente, o programa da nossa existência e sobrevivência: a sabedoria e a beleza quer do ser humano, quer da família, quer do modo de viver na sociedade». Em suma, é preciso voltar a Deus e falar com Ele, e não como a um artesão distante e onipotente dos nossos destinos, mas como a um Pai carinhoso e cheio de amor. Deus é Pai, o Pai nosso.

D. GIOVANNI D'ERCOLE, Bispo da Diocese de Ascoli Piceno (Itália).

Introdução

«No princípio» de cada realidade, que se situa na história, está contido aquilo que a mesma é e que vai se revelando com clareza sempre maior ao longo da sua concretização e desenvolvimento. No «início», como por exemplo no caso da semente de uma planta ou mesmo no início da vida de um embrião humano, está inscrito o fato da sua existência, mas também o seu modo de existir e amadurecer.

Quando, na vida de hoje, surgem confusão e contradições que põem em crise o crescimento e o desenvolvimento humano, quando o homem, na sua responsabilidade, se vê ultrapassado e «rebaixado» pela existência do que ele produziu, então a decisão mais sábia é voltar ao «princípio». Realmente lá, como na própria «Fonte», permanece não apenas o início da vida, mas também o seu mistério e sentido: é lá que encontramos o fundamento e as raízes da vida humana, da família e da sociedade.

Isto mesmo ensinara João Paulo II em numerosas catequeses dedicadas especialmente ao amor humano, procurando assim dar resposta a tantas perguntas que coloca o mundo de hoje. «Formulam-nas as pessoas individualmente, casais, noivos, jovens e também escritores, jornalistas, políticos, economistas, demógrafos, enfim, a cultura e a civilização contemporânea. Penso que entre as respostas que Cristo daria aos homens do nosso tempo e às suas interrogações, muitas vezes tão impacientes, seria ainda fundamental a que deu aos fariseus. Respondendo àquelas interrogações, Cristo se referiria, antes de tudo, ao "princípio"»[1].

O problema da cultura e da vida atual parece situar-se sobretudo aqui: na temática das «raízes profundas». Nesta nossa época pós-moderna, apesar de assistirmos em todos campos a estrondosas iniciativas de progresso orientadas para novas e ulteriores fronteiras, resulta cada vez mais clara aos olhos de todos a «inconsistência» desta «torre», deste «poder» da cidade dos homens, uma espécie de gigante com pés de barro[2], de que fala a Bíblia. Na verdade, também os impérios econômicos se desmoronam, e as próprias crises financeiras são uma das manifestações dos desequilíbrios e injustiças presentes no «sistema», cuja gestão, cada vez mais global e complexa, se arrisca a «sucumbir» e voltar- se contra a vida humana.

---

[1] Magistério. Cf. JOÃO PAULO II, *Uomo e donna lo creò. Catechesi sull'amore umano*, Livraria Editora Vaticana – Edições Città Nuova, 2009, cap. XXIII, p. 105. Cf. *L'Osservatore Romano* (ed. portuguesa de 06/IV/1980), p. 176. Uma citação mais ampla encontra-se no n. 1 do Apêndice, disponível no site figlidichi.altervista.org

[2] Bíblia. Cf. Livro do *Profeta Daniel* 2, 27-45.

De fato, na maior parte da cultura e da visão atual da vida, parece faltar sobretudo o alicerce.

Vêm à mente as palavras do Evangelho, quando Jesus fala de uma casa firme sobre a rocha, isto é, fundada sobre a verdadeira segurança que é Deus, e de outra casa que, diversamente, estava edificada sobre a areia, ou seja, construída sobre o oportunismo, as falsas seguranças, as mentiras, a insensatez. Como diz Jesus no Evangelho, «Por outro lado, quem ouve estas minhas palavras e não as põe em prática é como um homem sem juízo, que construiu sua casa sobre a areia. Caiu a chuva, vieram as enchentes, os ventos sopraram e deram contra a casa, e ela desabou, e grande foi a sua ruína!»[3].

Atualmente assistimos à ruína interior das pessoas, das famílias e da sociedade. Com o passar do tempo, perderam-se ou estão se perdendo os valores maiores; pior ainda, vão-se adulterando. Recusam-se a ver as raízes da vida e da cultura cristã, acabando gradualmente por precipitar no caos cultural, na «subcultura» e na «ditadura cultural». Presenciamos hoje um processo de relativismo imperante, materialismo e grande confusão acerca dos valores, que se repercute na desordem da vida familiar e social. Por um lado, lamenta-se a falta de sentido da vida, mas, por outro, faz-se de tudo para ocultar os verdadeiros pontos de referência e as certezas seguras. No Evangelho, Jesus sublinha a grande tentação que deturpa a vida e a cultura do homem de sempre, também o atual: é «mamon», a riqueza, juntamente com o poder e os prazeres mundanos. Por isso, nos adverte Jesus: «Não podeis servir a Deus e ao 'Dinheiro' (literalmente: mămonă, mamon)»[4].

Devido ao crescente bem-estar cultural e econômico, à vastidão dos conhecimentos e das possibilidades humanas, o mundo, no seu progresso, está voltando ainda mais o olhar e o coração para o poder e o fascínio ilusórios de «mamon». A humanidade inteira, e nela cada consciência, vê-se continuamente obrigada a escolher entre Deus e «mamon», entre Deus Pai, por um lado, e a riqueza, poder e prazeres mundanos, por outro.

Perguntamo-nos: conseguirão os cristãos, juntamente com tantas pessoas de boa vontade, fazer voltar a vida pessoal e social aos caminhos de Deus Pai e do amor verdadeiro, dando de novo ao nosso mundo um rosto de humanidade e fraternidade? Na verdade, se aumentam cada vez mais o poder e a quantidade dos meios à disposição, por um lado, mas, por outro, diminuem os valores da consciência e do espírito, como ficará a nossa vida? E, se «o poder» de estar bem, de «mamon», se torna o ídolo, a regra e o objetivo da existência humana, substituindo-se à vontade de Deus Pai, como será a nossa realidade humana?

Em suma, num mundo que quer viver como se Deus não existisse, mais cedo ou mais tarde o homem, e consequentemente a família, perde o sentido da vida, a sua dignidade mais autêntica e os valores mais profundos. No seu íntimo, surge então um sentido de nostalgia, de suspeita e de frustração e,

---

[3] Bíblia. *Evangelho segundo S. Mateus* 7, 26-27.
[4] Bíblia. *Evangelho segundo S. Lucas* 16, 13. Aqui o dinheiro é apresentado como se fosse um ídolo: o deus *Mamon*. A propósito, veja-se a nota 22 do capítulo 2 e também o texto do Papa Bento XVI que se encontra no n. 50 do Apêndice, disponível no site figlidichi.altervista.org

posteriormente, de indiferença a respeito de tudo e de todos; mas surge também um sofrimento interior, como que um vazio, uma ausência de bem-estar, que as satisfações do corpo e as gratificações da vida não conseguem colmar. Por isso, Jesus Cristo, Filho de Deus e Filho do Homem, com a luz do Pai nosso acompanha-nos e introduz-nos no mistério de Deus e, ao mesmo tempo, no mistério da vida humana, nos seus alicerces e nas suas raízes.

Estas páginas sobre a oração do Pai nosso, que Jesus nos ensinou e entregou, são ocasião para uma grande descoberta do rosto misterioso de Deus e, simultaneamente, do rosto precioso do homem: trata-se de uma viagem através das palavras do Pai nosso, explicado frase por frase. Tais palavras nos dão de novo esperança e força, luz de sabedoria e verdade de vida e, em última análise, desvendam-nos o mistério de Deus, juntamente com os valores mais profundos da vida humana e as raízes cristãs do nosso viver e agir. Com a expressão «raízes cristãs», entendo as raízes profundas da vida humana; e defino-as «cristãs» por ter sido Cristo quem nos revelou a sua realidade mais autêntica e misteriosa e por continuar a ser Ele quem nos leva a elas para começar já na terra a plenitude da vida.

Neste sentido, perguntamo-nos: Qual «Eu» está na base das nossas relações? Por que motivo estas são cada vez mais complexas e tão pouco autênticas? E por que motivo surge confusão sobre a identidade de gênero? Qual é o fundamento da família? Que tipo de sociedade estamos construindo? Para estas e outras questões, abrirá horizontes e nos dará respostas verdadeiras extraordinárias a oração do Pai nosso. Então ficará claro por que razão as palavras do Pai nosso são como que «a bússola» nos passos da nossa existência.

Quando cresce a confusão, é verdadeiramente necessário retomar a luz da sabedoria do Evangelho: a oração do Pai nosso, conhecida também como «oração dominical (isto é, "oração do Senhor")»[5], é de certo modo «o resumo de todo o Evangelho»[6]. Damo-nos conta então de que as suas palavras encerram, realmente, o programa da nossa existência e sobrevivência: a sabedoria e a beleza quer do ser humano, quer da família, quer do modo de viver na sociedade. A oração do Pai nosso revela-nos aquela sabedoria profunda de que hoje temos tanta necessidade e que podemos pedir só a Deus.

Caso contrário, o homem, à procura de si mesmo, acaba muitas vezes por extraviar-se, enganando-se e enganando, confundido por causa das «novas luzes» que o podem deslumbrar e despistar. É isto mesmo o que está acontecendo! Tendo perdido de vista Deus e o mistério divino, o homem também perde a si mesmo e a sua identidade pessoal; perde a força de constituir na verdade uma família que se mantenha no tempo e no amor e, apesar de se valer de todos os seus recursos mesmo tecnológicos, perde a capacidade de construir uma sociedade onde haja o verdadeiro bem e o autêntico bem-estar para cada um.

Estas páginas são uma grande oportunidade para encontrar as respostas aos maiores problemas da vida pessoal, familiar e social. Assim, palavra após

---

[5] Magistério. *Catecismo da Igreja Católica*, n. 2765.
[6] Magistério. *Catecismo da Igreja Católica*, n. 2761.

palavra, a explicação profunda da oração maravilhosa que o Senhor nos ensinou, traça um grande percurso para nos renovarmos na mente e no coração e acharmos aquelas respostas que, de outro modo, não encontraríamos jamais: respostas que o próprio Jesus Cristo nos entregou e confiou no Pai nosso.

O cristianismo tem algo de grande e precioso para oferecer a todos, cristãos e não-cristãos. Devemos reencontrá-lo, redescobri-lo e difundi-lo com a nova evangelização: é o Evangelho de sempre, mas apresentado de modo novo com uma fé que não prescinde da realidade do mundo, antes a inclui. É o que estou para fazer com estas páginas, confiado na sabedoria de Deus.

Queria ainda dar algumas indicações úteis... O texto nasceu de uma série de catequeses, realizadas em Roma no ano de 2010, sobre a oração do Pai nosso: transcritas e ampliadas, são agora apresentadas ao leitor num estilo que mantém a força expressiva, comunicativa e imediata das meditações dialogadas.

Vale ressaltar que nas próximas paginas a *oração do Pai Nosso* será indicada de modo abreviado com a expressão em cursivo, *Pai nosso*. Se a mesma expressão, Pai nosso, aparecer em escrita sem o cursivo será uma referência a Deus Pai.

Por motivos de clareza e ajuda para alguém menos prático, repetem-se sempre por extenso as notas de rodapé.

Pareceu-me útil também reunir as citações sob três grandes categorias: Bíblia, Magistério e Tradição, pelo que, no início de cada nota, se remete para a respectiva categoria. Assim, depois do termo Bíblia, seguem-se os livros do Antigo e do Novo Testamento, que compõem a Sagrada Escritura; aparecem escritos por extenso para facilidade do leitor.

Sob a palavra Magistério, indicam-se documentos doutrinários do Papa, sucessor do apóstolo Pedro, e dos Bispos em comunhão com ele; para não complicar, evitaram-se outras distinções, como por exemplo de magistério ordinário e magistério extraordinário.

Com o termo Tradição – embora se deva distinguir a Tradição Apostólica propriamente dita das várias «tradições», através das quais a mesma se exprime –, pretendeu-se indicar algumas fontes particularmente significativas para o assunto tratado e que se inspiram na Tradição e no Magistério da Igreja. Dado que a referência está colocada no começo da nota, o termo aparece sempre com o «T» maiúsculo.

Na publicação brasileira do livro, as citações da Sagrada Escritura são tiradas da tradicional *Bíblia – Edição CNBB*, editada pela Conferencia Nacional dos Bispos do Brasil, enquanto o texto da oração do Pai nosso foi tomado da liturgia.

Na redação do livro, tive presente também muitos textos e referências de outras ciências, mas, dada a delicadeza e o cunho do tema, preferi não citá-los de forma específica limitando-me às fontes oficiais da fé cristã.

No Apêndice, o leitor encontrará uma interessante resenha de textos do Magistério, particularmente elucidativos e úteis para aprofundamento.

Com vivo e sincero agradecimento a todos quantos tornaram possível e curaram as várias traduções em francês, inglês, polaco, português, espanhol, bem como em árabe e chinês e que agora o leitor pode ter nas suas mãos este livro, cujas páginas almejo serem um dom para a sua vida, termino agradecendo aos meus pais pelo exemplo da fé e pelo «sim» generoso que disseram ao Senhor e ao amor da vida. Obrigado ainda aos restantes familiares, às inúmeras famílias do Movimento do Amor Familiar e a todos os amigos com quem pude aprender na vida a observar e a compreender. Desejo sinceramente aos leitores que estas páginas sejam um dom para suas vidas. Um sincero obrigado a todos vocês.

1

Pai

Se olharmos à nossa volta, vemos uma grande diversidade de ideias e opiniões, mas também muita confusão. Assistimos à sucessão de gerações que se ignoram, com os valores em contínua transição que acabam se anulando uns aos outros. Assistimos a grandes decepções, especialmente no contexto daquela realidade que deveria ser a mais estável: a família, lugar privilegiado dos afetos, do amor do homem e da mulher e do florescimento da vida humana, onde devem ter a primazia o calor e a certeza de sermos amados, ouvidos e apoiados. Mas sabemos que muitas vezes não é assim. Apesar do notável progresso humano da nossa civilização em muitos campos, frequentemente é difícil não só viver mas, às vezes, até mesmo sobreviver; e as conquistas alcançadas correm o risco de ser anuladas.

Nem sempre é fácil ouvir um diálogo construtivo entre marido e esposa, bem como um diálogo sério e construtivo dos pais com seus filhos. Enquanto são pequenos, é mais fácil o diálogo, mas a situação se altera quando crescem, especialmente com a ida para a escola, a descoberta das amizades, o uso da internet, das redes sociais e tudo o mais que se segue.

Mesmo os noivos começam com grandes sonhos, grandes planos, mas temem que algo possa aparecer de repente e minar a sua felicidade. Também os casais e as famílias, mesmo que sejam felizes e conseguem, de várias maneiras, superar as dificuldades da vida, experimentam uma certa insegurança. Os enamorados, apesar de seguros do seu amor, sentem «vazios» dentro de si mesmos e têm grandes dúvidas. São os pesadelos do mundo atual. Procurando fugir deles, alguns caem na indiferença. Antigamente não era assim. A vida era mais estável, e talvez mais simples também.

O que é que está acontecendo? Devemos nos perguntar, se queremos ser pessoas integradas na sociedade, capazes de levar a vida avante e transmiti-la às novas gerações. Que vida estamos, juntos, construindo? O que transmitimos às crianças e aos jovens? O que está acontecendo com a família? O que está mudando nas pessoas e ao nosso redor? Uma das realidades que faz pensar é, precisamente, a figura do pai.

Algo está mudando. A mudança é lenta mas constante, algumas vezes; outras, porém, rápida e inesperada.

Na oração do *Pai nosso*, Jesus nos confia segredos nunca antes revelados. A oração do *Pai nosso* é como um relâmpago, como uma luz que penetra na escuridão da noite. Habituados a rezar a oração do *Pai nosso,* talvez não nos demos conta disso. Mas, se nos debruçarmos sobre ela com atenção e a olharmos como se fosse em contra-luz, compreenderemos melhor a situação atual e começaremos a entender muitas coisas. Jesus a entregou a nós, deu-nos: nela está contido o mistério profundo da nossa vida e do nosso modo de viver, que devemos recuperar se não queremos perder-nos completamente.

A maioria das experiências e considerações que vou descrever, eu as transmito, cada ano, a inúmeros casais de noivos e recém-casados. Muitos me têm agradecido, mesmo passados diversos anos, pela válida ajuda e o bem que tais ensinamentos produziram em suas vidas e em seu amor. Muitos deles se reaproximaram da verdade, outros converteram-se profundamente ao cristianismo. Até mesmo agnósticos e ateus descobriram a sua relação com Deus. Estas mensagens fortes nascem da oração, do estudo, da experiência.

Começamos, assim, esta nova viagem sobre a oração e as palavras do *Pai nosso.*

Bem, o texto da oração do *Pai nosso* encontra-se em dois Evangelhos: no *Evangelho de S. Mateus* 6, 9-13 e no *Evangelho de S. Lucas* 11, 2-4. Aqui seguiremos a versão mais completa, mais detalhada, que aparece no Evangelho de Mateus. Eis o texto:

«Vós, portanto, orai assim:
Pai nosso que estás nos céus,
santificado seja o teu nome;
venha o teu Reino;
seja feita a tua vontade,
como no céu, assim também na terra.
O pão nosso de cada dia dá-nos hoje.
Perdoa as nossas dívidas,
assim como nós perdoamos aos que nos devem.
E não nos introduzas em tentação,
mas livra-nos do Maligno.»

Deus *Abba*

«Rezai, pois, assim: Pai nosso...». Bem, talvez não tenhamos notado, mas no texto original hebraico, aramaico e grego a primeira palavra que Jesus nos entrega é «Pai». Ao aplicar a Deus este título de «Pai», Jesus usa um termo comum, mas em um modo extraordinário e totalmente novo, que nunca ninguém teria usado nem sequer imaginado em relação a Deus.

Quando nos ensinou a falar com Deus, Jesus usa uma palavra que ninguém jamais havia usado para dirigir-se a Deus onipotente: «*Abba*». Esta palavra da língua aramaica traduz uma certa familiaridade com a qual um filho se dirige a seu pai, como quando dizemos hoje «papai», «pai», «paizinho». É o termo carinhoso que as crianças usam para o seu pai.

Por isso, os judeus usavam este termo, de modo muito confidencial, em família. Na Sagrada Escritura, o título de Deus como Pai é usado no Antigo

Testamento a propósito do povo de Israel[1], enquanto Deus é o pai da nação, o criador do seu povo através da Aliança. Mas o termo «Pai» não é entendido no nosso sentido pessoal. Nem as crianças e nem os adultos podiam chamar a Deus de uma maneira pessoal; e muito menos com uma palavra aramaica como «*Abba*», «papai», desprovida de qualquer solenidade. Por esta razão, chamar a Deus de «Pai» não pode ter sido uma invenção dos discípulos nem dos apóstolos de Jesus, que eram judeus: não foi uma invenção da Igreja.

Os apóstolos, por si mesmos, nunca poderiam ter tomado uma iniciativa do gênero. Na realidade, nenhum judeu temente a Deus o poderia ter feito. Ninguém seria capaz de se exprimir de tal maneira com Deus, se o próprio Deus não o tivesse revelado e concedido. Só Jesus, Filho de Deus, podia exprimir-se assim e revelar-nos Deus como Pai. Mais ainda: Ele toma a iniciativa inaudita de nos fazer entrar na sua confidência, exclusivamente d'Ele, com a pessoa de Deus, seu Pai. Este fato não existe em nenhuma outra religião. É um fato e um dom revelado por Jesus Cristo e comunicado ao mundo através da Igreja. O mundo pagão, com a sua visão politeísta, não tinha qualquer possibilidade de inventá-lo.

No islamismo, não existe esta palavra para se dirigir a Deus. Os muçulmanos chamam a Deus de Alá (Allâh). No Alcorão, temos nada mais nada menos que 99 maneiras de exprimir e nomear Alá, mas, entre elas, não há o termo «Pai». Entre elas, encontramos «o Criador», «o Eterno», etc... Termos belos e grandes, é verdade; mas não há o termo com que Jesus Cristo nos revelou e pôs ao nosso alcance a paternidade de Deus, até ao ponto de podermos invocá-lo como «Pai». Ninguém poderia ter feito algo assim. Sem Jesus, nunca teríamos sido capazes de conhecer realmente Deus, o «Pai». Só Jesus disse que Deus é substancialmente «Pai» em si mesmo, precisamente pela sua própria realidade trinitária, como Ele nos revelou. Em toda a sua vida, Jesus mostra continuamente a sua unidade íntima com o Pai[2]. Só Jesus de Nazaré, o Verbo encarnado, que se fez homem no seio da Virgem Maria por obra do Espírito Santo... só Jesus, «verdadeiro Deus e verdadeiro Homem», foi capaz de tornar realidade para nós esta novidade: revelar-nos o verdadeiro rosto de Deus e introduzir-nos de tal modo no coração de Deus Pai, que podemos invocá-lo como «Pai». Conhecer o Rosto de Deus é o dom mais belo e sublime que podíamos receber de Jesus, um dom tão grande que muda perspectivas e atitudes e nos leva até «às raízes da nossa vida».

A novidade que Jesus nos trouxe é extraordinária e fundamental para a humanidade. E se é assim tão importante, devemos começar a compreendê-la bem, porque aqui está o segredo, o segredo do próprio Jesus Cristo. Quando, depois do meu encontro profundo com Deus, me converti de um cristianismo superficial a um cristianismo vivo, um dos aspetos que, fundamentalmente, me impressionou foi precisamente esta revelação extraordinária que Jesus trouxe ao mundo. No *Pai nosso*, temos não só o segredo de Jesus Cristo, mas também o segredo da nossa vida. Como é possível sobreviver na Terra? O que

---

[1] *Bíblia*. Cf. Livro do Deuteronômio 32, 6; Livro do Profeta Malaquias 2, 10.
[2] *Magistério*. Cf. JOSEPH RATZINGER, *Il Dio di Gesù Cristo*, Queriniana, Brescia 2006, pp. 31-32. Traduzido por António Ferreira. O texto encontra-se no n. 2 do Apêndice, disponível no site figlidichi.altervista.org

somos nós? Como está a nossa vida, as nossas relações, as nossas famílias, a nossa sociedade? É preciso estar alerta! Alguém tentará roubar-nos o *Pai nosso*: primeiro escondendo e depois extirpando as raízes, lentamente, quase sem ninguém se dar conta.

A palavra «*Abba*», porém, é de uma novidade e de uma força tal que ninguém pode desembaraçar-se do *Pai nosso*, como muitos entretanto pretenderiam fazer, semeando indiferença ou ignorância. Estes se consideram mais sábios que todos, quando na realidade «tornaram-se tolos»[3] e – como diz o livro da Sabedoria – «eles não conhecem os segredos de Deus»[4]. Na verdade, só conhecendo os segredos de Deus é que podemos conhecer o nosso segredo. Somente se os filhos conhecerem o segredo dos pais é que podem compreender o seu segredo.

Haveremos rezado, tantas vezes, o *Pai nosso*, mas talvez não tenhamos compreendido profundamente qual é o seu significado e o seu alcance. Além disso, muitos possuem a própria ideia de Deus, que está longe da realidade com a qual Ele mesmo se revelou; uma ideia concebida ou ditada por condicionamentos mesmo negativos, uma ideia errada. Deus não é apenas o Criador, nem tampouco – como dizem certos filósofos – o «Motor Imóvel», ou então o Deus «Arquiteto», como o concebe a maçonaria, nem mesmo um «Divino», genérico e impessoal, presente em nós e no mundo, como está implícito na «*nova era*», que retoma a concepção do Budismo.

Quem deixou o cristianismo sem o conhecer profundamente sente, dentro de si mesmo, uma «nostalgia fundamental». Na verdade, dizer que Deus é Pai supera imensamente qualquer outra coisa. Não deixemos reduzir nem diminuir o dom de Deus Pai, porque Jesus decidiu nos revelar e dar. «Esta é a vontade do meu Pai: quem vê o Filho e nele crê tenha a vida eterna. E eu o ressuscitarei no último dia»[5]. «Esta é a vida eterna: que conheçam a ti, o Deus único e verdadeiro, e a Jesus Cristo, aquele que enviaste»[6].

Porque é tão importante?

Tudo isto nos faz compreender que Deus é Pai, é sobretudo Pai. Mas que significa tudo isto? Duas realidades fundamentais que mudam a nossa vida.

A primeira diz respeito a Deus. Deus é Uno e, sem dúvida, único; mas, em si mesmo, não é um solitário. Em que sentido se pode dizer que «Deus não é um solitário», apesar de ser subsistente e único? Para os judeus, Deus é Uno, de igual modo para nós, cristãos, Deus é Uno, e também para os muçulmanos, que o chamam Alá, Deus é Uno. Mas nós sabemos que «Deus não é um solitário». Em que sentido? Não é um solitário, porque Deus é Pai. E como pode alguém ser pai? Um homem é pai, tal como uma mulher é mãe, porque tem um filho.

Assim, o fato de Deus ser Pai significa que Deus é Pai do Filho, que é o Verbo, Eterno com Ele, «gerado» por Ele e igualmente Deus. Como diz

---

[3] *Bíblia*. Carta aos Romanos 1, 22.
[4] *Bíblia*. Livro da Sabedoria 2, 22.
[5] *Bíblia*. Evangelho segundo S. João 6, 40.
[6] *Bíblia*. Evangelho segundo S. João 17, 3.

o Credo: «Deus de Deus, Luz da Luz, Deus verdadeiro de Deus verdadeiro, gerado, não criado, consubstancial ao Pai»[7]. Jesus diz no Evangelho: «Eu e o Pai somos um»[8]. Isto é extraordinário: o Filho é Um com o Pai na Comunhão do Amor, no Espírito Santo, que é Espírito de Poder, de Verdade e de Amor. E é precisamente ao Espírito Santo, dom de Jesus Ressuscitado, que se dirigem os cristãos para receber a luz sobre o mistério de Deus[9], como quando o invocam com as palavras do hino *Veni Creator Spiritus* (Vinde, Espírito Criador): «Luz de eterna sabedoria, revelai-nos o grande mistério de Deus Pai e do Filho, unidos num só Amor». Deus revelou-nos que Ele é uma Comunhão de Amor. Deus não só ama, mas «é Amor»[10]: Comunidade de Amor. Um só Deus na Comunhão de Amor de três Pessoas[11]. Jesus revela ao homem o verdadeiro rosto de Deus e também o verdadeiro rosto do homem[12].

Descobrir as raízes da verdadeira fé leva-nos a descobrir também as raízes da nossa vida. Jesus, no mistério de Deus, traz-nos o mistério da vida[13] e o mistério da Comunhão[14]. Esta revelação possui uma força extraordinária, porque nos faz compreender que Deus tem em si o segredo que procuramos acerca da vida e do relacionamento. O casal procura este segredo: como é possível permanecer juntos, sem se separar, sendo diversos – homem e mulher e cada um com a sua própria maneira de ser?

Às vezes, procuram-se modelos alternativos de comportamento e outras maneiras de ser. Para muitos, parece que a solução seria uniformizar tudo, amortecendo e nivelando as diferenças e os contrastes, enquanto, para outros, parece melhor ter a liberdade de multiplicar o mais possível as variantes da própria natureza humana: assim acabam adulterados o sentido e o significado da vida humana. Com a criatividade do homem, que pretende aventurar-se (sem Deus) para além de qualquer limite, a própria natureza humana parece ter deixado de indicar qualquer regra biológica ou moral.

Esquece-se que Deus não é apenas Criador, mas também Pai, tendo confiado uma parte da criação à humanidade para que preserve o seu significado e desenvolvimento. Confiou-a especialmente ao homem e à mulher, nos quais reside, majoritariamente, a capacidade e a responsabilidade de uma colaboração livre, amorosa e consciente com Deus Pai. Ignorando de forma culpável Deus Pai, parece possível subverter e modificar, a nosso bel-prazer, toda a ordem natural. Porém, procedendo assim, a natureza chega ao caos e a vida, à loucura.

---

[7] *Magistério*. Símbolo Niceno-Constantinopolitano: DS 150.
[8] *Bíblia*. Evangelho segundo S. João 10, 30.
[9] *Bíblia*. Cf. Carta aos Efésios 1, 17-18.
[10] *Bíblia*. Primeira Carta de S. João 4, 8.
[11] *Bíblia*. Cf. Primeira Carta aos Coríntios 12, 4-6; Segunda Carta aos Coríntios 13, 13. *Magistério*. Cf. *Catecismo da Igreja Católica*, nn. 253-255. *Tradição*. Cf. SANTO ATANÁSIO (295-373), *Cartas a Serapião*, I, 28, Città Nuova, Roma 1986, p. 94. Cf. Liturgia das Horas, III, 592-593. O texto encontra-se no n. 3 do Apêndice, disponível no site figlidichi. altervista.org
[12] *Magistério*. Cf. CONCÍLIO VATICANO II, Constituição pastoral *Gaudium et spes*, n. 22.
[13] *Bíblia*. Cf. Evangelho segundo S. João 14, 6.
[14] *Bíblia*. Cf. Evangelho segundo S. João 14, 23.

E na sociedade? Afinal devemos nos interrogar: qual é o sentido da globalização? Ela traz consigo, simultaneamente, a dinâmica da uniformidade e a da pluralidade. Para evitar o caos e o câncer da loucura é preciso ir aos fundamentos, às raízes da vida e, de modo particular, às raízes da vida humana. Assim, em muitos aspectos, o tema dominante da cultura deslocou-se do âmbito social (que, entretanto, continua essencial) para o da vida e da vida privada, que é fundamental.

Jesus Cristo tem a solução daquilo que, para nós e para toda a humanidade, é um grande problema: o segredo de como fazer para permanecer juntos na diversidade, para fazer coexistir a multiplicidade dos direitos com a essência dos deveres. Como se faz para viver juntos, para harmonizar, com liberdade, em uma sociedade, as diversidades que parecem conflitantes? Como se consegue impedir que prevaleça a arrogância e a violência de alguns contra outros? Certamente não é fácil. Mas, se quisermos permanecer *humanos*, não basta sermos livres; e, para permanecer unidos também em família, não basta estarmos de acordo sobre aquilo que é «útil». Deus, precisamente porque é Uno mas não solitário, deve ter a chave-mestra, «o segredo para a co-presença da diversidade». Esta é também a fórmula que se busca, em certo sentido, em todos os campos. Por isso, a Bíblia nos adverte: «Se o Senhor não construir a casa, é inútil o cansaço dos pedreiros»[15].

Em nosso tempo, devemos nos habituar a ter uma capacidade de maior profundidade, para que nos seja desvendado «o mistério que une» e como podemos viver bem e viver juntos, sem ser prisioneiros do «útil», do «imediato» e do «efêmero». Olhando mais de perto e compreendendo o *Pai nosso*, daremos conta deste segredo e de como, lentamente, se tornará cada vez mais claro. Será mais claro para muitas pessoas: para os pais e para tantos jovens que não vêem a estrada que conduz a esta capacidade de comunhão, tanto nas relações sociais como nas relações familiares, entre o eposo e a esposa, entre os irmãos e as irmãs. Será mais claro para todos o que se deve fazer para que a humanidade não se desumanize. Neste sentido, o *Pai nosso* é uma estrada de libertação para a humanidade. Mas, para isso, devemos ir mais fundo, às «raízes da vida», onde a biologia e a sociologia «tocam» o mistério de Deus.

O que somos mais

Isto nos introduz na segunda realidade fundamental que nos mostra a Palavra extraordinária e maravilhosa: «Pai». Ela nos interessa, porque nos revela e recorda o nosso segredo.

Quando orardes – diz Jesus –, rezai assim: «Pai», «Pai nosso». Jesus Cristo estende a nós «por graça» o que é «por natureza» a sua relação com Deus, seu Pai. Ele é o Filho, em modo único, «por natureza» divina, sendo igual ao Pai. Nós somos filhos «por graça» de Deus, por participação na vida de Jesus: somos «filhos no Filho». Ora, se Jesus nos faz dirigirmos a Deus com o nome de «Pai», quer dizer que somos essencialmente «filhos», «seus filhos».

---

[15] *Bíblia*. Livro dos Salmos 127, 1.

Nós nos damos conta, verdadeiramente, do que isto significa? Procuremos entendê-lo um pouco melhor.

Existem muitas formas de ser: há quem seja solteiro, há quem seja marido e quem seja esposa, quem seja pai e quem seja mãe, quem seja avô, quem seja irmão ou irmã, quem seja sobrinho, primo, tio ou amigo, e muitas outras formas. Todas elas são formas diferentes de ser: cada pessoa tem a sua, aliás mais do que uma. Ora, qual é a forma de ser que é comum a todos nós, seres humanos? Há uma, uma só, que é igual para todos e todos a temos, radicalmente.

Pode-se observar que somos pessoas e todos temos a mesma dignidade humana. Este é o nosso valor. Mas sobre qual realidade está baseado o valor da dignidade humana, que é própria de cada homem e de cada mulher? Qual é a coisa real, não uma ideia? Não quero dizer uma superestrutura cultural que depois qualquer corrente ou escola de pensamento poderia fazer e desfazer. Qual é o fato pelo qual a nossa dignidade humana de pessoas é igual para todos e acerca do qual não podemos, de forma alguma, equivocar-nos?

É este: todos nós somos «*filhos*». Isto é comum a todos nós, seres humanos. Mesmo com tantas formas diferentes de ser, todos nós somos sempre «filhos». No sentido mais real do termo, os filhos são aqueles que receberam a vida e não a deram a si mesmos. Este fato é igual para todos: «filhos e filhas». Isto é o que nos identifica e é um fato igual para todos! O que nos torna iguais é «o ser filhos» e esta é a base da nossa dignidade humana. Tudo o mais é acréscimo, todos os outros atributos são acrescentados a isso: primos, parentes, amigos, cunhados, tios, colegas de trabalho, operários, empresários, e assim por diante.

No fato de sermos «filhos» sobressaem imediatamente duas verdades. A primeira: alguém nos deu a vida. Não se pode dar a vida a si mesmo. Um filho... quem é? Aquele que se depara com a vida em sua mão. Portanto, ser filho significa que recebemos a vida de alguém. Todos nós recebemos a vida. A nossa vida se assenta sobre este dom, que é a sua base. Depois, é preciso ver também o que fazemos da vida... Mas, esta é uma outra questão. E, para não se enganar nem errar tudo na vida, será preciso chegar até às suas raízes, às «raízes da vida».

A realidade extraordinária que Deus nos recorda na oração do *Pai nosso* é a de sermos seus filhos. Isto quer dizer que, essencialmente, somos seus filhos: não filhos da terra, dos astros, das provetas, das máquinas, mas de um Pai que é Deus! E, se somos seus filhos, isto significa que Deus Pai reflete e nele vemos refletida a nossa verdade. Isso quer dizer que a vida que temos É um dom em nossas mãos, ela nos é dada, que é uma nossa realidade preciosa que alguém quis que tivéssemos, que alguém pensou em nós, nos amou e desejou, que alguém espera algo da nossa vida, da vida de cada um. A nossa maior liberdade é a de sermos profundamente nós mesmos, isto é, sermos filhos de Deus Pai. Não há uma liberdade maior!

Mas o ser «filho» envolve ainda uma segunda verdade: não posso absolutamente inventar-me a mim mesmo, devo ter já uma matriz dentro de mim, no meu mecanismo biológico, mental, afetivo, sexual, psíquico e espiritual. Interiormente temos qualquer coisa, um «parecidos com»: somos feitos de uma certa maneira, porque, juntamente com o dom da vida que recebemos, foi-nos dado também o modo de viver. Este modo de viver o chamamos de «ser humano». O amor associado às palavras «papai», «pai», tal como «mamãe», «mãe», revela um grande fascínio, muitas vezes traído pelos erros dos pais ou pela grande superficialidade do nosso mundo. Portanto, vejamos bem, a primeira palavra do *Pai nosso*, «Pai», revela o nosso «ser filhos e filhas», a nossa raiz, o nosso segredo que é a nossa vida escondida que se deve manifestar.

Aqui surge-nos a pergunta: recebemos a vida humana juntamente com a revelação do seu significado e da sua raiz? O que é que os pais mostraram mais aos filhos: mostraram-se a eles mesmos ou essa realidade profunda da vida? Revelaram, verdadeiramente, aos filhos esta grande realidade, que é a raiz da vida, que existe «antes» dos próprios pais? Em que sentido existe «antes»? Existe antes porque não foram os pais que fizeram o modelo do menino ou da menina; não foram os pais que criaram a vida do ser humano: apenas a receberam! Porque também eles são filhos...

Certa vez uma mãe grávida respondeu-me assim, quando a saudei e cumprimentei: «Grande, eu? Deus é que é grande! Ele fez tudo!». Tinha razão. Sim, uma mãe encontra em si esta vida como um dom estupendo, inteiro e total, acolhe-o, porta-lo no ventre, alimenta-o com o amor e com as substâncias do seu sangue. A raiz do ser filhos, na realidade, existe *antes* dos pais. Por isso se chamam filhos. Todas as outras coisas que construímos ou fazemos se chamam «coisas» e não «filhos». Pelo contrário, o filho é alguém que os pais recebem como uma realidade já existente, porque já está tudo no dom: está tudo ali, no embrião humano, no sim de Deus Pai e no sim dos pais à vida.

O *Pai nosso* remete-nos para o mistério profundo da nossa vida, que passa pelos pais, mas existe antes dos pais. Na verdade, os pais não inventaram a vida, nem a deles nem a dos filhos: simplesmente a acolheram. Não deveriam ocultar a verdadeira raiz de cada vida: o Pai de todos, o Pai da vida, de cada vida. Com efeito, a raiz de cada vida não é o amor dos pais. O seu amor, na união sexual, é a condição; não é a vida do filho ou da filha.

Os verdadeiros pais, que não atraiçoam a Deus Pai e nem a sua missão, sabem revelar este «mistério» aos filhos. Os outros pais, que não conhecem este mistério ou o encobrem e escondem aos filhos, na realidade os atraiçoam. Quantas injustiças e violências sofridas pelos filhos! Quanta falta de «humanidade» tiveram de sofrer tantos filhos! Mas há também muitos atos generosos e heróicos de tantos pais e de tantas mães. Grandeza e pobreza dos pais de hoje e de sempre entrelaçam-se na história de cada um.

A vida passa pela vida dos pais, bons ou maus que sejam; mas não se pode parar neles, deve-se ir mais além... «às raízes da vida». Ao invés, fugindo do nosso passado e correndo avante, pioraremos cada vez mais a nossa vida já ferida, com a ilusão de poder ser melhores pais ou mães sem realmente ser «filhos». É preciso coragem para ser mulheres e homens verdadeiros, autênticos. Eu diria que é preciso coragem para ser filhos, para redescobrir a beleza e a grandeza do nosso *mistério*, frequentemente escondido ou desfigurado pelos sofrimentos e mentiras que a vida nos reserva e se prendem à nossa memória.

Foi intencionalmente que usei aqui a palavra «*mistério*». Naturalmente, não como sinônimo de tabu nem espaço da ignorância; o mistério é o espaço da Verdade. O mistério é o que melhor nos representa, mais do que a ciência e a técnica. Estas podem ser uma ajuda para o homem, mas não podem ser consideradas um absoluto. Pelo contrário, o mistério é algo que nos pertence e representa; não é aquilo que não conhecemos, não é ignorância. Antes, é aquilo que conhecemos sobre nós mesmos e donde viemos, uma vez que é maior do que nós mesmos. Deste modo, nós o conhecemos, porque nos pertence e nos foi revelado; conhecemo-lo como algo que nos fundamenta, como «raiz» e, ao mesmo tempo, nos atrai como «significado e fim» da existência. O mistério não è, para nós, a ignorância de quem não sabe e por isso se deixa levar, mas a certeza de quem sabe e por isso confia.

Chamar «Pai» a Deus remete-nos precisamente para aquele mistério extraordinário da paz e da comunhão que Deus vive e, ao mesmo tempo, remete-nos também para aquele mistério da beleza e grandeza de cada um de nós, tal como Deus Pai quer e quis que fosse, a vida de cada um. Com Deus, a vida assume outra luz e outra cor. Sem Ele, tudo se torna escuro e absurdo.

O segredo humano da raiz está em Deus Pai. Certamente há muita paternidade humana que traiu o mandato divino de «ser imagem e transparência» de Deus Pai. Mas negar Deus Pai e afastá-lo do coração e da vida das pessoas é o erro mais grave e insano que a sociedade de consumo ou qualquer ideologia possa cometer.

Não podemos ser pessoas grandes, expressivas e ativas no bem, se não formos o que somos na raiz! A maior coisa que podemos fazer para «ser» é descobrir a beleza e a preciosidade deste grande mistério de ser filhos.

Se nós, adultos, encontrarmos o que somos em profundidade, então tudo o mais surgirá espontaneamente, inclusive para as novas gerações. Mas, se não o soubermos cabalmente, toda a vida será uma corrida atrás do vento e também, infelizmente, um contínuo tropeçar numa enxurrada de erros e concessões decepcionantes.

No próximo capítulo, veremos aquilo que verdadeiramente é «nosso», aquilo de que não podemos prescindir e, inversamente, veremos também quais são os substitutos, que se fazem passar por «nosso» mas, na realidade, não nos pertencem e nos enganam, fazendo descarrilar e desmoronar a nossa vida.

2

Pai nosso

Passemos agora à segunda palavra, que é verdadeiramente admirável: o termo «nosso» referido a Deus Pai. Jesus podia ter-nos ensinado a dizer: «Pai, que estais nos céus», ou então «Pai Onipotente», «Deus Criador do universo», ou ainda de outros modos. Em vez disso, insere a segunda palavra, que nos revela o mistério do Pai nosso!

«Nosso» é uma palavra particular, de grande significado para nós. Chamamos «nosso» àquilo que nos pertence: a nossa vida, o nosso corpo; são nossos os sentimentos, os pensamentos. O termo «nosso» sugere algo de íntimo, que nos pertence e constitui. A um nível mais profundo, «nosso» supõe também uma relação que exprime uma reciprocidade de pertença, fazendo-nos compreender que «Deus Pai é mesmo nosso». Usa-se a palavra «nosso», por exemplo, entre pessoas que se amam, como os casais que dizem: «o nosso amor», «a nossa casa», «os nossos filhos».

«Nosso» revela algo de profundo: é uma realidade que nos toca interiormente. Dizer «Pai nosso», como Jesus nos ensinou, mostra que deve haver algo que é d'Ele mas pertence também a nós, algo que é nosso mas pertence a Ele. Esta é uma realidade sobre a qual não refletimos suficientemente. Que houvesse Deus, que estivesse longe e que existisse como Criador, isto pode-se compreender. Mas que fosse «nosso» e nós fôssemos «seus» e que reciprocamente nos pertencêssemos, este é o dom admirável que Jesus nos trouxe. Uma revelação profunda e nova, como veremos em breve.

A nossa realidade humana consiste em «sermos filhos de Deus Pai». «Vede que grande presente de amor o Pai nos deu: sermos chamados filhos de Deus! E nós o somos»[1], diz-nos a Escritura.

O Papa Bento XVI, ao comentar a oração do *Pai nosso* no seu livro *Jesus de Nazaré*, escreve a respeito da dimensão da paternidade de Deus: «Cada homem, individualmente e como tal, é querido por Deus. Ele conhece-nos um a um. Neste sentido, em virtude da criação, o ser humano já é de modo especial "filho" de Deus, Deus é o seu verdadeiro Pai. Dizer que o homem é imagem de Deus constitui outro modo de exprimir este pensamento. (...) Jesus é "o Filho" em sentido próprio: é da mesma substância do Pai. Ele quer acolher-nos a todos no seu ser homem e, deste modo, também no seu ser Filho, na

---

[1] *Bíblia*. Primeira Carta de S. João 3, 1.

plena pertença a Deus. (...) Ainda não somos perfeitamente filhos de Deus, mas devemos nos tornar e sê-lo cada vez mais, através de uma comunhão sempre mais profunda com Jesus. Ser filhos torna-se o equivalente de seguir Cristo. (...) É claro que "ser filho" não significa dependência, mas permanência na relação de amor que suporta a existência humana, que lhe dá sentido e grandeza. (...) Apenas Jesus podia dizer, de pleno direito, "meu Pai", porque só Ele é verdadeiramente o Filho unigênito de Deus, da mesma substância do Pai. Diversamente, todos nós devemos dizer: "Pai nosso". Somente no "nós" dos discípulos podemos chamar "Pai" a Deus, porque só através da comunhão com Jesus Cristo nos tornamos verdadeiramente "filhos de Deus"»[2].

Este é o nosso mistério mais grandioso: sermos filhos, por graça, em Cristo Jesus, o Filho de Deus. Para isso Deus se fez homem em Jesus de Nazaré. Assim, Santo Ireneu pode escrever: «O Verbo de Deus se fez homem, o Filho de Deus se tornou Filho do Homem, para que o homem, unido ao Verbo de Deus e recebendo a adoção, se tornasse filho de Deus»[3]. Deste modo, «o Verbo de Deus habitou entre os homens e se fez Filho do Homem para acostumar o homem a compreender a Deus e Deus a habitar no homem, de acordo com a vontade do Pai»[4]. Tornando-se homem, o Filho de Deus faz com que possamos nos tornar «filhos de Deus», «participantes da natureza divina». Com isto, «Por elas foram-nos concedidos os bens prometidos, os maiores e mais valiosos, a fim de que vos tornásseis participantes da natureza divina, fugindo da corrupção que a concupiscência espalha no mundo»[5].

Encontramo-nos aqui muito longe de certas formas distorcidas e alienantes de entender o homem, como, às vezes, se ouviu dizer: filhos das flores, filhos dos juncos, filhos das estrelas, filhos do egoísmo e do interesse, filhos do erro, filhos da ciência e da técnica, filhos digitais, filhos do bem-estar... Em suma, filhos de si mesmos, filhos de ninguém! O homem moderno não quer depender de ninguém. O homem e a mulher de hoje querem ser livres e independentes. Deus Pai quer, certamente, a nossa emancipação e a nossa liberdade; caso contrário, não poderíamos amar de forma madura. Ele não quer, porém, que sejamos enganados acerca da liberdade e da independência.

Afinal, o que aconteceu? Que distorção penetrou na sociedade e no cérebro das pessoas? Alguém quis, de certo modo, tirar-nos a raiz, que é o Pai nosso, fazendo-nos assim ficar órfãos: órfãos de Deus Pai. Sem sentido, sem história, sem passado, nem futuro. Por quê? Para tornar as pessoas mais fracas, cedendo o lugar a qualquer outro. Ocultar ou remover as raízes é eliminar o futuro, significa tornar-nos fracos e confusos. Pensando bem, não seria este o motivo de tantas carências e de tanta debilidade nas pessoas de hoje? De tanto tédio? Não vemos, porventura, tantos jovens correndo atrás de sons, barulhos, emoções, sensações e experiências que, embora fascinantes,

---

[2] *Magistério*. BENTO XVI, *Jesus de Nazaré* (1ª parte), cap. 5, A Esfera dos Livros, Lisboa 2007, pp.184-188.

[3] *Tradição*. SANTO IRENEU DE LIÃO (130-202), *Contra as heresias*, Livro III, 19,1: SC 34, 332. C f. *Liturgia das Horas*, III, 218.

[4] *Tradição*. SANTO IRENEU DE LIÃO (130-202), *Contra as heresias*, Livro III, 20,2: SC 34, 343. C f. *Liturgia das Horas*, IV, 299.

[5] *Bíblia*. Segunda Carta de S. Pedro 1, 4.

se consumam num instante? Por isso, presenciamos tanto desequilíbrio: as pessoas sentem-se vazias ou transtornadas; então afundam-se no mundo virtual e alienante, na droga e no consumo do sexo sem rosto, sem futuro, sem verdadeiro amor. Há tanta coisa boa na potencialidade extraordinária dos jovens, contanto que não os enganem ocultando as raízes da sua vida, porque, sem elas, mais cedo ou mais tarde, tristemente, definham.

Em suma, temos algo de nosso, que nos pertence; mas que, se for ocultado à consciência ou negado e desprezado, leva a sentir um grande vazio que faz sofrer e desequilibrar as pessoas. Não percamos o Pai nosso, a raiz mais profunda, o mistério da nossa vida! Muitos, absorvidos pelo bem-estar material, ou pela sua vanglória, ou então escandalizados com os males presentes no mundo, cessaram de escutar e reconhecer o Deus vivo.

O que aconteceu para perdermos o nosso «Pai», segredo da nossa vida, do nosso desenvolvimento e da nossa origem? Muitos são os ataques sofridos nesta frente. Cada país poderá verificá-los em sua própria história. Procuraremos em nosso passado apenas dois exemplos: o caso de *Freud* e aquele da *Revolução Francesa*.

O caso de Freud

Se desejamos procurar qualquer sinal na cultura e na história apenas da Europa, poderemos citar, por exemplo, *o caso de Freud*, o pai da psicanálise e grande descobridor do inconsciente. Médico, nascido em 1856 e morto em 1939. Ele descreve um mecanismo particular pelo qual o filho, desde pequeno, ligando-se à mãe, quer excluir o pai: é o famoso complexo de Édipo. Esta exclusão é conhecida por «assassinato do pai», como se fosse indispensável, para o crescimento dos seres humanos e sua emancipação, separar-se e «matar o pai». Esse «assassinato», certamente não físico mas no coração e na mente, seria não apenas útil mas necessário para se adquirir a própria independência. Trata-se de uma metáfora, mas a teoria freudiana do «parricídio» deixou marcas na cultura. Para Freud, Deus «pai» é a imagem do pai-patrão temido, odiado e depois morto.

Vários manuais afirmam que esta «morte» é, de alguma forma, necessária para a separação, mais ou menos traumática, não só do corpo da mãe, mas também do pai e da sua «opressão». Não nos esqueçamos de que Freud sempre teve a ver com a realidade doente dos seus pacientes: o seu ponto de partida não foi o ser humano integrado e saudável, mas o ser dividido, desordenado, atribulado, doente. Devemos acrescentar que Freud não conseguiu rastrear as energias do espírito humano, enquanto o seu discípulo Jung o fez, interpretando-as essencialmente como «expressões psíquicas».

A ideia fundamental de «sobreviver», «atropelando necessariamente», está muito presente em nossa vida, em nossa sociedade, no conflito entre gerações, por um lado, e no vazio de valores por outro. E tudo isto camuflado e acobertado pela palavra «liberdade», que muitas vezes encobre ignorância e presunção ou talvez o anseio do homem que se sente prisioneiro e gostaria de «salvar-se», mas não sabe de quem. A propósito dos jovens e suas contradições, da sua rebeldia exigindo uma vida livre, dizia-se: «É a idade, é a idade... depois passa e voltam». Não era verdade; com efeito, não voltaram! Realmente não é fácil para eles retornarem aos valores abandonados e à fé. Percebemos uma espécie de armadilha ou de labirinto psicoafetivo, nos quais, muitas vezes, as pessoas se sentem como que prisioneiras em si mesmas e em seus pensamentos, bloqueadas até ao ponto de não conseguirem sair de si, procurar e conhecer qualquer verdade; parece que desceu um véu sobre elas, em seus corações, desconfiando de tudo e de todos. Na verdade, é a vida que está doente. E para voltar aos valores e à fé é preciso um percurso de cura da própria vida.

O que é nosso?

Tanto a prepotência dos pais sobre os filhos ou a sua negligência, como a acomodação dos filhos ou o seu abandono dos pais, provocam graves feridas em ambos. Com a decepção, crescem o egoísmo e a apatia; seguem-se a independência e a fuga. É aqui que se manifesta «a morte do pai», primeiro da paternidade e, depois, da maternidade; enfim de algo precioso, mas que foi ofuscado e negligenciado. Assim, foram abandonados os valores e as nossas raízes; e com as raízes, o nosso segredo, ou seja, o de Deus Pai nosso.

É preciso perguntar-se: os pais têm, realmente, revelado aos filhos, que colocam no mundo, o mistério da própria vida, transpondo o nível biológico? Geraram corpos ou o mistério da vida? Creio que este seja o ponto fundamental: esquecemos o Pai nosso, sobretudo aquele «nosso». O que sucede é que os pais consideram os filhos como «sua propriedade», despejando sobre eles os seus sonhos e impondo-lhes o seu modelo de vida. Ou inversamente, não podendo considerá-los como «sua propriedade» e sentindo-se, talvez, mais «amigos» do que pais, os abandonaram ao seu destino sem lhes mostrar o bem, as normas, uma liberdade inteligente, que tenha um sentido, uma finalidade e uma raiz.

Estes pais esqueceram o «nosso» com que nos dirigimos a Deus, como nos ensinou Jesus no *Pai nosso*. Na verdade, só Deus Pai é «verdadeiramente nosso»: eles, os pais, os filhos, todos nós pertencemos a esta realidade, a este mistério de Deus Pai. E quando se ignora Deus, a Fonte da vida, o que é «verdadeiramente nosso», então a existência se fragmenta em mil «propriedades», que acabam utilizadas de modo egoísta ou abandonadas à própria sorte, inconscientemente. Em qualquer um dos casos, sempre vivendo de modo desumano e falacioso.

Por isso, Jesus nos diz no Evangelho: «Não chameis a ninguém na terra de 'pai', pois um só é vosso Pai, aquele que está nos céus»[6]. Isto quer dizer que Pai há um só: Deus. E todos os pais humanos podem e devem sê-lo mostrando, e não encobrindo, que Deus é Pai. Nenhum pai pode ocupar o seu lugar... Mas nós nos esquecemos disso. E se os pais humanos se fazem chamar como tais pelos seus filhos, devem estar cientes de que há um Pai comum, de quem provém toda a paternidade, tanto natural como espiritual.

---

[6] *Bíblia*. Evangelho segundo S. Mateus 23, 9.

O maior exemplo que temos é o de São José, Esposo[7] da Bem-aventurada Virgem Maria e pai putativo[8] de Jesus, que cumpriu isto durante toda a sua vida, reconhecendo o mistério de Deus que o envolvia. Por esta sua fidelidade «foi constituído por Deus chefe da sua Família»[9], como «guardião do Redentor»[10] e como «Patrono da Igreja universal»[11].

O silêncio – palavra de São José

Talvez algum dos nossos leitores já tenha se perguntado por que motivo não aparece, no Evangelho, nenhuma palavra de São José, pai putativo de Jesus, enquanto a Virgem Maria, sua esposa, nos deixou três intervenções: o *Magnificat*[12], a sua fala apreensiva ao Filho que encontram no Templo[13] e a sua solicitação nas Bodas de Caná[14], que dará início aos milagres e à manifestação de Cristo.

Cada ponto do Evangelho está cheio de profundo significado. A Virgem Maria, que recebe Cristo Salvador, é imagem da Igreja, da humanidade que o acolhe com fé e amor e o recebe na realidade concreta da vida. As suas três intervenções relatadas nos Evangelhos são uma expressão da nossa humanidade e da Igreja quando recebe Jesus, o dom do Pai.

O *Magnificat* representa o anúncio da *fé*, o cumprimento das promessas de Deus e a alegria da esperança segura. A segunda intervenção de Maria, quando se dirige apreensiva ao Filho no Templo, exprime a necessidade que a humanidade tem de compreender Deus e adequar-se a ele para que a *esperança* da sua presença e, consequentemente, a religião, não seja uma fuga da realidade, mas uma escolha responsável. A terceira intervenção de Maria, feita nas Bodas de Caná, mostra a capacidade que a Igreja e cada cristão têm de colaborar na obra de *amor* de Deus em comunhão com Ele.

São três momentos que marcam o crescimento, tanto de cada alma fiel como da Igreja inteira, de quem Maria é modelo e imagem. Isto implica, progressivamente, a experiência que o próprio Deus nos leva a fazer, se quisermos, das três virtudes teologais: fé, esperança e caridade. Maria Santíssima nos lembra o que somos e aquilo em que nos podemos tornar. São José, no entanto, representando todos os esposos e os pais naturais ou adotivos, que nele têm o modelo e a imagem, é transparência do mistério de Deus Pai e vive perfeitamente o seu papel. A sua palavra, simbolicamente, não é a de um homem que fala de si mesmo, nem pode ser «uma palavra qualquer», mas a Palavra de Deus e do seu projeto.

Assim, não temos, nos Evangelhos, qualquer palavra de São José, não por ser ele taciturno ou mudo, mas porque a sua palavra humana é toda a Bíblia

---

[7] *Magistério*. Cf. JOÃO PAULO II, Exortação apostólica *Redemptoris custos* (1989) n. 18.
[8] *Magistério*. Cf. JOÃO PAULO II, Exortação apostólica *Redemptoris custos* (1989) n. 27.
[9] *Magistério*. JOÃO PAULO II, Exortação apostólica *Redemptoris custos* (1989) n. 8.
[10] *Magistério*. JOÃO PAULO II, Exortação apostólica *Redemptoris custos* (1989) n. 1.
[11] *Magistério*. JOÃO PAULO II, Exortação apostólica *Redemptoris custos* (1989) n. 1.
[12] *Bíblia*. Cf. Evangelho segundo S. Lucas 1, 46-55.
[13] *Bíblia*. Cf. Evangelho segundo S. Lucas 2, 41-52.
[14] *Bíblia*. Cf. Evangelho segundo S. João 2, 1-12.

enquanto Palavra de Deus. A mensagem que São José nos revela é a de todo o «pai» fiel: ser, nos gestos e nas palavras, «*transparência*» de cada Palavra de Deus, pastor e guia da família. Uma palavra dele referida no Evangelho, mais do que revelar, teria ofuscado esta mensagem tão importante e válida para todos.

A «*primeira*» paternidade

O aprofundamento que estamos fazendo leva-nos agora a considerar um aspecto primário e fundamental.

O apóstolo Paulo escreve: «Por essa razão, dobro os joelhos diante do Pai, de quem recebe o nome toda paternidade no céu e na terra»[15]. Se alguém é pai ou mãe, se há uma paternidade ou um maternidade, tal é possível porque existe Deus Pai. Na verdade, nenhum de nós inventou a vida; a vida não é uma descoberta ou uma conquista científica: é um dom, o dom de sermos pessoas humanas, que vem do Alto. Portanto, não é a medicina, como não é a biologia, a técnica nem a ciência que nos fazem ser pessoas humanas: é um dom de Deus Pai nosso. Os grandes recursos humanos da ciência e da técnica nos podem apenas tornar a vida mais humana, contanto que não neguem nem escondam a raiz da nossa vida, que é Deus Pai nosso.

É por isso que Deus reivindica a verdade. Sim, reivindica! Deus tem os seus direitos. Também disto nos esquecemos! Ele é a Fonte de toda a justiça. Falamos dos direitos de todos, mas esquecemos *os direitos de Deus*. Jesus nos adverte no Evangelho: «Devolvei (...) a Deus, o que é de Deus»[16], que é Pai, é Pai nosso. Pensemos nisto seriamente: Jesus nos adverte para não chamarmos «pai» a ninguém na terra, senão na verdade; em outras palavras, para não enganarmos a ninguém, mas dizer a cada um o seu segredo.

É preciso compreender o sentido do Evangelho na fidelidade à fé com que foi escrito. É claro que, se alguém é pai ou mãe, não o é pelo fato de ter dado a vida aos filhos, mas porque já antes recebera a vida: a vida não começa com ele. É isto que Jesus nos quer dizer quando afirma: «Quanto a vós, não vos façais chamar de 'rabi', pois um só é vosso Mestre e todos vós sóis irmãos. Não chameis a ninguém na terra de 'pai', pois um só é vosso Pai, aquele que está nos céus»[17]. Na verdade, cada pai e, evidentemente, cada mãe, portam em si este mistério: mais do que gerar «os seus filhos», eles os «recebem», como aliás «receberam» a sua vida.

Portanto, ninguém é verdadeiramente pai ou mãe de forma absoluta; caso contrário, não conseguindo encontrar nos pais a «razão» do próprio viver, ou mal suportando a vida porque reduzida a um capricho humano ou a um erro dos pais, os filhos, para não sucumbir à «falta de sentido» da sua origem e buscando, também, a sua própria independência, sentem-se tentados a erigir, com orgulho e estupidez, a sua vida em si mesmos.

---

[15] *Bíblia*. Carta aos Efésios 3, 14-15.
[16] *Bíblia*. Evangelho segundo S. Mateus 22, 21b.
[17] *Bíblia*. Evangelho segundo S. Mateus 23, 8-9.

Por isso, sem Deus Pai nosso, os pais sufocam os filhos ou os abandonam à própria sorte; e os filhos desprezam e, no seu coração, «matam» os pais abandonando-os ou explorando-os. Só o Pai nosso, o Pai comum, nos faz amar e respeitar profundamente a vida, tanto a dos filhos como a dos pais, superando a pretensão, quer de uma quer de outra parte, de que a vida seja «própria» até ao ponto de a destruir, ofuscando o seu sentido e a sua história.

Só vivendo e manifestando o mistério de Deus Pai nosso, mistério de Amor e Vida que está *antes* do mistério dos pais, é que os filhos não deverão «matar» a ninguém e crescerão na verdade e no amor, verdadeiramente livres e humanos. Esta realidade da nossa vida, que «precede» o nosso nascimento, a relação com os pais e com a própria criação, é atestada pela Sagrada Escritura, quando afirma pela boca de São Paulo: «Bendito seja o Deus e Pai de nosso Senhor Jesus Cristo... Nele, Deus nos escolheu, antes da fundação do mundo, para sermos santos e íntegros diante dele, no amor»[18]. Devemos nos interrogar: Os pais, especialmente os pais cristãos, têm mostrado aos filhos o segredo da sua vida? Na verdade, há um segredo a comunicar: a vida dos filhos existe antes dos pais. Neste «antes» está toda a bondade de Deus Pai para conosco e toda a nossa preciosidade. Os verdadeiros pais devem reconhecê-la e mostrá-la, defendê-la e amá-la. Não a devem inventar nem criar com os bens materiais.

Precisamos compreender melhor esta verdade profunda do *antes*[19] e entender bem a novidade trazida por Jesus, porque é necessária para o progresso da humanidade. Com efeito, ao longo dos séculos, esta sempre procurou possíveis formas de vida social e, para não se perder, tem necessidade sempre maior de encontrar o seu mistério, a sua verdadeira raiz.

Pai comum

É a esta necessidade que o termo «nosso» dá uma resposta, pois indica, ainda, um *segundo aspecto*: significa também que é comum. Em nossa época, devemos redescobrir o *Pai nosso*, voltar a compreendê-lo, tornar isto claro aos nossos olhos: há um Pai nosso, que é um Pai comum. O Pai que Jesus Cristo nos revelou não é comum no sentido de um pai qualquer ou «genérico», como alguém poderia pensar. É «aquele Pai» ao qual Jesus nos trouxe de volta com o dom do seu sacrifício e o dom do Espírito Santo[20].

Penso que Jesus nos entregou a chave da vida na oração do *Pai nosso*. Na verdade, se Deus é Pai comum, quer dos pais quer dos filhos, então os pais não são os donos da vida mas as testemunhas: transparência do mistério da vida que vem de Deus Pai. Se os filhos virem este fato, sem se deterem nos seus pais e nem nos avós, nutrirão um grande apreço por si mesmos e pela vida; e sentirão a preciosidade e a liberdade da vida, espontânea, livre, dom responsável para eles e para os pais, porque há *um mistério comum* que une

---

[18] *Bíblia*. Carta aos Efésios 1, 3-4.
[19] *Bíblia*. Cf. Livro do Profeta Jeremias 1, 5.
[20] *Magistério*. Cf. JOSEPH RATZINGER, *Il Dio di Gesù Cristo*, Queriniana, Brescia 2006, pp. 29-31. Traduzido por António Ferreira. O texto encontra-se no n. 4 do Apêndice, disponível no site figlidichi.altervista.org

as gerações. Os pais têm tudo a ganhar se, fiéis ao Senhor, forem ministros transparentes – com amor, cuidado, inteligência e delicadeza – deste mistério, que vem de Deus Pai nosso, Pai comum.

Este segredo da nossa vida revela a realidade: por um lado, ajuda os pais a terem um verdadeiro equilíbrio de amor e respeito pela vida dos filhos e, por outro, ajuda os filhos a nutrirem um respeito sadio pela vida recebida e um sentimento de gratidão pela vida, que lhes chegou de Deus através dos pais. Ao contrário, escondendo a verdade do Pai comum, deformamos o ser dos pais em relação aos filhos e o ser dos filhos em relação aos pais. Isso facilita o conflito, chegando à negação dos seus pais terrenos e até mesmo do mistério da vida: «a vida é minha, finalmente! Vou-me embora! Faço o que quiser da minha vida!». E assim, os filhos chegam à negação também da vida conjugal, do amor e, depois, mais uma vez, da vida dos seus filhos e netos, dilacerando o tecido social até ao drama que se vive hoje com o aborto. Na Europa, o aborto está se tornando a principal causa de morte, mais comum do que o câncer e o enfarte. A associação *Human Life International* (Vida Humana Internacional) fala de 40 milhões de abortos, por ano, no mundo inteiro.

A realidade estupenda que os pais devem levar aos filhos é o «Pai nosso», o «Pai comum», e os filhos a devem reconhecer e trazer em si mesmos. Penso que só voltando a esta verdade fundamental é que a vida poderá ser verdadeiramente respeitada. Caso contrário, a vida continua ludibriada, camuflada, abandonada, violentada. A morte que se traz no coração torna-se, mais cedo ou mais tarde, também a morte dos filhos abandonados, abusados, abortados. Foi por esta estrada que se desenvolveu a «cultura da morte».

Jesus nos recorda: «Não podeis servir a Deus», que é Pai, «e ao dinheiro (literalmente, *mamon*)»[21]. «Mamon»[22] é a riqueza, o lucro egoísta; é viver ignorando o sentido profundo do mistério da vida doada; «mamon» é açambarcamento, é usar a vida de maneira insensata. «Mamon» cresce de importância na vida pessoal e social, cortando gradualmente as raízes do relacionamento com o «Pai nosso que está nos céus» e, consequentemente, com «os outros», que se tornam como *estranhos*.

Muitos são os que se fazem chamar «pai» em muitas coisas: pai da ciência, pai de uma revista, pai de uma certa descoberta... Todos pais! Mas esquecemos o Pai comum, Deus Pai nosso; e, mais cedo ou mais tarde, aparece e impõe-se «mamon». Ou se escolhe Deus Pai, que é o fundamento, a Fonte da vida e da comunhão, ou acaba-se por ficar escravo das riquezas, dos prazeres, do poder político, das exigências mais insensatas, dos direitos alienantes, chegando-se até a loucura e à destruição da vida humana. A nova «bomba atômica», que pode destruir a humanidade, é o próprio homem na sua loucura quando se esquece quem é.

Devemos refletir sobre este fato.

---

[21] *Bíblia*. Evangelho segundo S. Lucas 16, 13.
[22] *Bíblia*. Evangelho segundo S. Mateus 6, 24. O termo «mamon» (do aramaico *mămonă*), que aparece no Evangelho de Mateus 6, 24 e no Evangelho de Lucas 16, 13, em aramaico e hebraico significava «o que é seguro, o que dá segurança, aquilo sobre que se pode contar», isto é, a acumulação dos bens, a riqueza e o poder.

Redescobrindo Deus, Pai nosso, Pai comum, o homem e a mulher superam o conflito das suas diversidades para se encontrarem no mistério do amor e da vida, onde ambos têm origem.

Com o Pai nosso, o Pai comum, os pais e os filhos superam o conflito de gerações, que contrapõe passado e futuro.

De igual modo, os povos e as nações, encontrando a única fonte comum – Deus – que está acima de todos e cuida de todos, podem aprender a caminhar juntos, descobrindo aquilo que os une, não na conjugação dos interesses econômicos e utilitaristas que aumentam até à exploração de uns pelos outros, alargando cada vez mais o fosso entre ricos e pobres, mas naquela realidade maior, que é Deus Pai, donde vimos e para onde voltamos. Na verdade, a Ele devemos prestar contas de cada ação e decisão tomada face ao seu reino de amor e justiça.

O que acabamos de dizer não endurece as posições diversas entre crentes e descrentes. Pelo contrário, torna-os mais capazes de realizar precisamente as relações humanas que estão na base das duas exigências mais importantes de hoje: saber compreender e entender o outro, incluindo «o diverso»; e saber fazer coexistir harmoniosamente as diferenças, sem perder a identidade própria.

Atualmente, a paridade no casal significa também aceitar as diferenças, tornando-as complementares, se não se quer cair num banal reducionismo. Mas não se trata de um processo simples. É precisamente o aprofundamento da verdade nas raízes que torna possível este árduo processo, ao contrário do que pretenderiam alguns iludindo a busca e o amor da verdade e pensando que a solução da convivência pacífica se deveria procurar apenas num «hábito social», que acabaria, com o passar do tempo, codificado no DNA; como se os cidadãos fossem «sacos vazios», que a sociedade teria apenas de encher. Segundo este ponto de vista, não haveria qualquer raiz a encontrar, e o homem seria fruto apenas da mentalidade social. Hoje vai-se gradualmente percebendo melhor que este modo de ver é injusto com a pessoa, porque, no final das contas, a priva da sua verdadeira identidade e da própria dignidade humana.

O homem e a mulher não devem se esquecer e nem perder de vista que o dom da «vida» os precede, existe *antes*, é atribuído desde o «princípio» e, por conseguinte, não pode ser fruto apenas do ambiente. Aliás, o ambiente social será respeitoso na medida em que reconhece esta realidade que constitui o ser humano nas suas raízes. Dignidade pessoal e dignidade social devem interpenetrar-se, enriquecendo-se, respectivamente, sem mudar nem destruir o rosto humano, cujo fundamento está no «mistério» das «raízes» da vida humana.

Consequentemente, é «nossa» também a fraternidade humana de todos os homens.

O caso da Revolução Francesa

O segundo exemplo de ataque ao mistério da nossa vida diz respeito, precisamente, à fraternidade e, na história da Europa, podemos constatá-lo no desenvolvimento da *Revolução Francesa* de 1789. No cenário mundial atual, junto às várias revoluções políticas em diversos países, presenciamos também as revoluções econômica, biotecnológica e sexual, que minam a estabilidade do amor e a própria vida humana.

Como todas as revoluções, também as que são ditadas por ideais de justiça e progresso trazem consigo algo distorcido que, depois, se deve redimensionar, porque desse modo seria inevitável chegar a exageros e erros que, com o decorrer do tempo, se tornam visíveis nos frutos. Quanta violência, quanto sangue derramado, quantas injustiças na história dos povos e das nações! Veja-se, por exemplo, como se foram consolidando estes três grandes princípios da Revolução Francesa: *liberté, égalité, fraternité* (liberdade, igualdade, fraternidade). Ora, analisando o processo histórico, nota-se que os valores da liberdade e da igualdade foram assumidos na linguagem da política e da cultura política, chegando mesmo a entrar nas Constituições dos Estados. Mas não se passou o mesmo com o valor da *fraternidade*. Na verdade, tiveram a grande presunção de tomar o melhor que havia na cultura cristã e na história, mas cortando-lhe a raiz: removendo Deus Pai.

A propósito desta falta de fraternidade, escreve Bento XVI na carta encíclica *Caritas in veritate* (A caridade na verdade): «Esta fraternidade poderá um dia ser obtida pelos homens simplesmente com as suas forças? A sociedade cada vez mais globalizada torna-nos vizinhos, mas não nos faz irmãos. A razão, por si só, é capaz de ver a igualdade entre os homens e estabelecer uma convivência cívica entre eles, mas não consegue fundar a fraternidade. Esta tem origem numa vocação transcendente de Deus Pai, que nos amou primeiro, ensinando-nos por meio do Filho o que é a caridade fraterna»[23]. Enquanto a igualdade se realiza entre pessoas diferentes, a fraternidade une entre si indivíduos diferentes: com efeito, os irmãos são diferentes um do outro, sendo irmãos apenas porque têm todos o mesmo pai.

Mas, pondo de lado esta fraternidade, caminha-se ou para um conflito contínuo ou para um rebaixamento, uma uniformidade despersonalizante e massificadora. Podemos constatá-lo em muitas situações. Sempre perdemos algo pela estrada quando se escondem as raízes! Redescobrir Deus Pai leva, de certa maneira, a reencontrar a estrada não só da sobrevivência na terra, mas também da paz entre todos os povos e para cada um dos homens. Esta é a paz que Jesus nos traz, a paz que Jesus Cristo traz a toda a humanidade: «Deixo-vos a paz, dou-vos a minha paz. Não é à maneira do mundo que eu a dou»[24]. É a sua paz. Sem Deus Pai nosso, não se pode ter a sua paz.

Esquecemos o Pai nosso! É preciso reencontrar o Pai nosso, o grande mistério que Jesus nos confiou na oração do *Pai nosso*: nesta oração, que nos dá elucidações estupendas, encerra-se o valor enorme da nossa sobrevivência.

Deus confiou a oração do *Pai nosso* a todas as gerações, mas talvez não tenhamos percebido completamente o seu alcance. Só porque temos o mesmo Pai é que podemos ser irmãos, como nos diz Jesus: «Vós sois todos irmãos»[25]. O termo «irmãos» ganha vigor com o cristianismo: são os cristãos

---

[23] *Magistério*. BENTO XVI, Carta encíclica *Caritas in veritate* (2009) n. 19.
[24] *Bíblia*. Evangelho segundo S. João 14, 27.
[25] *Bíblia*. Evangelho segundo S. Mateus 23, 8.

que se chamam «irmãos» entre si e a pleno título em Cristo Jesus. Existe tanto bem no mundo, há muitos cristãos que apoiam, com generoso compromisso, tantas obras sociais boas.

Ao referir-se na carta encíclica *Spe salvi* (Salvos na esperança) à transformação que a fé e a esperança cristãs operam no nosso tempo, o Papa Bento XVI recorda-nos a necessidade de construir um verdadeiro progresso[26]. Precisamos sair de nós mesmos! Na verdade, a vida do homem acaba desperdiçada e jogada fora em tantas áreas. Há que se pensar: quantos erros, quanta apatia, quanta nulidade!

O coquetel

Que humanismo estamos construindo? Qual é a humanidade que entregamos às novas gerações? Mais do que humanismo, parece-me que se trata de um «humanismo ateu», que não desce à raiz das coisas, nem reconhece a sua raiz mais profunda, tornando-se no final das contas um *pseudo-humanismo!*

Qual é, então, a ambiguidade? Porque se trata de uma ambiguidade. Os secularistas, não os leigos, mas os secularistas, essa multidão de «bem-pensantes» e falsos cristãos, isto é, que se dizem cristãos mas não são fiéis a Jesus Cristo, usam a técnica de tomar da cultura cristã o melhor que encontram, mas tirando-lhe as raízes, com a presunção de que depois se possa reger tudo no vazio. Não se dão conta de que a árvore, para chegar a amadurecer os bons frutos, precisa que as raízes permaneçam; nem percebem que servem aos interesses de outros, que se escondem na escuridão do mal. Tal é o processo de descristianização e de secularização que prefere combater o Cristianismo, não abertamente mas, antes, «reduzindo-o» a um conjunto de valores ideológicos ou de ideais utópicos, com a pretensão de, assim, o transformarem no que poderíamos chamar «*cristianismo*», um Cristianismo sem Cristo. Deste modo se pretende extirpar Deus do humano, considerando-o «inútil». Muitas vezes esta operação realiza-se sob o truque do «coquetel dos valores sem raízes» para se sentirem aceitos pelo mundo... e, em última análise, para que o mundo siga o seu caminho sem Deus. Há quem esteja trabalhando para «desmantelar» a fé cristã, sem conhecimento dos demais. Com o desejo de a «reduzir» a uma fé humana qualquer, pretende-se transformá-la numa crença qualquer, sem nenhuma base na realidade[27].

Do Evangelho ou da nossa história cristã, da nossa Europa cristã, foram tomados valores e pedaços de verdade, conjugando-os depois uns com os outros, para, finalmente, os suspenderem no vazio sem raízes! Adotam-se os valores cristãos de liberdade, igualdade e fraternidade, mas sem Deus, que é a sua Fonte. E de igual modo se quer Cristo, mas sem a Igreja; o Evangelho, mas sem Cristo; os pais sem Pai nosso; os filhos sem pais... e, assim, trilhando este caminho, querem construir máquinas para fazer os filhos sem pai nem

---

[26] *Magistério.* Cf. BENTO XVI, Carta encíclica *Spe salvi* (2007) n. 22. O texto encontra-se no n. 5 do Apêndice, disponível no site figlidichi.altervista.org
[27] *Bíblia.* Cf. Primeira Carta de S. João 1, 1-4.

mãe. Não é suficiente exigir os valores quando se remove o fundamento, que é Deus Pai nosso.

Penso que esta seja a grande presunção do mundo atual. Mas, sem fundamentos, não é possível viver bem, acabando mesmo por nem viver: é uma nefasta ilusão!

Pretendeu-se cortar a vida das nossas raízes, fazendo-nos perder a consciência de que somos filhos de Deus e só assim somos irmãos. Assim, temo-nos chamado de muitas maneiras: amigos, companheiros, colegas, etc., mas chamarmo-nos irmãos torna-se cada vez mais difícil sem a raiz do Pai nosso. Até os próprios filhos passaram a receber os seus nomes próprios dos objetos ou dos animais, enquanto termos como marido, esposa, cônjuges, esposos e, amanhã, «filhos» (palavras-chave do nosso viver) são cada vez mais colocados de lado; primeiro, esvaziados do seu significado e, depois, substituídos.

Quem nos poderá livrar desta intriga histórico-cultural onde perdemos o mistério profundo da nossa vida, a nossa verdadeira identidade, a consciência das raízes da nossa vida individual, familiar e social? A resposta encontra-se na terceira «palavra». É admirável que o segredo da nossa existência nos tenha sido entregue por Jesus no *Pai nosso*: a terceira «palavra» do *Pai nosso* nos indicará a solução para sairmos desta intriga, do marasmo da mentira e do caos atual. Veremos isso no terceiro capítulo.

3

Que estais nos céus

Já vimos que a verdadeira paternidade pertence a Deus, e quem é pai ou mãe, quem é verdadeiro genitor, constitui uma transparência deste grande mistério, deste grande poder que Deus quis dar à vida humana e ao amor humano, o amor do homem e da mulher. Esquecê-lo significa esquecer as nossas raízes.

Mas, como podemos sair da mistura e da confusão de valores e opções que encontramos hoje, um pouco por todo o lado e em contraposição? Como sair do relativismo moral que a todos contagia? Os cristãos têm realmente alguma coisa para levar aos outros? E como libertar-se do sentido de inferioridade que se apoderou de muitos de tal modo que, para se sentirem aceitos e acolhidos na sociedade, quase escondem que são cristãos, esquecendo-se de levar à sociedade o «dom» recebido?

A subcultura que se está difundindo cada vez mais por obra de secularistas, «conformistas» mistificadores, cristãos falsos ou fracos, reuniu e misturou todos os aspectos que poderiam ser agradáveis e, sem grande dificuldade, úteis a todos, com a pretensão de pendurar frutos bons e maus numa árvores que, porém, não tem raízes.

Como se pode construir um futuro sustentável senão reencontrando as raízes? E como reencontrar, agora, as raízes da existência na própria vida, no próprio matrimônio, no próprio amor e mesmo no futuro da nossa sociedade? Esta é a pesquisa que estamos desenvolvendo neste livro através do estudo e aprofundamento das frases do *Pai nosso*.

Com efeito, o homem é naturalmente aberto à transcendência, de modo que podem dialogar fé e razão. O homem necessita de uma leitura inteligente[1] da fé. E É o que emerge do aprofundamento da oração do *Pai nosso*. Percebemos que Deus é verdadeiramente inteligente e sabe o que faz. Ele é a Fonte de toda a inteligência. Jesus poderia ter-nos ensinado a dizer apenas «Pai nosso», prosseguindo depois com a oração[2]. Mas não! Insere a frase «que estais nos céus». Por quê? Porque a humanidade, de vez em quando, sente o desejo de outros pais... de sair fora da paternidade fundamental e fundante, que é a de Deus. Mencionam-se os nossos pais, os

---

[1] *Magistério*. Cf. BENTO XVI, *Entrevista concedida aos jornalistas durante o vôo para Portugal*. Visita Apostólica a Portugal (11 de Maio de 2010). O texto encontra-se no n. 6 do Apêndice, disponível no site figlidichi.altervista.org
[2] *Bíblia*. Cf. Evangelho segundo S. Mateus 6, 9-13.

nossos antepassados, o pai deste ou o pai daquele, inventores, criadores, protetores, fundadores, benfeitores, ditadores... O fato é que estas realidades pessoais, sociais (às vezes também sem sentido) experimentadas como um «espaço vazio» que se vai enchendo, podem atrair e entusiasmar. Então, sem se dar conta, torna-se um pouco aquilo que se aprecia e ama; não percebemos que todos estes «pais», sem a referência a Deus Pai, mais cedo ou mais tarde, se transformam em «patrões» ou tiranos. Sem Deus Pai, é fácil tornar-se, até certo ponto, escravo daquilo que se aprecia.

É neste ponto que surge «mamon». Jesus impõe-nos uma escolha[3]: ou Deus, que se manifesta como Pai num relacionamento de amor e consequente liberdade; ou a ligação ao poder e à riqueza, que nos fascinam e nos apoderamos deles, quando ao contrário, esse se apoderam de nós, tornando-nos semelhantes aos escravos. Os verdadeiros pais, como também os autênticos benfeitores, não usurpam o lugar de Deus, sabem reconhecê-lo e deixam a ele a única primazia.

Neste mundo temos de encontrar a sabedoria. E, para isso, a ciência juntamente com o conhecimento e a técnica põem à nossa disposição os meios e nos dão o poder. Mas, para o ser humano, não são suficientes o conhecimento e o saber, nem o poder e a riqueza, porque o homem, com esses, perde-se igualmente. Não basta, sequer, a experiência e as lições da história. O mundo precisa de sabedoria; e esta a pedimos precisamente na oração do *Pai nosso*: Jesus ensina-nos a dizer «Pai nosso que estais nos céus». Este é o caminho para encontrar a sabedoria de que o mundo tanto necessita. Vejamos porque.

Que significa a frase «que estais nos céus»? Certamente não significa «que está no firmamento». Na verdade, dizer «nos céus» não é o mesmo que dizer «no céu» como se estivesse entre as nuvens ou no ar.

«Nos céus» significa outra coisa: que está além do firmamento e daquilo que podemos ver com os olhos, «para além» e «acima» de tudo o que existe e que os nossos sentidos podem captar ou podemos imaginar. Este modo de existir o designamos «celeste», divino, espiritual, por oposição ao modo de existir terreno, material, terrestre.

Esta expressão «nos céus» significa que Deus é transcendente, está para além de todas as coisas. Supera a natureza e não se confunde, jamais, com a natureza que criou[4]. Ele é algo mais, porque Deus transcende e supera imensamente toda a criação.

Fazem sorrir algumas expressões que até parecem inofensivas, mas, na realidade, encerram uma maneira falsa de falar de Deus, como se ele estivesse na natureza. Na verdade, Jesus não disse: Pai nosso que estais nos bosques, nas montanhas, no universo, mas «que estais nos céus»!

Pensemos, por exemplo, na visão do divino que apresenta a *Nova Era* e o próprio Budismo. Uma grande tentação do homem é ver Deus naquilo que gosta e a que aspira (seja isso o silêncio, a interioridade, o espiritual) e confundir o divino com Deus, que é uma realidade pessoal e é Pai.

---

[3] *Bíblia*. Cf. Evangelho segundo S. Lucas 16, 13.
[4] *Magistério*. Cf. *Catecismo da Igreja Católica*, n. 370.

Quando, no dia 12 de Abril de 1961, o astronauta soviético Yuri Gagarin fez o primeiro voo em torno da Terra foi um fato sensacional, extraordinário, que marcou a história. Tendo regressado, disse: «Estive lá em cima, não encontrei nada: não há Deus no céu». Que pensava encontrar ele no céu: um homem idoso com barba? Parece estranho que um homem cientificamente preparado, um astronauta, possa ter pronunciado uma frase do gênero! Vem à mente a subcultura ateia e materialista, ou então a subcultura de um espiritualismo vitalista, fácil e superficial.

É um grande engano pensar em nivelar e suprimir todas as diferenças para se obter um consenso mais amplo e favorecer uma economia mais próspera. Trata-se, ao invés, de um reducionismo selvagem e falso, que penetra na cultura e na vida das pessoas. Se queremos procurar a verdade na realidade, temos de saber olhar as distinções e diferenças com uma nova maturidade.

Se, com as palavras do *Pai nosso*, Deus nos dá tal abertura, nos conduz à intimidade com ele e revela que a nossa raiz é «Deus Pai nosso que está nos céus», isso significa que Deus Pai se distingue e é superior à natureza; e nós somos os seus filhos, porque ele se faz chamar «Pai» por nós.

O que faz de nós homens

Ora, se somos filhos d'Aquele que é «celeste», possuímos algo d'Ele. Somos feitos, sem dúvida, de algo terrestre, terreno, mas não somos formados só de matéria. Somos feitos também de algo d'Ele, que não provém da terra, do pó, da vida dos animais. Eis quem somos. Dizer «Pai nosso que estais nos céus» significa que temos uma alma. Mas nós nos esquecemos disso! Este fato essencial e concreto fundamenta a dignidade da pessoa, e não deve ser ocultado. Deve ser comunicado às crianças, há que manifestá-lo aos jovens. É um fato que nos enche de alegria e felicidade, de força e equilíbrio, se não esquecermos aquilo que somos e o que Deus quer de nós.

Fiando-nos apenas em nossa inteligência, tínhamos pensado e imaginado que Deus estivesse lá em cima e nós aqui em baixo. Mas estas palavras do Pai nosso dizem-nos que não é assim e fazem-nos voltar à verdade de nós mesmos. Quando Bento XVI trata da oração do *Pai nosso*, no seu livro *Jesus de Nazaré*, lembra-nos que, «por Ele [o Filho], somente por Ele aprendemos a conhecer o Pai. E assim se torna evidente o critério da verdadeira paternidade. O *Pai nosso* não projeta uma imagem humana no céu, mas, a partir do céu – de Jesus –, mostra-nos como devemos e podemos nos tornar homens»[5]. Por isso, precisamos nos aprofundar para entender melhor.

Nós possuímos algo que é dos «céus», algo que é de Deus nosso Pai. Se não se afirma isto e ninguém o ensina, se isto não é a base real da nossa cultura, então fala-se, de modo inconsistente e superficial, acerca de frutos ilusórios da existência humana, «frutos vazios» de uma árvore sem raízes. Todo o ensino humano fica comprometido, a cultura defraudada, a vida enganada. As novas gerações não compreendem como funciona

---

[5] *Magistério*. BENTO XVI, *Jesus de Nazaré* (1ª parte), cap. 5, A Esfera dos Livros, Lisboa 2007, p. 184.

verdadeiramente a criação, ao mesmo tempo que a desconfiança e o carreirismo fazem sua entrada triunfal. O próprio ensino aos adolescentes cristãos acaba comprometido; assim, deixam de entender o que é a Igreja, não compreendem o que é o matrimônio. Não se compreende mais nada quer da vida humana quer da vida cristã, quando os homens perdem o fundamento e o sentido das coisas. Esta «não compreensão» é a cegueira de quem prefere ser cego, de quem quer negar a presença do espírito no homem e dos dons de Deus na história. Vêm ao pensamento estas palavras do Salmista: «Não entendem, não querem entender, caminham no escuro; vacilam todos os fundamentos da terra»[6].

Penso que este é realmente assunto *tabu* na sociedade atual, de que se tem medo de falar: não se quer reconhecer a realidade da alma espiritual e de Deus, o «nosso Pai, que está nos céus». Não se pode falar, porque se pretende considerar Deus e a religião como um fato tão íntimo e pessoal que já nem se reconhece. Este é o ponto de partida da perseguição.

No entanto, se pensarmos bem, é um dom de todos, homens e mulheres: todos são pessoas humanas, formadas não só de corpo, mas também de espírito. Isto é o que funda a nossa «dignidade humana». São João Paulo II, numa *Mensagem dirigida aos participantes na Plenária da Pontifícia Academia das Ciências*, em 1996, declarava: «O indivíduo humano não poderia estar subordinado como um simples meio ou um mero instrumento nem à espécie nem à sociedade; ele tem valor por si mesmo. É uma pessoa. Pela sua inteligência e vontade, é capaz de entrar em relação de comunhão, de solidariedade e de dom de si com o seu semelhante. (...) Mais ainda, o homem é chamado a entrar numa relação de conhecimento e de amor com o próprio Deus, relação que encontrará o seu pleno desenvolvimento para além do tempo, na eternidade. No mistério de Cristo ressuscitado, é-nos revelada toda a profundidade e grandeza desta vocação (cf. *Gaudium et spes*, 22). É em virtude da sua alma espiritual que a pessoa inteira, incluindo o seu corpo, possui tal dignidade. (...) As teorias da evolução que, em função das filosofias que as inspiram, consideram o espírito como emergente das forças da matéria viva ou como um simples epifenômeno desta matéria, são incompatíveis com a verdade sobre o homem. Além disso, são incapazes de fundar a dignidade da pessoa»[7].

Se designamos Deus Pai com um termo tão íntimo e pessoal como «*Abbá*»[8] (em hebraico), como Jesus nos ensinou (e mais nenhuma religião o faz), chegando ao ponto de dizer «*Papai* nosso que estais nos céus», isso quer dizer que nos reconhecemos na radicalidade desta dimensão extraordinária. Quer dizer que, de alguma forma, pertencemos a este mundo «celeste», ao mundo de Deus, tendo em nós um «germe divino»[9], como nos recorda o Concílio Vaticano II.

Mas, vejamos mais de perto este fato extraordinário.

---

[6] *Bíblia*. Livro dos Salmos 82, 5.

[7] *Magistério*. JOÃO PAULO II, *Mensagem dirigida aos participantes na Plenária da Pontifícia Academia das Ciências* (22 de Outubro de 1996).

[8] Cf. capítulo 1.

[9] *Magistério*. CONCÍLIO VATICANO II, Constituição pastoral *Gaudium et spes* n. 3.

Um filho é «filho», porque possui qualquer coisa do pai e da mãe, tem algo dos pais, caso contrário que filho deles seria? É semelhante aos seus pais e compreende isso. Deus, Pai nosso que está nos céus, criou-nos por amor e com amor. Santa Catarina, no seu *Diálogo da Divina Providência*, exprime-se assim: «Qual foi a razão que Vos levou a colocar o homem em tão grande dignidade? Foi certamente o amor incalculável com que contemplastes em Vós mesmo a vossa criatura e Vos enamorastes dela; na verdade, foi por amor que Vós a criastes, foi por amor que Vós lhe destes um ser capaz de saborear o vosso Bem eterno»[10].

E S. Bernardo, por sua vez, ao comentar o *Cântico dos Cânticos* afirma: «Deus, quando ama, não quer outra coisa senão ser amado: isto é, não ama por outro motivo senão para ser amado, sabendo que o próprio amor torna felizes os que se amam entre si». Isto porque «o seu fruto consiste na sua prática»[11].

Tendo sido «por amor» que Deus fez «filhos» os seres humanos, poderão estes estar relacionados apenas com a terra? Para se tornarem vermes e pó!? Suportar toda a fadiga da existência só para depois morrer!? Que sentido teria? Seria muito pouco. Porém, se Deus nos criou como «filhos», deve haver em nós uma força particular e uma capacidade de relação com o próprio Deus; caso contrário, não teríamos qualquer possibilidade de lhe chamar «Pai».

Assim, quando Jesus nos ensina a rezar dirigindo-nos a Deus com as palavras «Pai nosso que estais nos céus», diz-nos, por um lado, que Deus é um Ser transcendente, puro Espírito, e, por outro, que nós não somos feitos só de terra, de «pó», mas também de «céu», de espírito. Não temos apenas o nosso pai humano, terreno, mas todos nós temos um Pai comum que está nos céus.

A busca dos vestígios

Como «filhos de Deus» e tendo-nos sido entregue o *Pai nosso*, devemos procurar, em nossa realidade, os *sinais do espírito*, do «céu», que estão presentes em nós. Devemos procurar os traços e as manifestações do nosso espírito usando a inteligência para compreender quem somos e como somos feitos, como faz, por exemplo, a biologia na pesquisa sobre o DNA (ácido desoxirribonucleico).

Estes sinais são ocultados pela subcultura, isto é, por uma falsa cultura que tem interesse em encobri-los porque não quer Deus por interlocutor, pois querem o poder e a vida que pertencem somente a Ele. Por isso, procuremos os *traços distintivos* do espírito que a subcultura de tal modo ocultou e tão bem encobriu que é preciso um certo esforço para ir procurá-los e descobri-los.

As dimensões que nos constituem

Fundamentalmente, as dimensões constitutivas do homem são quatro. Observando a realidade, notamos em primeiro lugar a dimensão física,

---

[10] *Tradição*. SANTA CATARINA DE SENA (1347-1380), *Il Dialogo della Divina Provvidenza*, Cantagalli, Siena 2006, p. 55. Traduzido por António Ferreira.

[11] *Tradição*. SÃO BERNARDO DE CLARAVAL (1090-1153), *Sermoni sul Cantico dei Cantici*, n. 83, 4-6: *Opera Omnia*, ed. Cisterciense, 2 (1958), 300-301. Cf. Liturgia das Horas, IV, 1217-1218. O texto encontra- se no n. 7 do Apêndice, disponível no site figlidichi. altervista.org

biológica e material: a do corpo (em grego, *soma*). Nós a identificamo através das várias sensações: frio, calor, prazer, dor, e assim por diante. Vemos também que possuímos, como os animais, uma certa sensibilidade, emoções, afetos e sentimentos. Trata-se da dimensão psíquica que existe, em certa medida, também nos animais. Percebemo-la como interioridade e a «sentimos», embora não a vejamos da mesma forma que vemos e tocamos coisas materiais, como o corpo. Esta segunda dimensão, percebemo-la através dos afetos e sentimentos, que são mais «sutis» e não se pode medir com o metro e nem pesar com a balança. E, todavia, possuem um grande peso na vida dos seres humanos. Animam todo o mundo psíquico do «sentir»: alegria, sofrimento, amor, rancor, medo, coragem, etc. É a dimensão «interior» do nosso ânimo ou psíquico (em grego, *psychè*).

Temos ainda outra modalidade de captar a realidade, mas diferente da experiência que fazemos através das «sensações» e dos «sentimentos» e que se exprime com uma grande liberdade: nós a usamos sempre, mas nem sempre, talvez, com atenção. É a construção do pensar, é o nosso pensamento (em grego, *nous*), que, embora dentro de certos limites, é extraordinariamente livre. Um cão, por exemplo, quando se lhe faz ver um salame, ele vê e «pensa» necessariamente no salame. Os seres humanos «pensam» mas sem se fixarem de modo assim preciso com a visão de um objeto. Podemos sentir frio e pensar num lugar quente, como sucede, por exemplo, quando se quer ir de férias. Temos liberdade para estruturar o pensamento, podendo não fazer coincidir os pensamentos com as sensações do corpo ou com os sentimentos. Isto permite-nos pensar de forma crítica e livre, ainda que dentro de certos limites, pois também nós estamos condicionados.

Mas existe em nós uma quarta dimensão e devemos admiti-lo: é a dimensão do espírito (em grego, *pneuma*), da alma humana que é espiritual. O que faz de nós pessoas (e os animais não são pessoas) deve ser, forçosamente, a realidade específica que possuímos: o espírito. Na verdade cada realidade humana, tanto na essência como na fisionomia, é reveladora de «significados», mas sobretudo é rica de «sentido». Assim, a realidade que mais nos distingue como «pessoas humanas» é esta dimensão que chamamos celeste, divina: a alma espiritual ou espírito.

Não devemos, jamais, esquecer nem deixar-nos privar desta verdade essencial, que é a mais íntima e extraordinária, a nossa identidade maior, constituindo também o segredo do nosso modo «humano» de existir. Mas como se manifesta?

Espírito como identidade pessoal

Na Bíblia, no livro de Gênesis, está escrito: «Então o Senhor Deus formou o ser humano com o pó do solo, soprou-lhe nas narinas o sopro da vida, e ele tornou-se um ser vivente»[12].

Deus «forma» e cria o homem com o «pó», com barro, e insufla nas suas narinas a sua *ruah*, o «sopro da vida». É a realidade do espírito, dita em

---

[12] *Bíblia*. Livro de Gênesis 2, 7.

hebraico *ruah*, em grego *pneuma*, em português *espírito*, alma espiritual. É isto que Deus nos quer dizer com a criação direta do homem: Deus colocou algo de seu, algo de misterioso, ou seja, que pertence a Ele e que nos constitui pessoas humanas. O Senhor «criou o espírito humano (*ruah*) nos homens»[13]. Deus «insuflou» a sua respiração (hálito), para que o homem respire e possa viver. Na Bíblia, Deus usa esta expressão vital, porque sem respiração morre-se: a respiração do ar, ainda que não se veja, é essencial para viver.

Assim «o homem tornou-se um ser vivente»[14] graças, precisamente, ao dom do espírito. Por isso, somos seus filhos. A raiz da nossa dignidade humana é Deus Pai e o segredo da existência humana é o seu espírito. Bento XVI escreve no seu livro *Jesus de Nazaré*: «O homem só se compreende a partir de Deus, e só quando vive em relação com Deus é que a sua vida se torna íntegra. Mas Deus não é alguém distante e desconhecido. Ele mostra-nos o seu rosto em Jesus; no seu agir e na sua vontade, reconhecemos os pensamentos e a vontade do próprio Deus. Se o ser homem significa essencialmente relação com Deus, então é claro que lhe incumbe falar com Deus e escutá-lo»[15]. A crise da humanidade, da família e da sociedade é sempre uma crise do sentido de Deus, da «sua imagem» que está em cada um e, consequentemente, também crise da oração pessoal.

Mas, que é este «pó da terra», este «barro», com que Deus criou o homem? Não sabemos bem o que seja, mas sabemos bem que Deus tomou alguma coisa e transformou-a num ser humano, isto é, num ser que tem uma alma, o espírito que faz viver o homem e a mulher como «pessoas».

Alguns cientistas descobriram qualquer ligação entre o animal, nomeadamente um macaco, e o ser humano. Mas isto não significa que o macaco se tenha tornado num ser humano como, erroneamente, queriam os evolucionistas. Por isso que a Igreja não reconhece o evolucionismo como uma doutrina verdadeira, porque nega a grandeza do ser humano dotado de espírito e, por essa razão, criado diretamente por Deus. Além destas dúvidas sobre o evolucionismo, que continua a ser apenas uma teoria não comprovada cientificamente, faltam também «no desenvolvimento da espécie» algumas passagens, alguns «anéis» de conjunção. Assim, na pretensa afirmação da validade do evolucionismo, resulta um salto injustificado que impede de validar esta teoria. Trata-se talvez, precisamente, do salto qualitativo de que fala a Bíblia com a criação direta do homem e da mulher por Deus? Posição diversa têm outros cientistas, que negam totalmente qualquer ligação entre o desenvolvimento do homem e o do macaco.

Seja como for, o ser que derivasse do macaco não seria propriamente o ser humano; há um salto qualitativo entre o animal e o ser humano pessoal. Evolucionismo e naturalismo, segundo os quais a existência do homem explicar-se-ia por si com as meras leis naturais, sem qualquer referência a Deus, lançaram raízes na cultura. Tudo isto ofuscou muito a dimensão religiosa

---

[13] *Bíblia*. Livro do Profeta Zacarias 12, 1. Cf. Livro de Gênesis 6, 3; *Eclesiastes* 12, 7; *Jó* 27, 3; 34, 14-15.
[14] *Bíblia*. Livro de Gênesis 2, 7.
[15] *Magistério*. BENTO XVI, *Jesus de Nazaré* (1ª parte), cap. 5, A Esfera dos Livros, Lisboa 2007, p. 173.

do homem. Na verdade, esta redução da visão do homem invadiu a cultura, que se mostra cada vez mais incapaz de recompor «o homem». Apesar de se continuar a debater sobre as origens biológicas do homem e de todos os cientistas não terem chegado a uma posição unânime sobre as origens da espécie, uma coisa é certa: a existência do poder da mente, pensamento e vontade (inteligência que pensa e vontade que decide) e da consciência (juízo de valor sobre o bem e o mal), exclusivos da espécie humana, não podem derivar de um nível puramente material e biológico, como ao invés sucede com o cérebro que é o seu órgão instrumental.

Inteligência, vontade e consciência são de origem espiritual: capacidade do espírito humano, dom de Deus, Criador e Pai. É precisamente a realidade do espírito, no homem, que constitui o fundamento da sua maior dignidade, da sua capacidade de liberdade e de amor. O *Catecismo da Igreja Católica*, válido para todo o mundo, afirma: «A pessoa humana, criada à imagem de Deus, é um ser ao mesmo tempo corporal e espiritual. (...) O homem, no seu ser total, foi, portanto, *querido* por Deus»[16]. O homem é, portanto, um todo único. Deus veio salvar toda a sua vida. «A Igreja ensina que cada alma espiritual é criada por Deus de modo imediato e não produzida pelos pais; e que é imortal, isto é, não morre quando, na morte, se separa do corpo; e que se unirá de novo ao corpo na ressurreição final»[17]. «Dotada de uma alma espiritual e imortal, a pessoa humana é "a única criatura sobre a terra querida por Deus por si mesma". Desde que é concebida, é destinada para a bem-aventurança eterna»[18]. «De todas as criaturas visíveis, só o homem é "capaz de conhecer e amar o seu Criador"; é a "única criatura sobre a terra que Deus quis por si mesma"; só ele é chamado a partilhar, pelo conhecimento e pelo amor, a vida de Deus. Com este fim foi criado e esta é a razão fundamental da sua dignidade»[19]. «Senhor, meu Deus, como és grande!»[20] – exclama o Salmista. Como somos pequenos diante de Deus! E todavia, como somos amados por Ele!

Espírito como relacionamento pessoal

E noutra passagem do livro bíblico de Gênesis, Deus revela-nos como quis criar «à sua imagem e semelhança» o homem. «Deus disse: "Façamos o ser humano à nossa imagem e segundo nossa semelhança"»[21]. «Deus criou o ser humano à sua imagem, à imagem de Deus o criou. Homem e mulher ele os criou»[22]. No Novo Testamento, o apóstolo Paulo exprime-se desta forma: «Que o próprio Deus da paz vos santifique inteiramente, e que todo o vosso ser – o espírito, a alma e o corpo – seja guardado irrepreensível para a vinda de nosso Senhor Jesus Cristo!»[23]. Portanto, a «imagem de Deus» está no homem,

---

[16] *Magistério. Catecismo da Igreja Católica*, n. 362.
[17] *Magistério. Catecismo da Igreja Católica*, n. 366.
[18] *Magistério. Catecismo da Igreja Católica*, n. 1703; cf. n. 1711.
[19] *Magistério. Catecismo da Igreja Católica*, n. 356.
[20] *Bíblia*. Livro dos Salmos 104, 1.
[21] *Bíblia*. Livro de Gênesis 1, 26a.
[22] *Bíblia*. Livro de Gênesis 1, 27.
[23] *Bíblia*. Primeira Carta aos Tessalonicenses 5, 23.

precisamente neste elemento o «celeste», o divino: o espírito, que se encontra imerso na corporeidade e na sexualidade do ser masculino e do ser feminino e fundamenta a capacidade relacional feita de liberdade e de amor já ao nível da sua primeira base social, que é a família.

É preciso reconhecer que a experiência de um sexo na qual se esquece a dimensão espiritual é um sexo insensato; perde a sua dimensão humana e é menos autêntico do que o sexo dos animais. Os animais, para que o sexo funcione, têm o instinto. Diversamente, os seres humanos, embora sentindo o instinto, têm algo mais, possuem a liberdade do dom, possuem a intencionalidade, têm toda uma bagagem de energias espirituais que são vividas na sexualidade e não alienadas. O tão difundido mercantilismo do sexo favorece a *parafilia*, de modo que, na atividade sexual, «o outro» é encontrado não por «aquilo que ele é», mas segundo «as próprias necessidades» com evidente carência de oblatividade, como no caso do histérico, do narcisista e do lunático.

Quando a dimensão espiritual é ignorada ou mesmo aniquilada, a sexualidade não funciona como deveria, porque foi criada com base na imagem de Deus e necessita que esta «imagem», que vem de Deus, seja alimentada. Deus é amor, verdade, liberdade e bondade. Também o espírito humano, criado por Deus, é substancialmente amor, verdade e liberdade e, consequentemente, bondade: é «imagem de Deus». Em suma, o homem é capaz de procurar «o verdadeiro e o bem»[24], numa palavra, é capaz de «amar».

Quando esta «imagem» é sufocada ou deturpada, a sexualidade humana fica doente. Com efeito, estão à vista de todos a sua deturpação, as suas anomalias e as suas mazelas. Enquanto a sexualidade dos animais procede sempre pela estrada do instinto, a dos seres humanos extravia-se, perde a orientação, degrada-se, diminui de sentido e significado. Isto deve-se ao fato de a mesma estar fundada (tal como foi criada por Deus) sobre uma realidade que não se vê, mas existe. Efetivamente, esta realidade é de natureza espiritual: é «o espírito» que Deus quis dar ao homem e à mulher, criando-os «à sua imagem» nos seus seres masculino e feminino. Assim, na realidade física e psíquica da sexualidade, bem como nos pensamentos e sentimentos humanos, somos «animados» e, de alguma forma, apoiados e guiados pelo seu fundamento humano que, em todos, é o espírito humano, com as suas energias espirituais.

Só assim é que a sexualidade pode permanecer «livre», sinal de amor e bondade. Estas energias espirituais exprimem-se, não de qualquer forma, mas «na verdade» da «masculinidade» e da «feminilidade». Com efeito, Deus criou este mundo colocando nele «um como» que mostra a sua ordem e sabedoria e também a sua beleza. Por isso, como atesta a Bíblia e afirma o *Catecismo da Igreja Católica*[25], a visão homossexual não pode ser considerada igual à heterossexual. Ressalvando a devida atitude de amor e compreensão que se

---

[24] *Tradição.* EDITH STEIN (1891-1942), *Essere Finito e Essere Eterno*, Città Nuova, Roma 1992, cap. V, n. 16, p. 339. Traduzido por António Ferreira. O texto encontra-se no n. 8 do Apêndice, disponível no site figlidichi.altervista.org
[25] *Magistério.* Cf. *Catecismo da Igreja Católica*, nn. 2357-2359. O texto encontra-se no n. 9 do Apêndice, disponível no site figlidichi.altervista.org

deve ter para com todos, é preciso no entanto afirmar que só a sexualidade capaz de auscultar a verdade do espírito pode estar «livre» dos enganos e tornar-se sinal de amor e bondade, capaz de compreender Deus que a quis e criou. Assim se compreende que a sexualidade verdadeira e a religião genuína não podem estar separadas, mas se ajudam mutuamente a exprimir o seu sentido. Muitas vezes, de fato, a uma vida sexualmente desordenada, tanto de heterossexuais como de homossexuais, corresponde uma vida de fé igualmente confusa, se não mesmo falseada.

Esquecer ou ocultar a dimensão espiritual da sexualidade humana e a sua verdade mais profunda significa enganar o homem e a mulher, enganar as novas gerações. E o mesmo se diga quando se esquece a dimensão espiritual no campo do pensamento e da cultura.

A noite do espírito

Sob a pressão de vários interesses, eliminou-se de forma insidiosa e furtiva, a partir da própria prática linguística e cultural, a palavra *pneuma* no ensino, no âmbito universitário e em todas as escolas (de qualquer ordem e grau) e em todos os textos: cancelaram a palavra *pneuma*, como realidade do espírito dado por Deus ao homem. «A noite do espírito» tem lugar quando o homem escolhe o engano e a fraude em vez de Deus. «Era noite»[26], diz o Evangelho a propósito de Judas. Há o risco de que «a noite do espírito», na globalização atual, se torne verdadeiramente «a noite do mundo».

Mas como foi possível eliminar este termo fundamental? Foi simples. Inicialmente, os estudos sobre a psique deixavam aberto o campo à dimensão específica do espírito (*pneuma*), mas, com o passar do tempo, foi diminuindo gradualmente o uso especial do vocabulário correspondente, até ao ponto de acabarem totalmente assimilados os termos: assim se transformou a *psyche* (ânimo) em *alma* e tudo se tornou «psíquico». Deste modo perdemos, do ponto de vista cultural, a nossa dimensão mais profunda: a alma espiritual, o espírito; e juntamente com isso o reconhecimento da capacidade objetiva da relação com Deus.

E se toda a nossa realidade interior se torna unicamente «psíquica», deforma-se a nossa maneira de pensar: deixa de existir o verdadeiro e o não verdadeiro, o falso; não há maneira alguma de discernir entre o bem e o mal, porque a psique, por si só, deixa ao sujeito a maior parte do espaço; tudo se torna experiência e percepção sensível. A própria consciência torna-se apenas psíquica. Bons psicólogos, que possuem também a fé, conseguem de alguma forma unir as duas dimensões, combiná-las num todo, e isto é realmente uma prática recomendável. Mas este processo de reunificação não se tornou tão imediato: não é assim fácil; antes, não se ensina nem se pode ensinar. No fim das contas, poucas são as pessoas capazes de fazer esta síntese de modo pessoal, reconhecendo eficazmente a dimensão da alma espiritual.

Assim, a difusão desta cultura científica sobre a psique e a mente tornou-se de tal maneira dominante que «substituiu» completamente a dimensão do

---

[26] *Bíblia*. Evangelho segundo S. João 13, 30.

espírito e da religião, sem deixar um espaço «reconhecido» ao espírito e à realidade de Deus. Sob o impulso desta concepção redutiva, a própria religião foi sendo cada vez mais relegada para um campo pré-científico e quase absorvida por «usos e costumes» de outras ciências, como a antropologia cultural e a sociologia.

Entretanto, aumentou também a contribuição em campo químico e farmacológico das novas descobertas aplicadas à psique e à mente humana, levando a concentrar-se cada vez mais sobre a única realidade humana que teríamos capacidade de conhecer: o aspecto biológico e material. No final, passamos para um materialismo ético onde o que conta é sobretudo o *útil*, desvinculado de qualquer outro valor. Nós percebemos isso de modo crescente no campo da medicina e das comunicações, da economia e da política.

Deste modo, esquecendo gradualmente a nossa dimensão espiritual, esqueceu-se Deus, a Fonte da vida e a raiz mais verdadeira da nossa existência. E assim, o mundo está ficando cada vez mais materialista, naturalista e ateu, e vai-se entregando à escravidão do «mamon» e dos novos ditadores do ser humano que surgem no cenário mundial.

Em queda livre, o homem está perdendo a si mesmo porque ele se procura, mas não se encontra. Na verdade, onde está a sua liberdade? Nunca se falou tanto da liberdade como no século XX; e ainda agora, com razão, queremos afirmá-la. Mas, reflitamos, quais são os seus fundamentos? Talvez a liberdade exista na matéria? Por acaso, na física, existe a liberdade? Haverá a liberdade na biologia? Será que há na química? Mas então quem é que acredita verdadeiramente na liberdade? Se se nega a realidade do espírito, único «local» onde pode residir a liberdade que Deus quis que tivéssemos, a promessa da liberdade não seria, talvez, um truque se depois se nega a sua possibilidade?

Muitos gostariam de acreditar nos valores e se agarram a estes como muletas, mas falta-lhes o fundamento, faltam as raízes e tudo gira em torno do subjetivismo. E assim chegamos ao caos e ao relativismo ético, segundo o qual tanto vale uma opinião como outra. É por isso que se pode afirmar um conceito ou uma opção e, logo a seguir, também o oposto. Hoje predomina o chamado «pensamento fraco», ou seja, o pensamento não bem formado e que «não pode dizer mais». A falta de segurança, tanto no pensamento como na estabilidade dos sentimentos, demonstra que cada um dos aspectos no homem se ressente pelo fato de se ter ocultado a real dimensão do espírito que Deus concedeu ao ser humano. A verdade e a consciência podem fazer o homem voltar a si. Mas, para que a consciência volte a ser em medida maior consciência humana, mais segura, menos «psíquica» e menos manipulável, é preciso também iluminá-la não só com a certeza, mas sobretudo com a realidade do espírito. A isto nos leva a oração do *Pai nosso*.

As manifestações do espírito no homem

Mas como identificar a realidade do espírito no homem? Onde podemos detectar a sua presença em nossa maneira de pensar, agir e sentir? Onde estão os *sinais* da sua presença no homem? Procuremos ver, com inteligência e profundidade, onde aparecem estes sinais do espírito humano, sinais da existência real da alma espiritual, ou seja, do espírito humano que vem de Deus. Olhemos as nossas raízes com uma lupa. Somos capazes de fazê-lo[27]. De tais «sinais» e manifestações reais do espírito presente no homem, vou expor quatro.

Primeiro «sinal»: o infinito em nós.

Temos percepções físicas através do corpo e, com palavras e sinais convencionais, interpretamos a realidade para defini-la e medir: podemos dizer, por exemplo, que uma determinada coisa tem de largura não um metro (1 m), mas meio metro (50 cm), etc. E assim, através de palavras convencionais e símbolos matemáticos, procuramos comunicar uma leitura da realidade que, de vários modos, vemos ou percebemos.

Prosseguindo com atenção o nosso raciocínio, verificamos que em todos os computadores está disponível um pequeno símbolo – um oito (8) deitado (∞) – que significa «infinito»; e, com sua ajuda, fomos capazes, também, de ir à lua. Isso é um fato extraordinário, sensivelmente diverso, por exemplo, dos termos «ilimitado» ou «hipotético».

Estes termos não nos causam dificuldade, porque temos experiência deles e são claros para nós que os utilizamos. Mas, no nosso caso, é diferente: fala-se de «infinito»!

Prestem atenção a esta palavra: «infinito». Como se pode ler o infinito, dizer que uma coisa «é» «infinita», como se a pudéssemos identificar e medir? Não temos nenhum equipamento que possa medir uma coisa que «é» «infinita». E todavia afirmamos que o infinito existe de forma real. Sim! Real mesmo, não hipotética. Mas, donde recebemos esta certeza? Além disso, onde é que existe o infinito duma forma tão real que possamos medir e afirmar com certeza que é infinito? Podemos designar uma realidade «ilimitada», «indefinida» ou «hipotética», porque podemos fazer a experiência, está dentro dos nossos limites. Mas como podemos medir, quando se trata, próprio, do «infinito»? Aonde vamos buscar a medida do infinito para medir e afirmar que uma realidade é verdadeiramente infinita e que existe o infinito? É um conceito muito estranho, aquele que pensamos. E, no entanto, todos o afirmamos, com segurança, como real. Como pode ser isto? Pois só o infinito pode medir o infinito.

Mas, onde vamos buscar a «medida» do infinito? Respondo: no mundo da alma, o mundo do espírito que Deus nos deu. A medida do infinito brota do mundo da alma: deste modo «temos» a capacidade de reconhece-lo como existente e real. O pensamento do infinito e a capacidade de o ler, realmente

---

[27] *Magistério. Catecismo da Igreja Católica*, n. 36: «"A Santa Igreja, nossa Mãe, atesta e ensina que Deus, princípio e fim de todas as coisas, pode ser conhecido, com certeza, pela luz natural da razão humana, a partir das coisas criadas". Sem esta capacidade, o homem não poderia acolher a revelação de Deus. O homem tem esta capacidade, porque foi criado "à imagem de Deus" (Gn 1, 27)»; n. 33: «Com a sua abertura à verdade e à beleza, com o seu sentido do bem moral, com a sua liberdade e a voz da sua consciência, com a sua ânsia de infinito e de felicidade, o homem interroga-se sobre a existência de Deus. Nestas aberturas, ele detecta sinais da sua alma espiritual. "Gérmen de eternidade que traz em si mesmo, irredutível à simples matéria", a sua alma só em Deus pode ter origem».

como «infinito», não pode vir do mundo da natureza finita, mas do mundo do Infinito, de Deus, graças à presença em nós do «espírito» que Deus nos deu como «sua imagem».

Este é um sinal de qualquer coisa de infinito que temos em nossa realidade humana pequenina e que vem «dos céus», isto é, do mundo do espírito, concretamente de «Deus Pai nosso que está nos céus».

Há realidades que a alma espiritual transmite diretamente ao nosso cérebro, contando-se, entre elas, a realidade que chamamos «infinito». Nós pensamos o «infinito» como real, não hipotético, e afirmamo-lo nas ciências matemáticas. Como podem estas ciências não ver a sua raiz no Infinito de Deus?

Segundo «sinal»: a liberdade.

É fácil ver como a liberdade está sempre presente, em todas as gerações: está dentro do coração de cada um, sendo impossível suprimi-la no ser humano.

A liberdade que habita em nós é uma necessidade: a liberdade é ir além. Amamos as coisas livres e desprezamos aquilo que não è livre. Todos nós estamos marcados pela experiência da liberdade.

Duas pessoas que se amam verdadeiramente devem sentir-se livres, não constrangidas. A mesma exigência é sentida já por uma criança, a ponto de esta perder a alegria se por acaso vier a saber que a mãe e o pai não a acolheram livremente, mas foram forçados. Vejam que raciocinamos com o «medidor» da liberdade: o que é verdadeiro, belo e bom deve ser também livre. Ou seja, de alguma forma somos feitos com a «liberdade» já dentro de nós.

Esta dimensão não existe em nenhuma máquina, em nenhum animal, apesar de os próprios animais quererem ser deixados livres. A liberdade é própria do nosso mundo humano e é um modo particular de existência, como a de Deus; só Deus é absolutamente livre e quis fazer-nos «à sua imagem»: nós «nos assemelhamos» a Deus que é «o nosso Pai que está nos céus». Somos feitos de uma liberdade para o bem. Não podemos prescindir da liberdade; não somos nós mesmos se não fazemos o bem livremente, e não à força. Só assim podemos amar e existir: sendo livres. Com efeito, «em virtude da sua alma e das forças espirituais da inteligência e da vontade, o homem é dotado de liberdade, "sinal privilegiado da imagem divina"»[28].

Terceiro «sinal»: a consciência de existir.

Vejamos como se exprime um menino: não tem consciência da liberdade, nem da alma espiritual, mas é feito de alma, é feito de bem, é feito de eternidade. Uma vez, uma mãe contou-me que o seu filho pequeno lhe perguntara como havia nascido. Ouvindo a mãe responder-lhe que o tinha trazido dentro de si e que, depois, veio à luz com muita alegria, o menino perguntou: «Onde é que eu estava antes?».

Como pode um menino questionar-se: «Onde é que eu estava antes»? Que é para ele um «antes»? Porque pensou ele no «antes»? Um menino pensa no antes do seu existir! Porventura um animal pergunta: Onde é que eu estava antes? Em que lugar me encontrava antes? Um menino, sim! Enquanto os

---

[28] *Magistério.* Catecismo da Igreja Católica, n. 1705.

nossos caros animais não se fazem esta pergunta, porque não têm a realidade profunda do espírito com a sua consciência, nós seres humanos a temos. A história desta mãe e do seu menino de quatro anos nos diz algo...

Não se trata de uma questão física, psicológica ou afetiva, mas sim da sua alma: é o espírito no homem, é aquela eternidade que nos dá a liberdade de existir para além do tempo e do espaço. Esta eternidade interior dá-nos a noção do transcorrer do tempo, do antes e do depois. Também esta é a liberdade!

Aquela mãe me disse que o menino só se acalmara quando lhe respondeu: «Você estava no coração de Deus». Então o menino tranquilizou-se e deixou de fazer perguntas. Porque se acalmou e não continuou a fazer mais perguntas, como por exemplo: como havia chegado lá? Porque é que parou no coração, na intenção, no amor de Deus?

Ninguém havia falado da alma ao menino, mas o sinal do espírito aflorou nele, porque todos somos feitos assim, de espírito, e viemos de Deus Pai. Esta é a nossa raiz. É estupendo! Nem sequer um computador tem a percepção do tempo, como este menino de quatro anos. Porque a percepção do tempo não é fornecida pelo seu transcorrer registrado na memória, como na do computador. Esta memória eletrônica nos pode assinalar apenas o antes ou o depois de um determinado tempo, como se fosse um ponto fixo. No homem, não se trata de «um ponto». Por isso, uma máquina não tem a «consciência» que tem o homem. Um animal pode ter gravada na sua memória a recordação de um fato vivido, mas não tem a percepção do tempo que «flui», como o homem a tem. Este tem a percepção do antes e do depois relativamente à «percepção do presente», a qual, no ser humano, é fornecida pela presença da alma espiritual, do seu espírito. Com efeito, no ser humano (pequeno ou grande) é o espírito que lhe dá a percepção do tempo: é o espírito que nos dá o presente, o «existir», a consciência de «existir agora», e é este presente que é capaz de medir o passado e o futuro perdurando sempre em si mesmo.

É este «existir agora» que está na base da consciência humana e do tempo: este «existir» é precisamente a base da nossa vida, que é imagem de Deus, o qual é Absoluto por excelência. Este «existir no presente», que vivemos no tempo, percebemo-lo também acima do tempo que transcorre como passado e como futuro.

Por isso, aquele menino perguntou: «Onde é que eu estava antes?» Se alguém lhe respondesse: «Você não existia, nunca tinha existido» e «um dia morrerá e deixará de existir», isso significaria enganá-lo, negar-lhe a sua dignidade humana, aquilo que faz dele um ser humano, a sua alma espiritual. Esta é uma das primeiras confusões com que podemos, hoje, ser presenteados pelo mundo «redutivo» da subcultura agnóstica ou ateia.

Quarto «sinal»: a busca da felicidade.

A presença do espírito manifesta-se em nós desta forma também. Como é possível querermos a felicidade? Nós a vimos alguma vez? Alguma vez já a possuímos? Mas todos nós a procuramos.

De onde vem esta aspiração? Porque buscamos a felicidade, mesmo sabendo que não está ao nosso alcance nem a encontraremos e que ninguém tem a chave para no-la dar? Porque é que se busca, primeiro com o afeto, depois com os presentes, em seguida, com o dinheiro, depois ainda com o corpo, ora com uma coisa, ora com outra? É uma busca contínua, de uma vida inteira! Todos escavam, todos procuram este grande tesouro: uns agarram-se a qualquer coisa e outros a alguém; uns agarram-se ao passado e outros ao futuro. Mas a felicidade, procuramo-la todos. Pensando bem, se não estivesse já dentro de nós, não a procuraríamos! Não buscamos com tanta insistência uma coisa que não vimos nem conhecemos.

Por que é que buscamos a água? Naturalmente porque somos feitos de água. Porque buscamos o amor? Porque somos feitos de amor. Então, porque buscamos a felicidade? Donde nos vem esta aspiração? Porventura tantas tribulações e tantas lágrimas não nos vêm da dura realidade que contrasta com a felicidade que todos procuramos? Por exemplo, entre as causas de sofrimento em dois jovens que se amavam e se deixaram, não haverá que considerar ainda a realidade do espírito que está na carne? Mas este dado não é seriamente tomado em consideração pela cultura dominante, que, entre as causas de sofrimento, nada mais avalia que o desejo. Mas, o que está por detrás do desejo? Não está também a realidade do espírito humano? O mundo das ciências humanas efetuou passos imensos e esses se desenvolveram muito, mas a realidade do espírito humano – como já sucedia com os seus fundadores – é quase totalmente ignorada. Seria preciso reescrever os manuais de psicoterapia e mudar a psicanálise.

Os animais contentam-se, mas os seres humanos andam sempre à procura do paraíso. A vida humana tem uma verdade própria: é a felicidade. Cada um traz dentro de si esta exigência, que o impele à busca e também ao bem-estar. É esta aspiração que nos impele a amar, mas que nos faz também sofrer. Para encontrar a felicidade, para dar resposta a esta necessidade interior, é preciso encontrar a sua raiz profunda, isto é, a alma, porque a felicidade não pertence à terra, não pertence às condições químicas, físicas ou biológicas. Pertence a outro mundo, ao mundo do espírito, ao mundo de Deus. Por isso, em confidência com Deus, diz Santo Agostinho: «O nosso coração vive inquieto, enquanto não repousa em Vós»[29].

A nossa humanidade, que é feita não só de «pó» da terra mas também de realidade «celeste», de espírito, procura a felicidade: só a possuiremos descobrindo donde vimos, isto é, de «Deus Pai nosso que está nos céus». O mundo, que não ama a Deus mas está sujeito a «mamon», quer negar esta aspiração, sufocando-a e inibindo-a com a esperança de deixar de sofrer a nostalgia de Deus e do paraíso.

Mas, desta maneira, tornamo-nos cada vez mais desumanos. O mundo diz-nos que estamos condenados a não encontrar a felicidade e que, em vez dela, há que procurar o prazer e as satisfações. Jesus aponta-nos no «Pai nosso que está nos céus» o caminho para não sermos enganados. O espírito humano é «feito» de liberdade, de infinito, de felicidade, isto é, de amor. É feito de verdade e de luz. Desta forma, tudo se torna mais claro: é por isso que nos alegramos, choramos, sofremos, lutamos... é por isso que queremos ser felizes. Queremos as coisas belas e boas.

---

[29] *Tradição.* SANTO AGOSTINHO (354-430), *Confissões*, Livro I, 1, 1: PL, 32, 659. 8.ª edição. J. Oliveira Santos – A. Ambrósio de Pina (eds.), Porto: Livraria Apostolado da Imprensa.

A dimensão espiritual do homem, o seu espírito, não é uma fábula, nem um mito. E também não se aprende: não é uma super-estrutura da cultura, mas descobre-se na nossa natureza.

Daí a pergunta: Mas se é tão importante, se o espírito humano, a alma espiritual é o *segredo* da nossa vida, por que nos escapa? Por que o escondemos às novas gerações? Por que deixamos escapar este segredo das nossas raízes? Se é tão importante, se é o segredo da nossa vida humana, devemos nos perguntar: Como fazer para não o esquecermos nem sermos enganados, permitindo que no-lo roubem?

Aqui está a solução. A quarta frase do *Pai nosso* vai nos mostrar como livrar-se deste grande perigo onde caem tantas pessoas, solicitadas também pela civilização do bem-estar e do consumismo. Como se consegue permanecer no segredo da própria existência e dar um rosto humano à família e à sociedade, sem cair em perigosas camuflagens? É o que veremos no capítulo quarto.

4

Santificado seja o vosso nome

Vimos, no capítulo anterior, que temos o dom profundo do espírito, que faz de nós pessoas humanas, extremamente ricas de solicitude, vida, criatividade, embora com tantos problemas, ânsias e tensões profundas. O motivo disso é termos uma bagagem interior que não é formada apenas pela nossa história ou a nossa sensibilidade, mas também pela dimensão extraordinária do espírito humano, pela sua presença em nós que nos diferencia dos animais e nos torna pessoas. Este dom não provém da terra, mas de Deus, desde a concepção, e determina o respeito e o amor por todos os seres humanos, de todas as idades, desde que desponta a vida até à morte natural. É esta característica que fundamenta a «dignidade humana».

Quando se obscurece o espírito

Um Estado ateu e materialista, ou mesmo laicista, segue uma visão da vida «sem Deus e sem alma»: um ateu, isto é, um homem sem Deus e materialista, reconhece apenas a vida material e nega a existência do espírito. Ora, sem o espírito, a obtenção do que é «útil» – mesmo quando isso for contra a verdade e a vida – torna-se a norma, o meio e o fim. Aqui está a base da insensatez, como tantas vezes nos mostrou a história. O Evangelho traz ao mundo o primado do espírito, que nos une a Deus.

Na constituição pastoral *Gaudium et spes* (A alegria e a esperança), o Concílio Vaticano II lembra-nos, com preocupação, que o ateísmo «deve ser considerado entre os fatos mais graves do tempo atual e submetido a atento exame»[1].

Se se esquece a realidade do espírito, como infelizmente acontece muitas vezes, acaba-se, quase sem se dar conta, por sufocar a identidade humana, chegando até mesmo a falar de direitos, como no caso do aborto, que se tornou uma grande chaga: um delito que não pode ser reconhecido como direito. O fato que a nossa sociedade assumiu a configuração de um direito adquirido constitui uma forma de degradação moral: uma falsa concepção do

---

[1] *Magistério*. Cf. CONCÍLIO VATICANO II, Constituição pastoral *Gaudium et spes* n. 19. O texto encontra-se no n. 10 do Apêndice, disponível no site figlidichi.altervista.org

homem, que é reduzido a objeto. Um povo que mata os próprios filhos não pode ser um povo sábio.

São João Paulo II, na carta encíclica *Evangelium vitae* (O Evangelho da vida), retomando o número 51 do documento conciliar *Gaudium et spes*, reafirma que o aborto é, «juntamente com o infanticídio, "crime abominável"»[2] e, no número 73 da mesma carta encíclica, define o aborto e a eutanásia como «crimes», ao escrever: «O aborto e a eutanásia são, portanto, crimes que nenhuma lei humana pode pretender legitimar. Leis deste tipo não só não criam obrigação alguma para a consciência, como, ao contrário, geram uma *grave e precisa obrigação de opor-se a elas através da objeção de consciência.* Desde os princípios da Igreja, a pregação apostólica inculcou nos cristãos o dever de obedecer às autoridades públicas legitimamente constituídas (cf. *Rm* 13, 1-7; *1 Pd* 2, 13-14), mas, ao mesmo tempo, advertiu firmemente que "importa mais obedecer a Deus que aos homens" (*At* 5, 29)»[3].

Como é possível que os homens tenham esquecido estas verdades, juntamente com a dimensão do espírito humano, ao ponto de transformaram em «direito» o crime do aborto? Na mesma encíclica, o Papa denunciava a ideia, que se estava difundindo, de que, para sermos tolerantes e democráticos, é preciso não ter regras morais. Com este pressuposto falso ficaram bloqueadas as consciências de muitos cristãos e católicos, bem como de muitos homens e mulheres de boa vontade, que se adormentaram. É o «relativismo ético», a propósito do qual escreve João Paulo II, no nº 70: «Não falta quem pense que tal relativismo seja uma condição da democracia, visto que só ele garantiria tolerância, respeito recíproco entre as pessoas e adesão às decisões da maioria, enquanto as normas morais, consideradas objetivas e vinculadoras, conduziriam ao autoritarismo e à intolerância.

Mas é exatamente a problemática conexa com o respeito da vida que mostra os equívocos e contradições, com terríveis resultados práticos, que se escondem nesta posição.

É verdade que a história registra casos de crimes cometidos em nome da "verdade". Mas crimes não menos graves e negações radicais da liberdade foram também cometidos e cometem-se em nome do "relativismo ético". Quando uma maioria parlamentar ou social decreta a legitimidade da eliminação, mesmo sob certas condições, da vida humana ainda não nascida, porventura não assume uma decisão "tirânica" contra o ser humano mais débil e indefeso? Justamente reage a consciência universal diante dos crimes contra a humanidade, de que o nosso século viveu tão tristes experiências. Porventura deixariam de ser crimes, se, em vez de terem sido cometidos por tiranos sem escrúpulos, fossem legitimados por consenso popular?»[4].

Certamente não! Certamente não poderiam, igualmente, ser legitimados. Aquilo que o Papa denuncia acontece quando se esquece a dimensão do espírito. Junto ao escurecimento da consciência, fruto da negação do espírito humano, seguem outros males sem fim, como a desonestidade, a chantagem

---

[2] *Magistério.* Cf. JOÃO PAULO II, Carta encíclica *Evangelium vitae* (1995) n. 58.
[3] *Magistério.* JOÃO PAULO II, Carta encíclica *Evangelium vitae* (1995) n. 73.
[4] *Magistério.* JOÃO PAULO II, Carta encíclica *Evangelium vitae* (1995) n. 70.

e o roubo, a delinquência e a criminalidade, a exploração trabalhista (mesmo de menores), a pornografia, a prostituição e os abuso sexuais.

De modo particularmente doloroso os jovens e as novas gerações sentem isto. Deixando falar seu coração de pastor, o Papa Bento XVI disse-lhes: «Exorto-vos a levar uma vida digna de nosso Senhor (cf. *Ef* 4, 1) (...). Existem numerosas tentações que deveis enfrentar todos os dias – a droga, o dinheiro, o sexo, a pornografia e o álcool – que, segundo o mundo, vos darão a felicidade, mas na verdade trata-se de realidades destruidoras, que criam divisão. Só existe uma coisa que permanece: o amor pessoal de Jesus Cristo por cada um de vós. Procurai-O, conhecei-O e amai-O, e Ele vos tornará livres da escravidão da existência sedutora mas superficial, frequentemente proposta pela sociedade contemporânea. Deixai de lado aquilo que não é digno de consideração e tomai consciência da vossa dignidade de filhos de Deus. (...) Oro a fim de que muitos de vós conheçam e amem Jesus Cristo e, através de tal encontro, cheguem a dedicar-se completamente a Deus, de maneira particular quantos de vós são chamados ao sacerdócio e à vida religiosa»[5].

Mas, realmente, qual espaço se dá, hoje, ao espírito para debelar os males que estão no homem e na sociedade? Por exemplo, no caso da eutanásia, porventura não se esquece a presença do espírito numa vida humana, que se pretende eliminar como se fosse uma coisa, porque já não seria de utilidade para ninguém? Fala-se de grandes injustiças e novas guerras; fala-se realmente da «cultura da morte» que está se desenvolvendo, tranquilamente, para apoiar e legitimar interesses partidários. Em suma, muitas mentiras estão aparecendo e estão proliferando em nossas sociedades, não só na Itália e na Europa, mas um pouco por todo o mundo, à medida que se esquece a nossa dimensão mais importante e radical que é, precisamente, a do espírito humano. Em consequência, esquece- se também a sua Fonte, que é a verdade e o amor de Deus Pai nosso.

Mas, se o «dom» do espírito é tão importante que nos define como seres humanos, capazes de reconhecer o verdadeiro rosto de Deus «Pai nosso que está nos céus» e também o rosto verdadeiro e precioso de cada ser humano, como podemos recuperar esta dimensão? Quem pode nos ajudar? Antes de mais nada, há que determinar se as outras três dimensões (corpo, mente e psique), que cada um traz em si mesmo e que analisamos no capítulo anterior, nos podem ajudar a entrar em contato com a nossa realidade pessoal e mais profundo do espírito.

Comecemos pelo corpo. O corpo tem as suas pulsões, sensações e necessidades. O espírito anima, sem dúvida, o corpo, mas a dimensão do espírito não aparece evidente logo à primeira vista no corpo.

No nosso pensar, na nossa mente (que constitui a segunda dimensão), intervém, sem dúvida, a ação do espírito. Mas, o pensamento corre o risco de ficar prisioneiro "em si mesmo", como de fato acontece no relativismo ético que se manifesta através do chamado pensamento «débil». Parece tão iluminado o pensamento humano e todavia escapa-lhe este dado: que é um pensamento

---

[5] *Magistério*. BENTO XVI, *Homilia da Santa Missa no Bellahouston Park de Glasgow.* Viagem Apostólica à Inglaterra (16 de Setembro de 2010): *L'Osservatore Romano* (ed. portuguesa de 18/IX/2010) p. 8.

livre e esta liberdade não é inerente à matéria biológica. E, procurando a autoreferenciação, o pensamento fica prisioneiro de si mesmo, sem operar aquele comportamento crítico, que é próprio de um pensamento livre.

Pensemos um pouco: no pensamento temos a liberdade de pensar; mas, persistindo na pretensão de ser auto-referencial, sem nenhuma ligação com Deus e não reconhecendo o valor da verdade, o pensamento, frequentemente, recai sobre si mesmo, sem querer de algum modo superar-se. E é por isso que, no fim, não nos dá segurança: se fosse humilde, mostrar-nos-ia o espírito; mas, porque facilmente se enche de si mesmo (em outras palavras, incha-se de soberba), continua orgulhoso de si mesmo e deste modo chega, mais cedo ou mais tarde, a dizer que «é só uma opinião...», ficando prisioneiro de um pensamento individualista e relativista e, finalmente, também com medo de se perder. Esta é a base do agnosticismo. O pensamento humano sem Deus só pode ser insensato[6], porque é soberbo ou vil.

Vejamos a terceira dimensão, a da psique, se conseguimos detectar nela qualquer elemento que nos possa ajudar a captar, com segurança, a realidade do espírito.

A dimensão psíquica, a do sentimento, é animada pelo espírito, sendo capaz de fazer opções boas, sentir coisas boas, escolher decididamente o amor. O sentimento, porém, pode orientar-se também para reações diferentes, opostas, tais como a destruição e o ódio. Portanto, é fundamentalmente ambíguo. Também este caminho não nos dá a certeza para reconhecer imediatamente, no ser humano, a dimensão do espírito.

Na verdade, o espírito humano está entranhado em cada uma das três dimensões: corpórea, mental e psíquica. Nenhuma destas dimensões presentes em cada ser humano pode mostrar-nos o espírito em si mesmo, porque este, em sua realidade, é maior do que as outras dimensões. E quem pode, então, «ajudar» o nosso espírito? A partir deste ponto de vista, porque è tão importante que Jesus tenha colocado no *Pai nosso* o pedido «santificado seja o vosso nome»? O que significa este pedido para nós e o que muda em nossa história pessoal? Isto é o que devemos descobrir.

Em outras palavras, procuramos algo que nos possa revelar a realidade profunda do nosso espírito. Como se consegue fazer emergir, de maneira viva, luminosa e clara, a realidade extraordinária do nosso espírito? Quem pode alimentá-lo?

A questão é: se o espírito humano é a realidade mais profunda e rica que temos, que há de mais radical que esta raiz? Se o espírito humano é a raiz, o segredo da nossa existência humana, que nos faz filhos de Deus e nos faz amar com o corpo, pensar com a mente, amar com o coração, que há de mais radical que possa acender e manter viva a nossa raiz, o nosso espírito?

É uma boa pergunta! Que há de mais radical do que a raiz que está dentro de nós, que é o espírito, e que nos torna humanos? Existe apenas uma resposta: a Fonte do nosso espírito humano, Deus Pai.

Com efeito, para nos darmos conta da preciosidade do espírito humano, não podemos basear-nos sobre uma força menor, embora importante, bela, magnífica como é cada uma das outras três dimensões: o corpo, o nosso

---

[6] *Bíblia*. Cf. Evangelho segundo S. Lucas 12, 16-21.

pensamento e a afetividade (*psychè*). Devemos, ao contrário, basear-nos sobre uma realidade maior que a nossa raiz: Deus, a Fonte do nosso espírito.

Não o podíamos imaginar. Jesus colocou no *Pai nosso*, primariamente e de modo essencial, este pedido para nos impedir de precipitar nestas duas consequências dramáticas: por um lado, o ateísmo[7] e o agnosticismo, isto é, o esquecimento, a negligência da realidade mais profunda que é o mistério de Deus e o seu rosto e, por outro, o relativismo e o materialismo, com a situação dramática resultante do homem que já não sabe quem ele é. Uma vez negada a dimensão da sua alma espiritual, o próprio homem torna-se um objeto, uma realidade quase insignificante, manipulável e atacável especialmente naqueles que são os mais pobres.

Jesus colocou, como primeiro pedido na oração do *Pai nosso*, «santificado seja o vosso nome», porque só assim conseguimos chegar à percepção e à maturação profunda da nossa realidade, do segredo da nossa pessoa: a dimensão do espírito humano. Diz a Escritura: «Quem dentre as pessoas conhece o que é próprio do ser humano, a não ser o espírito humano que nele está? Assim também, ninguém conhece o que é de Deus, a não ser o Espírito de Deus. Nós não recebemos o espírito do mundo, mas recebemos o Espírito que vem de Deus, para conhecermos os dons que Deus nos concedeu»[8].

O nosso espírito precisa da relação com Deus para podermos reconhecer e senti-lo em nós. É que, sem Ele, não existimos nem existiríamos. Só Deus pode nos revelar o nosso segredo mais profundo: o nosso espírito «criado à sua imagem e semelhança»[9]. Ele é a Fonte do nosso mistério; é o alimento, a «água» que sacia o nosso espírito, mas é também o nosso «espelho» que nos revela quem somos[10]. E não nos pode revelar nenhuma outra realidade, nem humana nem espiritual, nenhum substituto, como veremos mais adiante. Nenhum yoga, Nova Era, gnosticismo, esoterismo ou espiritismo: isso seria apenas mais um engano. Só Deus transcendente, o Deus vivo, Deus Pai pode dizê-lo e fazê-lo amadurecer em nós. Mas como?

Formular o pedido «santificado seja o vosso nome» significa dizer a Deus que compreendemos, que o reconhecemos como o único Deus e dizemos abertamente que ele é o Santo.

---

[7] Em apoio do ateísmo, alguns quiseram utilizar o pensamento matemático e físico, fazendo referência especialmente ao Princípio de Indeterminação de Heisenberg e ao Teorema de Gödel. Mas, bem vistas, as mesmas argumentações mostram precisamente o contrário de tais conclusões e a possibilidade lógico-matemática de afirmar a dimensão suprema do espírito humano. Muitas vezes comete-se o erro de identificar o produto do pensamento com o processo lógico-mental que elabora tal produto. Na verdade, o processo lógico do pensamento humano, em cada uma das suas afirmações seja ela relativa ou absoluta, sempre pressupõe *o absoluto*. E «o acaso» não explica a existência do mundo e muito menos a sua «harmonia». Tanto o pensamento (matemático) como a realidade (física), simplesmente porque existem, são concordes em pressupor necessariamente o Absoluto, sem o qual não podemos pensar de forma coerente nem viver de modo lógico. Mas, sobre estas questões, seria necessário mais estudo.

[8] *Bíblia*. Primeira Carta aos Coríntios 2, 11-12.

[9] *Bíblia*. Cf. Livro de Gênesis 1, 26.

[10] *Magistério*. Cf. CONCÍLIO VATICANO II, Constituição pastoral *Gaudium et spes* n. 22.

A este respeito, é interessante o comentário de São Cipriano sobre *A Oração do Senhor*: «Dizemos "santificado seja o vosso nome", não para exprimir o desejo de que Deus seja santificado com as nossas orações, mas para pedirmos ao Senhor que seja santificado em nós o seu nome. Aliás, por quem poderá Deus ser santificado, se é Ele próprio quem santifica?»[11].

Portanto, não pedimos que Deus seja santificado, mas que seja santificado em nós, isto é, que o nosso espírito possa reconhecer Deus, para poder entrar em comunhão com Ele que é Santo.

Que significa «Santo»? A palavra usada no texto hebraico é *kadoš*[12] e significa que Deus está separado de todas as outras realidades, que Ele é único, que Deus é diverso da natureza, está para além de tudo o que possamos imaginar. «Santo» quer dizer, extraordinária e inconcebivelmente, único, separado, diverso. Na Santa Missa, dizemos: «Santo, Santo, Santo, Senhor Deus do universo»[13]. Assim, declaramos e afirmamos que Deus é Santo. Para permanecermos pessoas verdadeiras, que não se enganam nem se deixam enganar, precisamos afirmar que Deus é Santo, pedir que «o seu nome seja santificado» em nós. Deus é de tal maneira Santo e Único que proclamar a verdade só nos pode fazer bem. Se não prestarmos «culto a Deus», o nosso espírito não recebe luz, não recebe corroboração: é como se tivéssemos colocado o nosso espírito debaixo da terra. Por isso, no *Pai nosso*, Jesus ensinou-nos a sair e reconhecer e maturar esta dimensão, descobrindo a relação com Deus Pai.

Não é resultado do nosso pensamento aquilo que acreditamos, porque Deus está além do nosso pensamento: a Deus, podemos, de alguma maneira, compreendê-lo, mas Ele permanece sempre além de nós; é imensamente maior, é «o Santo»[14], como nos diz a Bíblia: «Pois os meus pensamentos não são os vossos pensamentos, e vossos caminhos não são os meus»[15].

Como exprimimos as dimensões do corpo, do afeto e do pensamento, de igual modo devemos exprimir a nossa dimensão do espírito, ou seja, reconhecendo-a. E onde é que melhor a reconhecemos? Precisamente quando rezamos e dizemos: «Santificado seja o vosso nome». A alma não só se exprime no corpo e suas funções, na afetividade e suas manifestações, no pensamento e suas faculdades, mas também e sobretudo na dimensão da oração. Somente se e quando oramos é que somos pessoas humanas que tocam as próprias raízes. Por isso, o primeiro pedido que Jesus nos apresenta no *Pai nosso* é «santificado seja o vosso nome». Deus não pede para si: ele não tem necessidade da nossa oração e do nosso louvor. Deus pede a oração por nós, para nos reencontrarmos e não nos perdermos.

[11] *Tradição.* SÃO CIPRIANO (210-258), *A Oração do Senhor*, n. 12: *CSEL* 3, pp. 274-275. Cf. *Liturgia das Horas*, III, p. 400.
[12] *Bíblia.* Cf. Livro do Profeta Isaías 6, 3; Livro dos Números 20, 13; Livro do Apocalipse 16, 5.
[13] *Tradição.* CONFERÊNCIA EPISCOPAL PORTUGUESA, *Missal Romano: Ordinário da Missa, Conclusão do Prefácio na Oração Eucarística*, Gráfica de Coimbra, Coimbra 1992, p. 452.
[14] *Bíblia.* Cf. Livro dos Salmos 22, 4; Livro do *Profeta Oseias* 11, 9; Livro do *Apocalipse* 4, 8.
[15] *Bíblia.* Livro do Profeta Isaías 55, 8.

Este fato é verdadeiramente importante, porque a nossa dimensão do espírito amadurece através do reconhecimento de que Deus é Santo e não há outro, de que Ele é, em si mesmo, absoluta e unicamente Deus, distinto, não confuso com a criação. Isto muda a nossa vida, porque «toca» as nossas raízes: Deus é capaz de nos alimentar. Se não rezarmos, perdemo-nos; perdemos de vista o nosso mistério e as nossas raízes.

Esta relação com Deus, que é, como veremos mais adiante, «dar culto a Deus», muda a realidade das pessoas no âmbito da sexualidade, da família e da sociedade. É precisamente encontrando Deus na oração que se transformam as nossas capacidades humanas, abrindo-se a Deus Pai e ao próximo. O culto verdadeiro, que prestamos a Deus, abre o coração aos irmãos. Lembrou-nos isso o Papa Bento XVI em sua Visita a Santiago de Compostela: «Não se pode prestar culto a Deus sem proteger o homem, seu filho, e não se serve o homem sem se perguntar quem é o seu Pai e sem responder à pergunta sobre ele. A Europa da ciência e das tecnologias, a Europa da civilização e da cultura deve ser ao mesmo tempo a Europa aberta à transcendência e à fraternidade com outros continentes, ao Deus vivo e verdadeiro a partir do homem vivo e verdadeiro. Isto é o que a Igreja deseja oferecer à Europa: cuidar de Deus e cuidar do homem, a partir da compreensão que nos é oferecida de ambos em Jesus Cristo»[16].

Deus não é fruto do nosso pensamento ou de uma carência nossa; não é algo que possamos delinear ou inventar. Deus é considerado, por muitos que criticam a religião, fundamentalmente como uma «criação» do homem, uma sua idealização. E de igual modo muitos escritores e filósofos, psicólogos e psiquiatras interpretaram a realidade da oração como se a busca de Deus fosse motivada apenas por carências humanas e medos. Mas, conceber assim a religião cristã significa relegá-la a uma visão verdadeiramente infantil, a ponto de muitos ateus pensarem que viver sem fé seja uma opção corajosa e adulta. Precisaríamos ver, aqui, se os cristãos sempre ofereceram uma imagem verdadeira da fé[17].

Por isso, Deus quer que levemos a sério seu Nome excelso, misterioso e único. Quando Moisés pergunta a Deus o seu nome, Ele pronuncia YHWH[18], que se escreve apenas com as consoantes e, por conseguinte, impronunciável, para sublinhar o mistério de Deus, que não pode ser «possuído» por nenhum dos nossos conhecimentos. Assim fez para manter o segredo da identidade de Deus: o nome significa, fundamentalmente, que Deus é «Aquele que é». Devemos entender bem: não é Aquele que tem a vida, como nós a temos, mas Aquele que É: o Ser Absoluto, a Vida Absoluta. Em outras palavras, Deus tem a sua própria identidade e não quer ser confundido, equivocado ou inventado. Deus é «ciumento» do seu Nome[19], porque mantém no próprio Nome o seu mistério, para dá-lo ao homem na verdade de Si mesmo.

---

[16] *Magistério.* BENTO XVI, *Homilia da Santa Missa por ocasião do Ano Santo Compostelano na Praça do Obradoiro em Santiago de Compostela* (6 de Novembro de 2010).

[17] *Magistério.* Cf. BENTO XVI, *Homilia na Missa do Crisma* (21 de Abril de 2011). O texto encontra-se no n. 11 do Apêndice, disponível no site figlidichi.altervista.org

[18] *Bíblia.* Cf. Livro do Êxodo 3, 14.

[19] *Bíblia.* Cf. Livro do Êxodo 34, 14; Livro do Profeta Ezequiel 39, 25.

O nome de Deus traduz o respeito por aquilo que Ele é realmente, e não como nos apraz inventá-lo, nem como gostaríamos que fosse, porque, então, já não seria como Ele é. O pedido «santificado seja o vosso nome» faz-nos dizer não só que Deus existe, mas que «existe como Ele é».

Quando conheci profundamente o Senhor, a minha vida mudou e causou-me grande impressão descobrir na Bíblia este apelo: «pensai corretamente sobre o Senhor e com integridade de coração procurai-o»[20]. Deus quer que olhemos para Ele com sentimentos justos e pensamentos retos, se verdadeiramente o queremos encontrar e compreender. Não Se contenta com o nosso mero acreditar que Ele existe.

Cada um de nós quer ser reconhecido por aquilo que é, em sua própria identidade. E este dado, característico de todos nós, é ditado pela dimensão do espírito. Por isso, cada qual justamente preza a sua identidade e o próprio nome. Com maior razão Deus, que é Deus, quer ser reconhecido, respeitado, invocado na sua realidade excelsa, admirável, misteriosa, mas também próxima, porque nos deu a intimidade da oração: «Pai nosso que estais nos céus, santificado seja o vosso nome».

Desenvolver a dimensão do espírito

Na medida em que reconhecemos Deus, o escolhemos e nos transferimos para a sua realidade, cresce e ganha corpo a nossa realidade espiritual, sobressai e ilumina-se a nossa realidade profunda do espírito.

Em nós, tudo deve se desenvolver, incluindo a dimensão do espírito. E o espírito desenvolve-se na relação com Deus, que é a Fonte da vida e do nosso ser.

Por isso, é tão importante a religião, a sua existência e o consequente direito à liberdade religiosa, mencionado pelo Papa Bento XVI[21]. É igualmente importante conseguir ver onde esta se encontra ameaçada[22], de modo particular no serviço prestado pela religião à formação dos jovens. O ensino da religião católica é particularmente útil para o desenvolvimento da dimensão humana nos adolescentes e para a sociedade, como o Papa lembrou aos professores: «Graças ao ensinamento da religião católica, a escola e a sociedade enriquecem-se de verdadeiros laboratórios de cultura e de humanidade, nos quais, decifrando a contribuição do cristianismo, habilita-se a pessoa a descobrir o bem e a crescer na responsabilidade, a confrontar-se e a apurar o sentido crítico, a inspirar-se nos dons do passado para compreender melhor o presente e projetar-se conscientemente para o futuro»[23].

Por isso, é necessário defender o direito à liberdade religiosa, bem como os dias festivos religiosos. «Guardar os domingos e festas de

---

[20] *Bíblia*. Livro da Sabedoria 1, 1.
[21] *Magistério*. Cf. BENTO XVI, *Mensagem para a celebração do XLIV Dia Mundial da Paz* (8 de Dezembro de 2010). O texto encontra-se no n. 12 do Apêndice, disponível no site figlidichi.altervista.org
[22] *Magistério*. Cf. BENTO XVI, *Discurso ao Corpo Diplomático* (10 de Janeiro de 2011). O texto encontra-se no n. 13 do Apêndice, disponível no site figlidichi.altervista.org
[23] *Magistério*. BENTO XVI, *Discurso aos participantes no Encontro dos Professores de Religião Católica* (25 de Abril de 2009).

guarda» – recorda-nos o terceiro dos Dez Mandamentos[24]. Deus repousou no sétimo dia[25] e quis que fizéssemos como Ele, que é Pai. É o descanso do sábado, que depois, com a ressurreição de Jesus, havia de tornar-se, para nós, cristãos, repouso dominical. Por que Deus nos chama a esta «santificação»?

Porque trabalhando todos os dias habituamo-nos a gerir e a desenvolver com o trabalho os recursos da realidade que nos rodeia, a matéria e tudo aquilo que o engenho humano produziu e produz. Assim, tornamo-nos artesãos de tudo e, no fim, podemos nos sentir «os senhores» da criação, do mundo e até mesmo da própria vida. Agindo assim, acabamos por nos enganar a propósito do mundo e de nós mesmos. De fato, quando trabalhamos, vemos nas nossas mãos um resultado que é sempre menor do que nós, um resultado que, certamente, não nos pode dizer o que somos realmente: com o trabalho das suas próprias mãos e inteligência, o homem sem Deus torna-se cada vez menos homem e perde-se atrás dos ídolos que ele mesmo fabricou. Só deixando de fixar «as nossas criações» e levantando os olhos para Deus é que conseguimos não perder de vista Deus Pai nosso e também nós mesmos, a nossa verdade, o nosso mistério, que está acima da criação e pertence a Deus. É isto que nos lembra o *Pai nosso*, quando nos faz rezar: «Santificado seja o vosso nome».

Por isso, Deus Pai, no terceiro mandamento, nos previne: «Guardar os domingos e festas de guarda». É como se a consciência nos dissesse: «Reconhece, nos domingos e festas de guarda, que Deus é Santo. Santifica-o! Não podes olhar só para o que fazes tu; precisas ver, também, aquilo que Deus fez para ti! É isto que te repõe em ordem quanto ao mistério da tua vida, e não os objetos que produzes ou manejas, nem as coisas que compras». Por isso, é essencial não perder a nossa relação com Deus. Eis aqui a importância da Missa no Dia do Senhor: neste contato maior com Deus vemos quem somos e como somos amados infinitamente por Ele. «Este é o dia que o Senhor fez: exultemos e alegremos-nos nele!»[26]. O contato com Deus reativa e vivifica a dimensão misteriosa da nossa pessoa humana, isto é, o mistério que faz de nós pessoas: a realidade do nosso espírito. É preciso não escondê-lo, mas dizê-lo aos filhos.

Se este contato com o Deus vivo não fosse essencial, o Senhor não nos teria dado o terceiro Mandamento, nem Jesus teria colocado na oração do *Pai nosso* este primeiro pedido: «Santificado seja o vosso nome». O próprio preceito dominical é «útil para nós». Nós devemos ter a possibilidade de dizer: «Ó Deus, o vosso nome é Santo», e isto acontece na Celebração, no contato com a Palavra de Deus, nos sacramentos da Igreja e, de modo pleno e total, na Santa Missa, porque esta é comunhão e unidade com Deus e desemboca na adoração a Deus[27] e no amor ao próximo[28].

---

[24] *Magistério. Catecismo da Igreja Católica*, Gráfica de Coimbra - Libreria Editrice Vaticana, Coimbra 1999², p. 507. Cf. Livro do *Deuteronômio* 5, 1-22.

[25] *Bíblia*. Cf. Livro de Gênesis 2, 2-3.

[26] *Bíblia*. Livro dos Salmos 118, 24.

[27] *Magistério*. Cf. BENTO XVI, *Homilia na Solenidade do Santíssimo Corpo e Sangue de Cristo* (22 de Maio de 2008). O texto encontra-se no n. 14 do Apêndice, disponível no site figlidichi.altervista.org

[28] *Magistério*. Cf. BENTO XVI, *Discurso durante a visita à Catedral de Santiago de Compostela*. Visita Apostólica a Santiago de Compostela e Barcelona (6 de Novembro

Só assim é que o homem adquire o seu valor maior. «Provai e vede como é bom o Senhor; feliz o homem que nele se abriga»[29]. Como é bom permanecer, amorosamente, na presença de Deus! Poderá haver algo maior?! Eis como o Papa Bento XVI se dirigiu aos jovens, por ocasião da XXVI Jornada Mundial da Juventude, em Madri: «Deus quer um interlocutor responsável, alguém que possa dialogar com Ele e amá-Lo. Por Cristo, podemos verdadeiramente consegui-lo e, radicados n'Ele, damos asas à nossa liberdade. Porventura não é este o grande motivo da nossa alegria? Não é este um terreno firme para construir a civilização do amor e da vida, capaz de humanizar todo o homem? Queridos amigos, sede prudentes e sábios, edificai a vossa vida sobre o alicerce firme que é Cristo. Esta sabedoria e prudência guiará os vossos passos, nada vos fará tremer e, em vosso coração, reinará a paz. Então sereis bem-aventurados, ditosos, e a vossa alegria contagiará os outros. Perguntar-se-ão qual seja o segredo da vossa vida e descobrirão que a rocha que sustenta todo o edifício e sobre a qual assenta toda a vossa existência é a própria pessoa de Cristo, vosso amigo, irmão e Senhor, o Filho de Deus feito homem, que dá consistência a todo o universo. Ele morreu por nós e ressuscitou para que tivéssemos vida, e agora, junto do trono do Pai, continua vivo e próximo de todos os homens, velando continuamente com amor por cada um de nós»[30].

Na espiritualidade cristã, aparecem algumas páginas muito belas sobre a relação íntima com Deus. Eis alguns exemplos. O primeiro é de São João Maria Vianney: «Prestai atenção, meus filhos: o tesouro do homem cristão não está na terra, mas no Céu. Por isso, o nosso pensamento deve voltar-se para onde está o nosso tesouro. O homem tem este belo dever e obrigação: orar e amar. Se orais e amais, tendes a felicidade do homem sobre a terra.

A oração não é outra coisa senão a união com Deus. Quando alguém tem o coração puro e unido a Deus, experimenta em si mesmo uma certa suavidade e doçura que inebria, uma luz admirável que o circunda. Nesta íntima união, Deus e a alma são como dois pedaços de cera fundidos num só, de tal modo que mais ninguém os pode separar.

Como é bela esta união de Deus com a sua pequena criatura! É uma felicidade que supera toda a compreensão humana. Nós tornamo-nos indignos de orar; mas Deus, na sua bondade, permite-nos falar com Ele. A nossa oração é o incenso que mais Lhe agrada.

Meus filhos, o vosso coração é pequeno, mas a oração dilata-o e torna-o capaz de amar a Deus. A oração faz-nos saborear antecipadamente a suavidade do Céu, é como se alguma coisa do Paraíso descesse até nós. Ela nunca nos deixa sem doçura»[31].

---

de 2010). O texto encontra-se no n. 15 do Apêndice, disponível no site figlidichi. altervista.org

[29] *Bíblia.* Livro dos Salmos 34, 9.

[30] *Magistério.* BENTO XVI, *Discurso na Festa de Acolhimento dos Jovens vindos para a XXVI Jornada Mundial da Juventude.* Visita Apostólica a Madrid (18 de Agosto de 2011).

[31] *Tradição.* SÃO JOÃO MARIA VIANNEY (1786-1859), *"Catequese sobre a oração"* in: A. MONNIN, *Esprit du Curé d'Ars*, Paris 1899, pp. 87-89. Cf. *Liturgia das Horas*, IV, pp. 1140-1141.

Outra página muito bela, que nos pode ajudar a compreender como é bom amar Jesus, é esta de Santo Afonso Maria de Ligório: «Toda a santidade e perfeição da alma consiste em amar a Jesus Cristo, nosso Deus, nosso sumo bem e nosso Redentor. É a caridade que une e conserva todas as virtudes que tornam o homem perfeito.

Não merece Deus, porventura, todo o nosso amor? Ele amou-nos desde a eternidade. 'Lembra-te, ó homem – diz o Senhor – que fui Eu o primeiro a amar-te. Ainda tu não tinhas sido dado à luz, nem o próprio mundo existia, e já Eu te amava. Amo-te desde que existo'. Sabendo Deus que o homem se deixa cativar com os benefícios, quis atraí-lo ao seu amor por meio dos seus dons. Por isso disse: 'Quero atrair os homens ao meu amor com aqueles laços com que eles se deixam prender, isto é, com os laços do amor'. Tais precisamente têm sido todos os dons feitos por Deus ao homem. Deu-lhe uma alma, dotada – à sua imagem – de memória, inteligência e vontade; deu-lhe um corpo com os seus sentidos; para ele também criou o céu e a terra e toda a multidão dos seres; por amor do homem criou tudo isto, para que todas aquelas criaturas estejam ao serviço do homem e o homem O ame a Ele em agradecimento por tantos benefícios.

Mas não Se contentou Deus com dar-nos todas estas formosas criaturas. Para conquistar todo o nosso amor, foi muito mais além e deu-Se a Si mesmo totalmente a nós. O Pai eterno chegou ao extremo de nos dar o seu único Filho.

Quando viu que estávamos todos mortos pelo pecado e privados da sua graça, que fez Ele? Pelo amor imenso, melhor – como diz o Apóstolo – pelo seu excessivo amor por nós, enviou o seu amado Filho, para satisfazer por nós e para nos restituir à vida que perdêramos pelo pecado.

E dando-nos o seu Filho (...), deu-nos com Ele todos os bens: a graça, a caridade e o paraíso; porque todos estes bens são certamente menores que o seu Filho: 'Ele que não poupou o seu próprio Filho, mas O entregou à morte por todos nós, como não haveria de dar-nos com Ele todas as coisas?' (*Rm* 8, 32)»[32].

As novas gerações têm direito de conhecer e para isso devem ser acompanhadas na extraordinária riqueza do cristianismo, dom de Jesus à humanidade. Amar quer dizer não enganar. Por isso, precisamos da revelação profunda «daquilo que somos e do que é Deus», porque isto muda realmente a vida, desde que, no entanto, o levarmos a sério. Não é verdade que o contato com Deus «é inútil, não muda nada». Esta é a grande heresia do mundo atual: pensar que Deus seja inútil! É aqui que nos conduz o ceticismo e a indiferença religiosa e, depois, o ateísmo prático, que estão se difundindo cada vez mais, juntamente com materialismo, o relativismo e o naturalismo. Inversamente, permanecendo junto de Deus, Jesus confia-nos a sua própria luz. Recordou-nos isso o Papa Bento XVI nas palavras muito belas que dirigiu aos jovens durante a sua Visita Apostólica à Alemanha[33].

---

[32] *Tradição.* SANTO AFONSO MARIA DE LIGÓRIO (1696-1787), *A prática do amor a Jesus Cristo*, edição latina, Roma 1909, pp. 9-14. Cf. *Liturgia das Horas*, IV, pp. 1133-1134.

[33] *Magistério.* Cf. BENTO XVI, *Discurso na Vigília de Oração com os jovens na Feira de Friburgo im Breisgau.* Visita Apostólica à Alemanha (24 de Setembro de 2011). O texto encontra-se no n. 16 do Apêndice, disponível no site <u>figlidichi.altervista.org</u>

Devemos buscar, proclamar, louvar o seu nome como Único e Santo, para não perdermos Deus, Pai nosso que está nos céus, e também para não nos confundirmos com outras paternidades humanas e nem sermos escravos dos ídolos, substitutos da religião. Porque se removemos ou ocultamos o segredo da nossa vida, acaba-se no caos mais profundo, na maior injustiça. Na realidade, surgem as consequências, nascem os substitutivos da religião. E é isto o que muitos querem. É o processo usual: primeiro, pisoteiam o valor e o seu sentido, depois, no vazio «produzido», faz-se aparecer gradualmente outro valor, com pluralismo de opiniões e de direitos para, finalmente, substituir aquilo que antes se combatia. Esta diabrura aparece muitas vezes na história.

Se não oferecemos a dimensão do espírito, da alma espiritual, o espaço próprio, o devido reconhecimento, o seu «habitat», que é o coração infinito de Deus, a sua perfeição e o seu amor, o seu mistério imenso com o qual nos quer abraçar e fazer respirar, o que acontece ao espírito humano? Não percamos de vista que o espírito humano é uma realidade! Ou volta a Deus na oração e no amor, ou se alimenta de maléficos substitutivos que são principalmente a superstição, a magia, a feitiçaria, o espiritismo, até chegar ao satanismo.

Os maléficos substitutivos

Se a alma não encontrar a realidade de Deus, então procura o substituto. Por isso, a verdade religiosa é uma das maiores realidades e das mais delicadas que há na vida dos seres humanos; não deve ser banalizada, como fazem frequentemente os meios de comunicação social subjugados pelo poder de «mamon» e pela ideologia predominante. A Igreja está a serviço da verdade e da liberdade do homem, que é a «única criatura sobre a terra a ser querida por Deus por si mesma»[34].

A *superstição* é o primeiro subsitutivo em que cai o espírito humano, a alma, quando se afasta de Deus. A alma agarra-se às coisas: falta-lhe a respiração, a respiração de Deus e, assim, se apoia em horóscopos, copos que se movem, pêndulos, dados, leitura de mão e cartomantes. A fé em Deus é substituída pela fé no poder dos objetos, que vão se tornando cada vez mais importantes até se transformarem em ídolos. A superstição ocupa o lugar da relação entre a nossa alma e Deus. É o grande pecado da idolatria[35]. No fim, esta alma torna-se «raquítica» e já não sente mais Deus; torna-se paralisada e o mal espalha-se nela e ao seu redor, inspirando-lhe uma visão cada vez mais míope e malévola.

O segundo substituto é a *magia*, com os seus criadores. A magia propaga-se impunemente: divulgam-se os livros para rapazes e moças, mesmo fora da escola, sem conhecimento dos pais, e muitos ficam contagiados, como acontece com a droga. É a droga do espírito. Não há diferença entre magia branca e magia negra: não é o fim bom ou mau que a pode justificar. A magia é sempre errada, e é nocivo o fato de se fazer uso dela. O meio é sempre ilícito e sórdido, porque contamina o espírito do homem, fazendo mal a si e

---

[34] *Magistério*. CONCÍLIO VATICANO II, Constituição pastoral *Gaudium et spes* n. 24.
[35] *Bíblia*. Cf. Carta aos Gálatas 5, 19-21.

aos outros. É o grande pecado da magia e da feitiçaria[36] de que fala a Bíblia. Fundamentalmente, a magia procura um transtorno e uma manipulação da realidade através da confiança no poder oculto de outras forças, de algumas energias ocultas. As pessoas que a praticam e seguem perderam a sua energia espiritual boa na relação de confiança, obediência e amor a Deus Pai, preferindo confiar-se a estas sub-energias, talvez ignorando quanto as mesmas estejam ligadas com a obra do diabo (feitiçaria). O uso da magia e das forças ocultas provoca também nos seus praticantes um transtorno com mudanças igualmente profundas: a pessoa vê-se enredada no mal, bloqueada e incapaz de fazer o bem, permanecendo na escuridão e na confusão. As energias boas da alma são refreadas e subjugadas.

Se não se «santifica o nome de Deus», acaba-se por incensar os ídolos: santarrões e gestos espetaculares podem parecer até mesmo miraculosos. Somente as forças espirituais podem superar o homem. Pode ser também, na verdade, a influência de satanás, o demônio, com a ajuda não só das forças ocultas mas também com as entidades espirituais rebeldes a Deus. Com estes meios de poder o diabo visa afastar o homem de Deus, da sua Glória, da sua bondade e da obediência cheia de confiança n'Ele. Superstição e magia: são dois meios, além dos grandes escândalos, de que satanás se serve para afastar os homens de Deus e da Igreja Católica, que o combate.

Mas satanás aposta sobretudo na terceira forma de substitutivo, isto é, na feitiçaria, no espiritismo e no satanismo com as suas seitas satânicas.

A *feitiçaria*, que é a manipulação da matéria através das forças rebeldes a Deus, o *espiritismo*, que pretende entrar numa relação com os espíritos que Deus desaprova porque é deletéria, e, finalmente, o *satanismo* representam as formas mais graves de *perversão espiritual*. Com o *satanismo*, o demônio pretende estabelecer gradualmente o seu poder e pode servir-se dos homens, que se tornam seus escravos. Nestas condições, as pessoas com as suas almas chegam a odiar a luz, a verdade, a bondade, o amor de Deus, e caem na rebelião e na fuga de Deus, sob propostas satânicas feitas de chantagem, morte e engano de que tanto fala a Bíblia, no Antigo e no Novo Testamento. Tais pessoas tornam-se prisioneiras das trevas e da morte que amam.

Só a misericórdia infinita de Deus poderá fazê-las reaproximarem-se do Amor, superando todo o mal de satanás que aceitaram. Mas, infelizmente, como veremos mais adiante, o drama consuma-se na falta de arrependimento e na recusa do amor – antes, no ódio ao amor. Os fiéis deveriam conhecer melhor todo este mundo de realidades terríveis: trata-se daquele mal espiritual que não se vê, porque está escondido da vista dos superficiais e naturalistas, que deveriam ter a humildade de aprender com a Igreja.

Com estes três substitutivos, que se situam nos antípodas da verdadeira religião, não se pode viver: perde-se a alegria interior, a felicidade do amor e a luz do Reino de Deus e, sem se dar conta, constrói-se lentamente um reino falso, prelúdio do inferno. Assim, nos locais de trabalho, nas casas, nas famílias e, antes de tudo, no coração dos jovens, dos adultos e dos idosos, quando se deixam tomar pela superstição, pelo materialismo e o utilitarismo. Em vez de

---

[36] *Bíblia*. Cf. Carta aos Gálatas 5, 19-21.

se edificar o reino da verdade, da bondade e do amor, que Deus nos confiou, constrói-se algo completamente diferente, errando todas as decisões da vida.

Mas, então, devemos nos perguntar: como é o reino de Deus e como funciona? Trata-se daquele reino pelo qual Jesus nos faz rezar no segundo pedido do *Pai nosso*: «Venha a nós o vosso reino», e que veremos no próximo capítulo. Uma luz, agora, se projeta em nossa vida.

5

Venha a nós o vosso reino (I)

Vimos, no capítulo anterior, três formas progressivas de degeneração da relação religiosa com Deus, que constituem o substitutivo mais danoso que se está difundindo, inclusive através do uso indevido dos meios de comunicação social e da internet, deixando muitas pessoas doentes no espírito. Sem uma relação sadia com o Deus vivo, nosso Pai, os próprios homens acabam por «usar-se» reciprocamente e por construir um mundo que já não seria o nosso mundo, o mundo que Deus quer para nós. Não seguindo Deus Pai, mas o diabo ou – como lhe chama Jesus – «o príncipe deste mundo»[1], os homens criam aquilo que se poderia definir como um *principado*: uma espécie de substitutivo do reino, um «principado» anormal, monstruoso, um concentrado de corrupção que aprisiona o homem até o deixar no maior sofrimento. Este é o início do inferno. No fim, Jesus «entregará o reino a Deus e Pai, depois de ter destruído todo o principado, toda a dominação e poder»[2].

Sujeitos à tentação

Como podemos evitar de precipitar nesse redemoinho de corrupção do «*principado*», não obstante sermos tentados? Não podemos deixar de estar sujeitos à tentação, porque, tendo em nós a alma espiritual, o espírito, fazemos uso da liberdade. Dentro de nós há uma força maior do que a do corpo que morre; uma força maior do que a psique e afetividade que podem transtornar-nos, fazer-nos alegrar ou inquietar; uma força maior do que a da nossa mente, que pensa com os seus condicionamentos culturais. Foi por isso que Jesus inseriu no *Pai nosso* este pedido – o segundo – muito significativo: «Venha a nós o vosso reino».

Depois do reconhecimento de Deus e do seu louvor com as palavras «santificado seja o vosso nome», Jesus leva-nos imediatamente a aplicar a força espiritual recebida na relação com Deus, indicando-nos um espaço que temos de construir para dar valor à nossa vida. Imediatamente, ele nos confia a súplica pela vinda do reino, de grande importância para a nossa vida, porque nós mesmos somos os construtores da nossa vida: arquitetos e operários. Na

---

[1] *Bíblia*. Evangelho segundo S. João 12, 31.
[2] *Bíblia*. Primeira Carta aos Coríntios 15, 24.

verdade, que fazemos de toda a força com que fomos dotados, recebendo o espírito à imagem de Deus Criador? Podemos construir o reino de Deus. Continuando a aprofundar a revelação da oração do *Pai nosso*, podemos constatar que, nela, Jesus nos deu e confiou o mistério fundamental da nossa vida humana e da sociedade. Está tudo nesta oração, no *Pai nosso*.

Avancemos, pois, no aprofundamento da realidade do reino, sobre o qual nos ocuparemos por dois capítulos: este sobre a dimensão pessoal e familiar, e o seguinte sobre a dimensão social.

Construtores do reino: a dimensão pessoal e familiar

A petição «venha a nós o vosso reino» não se pode entender no sentido de que devemos, de certo modo, «encorajar» Deus para nos enviar o seu reino. Em Deus não há indecisão. Haja o que houver, o reino de Deus vem! Porque é Deus quem manda, conforme nos demonstrou, verdadeira e claramente, ao longo da Bíblia, no Antigo e no Novo Testamento. Jesus o demonstrou com toda a evidência: ressuscitou, depois que o mataram. É Deus que comanda! É bom lembrar aqui as palavras de Jesus: «É por isso que o Pai me ama: porque dou a minha vida. E assim, eu a recebo de novo. Ninguém me tira a vida, mas eu a dou por própria vontade. Eu tenho poder de dá-la, como tenho poder de recebê-la de novo. Tal é o encargo que recebi do meu Pai»[3]. Tanto o poder como o seu amor fazem parte do seu reino. Por isso devemos pedi-lo, como dom, na oração ao Pai. O Reino é dele! Revelemos este projeto às crianças, aos adolescentes e aos jovens, porque não estão cientes e nem atentos a este plano. Fala-se com eles de construir o seu futuro, a carreira, os interesses, o trabalho, a casa, o casamento e muito mais. E o reino?! Há um vazio entre os valores educativos, e é uma falha.

Qual é, então, o sentido profundo do pedido «venha a nós o vosso reino»? Talvez se tenha esquecido propriamente disto: o reino é de Deus, e foi confiado a nós para o construirmos com Jesus. De alguma maneira podemos e devemos colaborar *para que venha*. Por isso Jesus no-lo faz pedir, para não perdermos de vista que o reino é de Deus; mas é também para nós e que devemos construí-lo juntamente com ele. Porque, como escreveu Bento XVI no livro *Jesus de Nazaré*, ao comentar este pedido do *Pai nosso*, «venha a nós o vosso reino»: «onde Ele não está, nada pode ser bom. Onde não se vê Deus, decai o homem e definha o mundo. É neste sentido que o Senhor nos diz: 'Buscai, em primeiro lugar, o Reino de Deus reino e a sua justiça, e todas estas coisas vos serão acrescentadas' (*Mt* 6, 33). Com esta palavra, fica estabelecida uma ordem de prioridades para a ação humana, para o nosso comportamento na vida de todos os dias»[4].

Mas, como é feito e como funciona este reino de que Jesus nos falou, de modo novo e inúmeras vezes, no Evangelho? Quando se encontra diante de Pilatos, que o interroga sobre o reino, Jesus responde: «Meu reino não é deste

---

[3] *Bíblia*. Evangelho segundo S. João 10, 17-18.
[4] *Magistério*. BENTO XVI, *Jesus de Nazaré* (1ª parte), cap. 5, A Esfera dos Livros, Lisboa 2007, p. 193.

mundo»[5]. Então Pilatos, representante do poder político e militar de Roma e de César, pergunta-lhe: «'Então, Tu és rei!' Respondeu Jesus: 'Tu o dizes: eu sou rei! Para isto nasci e para isto vim ao mundo: para dar testemunho da verdade. Quem é da verdade escuta a minha voz'. Disse-lhe Pilatos: 'Que é a verdade?'»"[6].

E, com esta sua pergunta, já se manifesta em Pilatos o substitutivo do reino, o «principado», que não quer e nem procura a verdade. O que falta a Pilatos é *o amor pela verdade*, e, de fato, a nega quando pergunta: «Que é a verdade?». Por isso, não a defenderá. Feita a pergunta a Jesus, Pilatos para de falar, interrompe ali o diálogo e vai-se embora... precisamente no momento em que deveria prosseguir. O poder humano, «mamon», ou usa a verdade ou a nega, conforme julga mais útil na situação, pois a verdade em si mesma não lhe interessa. Desta forma, nega todo o reino de Deus, toda a obra de Jesus. O embate entre o reino de Deus, que Jesus traz ao mundo («para isto vim ao mundo: para dar testemunho da Verdade»[7]), e o poder político de Pilatos verifica-se a propósito do ponto problemático da verdade[8]. A verdade é, precisamente, o centro do reino de Deus: a verdade de Deus e a verdade do homem.

Numa análise atenta do mundo atual, verifica-se que é precisamente a verdade o ponto atingido pelo *relativismo ético*, tantas vezes denunciado pela Igreja. Não somente em nosso tempo, mas desde sempre, a verdade está sendo profundamente traída e perseguida. É assim que se eclipsa o direito e reina a prepotência do malvado que quer instaurar o «principado». O fato essencial de que estamos falando é que se nega a verdade quando se quer viver «sem o reino de Deus» ou se deseja «substituir o reino de Deus». É isto que a Igreja tem denunciado e é, por esse motivo, combatida de vários modos e perseguida[9].

No Evangelho, falando do reino que os judeus esperavam, Jesus diz: «O reino de Deus está entre vós»[10]. De certo modo o reino de Deus parece invisível aos nossos olhos, mas existe e está presente. Por um lado, Jesus afirma que não é deste mundo, mas, por outro, anuncia: já «está aqui entre vós». Como se explica isto? Em última análise, o reino é o próprio Jesus, que, juntamente com o Pai, veio nos dar a sua realidade divina. O reino é a soberania de Deus[11].

O reino de Deus que Jesus nos traz é um modo de viver em perfeita e profunda comunhão com Deus Pai: é a vida de Deus, em plena liberdade, verdade e amor. É o reino de Deus para o *homem renovado*, isto é, para *a verdade do homem todo* e para *a comunhão de todos os homens*. Por isso

---

[5] *Bíblia.* Evangelho segundo S. João 18, 36.
[6] *Bíblia.* Evangelho segundo S. João 18, 37-38.
[7] *Bíblia.* Evangelho segundo S. João 18, 37.
[8] *Magistério.* Cf. JOÃO PAULO II, Carta encíclica *Veritatis splendor* (1993) n. 84. O texto encontra-se no n. 83 do Apêndice, disponível no site figlidichi.altervista.org
[9] *Bíblia.* Cf. Livro de Gênesis 3, 15.
[10] *Bíblia.* Evangelho segundo S. Lucas 17, 21b.
[11] *Magistério.* Cf. BENTO XVI, *Jesus de Nazaré* (1ª parte), cap. 3, A Esfera dos Livros, Lisboa 2007, p. 90. O texto encontra-se no n. 17 do Apêndice, disponível no site figlidichi.altervista.org

rezamos: «Venha o vosso reino» aos nossos corações, à nossa vida, aos nossos pensamentos, às nossas ações, pois o reino é a maneira de viver como filhos de Deus já nesta terra, através de Cristo. Onde Cristo reina, lá está o seu reino com o seu amor e a sua sabedoria.

A Igreja, que segue Cristo, porta ao mundo o seu reino: só pode propô-lo com a verdade, a fé e a caridade. Não o pode impor. São João Paulo II recordava, na sua primeira carta encíclica, *Redemptor hominis* (O Redentor do homem), que «a tarefa fundamental da Igreja de todos os tempos e, de modo particular, do nosso é a de dirigir o olhar do homem e de endereçar a consciência e a experiência de toda a humanidade para o mistério de Cristo, de ajudar todos os homens a ter familiaridade com a profundidade da Redenção, que se verifica em Cristo Jesus»[12].

A sua tarefa é universal, a serviço de toda a humanidade. Isto nos lembra o Papa Bento XVI, na carta que dirigiu à Igreja Católica presente na República Popular da China: «Desejo recordar-vos o que o Papa João Paulo II sublinhou com voz forte e vigorosa: a nova evangelização exige o anúncio do Evangelho ao homem moderno, com a consciência de que, como durante o primeiro milênio cristão a Cruz foi plantada na Europa e durante o segundo na América e na África, assim, durante o terceiro milênio uma grande messe de fé será recolhida no vasto e vital continente asiático. (...) Que a China o saiba: a Igreja Católica tem o vivo propósito de oferecer, uma vez mais, um serviço humilde e desinteressado, naquilo que lhe diz respeito, para o bem dos católicos chineses e para o de todos os habitantes do país. (...) A Igreja Católica que está na China tem a missão, não de mudar a estrutura ou a administração do Estado, mas de anunciar aos homens Cristo, Salvador do mundo. (...) A Igreja, no seu ensinamento, convida os fiéis a serem bons cidadãos, colaboradores respeitosos e ativos do bem comum no seu país, mas é também claro que ela pede ao Estado para garantir aos mesmos cidadãos católicos o pleno exercício da sua fé, no respeito duma autêntica liberdade religiosa»[13].

Essencialmente, a tarefa que a Igreja realiza, e sempre realizará, é testemunhar Jesus, a sua vida e o seu reino no mundo: «reino de verdade e de vida, reino de santidade e de graça, reino de justiça, de amor e de paz»[14].

Com estas sete palavras, podemos exprimir as sete características do reino de Deus. Reconhecer o reino de Deus significa reconhecer a Deus como Pai. E Jesus adverte-nos: «Não podeis servir a Deus e ao dinheiro»[15].

Deus Pai é Pai do seu reino. Mas, se não fazemos este reino entrar em nossa vida e nas nossas famílias, e se não o realizamos, isso significa que estamos servindo o reino de «mamon»; significa que o nosso objetivo é a nossa riqueza (dinheiro) e não Deus, o nosso egoísmo e não o amor. No fim

---

[12] *Magistério.* JOÃO PAULO II, Carta encíclica *Redemptor hominis* (1979) n. 10.

[13] *Magistério.* BENTO XVI, *Carta aos Bispos, aos Presbíteros, às Pessoas Consagradas e aos Fiéis Leigos da Igreja Católica na República Popular da China* (27 de Maio de 2007), nn. 3-4.

[14] *Tradição.* CONFERÊNCIA EPISCOPAL PORTUGUESA, Missal Romano - Prefácio da Solenidade de Nosso Senhor Jesus Cristo Rei do Universo, Gráfica de Coimbra, Coimbra 1992, p. 429.

[15] *Bíblia.* Evangelho segundo S. Lucas 16, 13.

da vida, recolheremos o que tivermos semeado: «Porventura ignorais que os injustos não terão parte no reino de Deus? Não vos iludais: os libertinos, idólatras, adúlteros, efeminados, sodomitas, os ladrões, gananciosos, beberrões, maldizentes, estelionatários, ninguém desses terá parte no reino de Deus»[16].Que relação existe entre nós e o reino de Deus? Vejamos isso mais detalhadamente.

Deus começou por criar o universo, como nos atesta a Bíblia no primeiro capítulo de *Gênesis*. Chamamo-lo «criação», porque, com este termo, reconhecemos que foi criado por Deus.

Muitos, não querendo reconhecer Deus Criador, substituíram o termo «criação» por «natureza». Assim o poder de «mamon», com a expansão do egoísmo e da drescrença, pretenderá controlar-nos cada vez mais. À medida que o homem se afasta de Deus Criador, ama e respeita cada vez menos aquilo que Deus lhe confia. Por isso, cresce o egoísmo com os medos que o acompanham e aumenta o grave problema mundial da ecologia.

Na verdade, Deus, com amor e sabedoria, confiou ao homem, «feito à sua imagem e semelhança»[17], a gestão da criação; e este reino é para o homem.

«E Deus os abençoou e lhes disse: "Sede fecundos e multiplicai-vos, enchei a terra e submetei-a! Dominai sobre os peixes do mar, as aves do céu e todos os animais que se movem pelo chão"»[18]. Em seguida, Deus se compraz com a obra feita: «E Deus viu tudo quanto havia feito, e era muito bom»[19]. A criação e o universo inteiro não são de proveito para Deus, mas para o homem, a quem falam da existência de Deus e do seu poder. «De fato, as perfeições invisíveis de Deus – não somente seu poder eterno, mas também a sua eterna divindade – são percebidas pelo intelecto, através de suas obras, desde a criação do mundo. Portanto, eles não têm desculpa»[20]. Mas há qualquer coisa na criação do universo que está mais perto de Deus: a criação do ser humano. Com o ser humano, homem e mulher, Deus quis criar na terra algo do seu reino; e isso constitui o modo de existir do ser humano, no que diz respeito ao homem, mas também a Deus, ao casal mas também à vida de outros seres humanos.

A entrega do «humano»

Que significado temos em mente ao dizer «o humano»? Significa «entregue», no sentido que está mais perto da humildade que da arrogância: o humano não é algo inventado pelo homem, pela mulher, pela ciência, pela cultura, por um poder ou uma energia qualquer. A vida do ser humano, criou-a Deus, não a construímos nós. É e permanece um dom. Família, sexo, vida, não fomos nós que os inventamos, mas são uma criação de Deus, feita à sua imagem e semelhança, da qual Deus é «cioso», tendo-a entregue a nós com extrema solicitude. A primeira criação, mais próxima de Deus é, portanto, a

---

[16] *Bíblia*. Primeira Carta aos Coríntios 6, 9-10.
[17] *Bíblia*. Livro de Gênesis 1, 26.
[18] *Bíblia*. Livro de Gênesis 1, 28.
[19] *Bíblia*. Livro de Gênesis 1, 31.
[20] *Bíblia*. Carta aos Romanos 1, 20.

família, formada pelo homem e pela mulher que se amam e pelo dom da vida que dela nasce.

Só o amor compreende o amor, e isto vale ainda mais quando aplicado a Deus. Na verdade, quanto mais o amamos, mais o compreendemos; e, vice-versa, quanto mais o compreendemos, mais o amamos. É assim mesmo! Deus quer a unidade do amor: o amor a Ele e o amor às criaturas, e, primeira dentre todas, àquela que traz «a sua imagem». «Amarás o Senhor, teu Deus, com todo o teu coração, com toda a tua alma e com todo o teu entendimento! Esse é o maior e o primeiro mandamento. Ora, o segundo lhe é semelhante: 'Amarás teu próximo como a ti mesmo»[21].

O reino de Deus cresce através da família e através dos filhos. O *Catecismo da Igreja Católica* sublinha este valor: «'A íntima comunidade da vida e do amor conjugal foi fundada pelo Criador e dotada de leis próprias... O próprio Deus é o autor do matrimônio" (*Gaudium et spes*, 48). A vocação para o matrimônio está inscrita na própria natureza do homem e da mulher, tais como saíram das mãos do Criador. O matrimônio não é uma instituição puramente humana, apesar das numerosas variações a que esteve sujeito no decorrer dos séculos. (...). Muito embora a dignidade desta instituição nem sempre e nem por toda a parte transpareça com a mesma clareza, existe, no entanto, em todas as culturas, um certo sentido da grandeza da união matrimonial. Porque "a saúde da pessoa e da sociedade está estreitamente ligada a uma situação feliz da comunidade conjugal e familiar' (*Gaudium et spes*, 47)»[22].

O amor sempre inclui o cuidado pela pessoa amada; é proteção, compreensão, interesse pelo outro e sabedoria. «Deus, que criou o homem por amor, também o chamou ao amor, vocação fundamental e inata de todo o ser humano. Porque o homem foi criado à imagem e semelhança de Deus que "é amor" (*1 Jo* 4, 8.16). Tendo-os Deus criado homem e mulher, o amor mútuo dos dois torna-se imagem do amor absoluto e indefectível com que Deus ama o homem. É bom, muito bom aos olhos do Criador. E este amor, que Deus abençoa, está destinado a ser fecundo e a realizar-se na obra comum do cuidado da criação: "Abençoando-os, Deus disse-lhes: 'Crescei, multiplicai-vos, enchei e submetei a terra' " (*Gn* 1, 28)»[23].

A vida constitui um percurso maravilhoso desde o ser filhos ao ser esposos e depois pais, pais e mães, à «imagem» de Deus, que é Pai. E não se trata de mero desenvolvimento, mas de desenvolvimento que é «cuidado» para que se cresça segundo o próprio sentido e significado; caso contrário, acaba destruído. Trata-se de «cuidar» da *especificidade humana*, daquilo que Deus confiou à «humanidade», algo de precioso que não deve ser manipulado nem camuflado. Movido pela ambição de um progresso todo seu e sobretudo pela avidez de «mamon», o homem pretende subverter a vida humana, transformando-a cada vez mais de «dom» de Deus e do amor num *«produto»* da ciência e da técnica. Mas o homem é maior do que a técnica. Também a realidade é maior de quanto o homem consegue descobrir com a ciência. E aqui gostaria de pôr uma pergunta: O matrimónio entre duas pessoas que se

---

[21] *Bíblia*. Evangelho segundo S. Mateus 22, 37-39.
[22] *Magistério. Catecismo da Igreja Católica*, n. 1603.
[23] *Magistério. Catecismo da Igreja Católica*, n. 1604.

amam é um «dom» do seu amor ou um «produto» do seu sexo? Então, porque um filho deve ser um «produto» da técnica e não um «dom» do seu amor?

A família, portanto, é um dom de Deus que se deve compreender, amar e cuidar[24]. Por isso, o amor humano e a família precisam de Deus e da sua «proximidade». É através do amor humano e dos filhos que progride o reino de Deus. Não é imposto, mas proposto ao amor e à responsabilidade dos seres humanos. Esta é uma realidade belíssima, que confere uma grande dignidade à família e ao amor que a alimenta.

Inversamente, afastando-se de Deus, o ser humano perde o reino. Onde perdemos o reino de Deus? Precisamente no casal. De que modo e por que motivo se deveria manifestar no casal aquela semelhança que nos aproxima de Deus Criador e Pai? A matemática nos ajudará a entendê-lo.

Imaginemos um casal que se ama: um homem e uma mulher que se unem com amor, com dedicação, para fazerem crescer uma família maravilhosa, para serem um só coração, um só corpo, em suma, um casal estupendo. Mas, ainda que se unam, eles não serão e nem farão jamais «um», porque um mais um resultam sempre dois: 1+1=2. Deste modo, a união vista como soma dará sempre dois. Com efeito, na Bíblia, Deus nunca define o matrimônio como acasalamento. O materialismo e o hedonismo é que criaram a imagem de um homem e uma mulher que simplesmente se juntam, mas, deste modo, os dois não constituem um verdadeiro e próprio casal. Melhor se diria, um «acasalamento».

Não devemos nos surpreender se, depois, os casais se desfazem. É que, deste modo, nunca funcionarão direito. Deus não os criou assim.

O segredo da realidade do casal está presente na Bíblia, porque o casal humano é uma criação especial de Deus. Ora, a criação que Deus nos confiou só funciona dentro de uma certa harmonia e num determinado equilíbrio de forças. Por isso, ao longo da Bíblia inteira, Deus recomenda ao homem que o escute. Como nos diz a biologia, o desabrochar da vida é uma combinação particular; e a harmonia do universo, como se estuda na física, é uma combinação particular de elementos, de tal modo que, se mudássemos um deles ou só metade, já nada seria como é: teríamos outro mundo. O universo rege-se segundo um sentido, segundo uma ordem, que se pode descrever em números. Se na criação em geral é assim, tanto mais no casal humano – uma criação particular de Deus – que funciona apenas de um único modo: não se pode mutilar, manipular ou alterar; caso contrário, no casal e no amor humano, perde-se o reino e entra «mamon», que se propõe atingir precisamente este objetivo com a ajuda de uma cultura banal do efêmero e do lucro imediato. É então que desaparece o *humano* e se perde o *amor*.

Para amar, é preciso compreender. Trata-se da inteligência da fé, de que fala a Igreja. Há necessidade de inteligência para compreender a verdade, e é preciso também um amor maior para a poder amar. Na realidade, quem não ama a verdade, não ama sequer a si mesmo. É na verdade que encontramos

---

[24] *Magistério.* Cf. BENTO XVI, *Homilia na Santa Missa para a dedicação da Basílica da Sagrada Família e do Altar.* Visita Apostólica a Santiago de Compostela e Barcelona (7 de Novembro de 2010). O texto encontra-se no n. 18 do Apêndice, disponível no site figlidichi.altervista.org

Deus e o seu reino, como nos diz Jesus: «conhecereis a verdade, e a verdade vos tornará livres»[25].

A esta altura, podemos nos perguntar: mas então como funciona o casal? O «acasalamento» fará sempre 1+1=2; não fará jamais um (1), um matrimônio, uma família, porque o matrimônio não se realiza com uma soma de duas pessoas e de dois corpos atraentes, dado que é feito à «imagem de Deus» e Deus não é uma soma, porque é Um em Três Pessoas, como Jesus nos revelou.

A fórmula do verdadeiro amor e do matrimônio

Qual será, por assim dizer, «a fórmula do matrimônio»? Devemos expô-la detalhadamente, pelo que precisamos, aqui, de muita luz e muita sabedoria de Deus.

Em geral, a reflexão das pessoas é esta: «Realmente, se não muda nada na nossa vida a dois e cada um continua na sua indiferença, não se forma o casal. Em vez disso, é preciso sair ao encontro do outro e mudar um pouco para lhe agradar». Deste modo, sentindo a atração do amor, os dois põem-se de acordo, restringem-se, fazem-se mais pequenos, ficando cada um, por assim dizer, reduzido a metade para ser possível fazer $\frac{1}{2}+\frac{1}{2}=1$. Mas, no ser humano, não se pode criar unidade fazendo «metade mais metade» (embora a soma dê «um»), porque o amor não pode ser uma diminuição da pessoa: *a redução não funciona*, nem sequer por amor. Não se aguenta! Deus não quer que, nas pessoas e entre as pessoas, se realize «metade mais metade». De fato, hoje, muitas pessoas pensam que esta seja a realidade do amor e da família, acabando por a desprezar dizendo que «o matrimônio é o túmulo do amor», ou sentenciando superficialmente: «o melhor é não se casar», «vive-se melhor sozinho», «não basta estar juntos, enquanto durar?». Tais pessoas não sabem o que é o amor! Desconfiam, porque se afastaram do mistério do ser humano.

Quem acredita no amor? Muito poucos, porque «o amor vem de Deus»[26], e amar é, de certo modo, entrar no reino de Deus. Talvez se procure o amor, mas acredita-se mais no acasalamento que no amor e na família. E assim é normal que desabe também a família, porque a querem não como ela é e como Deus a fez. Deus a criou diversa. E, hoje, as famílias vêem-se particularmente provadas, porque assediadas por pressões materialistas, hedonistas e ateias.

Mas continuemos a nossa pesquisa: Qual é o outro modo em que se pode encontrar a unidade no amor do homem e da mulher? E qual poderia ser a sua «fórmula»?

Se não se pode reduzir a metade de cada um para fazer um casal, porventura será possível proceder diversamente, como por exemplo «um dia para cada um», ou seja, pondo-se de lado em dias alternados? Certamente que não, embora tenhamos 0+1=1 e, vice-versa, 1+0=1. Com efeito, assim também não funcionaria o amor, devido à igual e constante dignidade do homem e da mulher. Dado que o amor envolve toda a pessoa, o mesmo é impetuoso mas também delicado e tem as suas próprias leis, pelo que, quando

---

[25] *Bíblia*. Evangelho segundo S. João 8, 31-32.
[26] *Bíblia*. Primeira Carta de S. João 4, 7.

se vê contrastado, pode chegar à destruição: $1-1=0$. Neste caso, torna-se necessário dividir-se, para sobreviver e, com fadiga e sofrimento, encontrar-se a si mesmo: $1:1=1$.

Qual será então a fórmula do amor verdadeiro? O amor entre o homem e a mulher, que constrói o matrimônio e realiza o reino de Deus, funciona «um para o outro»: $1x1=1$. Só assim.

Na estupenda carta apostólica *Mulieris dignitatem* (A Dignidade da Mulher) de São João Paulo II, lê-se: «Na "unidade dos dois", o homem e a mulher são chamados, desde o início, não só a existir "um ao lado do outro" ou "juntos", mas também *a existir reciprocamente "um para o outro"*»[27]. «O homem e a mulher são feitos "um para o outro": não é que Deus os tenha feito "pela metade" e "incompletos"; criou-os para uma comunhão de pessoas, em que cada um pode ser "ajuda" para o outro, uma vez que são, ao mesmo tempo, iguais enquanto pessoas ("osso dos meus ossos") e complementares enquanto masculino e feminino. No matrimônio, Deus une-os de modo que, formando "uma só carne" (*Gn* 2, 24), possam transmitir a vida humana: "Crescei, multiplicai-vos, enchei e submetei a terra" (*Gn* 1, 28). Transmitindo aos seus descendentes a vida humana, o homem e a mulher, como esposos e pais, cooperam de modo único na obra do Criador»[28].

O mundo não tem o segredo do amor. Só Deus o tem e é o segredo que a Bíblia apresenta e o cristianismo testemunha: um vezes um, faz um, $1x1=1$. Esta é a fórmula do amor verdadeiro e bom, do amor que dura no matrimônio e que constrói com Deus. Mas devemos entender bem a fórmula: para viverem felizes, não basta ser «um para o outro». Seria infantil pensar assim. Também dois ladrões podem muito bem estar de acordo, ajudarem-se e ser solidários! Não é verdade que, no casal, basta serem cúmplices.

Com efeito, requerem-se *duas condições* para que a fórmula seja eficaz. A *primeira condição*: que um «seja para o outro e vice-versa»; não é suficiente o empenho apenas de um dos dois; deve haver o empenho de ambos. A *segunda condição*: é necessário que se apresentem inteiros («inteiros» no sentido de «íntegros»). De fato, se uma pessoa não fosse íntegra na verdade, no bem e no amor, mas fosse, digamos em termos matemáticos, apenas 0,8, o casal não funcionaria bem: $1x0,8=0,8$ e, de igual modo, $0,8x1=0,8$. Não se pode fazer descontos! Se alguém é «um pouco menos» do que um (1), faz «baixar» e empobrecer, humanamente, toda a família.

Mas, consideremos outra hipótese. Se um dos dois se considerasse constituído por um valor «superior» a um (1) – por exemplo 1,3 –, a nossa fórmula revelaria, devido à falta de igualdade entre os membros, a presença dum excesso perigoso, isto é, dum desequilíbrio: $1,3x0,9=1,17$ (no nosso caso, 0,17 para 1), que poderia induzir um ou outro a cair fora da relação fiel do casal.

Deste modo, amar-se significa também saber discernir a sua própria integridade na verdade e no bem para não prejudicar o outro e permitir ao casal a plena integridade representada por «um» (1). Isto implica que amar e querer bem gerem não só o bem de amar-se, mas também o «*querer o bem*» um do outro. Tanto o amar-se como o bem que um pode oferecer ao

---

[27] *Magistério*. JOÃO PAULO II, Carta apostólica *Mulieris dignitatem* (1988) n. 7.

[28] *Magistério*. *Catecismo da Igreja Católica*, n. 372.

outro precisam ser verificados, se possível, num percurso de vida. É isto que é proposto[29] aos numerosos casais que frequentam o Centro «Família Pequena Igreja» do Movimento do Amor Familiar, onde se experimenta, com ótimos resultados, o que está descrito neste livro. Certamente, para realizar tudo isto, não bastam as ciências da psique e do corpo, requerem-se também as da alma espiritual e a teologia.

Para casar-se bem, os indivíduos e os casais devem descobrir a verdade e o bem, e tornarem-se, na medida do possível, *autênticos e íntegros*. Entrar no reino da vida e do amor requer empenho, como nos lembra Jesus no Evangelho: «Como é estreita a porta e apertado o caminho que leva à vida, e poucos são os que o encontram!»[30]. Tanto a inércia, a preguiça da alma, um dos sete pecados capitais, como o narcisismo, típico de muitas personalidades disformes no mundo atual, não prestam um bom serviço ao amor. E o mesmo se diga da indiferença religiosa ou do secularismo. Devemos interrogar-nos: Quem deseja verdadeiramente curar-se e melhorar a si mesmo, para poder amar? Quem sente a alegria e o gosto de melhorar a sua vida, curando-se de defeitos e falhas, porque quer casar-se bem e assim servir melhor a Deus e ao seu reino?

O jogo das canetas

Outro exemplo, muito convincente a propósito de quanto estamos descrevendo, é o que poderíamos chamar «o jogo das canetas». Na figura 1 aparece representada «a cabana» do acasalamento: os dois, homem e mulher (masculino e feminino, as duas imagens em cores, estão disponíveis no site figlidichi.altervista.org), «inclinados» pela vida e sob o peso dos defeitos, gostam um do outro e, atraídos, amam-se e unem-se mesmo sexualmente (ponto c). A inclinação, que define o ângulo (a) e o ângulo (b), mostra «o ângulo da patologia» (a) e (b), isto é, das necessidades e carências devidas a disfunções espirituais ou psíquicas, pelo que os dois, quase sem perceber, se encontram num amor, diríamos, «de encaixe», porque se apoiam mutuamente: muitas vezes se justificam, encobrindo-se um ao outro e defendendo esta sua posição, que os manteria seguros. O plano (d) representa o peso da vida com as suas responsabilidades e expectativas: para eles, é difícil «casar-se para sempre!» ou «ter filhos»; têm medo que a sua cabana caia.

---

[29] A propósito, veja-se também o capítulo 8.
[30] *Bíblia*. Evangelho segundo S. Mateus 7, 14.

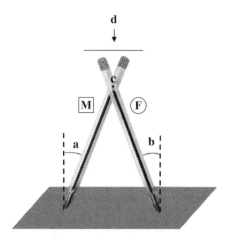

Figura 1. A cabana

Na figura 2, é posto em realce o fato de que a inclinação dos ângulos (a) e (b) também pode ser, segundo os casos, maior ou menor ou diversa um do outro. Em todo o caso, estes casais dão origem a *cabanas* mais ou menos «inclinadas», com maior ou menor instabilidade, porque o peso (d) da vida se alarga, «aumenta» e faz-se sentir mais em proporção com a patologia (a e b) e (a' e b'). Assim, quanto mais o homem e a mulher estão «inclinados», tanto mais o casal sente o *peso* (d) da vida em toda a sua responsabilidade, não sendo o último deles o peso do casamento, «refugiando-se» frequentemente na *convivência*.

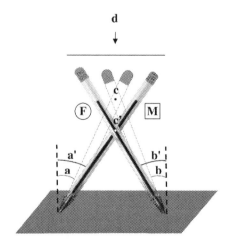

Figura 2. A cabana mais inclinada

Na figura 3, está representada *a casa* do casal. Quanto mais uma pessoa estiver em harmonia com as raízes da verdade e do bem, encontradas em Deus, que é a sua Fonte, tanto mais aparecerá sem transigências nem desvios.

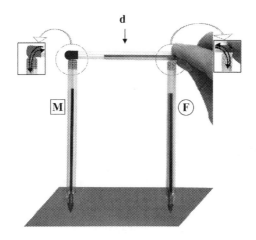

Figura 3. A casa

Neste caso, tanto o homem como a mulher são um (1) e uma (1), autênticos e íntegros. A sua identidade e visão positiva não dão ocasião a encontros perigosos nem a equívocos. A sua distância mostra a diversidade e a sua identidade específica: não se confundem, nem o homem nem a mulher, e são capazes de apreciar-se reciprocamente. O amor entre eles não se manifesta só em sua união sexual, não se situa apenas num ponto do corpo (ponto c das figuras 1 e 2): pelo contrário, o amor engloba toda a vida deles, que se doam como *dom sincero e total de pessoa a pessoa*[31]. Dom «total» entende-se, aqui, no sentido de que envolve toda a pessoa e por toda a vida no dom de si, para sempre. E justamenete nisso está o seu valor: não porque é posse, mas porque é expressão do «dom», isto é, do amor de Deus que é para sempre. Na verdade, «de pessoa a pessoa», o amor entre eles «compreende o bem de toda a pessoa»[32]. A expressão «dom sincero de si mesmo»[33] indica a verdade do coração que ama e da vontade que quer amar sem duplicidade. Assim entendido, o amor conjugal é um dom «de pessoa a pessoa»[34], evidentemente naquilo que caracteriza a pessoa: a sua dimensão física, mas não só.

Com efeito, nos esposos, o dom de si é o dom de toda a sua *vida comum*, do homem e da mulher, ilustrada na figura 3 com a terceira caneta. O seu dom, em reciprocidade, aparece evidenciado na ampliação feita nas duas

---

[31] *Magistério.* Cf. CONCÍLIO VATICANO II, Constituição pastoral *Gaudium et spes*, nn. 24d; 48-49.

[32] *Magistério.* Cf. CONCÍLIO VATICANO II, Constituição pastoral *Gaudium et spes*, n. 49.

[33] *Magistério.* Cf. CONCÍLIO VATICANO II, Constituição pastoral *Gaudium et spes*, n. 24.

[34] *Magistério.* Cf. CONCÍLIO VATICANO II, Constituição pastoral *Gaudium et spes*, n. 49.

caixas laterais: eles se dão e *se reconhecem* no dom de si e do seu mistério, que é a «imagem» divina. Este dom é tão grande quanto cada um dos dois e os une na alma e no corpo, em um casal (1x1=1). Eles sabem suportar as responsabilidades (d) da vida, do matrimônio e dos filhos. Deste modo, estes encontram já no casal de esposos e de seus pais a «imagem de Deus», pois são para os filhos as primeiras testemunhas do mistério do amor, da vida e do próprio Deus, que entregou aos esposos a sua «imagem»[35].

Por isso e pelo amor que os une, cada pai deveria ensinar aos filhos a estima e o respeito pela mãe; e cada mulher, como cada mãe, deveria ensinar-lhes a estima e o respeito pelo pai e por cada homem. Assim, cada filho e filha têm direito a que ambos os pais, na obediência à verdade, falem bem um do outro; caso contrário, os filhos não conseguirão ser profundamente eles mesmos.

Mas há ainda um dado muito importante a esclarecer.

Está escrito na Bíblia: «Deus criou o ser humano à sua imagem, à imagem de Deus o criou. Homem e mulher ele os criou»[36]. Ora é precisamente desta «imagem de Deus» que brota, no homem e na mulher, a capacidade de amar[37] e a «proximidade» com Deus[38]. Mas aqui, no versículo da Bíblia, o casal parece composto por dois seres: homem e mulher; e, à primeira vista, não se percebe o «como» eles são à «imagem» de Deus.

Observando melhor, com inteligência, percebemos que, na frase da Bíblia, está realmente presente o mistério de Deus que é Trino: Três Pessoas, Pai, Filho e Espírito Santo num só Deus. Este fato muda tudo: com efeito, se fossem só «dois», homem e mulher, se o ser humano fosse feito apenas de duas dimensões (masculina e feminina), seria possível só «o acasalamento» e não o casal «à imagem» de Deus. Então, onde aparece a terceira dimensão na frase bíblica, uma vez que Deus é Trino?

A imagem nos dois sexos

A *terceira dimensão*, no ser humano, está precisamente na «imagem de Deus». É esta que, no sexo masculino e no sexo feminino, faz com que o homem e a mulher possam ser, no amor, «um vezes um de forma humana», oferecendo-se como dom de suas pessoas. Para se formar um só, «uma só carne», uma «pessoa conjugal», são precisos três. Em nossa realidade profunda de seres humanos, vivemos com um mistério que é a imagem de Deus. O casal resulta daquele *vezes* (x) misterioso que é a imagem de Deus, capaz de um

---

[35] *Magistério*. Cf. JOÃO PAULO II, Carta às Famílias *Gratissimam sane* (1994), n. 11. O texto encontra-se no n. 19 do Apêndice, disponível no site figlidichi.altervista.org
[36] Bíblia. Livro de Gênesis 1, 27.
[37] Magistério. Cf. JOÃO PAULO II, Uomo e donna lo creò. Catechesi sull'amore umano, LEV-Città Nuova, 20099, cap. XIII, 3-4, pp. 72-73. Cf. L'Osservatore Romano (ed. portuguesa de 06/I/1980), p. 12. O texto encontra-se no n. 20 do Apêndice, disponível no site figlidichi.altervista.org
[38] Magistério. Cf. JOÃO PAULO II, Carta apostólica Mulieris dignitatem (1988) n. 7. O texto encontra-se no n. 21 do Apêndice, disponível no site figlidichi.altervista.org

amor que seja «sincero dom de si mesmo»[39], capaz de fazer o bem e não de estar bem simplesmente como dois cúmplices, como, às vezes, diz o mundo que não conhece a Deus nem o ser humano.

Portanto o homem e a mulher trazem em si a imagem de Deus não só enquanto pessoas, mas também, e mais ainda, na sua «comunhão entre pessoas»[40], cujo primeiro fruto é uma mútua revelação em que a mulher revela o homem e o homem, a mulher. O casal humano, que «vem» de Deus e o segue, funciona desta maneira. Sobre este argumento, temos as valiosas catequeses sobre o amor humano feitas por São João Paulo II e publicadas no livro «*Homem e mulher os criou*»[41].

Se, ao contrário, é encoberta ou deformada esta «imagem», que é a dimensão espiritual e que está inscrita na sexualidade, o homem e a mulher não vivem o mistério da auto-doação à imagem de Deus, do doar-se na unidade de casal, mas juntam-se (pelo tempo que durar), servindo-se da diversidade dos sexos. Nasce assim um «acasalamento», mas não o casal que Deus quer. Com efeito, sendo eles de dois gêneros diversos – o *masculino* e o *feminino* –, quem pode uni-los? Porventura a necessidade, a privação, o intercâmbio, o capricho, ou talvez algo que seja semelhante em um e no outro? Mas, se são diferentes, que há de *semelhante* no homem e na mulher?

É preciso um *elemento* que seja *comum* para os unir e que não seja apenas um aspecto, mas algo que os torna grandes, que os faça ser aquilo que são, que seja igual ao seu grande mistério pessoal. É o mistério comum a ambos, «a imagem e a semelhança», que é dom de Deus, que fundamenta a sua igual dignidade de pessoas e a capacidade do amor e do dom de si mesmos na reciprocidade entre o homem e a mulher. É bom ser homem, é bom ser mulher, vivendo o grande valor do próprio gênero sexual e aceitando-se na complementaridade da missão comum. «O respeito pela pessoa humana considera o outro como "outro eu". Supõe o respeito pelos direitos fundamentais, decorrentes da dignidade intrínseca da pessoa»[42]. Somente esta dimensão espiritual permite o amar-se na liberdade e na responsabilidade do bem recíproco e como filhos de Deus.

A beleza e a grandeza do ser humano, passando pela sexualidade, fazem com que o homem se enamore da mulher e vice-versa, mas não por uma necessidade sexual ou sentimental, que vai e vem; nem por uma necessidade devida à solidão ou ao monopólio. O reino de Deus começa com o casal: se este é como Deus o fez, deve ser tridimensional. O reino de Deus nasce do casal, da família, que é o primeiro núcleo da sociedade. O reino de Deus é algo de grande e forte que Deus colocou dentro de cada um, com a criação da alma espiritual.

---

[39] *Magistério.* CONCÍLIO VATICANO II, Constituição pastoral *Gaudium et spes*, n. 24.

[40] *Magistério.* Cf. *Catecismo da Igreja Católica*, n. 383.

[41] *Magistério* Cf. JOÃO PAULO II, *Uomo e donna lo creò. Catechesi sull'amore umano*, LEV-Città Nuova, 20099, cap. IX, p. 59; cap. XIV, p. 74; cap. XV, p. 77. Cf. L'Osservatore Romano (ed. portuguesa de 18/XI/1979, p. 12; de 13/I/1980, p. 12; de 20/I/1980), p. 12. O texto encontra-se no n. 22 do Apêndice, disponível no site figlidichi.altervista.org

[42] *Magistério. Catecismo da Igreja Católica*, n. 1944.

Se as famílias mostrarem esta «imagem», esta terceira dimensão, então o casal e a família serão mais evidentes como manifestações do reino de Deus. Porém, se a escondem, automaticamente o casal cai na possessão, isto é, nas intrigas do poder econômico e político bem como no interesse egoísta privado. A família, portanto, assenta-se sobre um mistério de amor e verdade que Jesus nos ensina a pedir, no *Pai nosso* com estas palavras: «Venha a nós o vosso reino».

É aqui que as relações pré-matrimoniais e a própria «convivência» mostram a sua fraqueza e, mais do que uma preparação para o amor, tornam-se, frequentemente, uma fuga do verdadeiro amor, do amor bom e responsável, que igualmente se gostaria de encontrar e viver. Então o mais fácil parece ser «experimentar», ou mesmo, como acontece na maioria das vezes, reivindicá-lo como «direito». Na realidade, opta-se pela tentativa da «convivência», como se fosse possível fazer uma prova. Mas, não se pode fazer um prova da vida, nem mesmo do dom de si mesmo, sincero e para sempre, porque o teste tem a sua duração própria: não é total e nem «para sempre» e, por conseguinte, assemelha-se mais a um empréstimo. Com efeito, na prova da convivência, não existe aquela plenitude que é característica da opção do matrimônio.

Da mesma forma, uma mãe ou um pai não poderiam fazer a prova de ser pais: ou o são ou não o são. As «coisas» podem ser objeto de prova; a vida dos seres humanos, não. Acabariam reduzidos a objetos. É claro que, reconhecendo a grandeza e beleza concreta do amor humano, o casal precisa ser acompanhado para superar a tentação reducionista e abraçar a opção da integridade e totalidade, preparando-se adequadamente para o matrimônio. E, necessariamente, o acompanhamento depois do matrimônio para não se perderem.

Por vezes, infelizmente, os casais ficam bloqueados «num amor que começa a estagnar» numa rotina vazia, chegando ao ponto de já não significar nada. Infelizmente, quantos amores se perderam por não se deixarem curar pelo «Mistério» do Amor, cuja raiz está em Deus! Quantas feridas são capazes os seres humanos de se infligir um ao outro, sem pensarem jamais em querer curar-se! Segundo a mentalidade do mundo, é normal que o amor se esgote e acabe como uma experiência depois da outra, como uma «coisa» que se consome.

Mas, poderá alguma vez o mundo conhecer o amor, se foge para longe da Fonte do Amor que é Deus? No máximo, poderá conhecer o «erótico», mas não a plenitude do amor humano que inclui, necessariamente, também a dimensão espiritual e a relação religiosa com Deus.

Casam-se bem, hoje, aqueles que descobriram o mistério do amor, da verdade e do reino. A primeira coisa que devem fazer os noivos e os esposos é compreender o reino de Deus, que habita dentro deles. Precisam encontrar, não só o amor, mas também o mistério do seu amor. Por que não basta o amor humano para se salvarem? Se bastasse o simples amor humano, e mais especificamente o amor «erótico», Jesus Cristo não teria vindo à terra para nos salvar.

Jesus salva os esposos e os une a si: assim, eles se unirão «no Senhor»[43], pois o seu amor, abençoado e santificado por Jesus com o sacramento do Matrimônio, pertence ao seu reino, ficando consagrado a Ele e enxertado em Deus, Fonte do Amor. Então o amor humano será capaz de ser não apenas verdadeiro e bom, mas também belo: o «belo amor», como o designava São João Paulo II[44].

O que Jesus veio nos trazer foi o reino de Deus. Para se amar e casar é preciso, de alguma forma, reconhecê-lo. Não é suficiente que os dois se amem humanamente; eles devem amar o Amor. Não basta que se unam; eles devem amar o seu mistério: o mistério da «imagem» comum que os torna capazes de se amarem e o mistério de Cristo que os une. Não basta que amem a sua família, devem rezar a Deus Pai para que «venha o seu reino»: assim se salva o amor humano. Este, para se aguentar, precisa encontrar o seu mistério, as suas raízes no espírito, no projeto de Deus e no amor a Deus: na verdade, como diz Jesus, a casa deve estar edificada sobre a rocha[45]. Tal é o mistério que Jesus veio revelar a toda a humanidade e que se encontra no Cristianismo, como nos lembra também a *Carta às Famílias* de São João Paulo II: «Não existe, todavia, verdadeiro amor sem a consciência de que Deus "é Amor", e que o homem é a única criatura na terra, chamada por Deus à existência "por si mesma". O homem, criado à imagem e semelhança de Deus, não pode "encontrar-se plenamente" senão pelo dom sincero de si. Sem um tal conceito do homem, da pessoa e da "comunhão de pessoas" na família, não pode existir a civilização do amor; e vice-versa, sem a civilização do amor é impossível um *tal conceito de pessoa e de comunhão de pessoas*. A família constitui a "célula" fundamental da sociedade. Mas tem necessidade de Cristo – "videira" da qual os "ramos" extraem a seiva – para que esta célula não fique exposta à ameaça de uma espécie de *desarraigamento cultural*, que pode vir tanto do interior como do exterior. Com efeito, se por um lado existe a "civilização do amor", por outro lado permanece *a possibilidade de uma "anti-civilização"* destruidora, como se confirma hoje por tantas tendências e situações concretas»[46]. Trata-se, portanto, de tomar consciência da nova importância que o valor da família assume hoje.

A virgindade, sinal de amor a Deus

À construção do reino pertence também a «*virgindade pelo reino dos céus*», de que fala Jesus no Evangelho[47]. Esta «é um desenvolvimento da graça batismal, um sinal poderoso da preeminência da união com Cristo e da espera fervorosa do seu regresso, um sinal que lembra também que o matrimônio é uma realidade do tempo presente, que é passageiro»[48]. O Papa Bento XVI, em sua visita apostólica

---

[43] *Bíblia*. Cf. *Carta aos Efésios* 5, 25-33.
[44] *Magistério*. Cf. JOÃO PAULO II, Carta às Famílias *Gratissimam sane* (1994), n. 13. O texto encontra-se no n. 23 do Apêndice, disponível no site figlidichi.altervista.org
[45] *Bíblia*. Cf. Evangelho segundo S. Mateus 7, 24-27.
[46] *Magistério*. JOÃO PAULO II, Carta às Famílias *Gratissimam sane* (1994), n. 13.
[47] *Bíblia*. Cf. Evangelho segundo S. Mateus 19, 12.
[48] *Magistério*. *Catecismo da Igreja Católica*, n. 1619.

à França, exortou os jovens a confiarem em Cristo, dando a sua vida: «Não tenhais medo! Não tenhais medo de dar a vossa vida a Cristo! Nada jamais poderá substituir o ministério dos sacerdotes na vida da Igreja. Nada jamais poderá substituir uma Missa pela salvação do mundo. Estimados jovens ou menos jovens que me escutais, não deixeis sem resposta o chamado de Cristo»[49].

Um mistério em comum

Ambas, as duas vocações, vivem *um mistério em comum*, que anunciam com a vida:

> *Quando dois seres humanos, um homem e uma mulher se*
> *fundem juntos com o amor de Deus*
> *para construir o seu futuro*
> *nasce a «Família Pequena Igreja».*
> *É este o dom do Sacramento do Matrimônio. Quando, na*
> *Igreja, um homem ou uma mulher cheios de amor a Deus, se*
> *oferece a Ele*
> *para se encontrar no absoluto de Deus*
> *eles anunciam a Igreja do futuro,*
> *aquilo que hão de ser e o que será o mundo de amanhã. É este*
> *o dom do celibato pelo reino dos céus.*
> *Quando o ser humano e o Espírito Divino se fundem em*
> *harmonia*
> *em prol do bem de Deus e do bem do homem nasce a Igreja e*
> *a familiaridade com o mistério.*
> *É esta que cria a comunhão nos esposos cristãos e nas pessoas*
> *consagradas.*

Foi com estas palavras que, alguns anos atrás, sublinhei o «mistério em comum». «Quer o sacramento do Matrimônio, quer a virgindade por amor do reino de Deus, vêm do próprio Senhor. É ele que lhes dá sentido e concede a graça indispensável para serem vividos em conformidade com a sua vontade. A estima pela virgindade por amor do reino e o sentido cristão do matrimônio são inseparáveis e se favorecem mutuamente»[50]. Com efeito, a virgindade por amor do reino dos céus abre à alegria e à esperança, porque lembra a cada um, de modo particular à família e ao mundo, o fim último da vida humana, o futuro a que Deus chama a humanidade: o amor em Deus para as núpcias eternas do Cordeiro, o Esposo Divino[51].

Tanto «o sentido cristão do amor e do matrimônio» como «a virgindade por amor do reino dos céus» são necessários ao mundo e ao coração de

---

[49] *Magistério*. BENTO XVI *Homilia durante a Santa Missa na Esplanada dos Inválidos, em Paris*. Visita Apostólica à França por ocasião do 150º aniversário das Aparições de Lourdes, (13 de Setembro de 2008).
[50] *Magistério. Catecismo da Igreja Católica*, n. 1620.
[51] *Bíblia*. Cf. Livro do Apocalipse 19, 7-9.

cada homem para dar pleno sentido à vida humana como transparência do mistério de Deus e para cooperar plenamente com Ele. Esposos e consagrados iluminam-se mutuamente, dizendo e ensinando algo de si mesmo uns aos outros, porque o amor verdadeiro é a sua linguagem comum e, quando se vê o amor, aprende-se a amar.

Nós devemos deixar às novas gerações a beleza do reino de Deus presente em nossa realidade humana, tanto na virgindade oferecida a Deus em prol dos irmãos como no matrimônio e na família cristã: descobrindo e manifestando que a sexualidade, a família e a vida fazem parte do reino de Deus. Os cristãos devem transmitir tudo isto com maior clareza, com mais força não só para eles, mas também para os seus filhos e os seus amigos. Com efeito, «mamon», com o seu poder, está construindo diversamente os seus casais e a sua sociedade. A «mamon», que não quer Deus nem as coisas de Deus, não lhe importa que a família não funcione como deveria; antes, o que pretende é pervertê-la como mais uma invenção, afastando-a de Deus. Isto se chama furto, como veremos mais adiante: tomar as coisas de Deus, mas sem Deus; tomar a realidade do homem e da mulher, mas sem o seu mistério; arrebatar tudo de Deus, do reino de Deus, para o transformar no «principado». Tal é a *barafunda* a que estamos assistindo atualmente.

O que podemos e devemos fazer é propor ao mundo, com liberdade e verdade, Cristo e o seu Evangelho. Não de forma encoberta, mas como Jesus quer. O mundo precisa de luz, da sabedoria e da beleza de Deus. Por isso, na nova evangelização, será necessário propor não só novos percursos antropológicos, mas também novas experiências de espiritualidade, beleza e mística que toquem o coração humano. A nós que obedecemos a Jesus Cristo, servos do Senhor e amigos do Senhor, filhos de Deus, cabe a tarefa de descobrir a preciosidade daquilo que Jesus nos confiou e é nosso, e entregá-lo, com verdade, humildade e caridade, às novas gerações: a tantos jovens, homens e mulheres que o buscam, porque somos feitos para o reino de Deus e não para as *armadilhas* de «mamon», que levam ao precipício. Com Jesus, verdadeiro homem e verdadeiro Deus, «entre céu e terra» há uma luz que abre caminho e nos alcança.

6

Venha a nós o vosso reino (II)

Vimos, no capítulo anterior, o que Jesus quis dizer quando nos ensinou a rezar «venha a nós o vosso reino» e como o reino de Deus se identifica, em última análise, com o próprio Jesus, que veio estabelecê-lo de forma progressiva e inesperada ao confiá-lo ao amor e à liberdade dos homens. Porém, precisa-se de olhos novos, requer-se uma certa sensibilidade de coração e de mente para acolhê-lho.

Antes de tudo, é importante saber que o seu reino já veio e está presente, como vimos no capítulo anterior. No entanto, Jesus deixou-nos esta oração: «Venha a nós o vosso reino». Não é, certamente, para que «venha» no céu, onde já existe e Ele habita. O que Jesus quer é que se espalhe na terra e cresça, com a nossa colaboração, até o dia em que Ele, conforme a sua promessa, voltará glorioso: «Mas o Filho do Homem, quando vier, será que vai encontrar fé sobre a terra?»[1].

O Concílio Vaticano II continua a lembrar a todos que «o Senhor é o fim da história humana, o ponto para onde tendem os desejos da história e da civilização, o centro do gênero humano, a alegria de todos os corações e a plenitude das suas aspirações. Foi Ele que o Pai ressuscitou dos mortos, exaltou e colocou à sua direita, estabelecendo-o juiz dos vivos e dos mortos. Vivificados e reunidos no seu Espírito, caminhamos em direção à consumação da história humana, a qual corresponde plenamente ao seu desígnio de amor: "recapitular todas as coisas em Cristo, tanto as do céu como as da terra" (*Ef* 1, 10). O próprio Senhor o diz: "Eis que venho em breve, trazendo comigo a minha recompensa, para retribuir a cada um segundo as suas obras. Eu sou o Alfa e o Ômega, o Primeiro e o Último, o Começo e o Fim" (*Ap* 22, 12-13)»[2].

O reino de Deus tem início nas pessoas, nas quais reina a verdade, a liberdade, o amor, o bem. Manifesta-se depois no casal e na família, na medida em que essa é «imagem de Deus», transparência do amor e do «dom de pessoa para pessoa». E, consequentemente, está presente também na sociedade. Jesus vem estabelecer o seu reino, primeiro, nas pessoas e, depois, no casal e na família, trazendo a luz e a verdade profunda. O primeiro milagre que Jesus realizou foi precisamente nas Bodas de Caná[3]. Assim chega o reino de Deus:

---

[1] *Bíblia*. Evangelho segundo S. Lucas 18, 8.
[2] *Magistério*. CONCÍLIO VATICANO II, Constituição pastoral *Gaudium et spes*, n. 45.
[3] *Bíblia*. Cf. Evangelho segundo S. João 2, 1-11.

colocando no devido lugar, cuidando e pondo em evidência a justa relação que Deus pretende conosco e entre o homem e a mulher, isto é, no casal e na família, reabrindo-a ao dom da vida humana. É isto que Jesus nos ensina quando nos faz pedir, no *Pai nosso*: «Venha a nós o vosso reino».

Construtores do reino: a dimensão social

Mas o alcance do reino de Deus estende-se também à cidade dos homens, à outra dimensão: a social. Com efeito, a família é o primeiro núcleo da sociedade, e estes dois pilares – a família e a sociedade – estão interligados. A família não é apenas uma questão privada, mas um recurso vital para a sociedade[4].

Jesus, no *Pai nosso*, ao mesmo tempo que nos ensina a pedir para que o seu reino «venha», pede também que, de alguma forma, «preparemos» o seu regresso, precisamente participando na construção do seu reino. Devemos rezar e pedi-lo ao Pai, porque é sempre um dom de Deus e «não é deste mundo»[5]. Mas, pedindo-o ao Pai, Jesus ensina-nos também a desejá-lo, a trabalhar por ele, a amá-lo para que cresça e se difunda, de modo a preparar o seu regresso com o amor. Com efeito, o amor requer a participação: o amor não se impõe, constrói-se. Nisto se exprime o amor de Deus por nós: somos chamados para a sua vinha a fim de construir, juntamente com Ele, o seu reino na verdade, na justiça, na paz e com inteligência; mas também com fé e mansidão, com humildade e coragem, porque não é com a violência que se estende o reino de Deus[6], precisamente porque é de Deus. Entretanto convém aqui recordar, referindo-nos ao *Catecismo da Igreja Católica*, que uma coisa é o direito à defesa pessoal ou a legitimidade de uma guerra defensiva[7], outra é a violência.

Como cresce e se difunde o reino de Deus? Através do nosso crescimento. À medida que o reino vai crescendo dentro de nós, conosco e através de nós, cresce também nas duas formas fundamentais: na construção das famílias e na construção da sociedade. Deus criou duas realidades que são, de modo especial, propriedade sua: a primeira é o casal, «homem e mulher capazes de amor e de dar a vida à imagem de Deus, a família», e a segunda é a realidade social, a Igreja, povo de Deus[8], família de famílias. Foi Jesus que assim o estabeleceu, quando disse a Pedro: «tu és Pedro, e sobre esta pedra edificarei a minha Igreja, e as forças do Inferno não poderão vencê-la»[9]. Jesus a chama «a minha Igreja», sublinhando que é «sua», ela a criou. E os fiéis também lhe pertencem[10]. É d'Ele e Ele a sustenta. A Igreja está a serviço do reino de Deus,

---

[4] *Magistério*. Cf. JOÃO PAULO II, Exortação apostólica *Familiaris consortio* (A união familiar) (1981), nn. 42-45.

[5] *Bíblia*. Evangelho segundo S. João 18, 36.

[6] *Magistério*. Cf. BENTO XVI, *Jesus de Nazaré* (2ª parte), cap. 1, Princípia, Cascais 2011, p. 23. O texto encontra-se no n. 24 do Apêndice, disponível no site figlidichi.altervista.org

[7] *Magistério*. Cf. *Catecismo da Igreja Católica*, nn. 2263-2267; 2302-2317.

[8] *Magistério*. Cf. *Catecismo da Igreja Católica*, n. 782.

[9] *Bíblia*. Evangelho segundo S. Mateus 16, 18.

[10] *Bíblia*. Cf. Evangelho segundo S. João 21, 15-17.

não de si mesma. A Igreja serve o Pai nosso e está a serviço do Evangelho e do reino de Jesus Cristo no mundo[11].

A relação entre Igreja e Reino

A relação entre a Igreja e o reino de Deus é muito importante para todos. Já o Concílio Vaticano II nos recordava: «A Igreja, enriquecida com os dons do seu fundador e guardando fielmente os seus preceitos de caridade, de humildade e de abnegação, recebe a missão de anunciar e instaurar o reino de Cristo e de Deus em todos os povos e constitui o germe e o princípio deste mesmo reino na terra»[12]. Por isso, a Igreja está a serviço do reino e constitui o seu início. E o Concílio, referindo-se aos leigos, afirma: «Por vocação própria, compete aos leigos procurar o reino de Deus tratando das realidades temporais e ordenando-as segundo Deus. (...) São chamados por Deus para que aí, exercendo o seu próprio ofício, guiados pelo espírito evangélico, concorram para a santificação do mundo a partir de dentro, como o fermento, e deste modo manifestem Cristo aos outros, antes de mais pelo testemunho da própria vida, pela irradiação da sua fé, esperança e caridade. Portanto, a eles compete especialmente iluminar e ordenar de tal modo as realidades temporais, a que estão estreitamente ligados, que elas sejam sempre feitas segundo Cristo e progridam e glorifiquem o Criador e Redentor»[13].

Desta forma, «ainda mesmo quando ocupados com os cuidados temporais, podem e devem os leigos exercer valiosa ação para a evangelização do mundo. (...) A todos incumbe a obrigação de cooperar para a dilatação e crescimento do reino de Cristo no mundo»[14]. É uma grande tarefa! Não se trata só de rezar, mas também de realizar aquilo que pedimos na oração, colaborando com Ele.

E como se configuram, para os cristãos, os compromissos de construir o reino de Deus e de construir a cidade dos homens? Sobre este aspecto, encontramos pontos de reflexão muito importantes neste texto conciliar da *Gaudium et spes*: «Embora o progresso terreno se deva cuidadosamente distinguir do crescimento do reino de Cristo, todavia, na medida em que pode contribuir para a melhor organização da sociedade humana, interessa muito ao reino de Deus. Todos estes valores da dignidade humana, da comunhão fraterna e da liberdade, fruto da natureza e do nosso trabalho, depois de os termos difundido na terra, no Espírito do Senhor e segundo o seu mandamento, voltaremos de novo a encontrá-los, mas então purificados de qualquer mancha, iluminados e transfigurados, quando Cristo entregar ao Pai o reino eterno e universal: "reino de verdade e de vida, reino de santidade e de graça, reino de justiça, de amor e da paz". Sobre a terra, o reino já está misteriosamente presente; quando o Senhor vier, atingirá a perfeição»[15].

---

[11] *Magistério*. Cf. BENTO XVI, *Jesus de Nazaré* (2ª parte), cap. 4, Princípia, Cascais 2011, pp. 89 e 90. O texto encontra-se no n. 25 do Apêndice, disponível no site figlidichi. altervista.org

[12] *Magistério*. CONCÍLIO VATICANO II, Constituição dogmática *Lumen gentium*, n. 5.

[13] *Magistério*. CONCÍLIO VATICANO II, Constituição dogmática *Lumen gentium*, n. 31.

[14] *Magistério*. CONCÍLIO VATICANO II, Constituição dogmática *Lumen gentium*, n. 35.

[15] *Magistério*. CONCÍLIO VATICANO II, Constituição pastoral *Gaudium et spes*, n. 39.

Podemos dizer, portanto, que o reino de Deus já está presente, mas ainda não totalmente desenvolvido e manifestado. A sua manifestação se dará com o regresso glorioso de Jesus Cristo à terra. Entretanto, Jesus recomenda que se persevere na fé viva que sabe esperar o seu regresso: «Mas o Filho do Homem, quando vier, será que vai encontrar fé sobre a terra?»[16]. Pode servir de ajuda lembrar de que não estamos sozinhos nem trabalhamos inutilmente: no paraíso, existe o seu reino preparado para nós[17]. Jesus o estende sobre a terra, através de quantos n'Ele acreditam e o amam.

Reino e nova formação

Precisamos nos perguntar: Até que ponto compreendemos e testemunhamos a novidade do reino do Pai, anunciada e trazida por Jesus? Até que ponto os pais cristãos acreditaram nesta novidade e a transmitiram às novas gerações? Em que medida, em nossas escolas, fomos fiéis às tarefas de uma formação verdadeiramente cristã? A declaração conciliar *Gravissimum Educationis* (sobre a educação cristã)[18] lembrava a sua necessidade num tempo de secularização. Para que valores estão sendo educados os nossos jovens? Os pais sadios espiritual e afetivamente dão-se conta dos males que atingem as crianças e os adolescentes de hoje.

Para muitos adolescentes e jovens, «transformados» em filhos da «era tecnológica», o «virtual» pode assumir tal importância que é tomado por «verdadeiro» e substitui o próprio «real». Desta forma, com o «virtual», o espírito humano, que, tendo perdido as suas raízes, já não se dirige a Deus Pai, tem todo o campo livre para um espírito e uma fantasia de *onipotência*. Isto criou, e cria, tantos desajustados, «falsos» verdadeiros, espontâneos não autênticos, «loucos» de boa qualidade.

O «mundo virtual» não é um defeito da técnica, mas pode tornar-se, como todos os ídolos, uma fuga perigosa da nossa mente humana, quando desligada das suas autênticas raízes que estão em Deus. Quantos se deram conta de que está acontecendo uma verdadeira «revolução dos adolescentes», que já se tornaram capazes de construir um mundo «deles» deixando de lado a significativa contribuição educativa dos pais e dos adultos? No passado, o papel educativo das novas gerações estava reservado aos pais, aos avós, à escola e à Igreja, mas, pouco a pouco, «passou» para o «mundo» e, hoje, de modo particular, para o «mundo virtual», que, para os adolescentes e os jovens, é o mais «fascinante e verdadeiro», o mais fácil de construir com as suas fantasias, sem necessidade de Deus nem dos adultos. As energias da técnica e da economia são «vendidas» a esta revolução sutil e silenciosa, impulsionada por interesses financeiros! Enquanto que com a revolução cultural foram esquecidas e encobertas algumas raízes da realidade e da verdade, com a revolução do «virtual» facilmente se chega a ignorar de todo as categorias

---

[16] *Bíblia*. Evangelho segundo S. Lucas 18, 8.
[17] *Bíblia*. Segunda Carta de S. Pedro 3, 13-14, Cf. Evangelho segundo S. Mateus 25, 34-36.
[18] *Magistério*. Cf. CONCÍLIO VATICANO II, Declaração *Gravissimum educationis*, n. 8. O texto encontra-se no n. 26 do Apêndice, disponível no site figlidichi.altervista.org

mentais do real e do verdadeiro. Isto incide muito sobre a vida e as relações humanas, que ficam penalizadas.

O Papa Bento XVI recordou a importância de disponibilizar todas as energias necessárias para a grande tarefa educativa, que vive hoje uma verdadeira «emergência educativa»[19]. E na sua mensagem *Educar os jovens para a justiça e a paz*, do XLV Dia Mundial da Paz, afirma: «A educação é a aventura mais fascinante e difícil da vida. Educar – na sua etimologia latina *educere* – significa conduzir para fora de si mesmo ao encontro da realidade, rumo a uma plenitude que faz crescer a pessoa. (...) Os pais são os primeiros educadores. A família é célula originária da sociedade. "É na família que os filhos aprendem os valores humanos e cristãos que permitem uma convivência construtiva e pacífica. É na família que aprendem a solidariedade entre as gerações, o respeito pelas regras, o perdão e o acolhimento do outro". Esta é a primeira escola, onde se educa para a justiça e a paz. (...) A paz, porém, não é apenas dom a ser recebido, mas obra a ser construída. Para sermos verdadeiramente artífices de paz, devemos educar-nos para a compaixão, a solidariedade, a colaboração, a fraternidade, ser ativos dentro da comunidade e solícitos em despertar as consciências para as questões nacionais e internacionais e para a importância de procurar adequadas modalidades de redistribuição da riqueza, de promoção do crescimento, de cooperação para o desenvolvimento e de resolução dos conflitos. "Felizes os que promovem a paz, porque serão chamados filhos de Deus" – diz Jesus no sermão da montanha (*Mt* 5, 9)»[20].

Nesta mensagem, o Papa dirige-se também aos jovens: «Queridos jovens, vós sois um dom precioso para a sociedade. (...) Não tenhais medo de vos empenhar, de enfrentar a fadiga e o sacrifício, de optar por caminhos que requeiram fidelidade e constância, humildade e dedicação. Vivei com confiança a vossa juventude e os anseios profundos que sentis de felicidade, verdade, beleza e amor verdadeiro. (...) Cientes das vossas potencialidades, nunca vos fecheis em vós próprios, mas trabalhai por um futuro mais luminoso para todos. Nunca vos sintais sozinhos»[21].

Assim, a família é o lugar do dom, o lugar da gratuidade e da participação livre, onde o amor deve crescer na humanidade dos filhos. Este compromisso educativo e cultural possui grande relevância para os cristãos e todas as pessoas de boa vontade. Também São João Paulo II sublinhou a sua importância, bem como a urgência da missão educativa dos pais[22]. Junto com a necessária atualização do campo educativo, é precisamente na oração que podemos adquirir uma nova sabedoria e coragem para a educação e o bem dos mais pequenos. Há que se reconhecer também a grande dedicação de tantos pais

---

[19] *Magistério*. Cf. BENTO XVI, *Carta à diocese e à cidade de Roma sobre a tarefa urgente da educação* (21 de Janeiro de 2008). O texto encontra-se no n. 27 do Apêndice, disponível no site figlidichi.altervista.org

[20] *Magistério*. BENTO XVI, *Mensagem para a Celebração do XLV Dia Mundial da Paz* (8 de Dezembro de 2011), nn. 2 e 5.

[21] *Magistério*. BENTO XVI, *Mensagem para a Celebração do XLV Dia Mundial da Paz* (8 de Dezembro de 2011), n. 6.

[22] *Magistério*. Cf. JOÃO PAULO II, Exortação apostólica *Familiaris consortio* (1981), nn. 36-41.

que vivem, com generosidade e alegria, a sua difícil tarefa educativa. Eles dão testemunho de coragem e sabedoria, predispondo as novas gerações à esperança e ao compromisso, inclusive no campo social.

Hoje, a cultura necessita da verdade e do amor do Evangelho e de todos os nossos esforços no campo educativo para que se conheça a beleza do Evangelho e da vida cristã. Lembremo-nos do apelo que o Papa Bento XVI lançou aos jovens por ocasião da XX Jornada Mundial da Juventude: «Com Maria, dizei o vosso "sim" àquele Deus que deseja oferecer-Se a vós. Repito-vos hoje o que disse no início do meu pontificado: "Quem faz entrar Cristo [na própria vida], não perde nada – absolutamente nada – do que torna a vida livre, bela e grande. Só nesta amizade se abrem de par em par as portas da vida. Só nesta amizade desabrocham realmente as grandes potencialidades da condição humana. Só nesta amizade experimentamos o que é belo e o que liberta". Disto estai plenamente convictos: Cristo de nada vos priva do que tendes em vós de belo e de grande, mas tudo leva à perfeição para a glória de Deus, a felicidade dos homens e a salvação do mundo»[23]. É isto que pedimos a Deus ao rezar no *Pai nosso*: «Venha a nós o vosso reino». Deus é pela vida.

O povo de Deus é o povo da esperança[24] e o povo da vida[25]. A ele se dirigiu São João Paulo II com estas palavras: «A todos os membros da Igreja, *povo da vida e pela vida*, dirijo o mais premente convite para que, juntos, possamos dar novos sinais de esperança a este nosso mundo, esforçando-nos por que cresçam a justiça e a solidariedade e se afirme uma nova cultura da vida humana, para a edificação de uma autêntica civilização da verdade e do amor»[26].

Função do Estado e função da Igreja

Qual é o âmbito da ação dos fiéis cristãos na sociedade, sendo eles também cidadãos de um Estado?

Aqui é preciso, sem dúvida, fazer e ter bem presente a distinção que há entre a função do Estado e a função da Igreja. «A Igreja que, em razão da sua missão e competência, de modo algum se confunde com a sociedade nem está ligada a qualquer sistema político determinado, é ao mesmo tempo o sinal e salvaguarda da transcendência da pessoa humana. No domínio próprio de cada uma, comunidade política e Igreja são independentes e autônomas. Mas, embora por títulos diversos, ambas servem a vocação pessoal e social dos mesmos homens. E tanto mais eficazmente exercitarão este serviço para o bem de todos, quanto melhor cultivarem entre si uma sã cooperação, tendo igualmente em conta as circunstâncias de lugar e tempo. Porque o

---

[23] *Magistério*. BENTO XVI *Discurso na Festa de Acolhimento dos jovens junto do mole de Poller Rheinwiesen em Colônia*. Visita à Alemanha por ocasião da XX Jornada Mundial da Juventude (18 de Agosto de 2005).
[24] *Magistério*. Cf. BENTO XVI, *Mensagem para o XXIV Dia Mundial da Juventude* (22 de Fevereiro de 2009). O texto pode ser lido na Conclusão do livro.
[25] *Magistério*. Cf. JOÃO PAULO II, Carta encíclica *Evangelium vitae* (1995), nn. 77 e 101. O texto encontra-se no n. 28 do Apêndice, disponível no site figlidichi.altervista.org
[26] *Magistério*. JOÃO PAULO II, Carta encíclica *Evangelium vitae* (1995), n. 6.

homem não se limita à ordem temporal somente; vivendo na história humana, fundada sobre o amor do Redentor, ele contribui para que se difundam mais amplamente, nas nações e entre as nações, a justiça e a caridade»[27].

Há uma distinção imperiosa entre Igreja e Estado ou outras formas de comunidades civis: uma independência entre elas, mas não separação absoluta, como pretenderiam alguns. Na realidade, trata-se de duas esferas, que, apesar de necessariamente distintas, se interrelacionam, porque ambas dizem respeito ao homem. Com efeito, a autonomia realiza-se sempre no respeito dos direitos fundamentais do homem integral.

Muitas vezes os Estados modernos ocidentais, inspirando-se sobretudo na Revolução Francesa e no Iluminismo, invocam, para salvaguardar a democracia, a laicização da política e a secularização da sociedade, eliminando qualquer referência às dimensões do espírito humano, da transcendência e da religião. Perseguem uma espécie de ruptura e divórcio entre o homem social e o homem interior, entre o caráter social, entendido como objetivo, e o caráter privado, entendido como subjetivo, mantendo-os separados e sem qualquer relação. As consequências deletérias duma tal cisão estão à vista de todos nos chamados países modernos. Para se promover uma correta e moderna independência de funções e poderes não há necessidade de perpetuar a doutrina da ruptura e da separação absoluta, que pertence mais a um passado feito de incompreensões e medos do que à maturação da história deste terceiro milênio, quando, em tantos campos, se vive a independência, não na separação, mas na relação.

Mas, para um são desenvolvimento das forças sociais em campo, é necessário fazer outra observação. Para humanizar o mundo não se pode esperar que se estabeleça a justa relação entre política e economia, entre Estado e mercado; realmente é preciso, na dialética mais ou menos conflituosa entre modelo trabalhista e modelo liberal, fazer surgir o terceiro modelo: o modelo corporativista, da relação entre os indivíduos, capaz de humanizar os recursos, cuja primeira realidade fundamental é, precisamente, a família, célula basilar da sociedade. Infelizmente, o que se vê hoje é a família disputada como objeto de exploração, tanto pelas forças políticas como pelas forças de mercado. A realidade positiva da família como sujeito propositivo deve ainda tomar consciência do seu papel social juntamente com outras realidades corporativistas como associações, movimentos, grupos, comunidades. Isto significa considerar a família e as associações familiares como sujeito social com o qual se devem confrontar as outras forças políticas e de mercado. Com efeito, a sociedade, sendo feita de pessoas, precisa viver a *sua tridimensionalidade*.

Enquanto este terceiro modelo não se inserir no diálogo, não será possível alcançar um são equilíbrio de forças capazes de construir um mundo melhor e mais justo. Para estar verdadeiramente a serviço do homem, política e economia devem aprender a escutar e respeitar o «humano». É o valor e a espessura deste «humano», precioso aos olhos de Deus, que a Igreja se propõe amar, servir e defender.

---

[27] *Magistério*. CONCÍLIO VATICANO II, Constituição pastoral *Gaudium et spes*, n. 76.

A César o que é de César e a Deus...

Alguns caíram na cilada da separação absoluta, apelando de maneira inadequada, – porque distantes da Igreja – às palavras de Jesus: «Devolvei, pois, a César o que é de César e a Deus, o que é de Deus»[28]. A intenção de Jesus não era, certamente, defender a separação absoluta, pois, noutra passagem do Evangelho, ao responder a Pilatos a propósito do poder político, afirma: «Tu não terias poder algum sobre mim, se não te fosse dado do alto»[29]. A autoridade de governo reivindicada por Pilatos, diz-lhe Jesus, em última instância vem-lhe, não por certo de César, mas do «Alto». Existe, pois, uma relação entre a terra e o céu e entre o céu e a terra, entre o componente social e a religião. É preciso não se deixar enganar por quem, usando o Evangelho, quer separar completamente as duas dimensões, a humana e a divina, para depois fazer da terra outro reino. É verdade que se prevê a distinção e a independência recíproca, mas não a separação entre a realidade social do Estado e a realidade religiosa da Igreja, como se se tratasse de dois mundos distantes e incomunicáveis. Antes, um Estado que defendesse a laicidade em contraposição à religião não se poderia considerar neutro, e muito menos democrático. Neste caso, a justa «laicidade» do Estado teria se transformado em «secularismo» profano, e a justa autonomia em injustiça.

A função do Estado é promover e desenvolver o *bem comum na justiça*; enquanto a função da Igreja é contribuir para a busca da verdade através da revelação e do aprofundamento do *verdadeiro bem* e da *verdadeira justiça*. A Igreja oferece esta importantíssima bagagem de revelação e aprofundamento da verdade: o verdadeiro bem e a verdadeira justiça. O Papa Bento XVI sublinha a diversidade das funções do Estado e da Igreja, com palavras verdadeiramente esclarecedoras, na encíclica *Deus caritas est* (Deus é amor): «As duas esferas são distintas, mas sempre em recíproca relação. (...) A Igreja não pode nem deve tomar nas suas próprias mãos a batalha política para realizar a sociedade mais justa possível. Não pode nem deve colocar-se no lugar do Estado. Mas também não pode nem deve ficar à margem na luta pela justiça. Deve inserir-se nela pela via da argumentação racional e deve acordar as forças espirituais, sem as quais a justiça, que sempre requer renúncias também, não poderá afirmar-se nem prosperar. A sociedade justa não pode ser obra da Igreja; deve ser realizada pela política. Mas toca à Igreja, e profundamente, o empenhar-se pela justiça trabalhando para a abertura da inteligência e da vontade às exigências do bem»[30].

Assim, a Igreja, por um lado, coopera para o incremento e o desenvolvimento do reino de Deus na terra e, por outro, recordando aos fiéis os verdadeiros valores, ajuda a construir e sustentar o verdadeiro bem da cidade dos homens, empenhando-se pelo bem e procurando o melhor para todos. Infelizmente, alguns preconceitos retardam o serviço que a Igreja presta à sociedade[31]. O

---

[28] *Bíblia*. Evangelho segundo S. Mateus 22, 21.
[29] *Bíblia*. Evangelho segundo S. João 19, 11.
[30] *Magistério*. BENTO XVI, Carta encíclica *Deus caritas est* (2005), n. 28. Cf. CONCÍLIO VATICANO II, Constituição pastoral *Gaudium et spes*, n. 36.
[31] *Magistério*. Cf. BENTO XVI, *Homilia na Santa Missa por ocasião do Ano Santo Compostelano na Praça do Obradoiro em Santiago de Compostela*. Visita Apostólica a

grande apoio que a Igreja, servindo a Deus, oferece ao homem e à sociedade, é comunicar a vida divina e, ao mesmo tempo, contribuir para a humanização da vida e das relações humanas[32].

O conjunto dos ensinamentos, elaborados à luz do Evangelho para a edificação da sociedade, colocando-se ao serviço do bem, da verdade e do justo progresso da cidade dos homens, constitui a *Doutrina Social da Igreja*[33]. Esta revela-se de grande valor para encarnar o Evangelho nas vicissitudes da história dos homens. É verdadeiramente importante dar-se conta de quanto e como o Senhor, através da Igreja, quer construir o reino de Deus, difundi-lo na terra e entre as nações, através da participação de todas as pessoas, oferecendo com liberdade de consciência também à cidade dos homens, ao progresso e ao desenvolvimento, o significado, a força, a luz do Evangelho. Pelo contrário, o isolamento ou o individualismo, o orgulho ou a presunção de «não precisar de Deus», muitas vezes na história evidenciaram a debilidade de uma visão restrita e utilitarista que atraiçoa o verdadeiro progresso humano e o anseio de felicidade dos seres humanos.

Uma realização conjunta

Na encíclica *Caritas in veritate*, por exemplo, Bento XVI lembra ao mundo este dado importante: «A cidade do homem não se move apenas por relações feitas de direitos e de deveres, mas antes e sobretudo por relações de gratuidade, misericórdia e comunhão. A caridade manifesta sempre, mesmo nas relações humanas, o amor de Deus; dá valor teologal e salvífico a todo o empenho de justiça no mundo»[34]. Sem estas relações é impossível e ilusório construir um mundo à medida do *homem*.

A propósito disto, a mesma encíclica diz também: «Muitas vezes, ao longo da história, pensou-se que era suficiente a criação de instituições para garantir à humanidade a satisfação do direito ao desenvolvimento. Infelizmente foi depositada excessiva confiança em tais instituições, como se estas pudessem conseguir automaticamente o objetivo desejado. (...) Além disso, tal desenvolvimento requer uma visão transcendente da pessoa, tem necessidade de Deus: sem Ele, o desenvolvimento é negado ou acaba confiado unicamente às mãos do homem, que cai na presunção da auto-salvação e acaba por fomentar um desenvolvimento desumanizado. Aliás, só o encontro com Deus permite deixar de "ver no outro sempre e apenas o outro", para reconhecer nele a imagem divina, chegando assim a descobrir verdadeiramente o outro e a maturar um amor que "se torna cuidado do outro e pelo outro"»[35].

Santiago de Compostela e Barcelona (6 de Novembro de 2010). O texto encontra-se no n. 29 do Apêndice, disponível no site figlidichi.altervista.org

[32] *Magistério*. Cf. CONCÍLIO VATICANO II, Constituição pastoral *Gaudium et spes*, n. 40. O texto encontra-se no n. 30 do Apêndice, disponível no site figlidichi.altervista.org

[33] *Magistério*. Cf. PONTIFÍCIO CONSELHO «JUSTIÇA E PAZ», *Compêndio da Doutrina Social da Igreja* (2004).

[34] *Magistério*. BENTO XVI, Carta encíclica *Caritas in veritate* (2009), n. 6.

[35] *Magistério*. BENTO XVI, Carta encíclica *Caritas in veritate* (2009), n. 11.

Que riqueza de humanidade! Eis o que significa inserir a caridade e a sabedoria do Evangelho nas estruturas sociais e no ambiente social. O Evangelho cruza-se com uma imensidão de problemas e decisões, de alegrias e sofrimentos, de aspirações e lutas no mundo. Em última análise, a paz mantém-se entre os homens no amor, na verdade e na justiça; por isso temos necessidade do amor de Deus. Como recorda Bento XVI, no seu livro *Jesus de Nazaré*, «somente o homem reconciliado com Deus e consigo mesmo pode construir a paz à sua volta e em todo o mundo»[36].

As manifestações do reino

Na construção do reino, *a atenção pelos mais fracos*[37] é mais sentida, porque as suas vidas estão mais ameaçadas. Hoje a prioridade é dada ao nascituro desde a sua concepção, que é a vida mais fraca e indefesa, e aos idosos marginalizados, sobre cuja vida paira a ameaça da eutanásia, que lhes é proposta como um direito. Mas se trata sempre de eliminação e autodestruição! Quando se afirma que uma sociedade moderna e laica implica o exercício destes novos direitos sobre a vida do nascituro e sobre a própria morte voluntária, utilizando em apoio à sua legitimação até mesmo valores humanos como, por exemplo, a dignidade das mulheres, o direito de cada pessoa viver uma existência humana normal e confortável, a «liberdade de consciência», tudo isso não passa de um truque para esconder o que está subjacente: a criação de uma mentalidade que é contra o homem e contra a humanidade, uma espécie de amor de uma «cultura enlouquecida». Na verdade, esquecem-se as consequências da grande pressão social e econômica que estes «direitos sociais», como lhes chamam, chegam a gerar: uma espécie de manipulação e ditadura «cultural», uma tenaz que primeiro aflige a consciência em muitas pessoas, entorpecendo-a, condicionando cada vez mais as estruturas sociais e sanitárias em suas opções, criando um mundo menos humano e, consequentemente, menos livre e belo. As opções da economia, política e direito, que «se fazem passar» por «úteis e democráticas», estão, muitas vezes, aliadas, sem que milhões de pessoas sequer o saibam. Útil e democrática é, ao invés, a luta pela responsabilização «mais humana» das consciências e da informação, capaz de opor-se ao sutil engano de «mamon».

A evangelização que a Igreja realiza em nosso tempo vai assumindo uma extensão cada vez mais vasta até envolver toda a dimensão da vida humana e social. O Evangelho, deste modo, propaga-se também através do Evangelho da vida[38]. Justiça, paz e desenvolvimento são elementos constitutivos do anúncio feito pela Igreja; e com a sua proclamação, não pretende fazer diretamente política, mas entrar na consciência social dos cidadãos e dos políticos, técnicos e economistas, na sabedoria das nações, na sensibilização do mundo. Basta

---

[36] *Magistério.* BENTO XVI, *Jesus de Nazaré* (1ª parte), cap. 4, A Esfera dos Livros, Lisboa 2007, p. 124. O texto encontra-se no n. 31 do Apêndice, disponível no site figlidichi.altervista.org

[37] *Magistério.* Cf. BENTO XVI, Carta encíclica *Caritas in veritate* (2009), n. 15. O texto encontra-se no n. 32 do Apêndice, disponível no site figlidichi.altervista.org

[38] *Magistério.* Cf. JOÃO PAULO II, Carta encíclica *Evangelium vitae* (1995), n. 6.

pensar nos graves problemas, à espera de solução, que afligem a vida de milhões de pessoas, como a fome e a carestia nos países mais pobres, a guerra ao narcotráfico, a exploração dos menores e das mulheres, o terrorismo.

A abertura à transcendência

Para vencer estes males e trabalhar pelo bem é preciso não só a vontade política, mas também o despertar das consciências, a boa vontade, juntamente com a força do Espírito Santo e da fé. Já no famoso *Discurso à Organização das Nações Unidas*, pronunciado por ocasião da sua Visita Apostólica em 1965, o Beato Papa Paulo VI exortava com grande clarividência: «Este edifício que vós construís não assenta em bases puramente materiais e terrestres, porque então seria um edifício construído sobre a areia. Assenta, antes de tudo, sobre as nossas consciências. Sim, chegou o momento da "conversão", da transformação pessoal, da renovação interior. Devemos habituar-nos a pensar o homem de uma maneira nova. De uma maneira nova também a vida comunitária dos homens, de uma maneira nova enfim os caminhos da história e os destinos do mundo, segundo a palavra de S. Paulo: "vestir-vos do homem novo, criado à imagem de Deus, na verdadeira justiça e santidade" (*Ef* 4, 23). Eis chegada a hora em que se impõe uma pausa, um momento de recolhimento, de reflexão, quase de oração: pensar de novo na nossa comum origem, na nossa história, no nosso destino comum. Nunca, como hoje, numa época marcada por tal progresso humano, foi tão necessário o apelo à consciência moral do homem. (...) Numa palavra, o edifício da civilização moderna deve construir-se sobre princípios espirituais, os únicos capazes não apenas de o sustentar, mas também de o iluminar e de o animar. E esses indispensáveis princípios de sabedoria superior não podem repousar – é nossa convicção, vós o sabeis – senão na fé em Deus»[39].

A Igreja está a serviço do reino de Deus, como deseja Jesus, na verdade, na liberdade e no amor, para servir *o homem todo e todo o homem*. Na carta encíclica *Caritas in veritate*, o Papa Bento XVI reafirma a centralidade desta verdade e do nosso compromisso para a realizar, neste termos: «Precisamente porque Deus pronuncia o maior "sim" ao homem, este não pode deixar de se abrir à vocação divina para realizar o próprio desenvolvimento. A verdade do desenvolvimento consiste na sua integralidade: se não é desenvolvimento do homem todo e de todo o homem, não é verdadeiro desenvolvimento. Esta é a mensagem central da *Populorum progressio*, válida hoje e sempre. O desenvolvimento humano integral no plano natural, enquanto resposta a uma vocação de Deus criador, procura a própria autenticação num "humanismo transcendente, que leva [o homem] a atingir a sua maior plenitude: tal é a finalidade suprema do desenvolvimento pessoal"»[40]. Afirma-se aqui a necessidade do *desenvolvimento* de toda a realidade do homem, não apenas da sua inteligência, do seu corpo, dos seus sentimentos, mas também do seu

---

[39] *Magistério*. PAULO VI, *Discurso à Organização das Nações Unidas* (4 de Outubro de 1965).
[40] *Magistério*. BENTO XVI, Carta encíclica *Caritas in veritate* (2009), n. 18.

espírito. Se não se considera *o homem todo*, não é verdadeiro desenvolvimento, nem verdadeiro serviço e amor à humanidade. Foi precisamente esta visão que caracterizou e animou inúmeras obras de altruísmo desinteressado e heróico de homens e mulheres da Igreja e de missionários que se gastaram totalmente pelo bem da humanidade. Os países e as culturas fariam bem em não esquecer isto, para haurirem novas energias.

Portanto, se o progresso não beneficia *a todos*, a toda pessoa e à pessoa toda, isso significa que o seu benefício é egoisticamente gozado somente por alguém, que, no fim das contas, se demonstra um tirano. O verdadeiro desenvolvimento, com a sua exigência de verdade e de caridade, não pode ser confiado apenas à evolução da técnica, à produção das riquezas, ou à aplicação do engenho humano. Para um desenvolvimento integral «do homem todo», deve haver outra coisa que o qualifique: é precisamente a abertura ao transcendente, isto é, a Deus.

A indiferença religiosa e os sistemas de governo podem sufocar e enfraquecer esta riqueza espiritual, que é um dom para a sociedade[41]. A verdade é esta: o ateísmo é contra o autêntico desenvolvimento das pessoas e dos povos. E pensar que há gente que promove a indiferença religiosa e a ela impele, inclusive os menores, através dos meios de comunicação social! E não somente isso... Quando são exportados os bens económicos ou culturais, muitas vezes é exportada também uma forma redutiva do homem, da sua dimensão espiritual e do seu destino; é ocultado aquilo que fundamenta o homem em sua dignidade de pessoa humana e em sua ligação a Deus Pai.

Amor à verdade e à vida

Por isso, requer-se um novo empenho dos cristãos no mundo do trabalho e da política, da cultura e da educação. Devemos investir o nosso entendimento, o nosso amor e a nossa vontade para que venha o reino de Deus: não só esperar, mas preparar a sua vinda com a nossa contribuição de cristãos, de todos. A Igreja, juntamente com a proposta que faz fundada no Evangelho, deve também alertar contra as tentações de «novos messias», os chamados *falsos messianismos*, que ludibriam muitas expectativas das pessoas; messianismos estes que invadem a cultura e o mercado e que é preciso evitar. São propriamente estes que se apresentam, hoje, com todo o seu «fascínio» enganador, inclusive aos mais novos.

O próprio mundo da economia e das finanças instiga a criar novas necessidades e expectativas com a promessa de as satisfazer, muitas vezes explorando as sensações, sentimentos e aspirações dos jovens, e mesmo das crianças e dos adolescentes, suscitando falsas miragens. Hoje, predominam messianismos de tipo hedonista[42], alimentados pelo ídolo do dinheiro. O

---

[41] *Magistério*. Cf. BENTO XVI, Carta encíclica *Caritas in veritate* (2009), n. 29. O texto encontra-se no n. 33 do Apêndice, disponível no site figlidichi.altervista.org

[42] *Magistério*. Cf. BENTO XVI, Carta encíclica *Caritas in veritate* (2009), n. 17. O texto encontra-se no n. 34 do Apêndice, disponível no site figlidichi.altervista.org

grande *monstro* das finanças, dos mercados e da economia mundial tem mostrado, nestes tempos, toda a sua grave inconsistência.

Diversamente, o reino de Deus que pedimos na oração do *Pai nosso* é reino de amor e de respeito por toda a realidade, porque Deus é Pai. A partir disto, é possível distinguir o reino de Deus da obra de «mamon». Mas há também quem combata a fé cristã e os valores do Evangelho[43]. Na verdade, há quem está dando uma mão a «Herodes»[44] e à construção do seu reino. Eu diria que «Herodes» anda à cata de votos. Também ele teve que se adaptar aos tempos e mascarar-se. Hoje temos a democracia e é necessário respeitar as regras, pelo menos até onde podem ser observadas. Pois bem! Os vários «Herodes» do momento entram no jogo e até se sentam à mesa das regras, servem-se das regras, mas são sempre «Herodes»! Cada um procura complacência e votos políticos; votos para o seu «reino», brindando direitos que, como sabemos, não existem e nem podem existir quando, para construir a paz, se recorre à mentira e à injustiça. Assim, ao construirmos a sociedade devemos ter cuidado para que tanto os deveres como os direitos sejam justos, isto é, verdadeiros e bons, e que não estejam em contradição com a «verdade» da vida. Devemos ter a lucidez de verificar se a dimensão humana é feita de relações não só de respeito e justiça, mas também de gratuidade, misericórdia e comunhão.

Hoje, é preciso ter cuidado também com certos modos de pensar, cobertos por uma aparência de espiritualidade e apresentando-se como verdades válidas para todos, sem distinção, como as da «Nova Era». A sua interpretação da vida e do mundo, com a ajuda das técnicas da yoga, está proliferando de muitas formas, insinuando-se de tal maneira na cultura que passa despercebida à maioria das pessoas. Fala-se de uma dimensão espiritual, de fato vaga e superficial, que permearia todas as realidades do mundo, parecendo que Deus estaria em toda a parte. Desta forma, ficariam superadas a nostalgia de Deus e a sua «distância». Porém, na visão da «Nova Era», não se fala de reino, nem de um chefe, nem do Senhor, nem de um salvador. A figura de Jesus Cristo é reinterpretada e deturpada. Afirma-se a existência de um mundo espiritual, mas sem que exista Deus, Deus Criador e Pai. Fala-se de um Deus pai referindo a Ele toda a realidade, incluindo a do homem. Mas, na realidade, tudo não passaria de um reflexo, de uma «emanação» espiritual de Deus, que deixaria de ser Criador.

Desconfiemos dos substitutivos espirituais que parecem inócuos, mas, no fundo, são de matriz ateia ou espiritualmente errada.[45] A proliferação de ideologias alternativas, bem como de seitas e gurus, deve fazer-nos refletir sobre a confusão que existe no âmbito espiritual e também sobre as exigências do espírito humano deixadas sem resposta. Não conseguindo suprimir o Cristianismo, quer a partir do materialismo quer do espiritualismo, tenta-se, por todos os modos, modificá-lo, deturpando-o. A propósito do reino de Deus, é interessante a observação que o Papa Bento XVI faz na encíclica *Spe*

---

[43] *Bíblia*. Cf. Segunda Carta aos Tessalonicenses 3, 1-2.
[44] *Bíblia*. Cf. Evangelho segundo S. Mateus 2, 1-23.
[45] *Magistério*. Cf. PONTIFÍCIO CONSELHO PARA A CULTURA E PONTIFÍCIO CONSELHO PARA O DIÁLOGO INTER-RELIGIOSO, *Jesus Cristo, Portador da água viva. Uma reflexão cristã sobre a «Nova Era»* (2003).

salvi sobre um livro de E. Kant, «*O fim de todas as coisas*»[46], a propósito do reino de Deus e, no caso, se um dia acontecesse de o Cristianismo não devesse mais ser amado. Porém, desde quando Deus se fez homem sobre a terra, é seguro que Ele responde ao ser humano que o procura: o homem chama com fé e amor e Deus responde. É deste modo que se manifesta o seu reino, como Jesus nos diz no *Pai nosso*.

Como é grande aquilo que Jesus nos confiou! Quanto o mundo tem necessidade do Cristianismo e dos cristãos, de Cristo no meio de nós! O Cristianismo é um dom extraordinário de Deus Pai para a humanidade, o seu verdadeiro dom, o mais belo e mais precioso! Não deixemos o campo livre aos vários «Herodes», não deixemos mão livre ao despotismo, a «mamon», pensando que bastaria acreditar em Deus, porque Jesus ensinou-nos a pedir ao Pai que venha o «seu reino», e a construí-lo, juntamente com Ele, na humildade e na verdade. É, antes de tudo, «reino de verdade»: devemos amar a verdade. Quem è que cai e se perde? Quem não ama a verdade. Quem corre atrás dos vários «Herodes» da história? Quem não ama a verdade. Com efeito, quem ama a verdade, ama a Deus e cada homem; e quem ama a Deus, ama o seu reino, porque é o reino do amor e da justiça, porque é o reino preparado para nós. É Jesus que no-lo recorda no Evangelho: «Vinde, benditos de meu Pai! Recebei em herança o Reino que meu Pai vos preparou desde a criação do mundo»[47].

O bem se difunde. Quando alguém tem verdadeiramente Jesus dentro de si, em sua vida interior, as pessoas percebem: o bem faz bem ao seu redor e «a luz brilha nas trevas»[48], como nos lembra o Evangelho. O cristão não deve viver como se estivesse possuído por um sentido de inferioridade. A fé vivida chama-se amor, serviço ao mundo, verdade que liberta e consola. O mundo precisa de tudo isto para não cair, cada vez mais, no poder da alienação e do mal. A oração do *Pai nosso* ensinou-nos a fazer crescer este amor pelo próximo, a fazer crescer este mundo rumo ao reino de Deus e a pedir a sabedoria de Deus Pai para as famílias e para o verdadeiro desenvolvimento da sociedade e da humanidade inteira.

No centro do desenvolvimento social

Hoje, porém, qual é o centro propulsor do autêntico desenvolvimento social? Será, porventura, o desenvolvimento das comunicações e do bem-estar econômico, o poder da técnica e da economia, entendidos segundo o mundo e «mamon»? Não! É a própria vida, considerada no seu valor e significado intrínsecos, porque não serve para nada tudo aquilo que se constrói se, depois, se perde e destrói a vida humana. Coração e berço da vida humana é precisamente a família. Na carta encíclica *Caritas in veritate*, o Papa Bento XVI coloca isso em evidência, de modo particular: «A *abertura à vida está no centro do verdadeiro*

---

[46] *Magistério*. Cf. BENTO XVI, Carta encíclica *Spe salvi* (2007), nn. 19 e 23. Os textos encontram-se nos nn. 35 e 36 do Apêndice, disponível no site figlidichi.altervista.org
[47] *Bíblia*. Evangelho segundo S. Mateus 25, 34.
[48] *Bíblia*. Evangelho segundo S. João 1, 5.

desenvolvimento. Quando uma sociedade começa a negar e a suprimir a vida, acaba por deixar de encontrar as motivações e energias necessárias para trabalhar a serviço do verdadeiro bem do homem. Se se perde a sensibilidade pessoal e social ao acolhimento duma nova vida, definham também outras formas de acolhimento úteis à vida social. O acolhimento da vida revigora as energias morais e torna-nos capazes de ajuda recíproca. Os povos ricos, cultivando a abertura à vida, podem compreender melhor as necessidades dos países pobres, evitar o emprego de enormes recursos econômicos e intelectuais para satisfazer desejos egoístas dos próprios cidadãos e promover, ao invés, ações virtuosas na perspectiva de uma produção moralmente sadia e solidária, no respeito do direito fundamental de cada povo e de cada pessoa à vida»[49].

Ir contra a vida é ir contra o verdadeiro desenvolvimento humano, contra o verdadeiro desenvolvimento do mundo; não apenas de uma localidade, de uma cidade, de uma nação, mas do mundo inteiro, devido à unidade indivisível de toda a humanidade. Não se pode permanecer inativo. Precisamos de uma nova consciência moral. Isto diz respeito também ao problema da *ecologia*, porque a natureza e a vida estão interligadas precisamente na responsabilidade confiada, por Deus Criador, ao homem. A oração do *Pai nosso* faz-nos pedir a Deus Pai que venha o seu reino, em prol do qual devemos trabalhar nomeadamente com o respeito que merece a criação[50], enquanto obra do Pai que nos foi dada.

O mundo avança com as suas descobertas e conquistas, mas precisa de luz e amor; também ele tem necessidade de descobrir a sua identidade, inclusive na globalização. Por isso, a humanidade precisa olhar para o seu futuro, pelo menos vislumbrar o seu sentido: tem necessidade de Deus, de verdade, de esperança e clareza, e também de unir as forças em diálogo com todos. Os cristãos devem estar à frente na investigação, não atrás. Não devem limitar-se a aguentá-la, mas procurar compreender e propor soluções, apontando os caminhos da verdadeira humanização e do autêntico desenvolvimento. Esta é a tarefa extraordinária dos cristãos e de toda a Igreja, que trabalha em conjunto para o desenvolvimento da civilização[51].

Por isso mesmo, precisamos duma *fé pensada*, que sirva de ajuda ao mundo. Uma fé que não raciocinasse nem incidisse na vida, acusaria uma cisão entre a fé e a vida. Esta cisão poderia ser, para algumas pessoas, sintoma dum grave conflito pessoal e, para outras, mesmo um escândalo; mas é possível também que seja o sintoma duma doença séria que se deve ter a coragem de enfrentar vencendo a separação, que se assemelha a uma «esquizofrenia», entre pensamento e realidade.

Existem cruzes e cruzes

Tendo em vista a construção do reino, é reservada ainda uma atenção especial ao sofrimento humano. A nossa realidade humana está

---

[49] *Magistério*. BENTO XVI, Carta encíclica *Caritas in veritate* (2009), n. 28.

[50] *Magistério*. Cf. BENTO XVI, Carta encíclica *Caritas in veritate* (2009), n. 51. O texto encontra-se no n. 37 do Apêndice, disponível no site figlidichi.altervista.org

[51] *Magistério*. Cf. BENTO XVI, Carta encíclica *Caritas in veritate* (2009), n. 74. O texto encontra-se no n. 38 do Apêndice, disponível no site figlidichi.altervista.org

profundamente marcada por muitos sofrimentos. A maior consolação, para aqueles que sofrem, é saber que este sofrimento há de acabar. O cristão, usando de caridade, torna-se particularmente próximo de quem sofre, como faz o bom samaritano[52], proclamando esta verdade: toda a tribulação e todo o sofrimento encontram o seu sentido e valor em Cristo, porque, assim, unem-se à obra de redenção de Cristo e o próprio Deus «enxugará todas as lágrimas dos seus olhos»[53]. Deus está ao lado de nossas lágrimas. A fé cristã serve, e servirá sempre, de ajuda e conforto aos doentes e atribulados, nomeadamente para compreender qual é vontade de Deus sobre a cruz que Ele nos pede para carregarmos e não outra que Ele não nos mandou. Na verdade, é preciso que cada um tome a sua *própria cruz*, como nos lembra Jesus no Evangelho[54]. E não é fácil saber identificá-la.

Mas, quando os auxílios e os meios da medicina se tornaram instrumentos de alívio e de cura, capazes de combater a doença como, aliás, Deus permite e nos pede para fazer, sucedeu que muitos puseram Deus de lado. Creio que aqui teve o seu ponto de partida uma parte do processo de secularização. Mas, combatido e superado todo o sofrimento com o progresso científico e a ajuda de Deus, esquecemos o sofrimento «cristão» daqueles que sofrem precisamente porque são *fiéis* a Jesus Cristo e o seguem na sua Cruz. Nem todos os sofrimentos são iguais. «Pois será melhor sofrer praticando o bem, se tal for a vontade de Deus, do que praticando o mal»[55].

Sofrer *pelo reino de Deus*: este é um sofrimento do qual não se deve fugir, mas abraçar, poque nasce da fidelidade ao amor de Deus, sofre-se por Deus e pelo próximo. Não nasce propriamente das limitações da natureza, das quais todos queremos escapar. Certamente também estas limitações e «enfermidades»[56] devemos vivê-las com amor e fé, testemunhando «o conforto» da fé, porque Cristo também sofeu por nós[57]. É o amor do Senhor que consola e dá força, como nos recorda São Paulo na Carta aos Romanos: «Quem nos separará do amor de Cristo? Tribulação, angústia, perseguição, fome, nudez, perigo, espada? (...)Mas, em tudo isso, somos mais que vencedores, graças àquele que nos amou. Tenho certeza de que nem a morte, nem a vida, nem os anjos, nem os principados, nem o presente, nem o futuro, nem as potências, nem a altura, nem a profundeza, nem outra criatura qualquer será capaz de nos separar do amor de Deus, que está no Cristo Jesus, nosso Senhor»[58].

A certeza do seu amor sustenta o homem em todas as vicissitudes da vida, mesmo as mais difíceis e dolorosas, porque Deus é fiel às suas promessas e está intimamente unido a quem lhe pertence, como afirma São João Crisóstomo: «Muitas vagas e fortes tempestades nos ameaçam, mas não tememos ser submergidos, porque nos apoiamos na rocha firme. Por mais que se enfureça

---

[52] *Bíblia*. Cf. Evangelho segundo S. Lucas 10, 33.
[53] *Bíblia*. Livro do *Apocalipse* 7, 17b; cf. *Carta aos Colossenses* 1, 24.
[54] *Bíblia*. Cf. Evangelho segundo S. Marcos 8, 34.
[55] *Bíblia*. Primeira Carta de S. Pedro 3, 17.
[56] *Bíblia*. Cf. Segunda Carta aos Coríntios 12, 9b-10.
[57] *Bíblia*. Cf. Primeira Carta de S. Pedro 2, 21.
[58] *Bíblia*. Carta aos Romanos 8, 35.37-39.

o mar, nunca poderá quebrar esta rocha; por mais que se levantem as ondas, nunca poderão afundar a nau de Jesus. Que havemos de temer? A morte? *"Para mim, de fato, o viver é Cristo e o morrer, lucro"* (Fl 1, 21). O exílio? *"Do Senhor é a terra com o que ela contém"* (Sl 24, 1). A confiscação dos meus bens? *"Com efeito, não trouxemos nada para este mundo, como também dele não podemos levar coisa alguma"* (1 Tm 6, 7).

Para mim, os perigos deste mundo só merecem desprezo, e os seus bens não passam do ridículo. Não temo a pobreza, nem ambiciono riquezas; não receio a morte nem desejo viver, senão para vosso proveito. Por isso, ao recordar-vos a situação presente, exorto a vossa caridade para que tenha confiança»[59]. Com efeito, o próprio apego aos poderes e aos bens da terra é verdadeiramente ridículo, porque, como nos recorda São Francisco, «os homens perdem todas as coisas que deixam neste mundo»[60].

O amor de Deus é mais forte

O que faz o amor de Deus por nós? Diz a Sagrada Escritura: «Sabemos que tudo contribui para o bem daqueles que amam a Deus, daqueles que são chamados segundo o seu desígnio. Pois aos que ele conheceu desde sempre, também os predestinou a se configurarem com a imagem de seu Filho, para que este seja o primogênito numa multidão de irmãos. E àqueles que predestinou, também os chamou, e aos que chamou, também os justificou, e aos que justificou, também os glorificou»[61].

Com o dom extraordinário que Deus lhe faz, o cristão vive já «na glória» de Deus: vive já, agora, na bem-aventurança e na paz. Vive de tal modo do «amor» de Deus, que deseja também servir a «Deus», o seu reino e a sua vontade, com o amor e no amor de Jesus Cristo, e, com grande sentido de responsabilidade, abraça o próprio sofrimento que daí possa derivar, chegando até ao amor aos inimigos. «Ora, a vós que me escutais, eu digo: amai os vossos inimigos e fazei o bem aos que vos odeiam. Falai bem dos que falam mal de vós e orai por aqueles que vos caluniam»[62]. Como não lembrar, aqui, de tantos religiosos e leigos cristãos que deram testemunho deste grande amor a Deus até ao dom da própria vida: são os santos e os mártires.

O cristianismo é a realidade mais séria que existe: «Pois não foi seguindo fábulas habilmente inventadas que vos demos a conhecer o poder e a vinda de nosso Senhor Jesus Cristo»[63]. *Mártir* é a testemunha de Cristo; é aquele que testemunha Cristo com o dom da sua vida a ponto de, por amor e fé, sofrer a morte que lhe é infligida por outros, e nunca por ele próprio. Ao sofrer a morte, o mártir oferece a sua vida a Deus para dar testemunho d'Ele, e dá a vida com amor pelos outros; o mártir nunca é alguém que tira a própria vida e a dos

---

[59] *Tradição.* SÃO JOÃO CRISÓSTOMO (349-407), *Homilia antes de partir para o exílio*, n. 1: *PG* 52, pp. 427-428. Cf. Liturgia das Horas, IV, pp. [1270-1271].

[60] *Tradição.* SÃO FRANCISCO DE ASSIS (1182ca.-1226), Os escritos de Francisco e Clara de Assis, «Messaggero di Padova», Pádua 19813, p. 91. Traduzido por António Ferreira.

[61] *Bíblia.* Carta aos Romanos 8, 28-30.

[62] *Bíblia.* Evangelho segundo S. Lucas 6, 27-28.

[63] *Bíblia.* Segunda Carta de S. Pedro 1, 16.

outros, como quando aqueles que se fazem explodir, testemunhando uma sua ideia ou um credo: este dá a morte, não a vida; sacrifica, voluntariamente, a sua vida e tira a dos outros, mesmo contra a sua vontade. Não pode ser chamado de «mártir» como, erradamente, algumas vezes, se ouve dizer. Deste modo, o mártir não é aquele que sacrifica a sua vida por um ideal, mas alguém que dá testemunho de algum outro, ainda que para isso tenha de sofrer a morte. O mártir cristão é capaz, com a ajuda de Deus, de oferecer a vida até por aqueles que lhe estão lhe dando a morte. Com efeito, ele acredita no Deus vivo que é Amor, capaz de dar de novo a vida, mesmo depois da morte[64].

Para trabalhar em prol do reino de Deus, que Jesus nos faz pedir no *Pai nosso*, precisamos voltar a Deus, ao Deus da verdade e da alegria, da firmeza e da salvação: é necessário «converter-se». *A conversão* é, precisamente, voltar atrás realizando fundamentalmente *três passagens*: da mentira à verdade; do roubo à honestidade, restituindo a Deus o que lhe pertence, e aos homens, a sua dignidade; da morte de si e dos outros à vida eterna. Emblemática é a conversão de Zaqueu[65], descrita no Evangelho.

O processo de conversão é progressivo, crescendo, com o mesmo, a capacidade de construir o bem na sociedade por amor do reino de Deus. No início, busca-se a Deus para o «nosso bem», para estar bem: é a primeira conversão, pela qual se reconhece Deus como Deus, e Jesus como Salvador do homem.

À medida que cresce na relação com Ele e «conhece» o seu amor, o cristão abre-se com confiança e dispõe-se a servir a Deus com todo o coração e toda a vida, passando a «viver para Ele»: esta é a segunda conversão, quando Deus irrompe com a sua beleza e bondade, arrastando a pessoa inteira para a amorosa comunhão com Ele e uma íntima confiança. Pensemos em tantos santos ao redor dos quais cresceu o reino de Deus e o bem social para uma infinidade de pessoas. Há inúmeros exemplos de santos, homens e mulheres, jovens e adultos, que demonstraram, com a sua própria vida, como Deus é o único verdadeiro bem e a raiz da nossa humanidade.

Cito, por exemplo, um trecho das cartas de São Maximiliano Kolbe, que se ofereceu para salvar a vida de um pai de família no campo de concentração de Auschwitz: «Nos nossos tempos, infelizmente, vemos com tristeza propagar-se sob várias formas uma certa epidemia, a que chamam "indiferentismo", não só entre os leigos mas também entre os religiosos. No entanto, porque Deus é digno de infinita glória, o nosso primeiro e mais importante objetivo é promover a sua glória, tanto quanto pode a nossa humana fraqueza, embora nunca possamos prestar-Lhe a glória que Ele merece, dado que somos frágeis criaturas. Uma vez, porém, que a glória de Deus resplandece sobretudo na salvação das almas que Cristo resgatou com o seu próprio sangue, o principal e mais profundo empenho da vida apostólica deve ser o de procurar a salvação do maior número de almas e a sua mais perfeita santificação. (...) Só Deus é infinito, sapientíssimo, santíssimo, só Deus é Senhor clementíssimo, nosso Criador e nosso Pai, princípio e fim, sabedoria, poder e amor; Deus é tudo isto. Portanto, tudo o que se encontra fora de Deus, tudo o que não é Deus, só tem

---

[64] *Bíblia*. Cf. Carta aos Hebreus 11, 17-19.
[65] *Bíblia*. Cf. Evangelho segundo S. Lucas 19, 1-10.

valor na medida em que se refere a Ele, que é o Criador de todas as coisas e o Redentor dos homens, o fim último de toda a criação. É Ele, com efeito, que nos manifesta a sua adorável vontade por meio dos seus representantes na terra e nos atrai a Si, querendo também por meio de nós atrair as almas e uni-las a Si na mais perfeita caridade (...).

Amemos, portanto, irmãos, amemos com todo o coração o amantíssimo Pai celeste, e seja a nossa obediência a prova real desta caridade perfeita, que deve pôr-se em prática sobretudo quando se nos pede o sacrifício da própria vontade. Com efeito, para progredir no amor de Deus, não conhecemos livro mais sublime que Jesus Cristo crucificado. Tudo isto o alcançaremos mais facilmente por intermédio da Virgem Imaculada, a quem Deus, com infinita bondade, tornou dispensadora da sua misericórdia. Não há dúvida alguma de que a vontade de Maria é para nós a própria vontade de Deus. Se a Ela nos consagramos como instrumentos nas suas mãos, como Ela o foi nas mãos de Deus, tornamo-nos verdadeiramente instrumentos da misericórdia divina»[66].

Na verdade, há uma *santidade* escondida e heróica, que só Deus vê, também em muitos leigos, homens e mulheres, que trabalham no mundo, esposos e pais, crianças e jovens, idosos e doentes. Quem chama e bate à porta do coração humano[67] é sempre o amor de Deus, que pede uma resposta livre e total. Há bispos e sacerdotes, diáconos, freiras e outras pessoas consagradas que, com amor incansável, dedicam santamente a sua vida a Deus e ao bem da humanidade. Pensemos em tantos homens e mulheres de boa vontade, mesmo de outras religiões, que espalham o bem ao seu redor para construir um mundo melhor.

Mas, de onde partir para edificar o reino de Deus e uma «verdadeira humanidade» que seja dádiva para todos? Quem ouvir? As vozes são tantas, confusas e contraditórias... No *Pai nosso*, Jesus indicou-nos como fazer: para não nos perdermos, Jesus deu-nos como que uma «bússola». É o que veremos no próximo capítulo.

---

[66] *Tradição.* Cf. SÃO MAXIMILIANO M. KOLBE (1894-1941), *Escritos*, vol. I/1. Pádua 1971, pp. 75-77 e 166. Cf. Liturgia das Horas, IV, pp. 1192-1194.

[67] *Tradição.* Cf. SANTA TERESA DO MENINO JESUS (1873-1897), *História de uma alma* ou *Escritos Autobiográficos*, em *Escritos*, Postulação Geral dos Carmelitas Descalços, 1970, p. 238. O texto encontra-se no n. 39 do Apêndice, disponível no site figlidichi. altervista.org Traduzido por António Ferreira.

7

Seja feita a vossa vontade

Depois de nos ensinar, no *Pai nosso*, a rezar pela vinda do reino de Deus, Jesus prossegue com uma petição muito importante, que mostra a ligação entre o humano e o divino.

Como se faz para construir o reino de Deus? Como se pode realizar o reino de Deus, que não é deste mundo mas está presente nele e é único, não se confundindo com o de «Herodes» nem com outros reinos humanos? Por onde começar? Para isso Jesus acrescenta uma frase, cujo conteúdo é essencial e que lhe é sempre presente e viva em seu coração: «Seja feita a vossa vontade», a vontade do Pai. Esta está no centro do *Pai nosso*, onde se encontra o ponto mais profundo; digamos que é o seu «coração». Jesus advertiu-nos: «Nem todo aquele que me diz: 'Senhor! Senhor!', entrará no Reino dos Céus, mas só aquele que põe em prática a vontade de meu Pai que está nos céus»[1]. É muito significativo o *Comentário ao «Pater Noster»*, que São Francisco de Assis faz a este propósito[2].

É precisamente na compreensão desta «vontade» que amadurece a relação com Deus, na qual se joga a partida da vida dos indivíduos, mas também da história do mundo, como brevemente veremos.

Mesmo no compromisso da construção da cidade dos homens, como se constrói o reino? Onde se consolida o reino de Deus? Descobriremos, nestas palavras extraordinárias, que nos foi dada uma condição muito útil e indispensável.

O que aconteceu para que Jesus nos indicasse *esta estrada* a fim de realizar o reino de Deus Pai? Por que é que a nossa vontade não consegue, realmente, empreender a estrada do reino? Foi situada no bem, na liberdade do amor que Deus criou a sua imagem no homem e na mulher; então, por que é tão difícil seguir a vontade de Deus? O que aconteceu?

Não é um mito

Deus nos mostra, na Bíblia, no terceiro capítulo do livro de Gênesis. Ali se evidencia um aspecto essencial: o encontro com satanás e o subsequente

---

[1] *Bíblia*. Evangelho segundo S. Mateus 7, 21.
[2] *Tradição*. Cf. SÃO FRANCISCO DE ASSIS, *Os Escritos de Francisco e Clara de Assis*, «Messaggero di Padova», Pádua 1981[3], pp. 121-122. O texto encontra-se no n. 40 do Apêndice, disponível no site figlidichi.altervista.org Traduzido por António Ferreira.

encobrimento da imagem de Deus, o tipo de contágio que marcou a realidade do coração, da mente e do corpo humano. Aqui se manifesta o primeiro impacto dramático com o mal, que vai mudar a história.

Seja como for, Deus quis revelá-lo na Bíblia, que é inspirada: devemos tomar Deus a sério! Antes de mais nada, os primeiros onze capítulos de Gênesis estão escritos numa linguagem específica, que não se deve confundir com a linguagem falsa, nem com uma linguagem de certo modo arbitrária ou mítica que nada tem a dizer à nossa mentalidade científica. Trata-se de onze capítulos inspirados, como o são os outros livros da Bíblia, mas escritos numa linguagem etiológica (causal) que sublinha o valor da nossa relação com Deus.

A imagem da serpente é, evidentemente, alusão figurativa, simbólica. Em primeiro lugar, a serpente não faz rumor e esconde-se; de igual modo, é difícil descobrir satanás, porque é astuto e a sua ação, dissimulada. Jesus o define «pai da mentira»[3], pois gera a mentira e o engano. Em segundo lugar, a imagem da serpente apresenta, fundamentalmente, um duplo sentido, podendo ser referida tanto ao sexo masculino como ao feminino (inclusive em sentido psicanalítico). Representa, de alguma forma, a ambiguidade e a variabilidade. Isto não significa, de modo algum, que o pecado original seja de natureza sexual, como se a dimensão sexual representasse o mal oposto à realidade divina que é espiritual. Ao contrário, foi o mal do pecado original, que é espiritual, que penetrou, como veremos, na imagem de Deus inerente à sexualidade humana, desviando-a da sua ordem.

Com efeito, a imagem da serpente era já usada na linguagem de então. Evidentemente, Deus quer comunicar-nos algo de fundamental que acontece no impacto entre o ser humano, homem e mulher, e este ser – o maligno, satanás– que é tentador e capaz de pôr em crise o equilíbrio da pessoa, do casal e da sociedade.

Como diz o texto bíblico, satanás dirige-se primeiro à mulher enquanto capaz de gerar a vida. Bloqueando ou «perturbando» Eva, teria transtornado e, deste modo, ferido todas as gerações seguintes. O malefício da serpente, que morde injetando o «veneno», pode ajudar-nos na descrição deste impacto dramático.

Eva é perfeita. Criada por Deus, extraída do homem, é também ela criada com a mesma dignidade de pessoa, tendo em si a imagem de Deus, em um modo feminino[4]. Como fez satanás para entrar em diálogo com ela e levá-la ao mal? Usa uma palavra-chave muito importante: *verdade*. É uma palavra que a subcultura esconde, porque a teme. Satanás a usa para iniciar o relacionamento, mas depois a esconde e a contradiz.

Com efeito, a primeira pergunta que satanás dirige a Eva é esta: «É verdade que Deus vos disse: 'Não comais de nenhuma das árvores do jardim?'»[5]. Satanás serve-se da abertura da alma de Eva à verdade. De fato, Eva, criada à imagem e semelhança de Deus, crê e vive na «verdade» mais plena. Pilatos perguntará a Jesus: «Que é a verdade?»[6]. O mundo corrompido a esconde e,

---

[3] *Bíblia*. Evangelho segundo S. João 8, 44c.
[4] *Bíblia*. Cf. Livro de Gênesis 1, 26-27.
[5] *Bíblia*. Livro de Gênesis 3, 1.
[6] *Bíblia*. Evangelho segundo S. João 18, 38.

quando está para vislumbrá-la, a ignora, pisa ou *usa, manipulando-a,* porque «não ama a verdade».

No primeiro momento, o mal não se apresenta de forma tão negativa e horrenda que meta medo, mas disfarça-se. E para entrar em contato com o homem e com a mulher, nas famílias e com os filhos, lança mão de «instrumentos», poderíamos dizer, «normais», imagens que correspondem, aparentemente, a um bem, mas, neste bem, faz penetrar o «veneno» para o alterar e perverter: tal é a técnica satânica.

Satanás, *o mistificador,* primeiro apresenta-se como aquele que está atento à verdade; depois, com astúcia, introduz a mentira: « É verdade que Deus vos disse: 'Não comais de nenhuma das árvores do jardim"?»[7].

Diante da falsidade, o que responde Eva? É formidável! Não responde, como nós esperaríamos, «não é verdade». Com efeito, se se tratasse de um mito, Eva teria respondido com uma frase essencial e limitada: «Sim» ou então «Não, não é assim»! Mas Eva não responde desta maneira. Eva responde de uma forma extraordinária, que não ocorreria a ninguém. Como disse, esses capítulos são um texto único no seu gênero. Estamos muito longe de todos os outros textos antigos, e muito mais ainda do mundo dos mitos. Isto demonstra que o texto é inspirado. Aqui, até os não-crentes poderiam descobrir e vislumbrar um dom, um sinal que vem de Deus. A Bíblia não é escrita só pelos homens, com as suas inteligências unicamente humanas, mas também sob a guia de uma assistência particular do Espírito Santo: o Espírito da Verdade.

Trata-se de um texto único, dizíamos. Com efeito, Eva não conhece a mentira. Nós, sim. Por isso, Eva não responde: «Não, tu dizes uma coisa não verdadeira». Eva repete perfeitamente aquilo que Deus disse; ela está tão unida a Deus, tão situada na verdade inteira de si mesma – o seu modo de existir é conforme a Deus – que responde perfeitamente como Deus lhe disse, limitando-se a repetir a Palavra de Deus. Nela, ainda não havia entrado a palavra falsa da mentira: «A mulher respondeu à serpente: "Nós podemos comer do fruto das árvores do jardim. Mas do fruto da árvore que está no meio do jardim, Deus nos disse: 'Não comais dele nem sequer o toqueis, do contrário morrereis'"»[8]. A resposta de Eva é perfeita. Mas aqui intervém satanás, mostrando-se como é: *o pervertedor.* A mensagem bíblica mostra-nos como satanás injeta o seu «veneno» enganador: palavras muito fortes, das quais Deus quer que nos demos conta para nos abrir à necessidade da salvação.

E o potente «veneno» da mentira está prestes a entrar. Satanás replica-lhe: «De modo algum morrereis»[9]; o que equivale a dizer que a Palavra de Deus «não é verdadeira de modo algum!». Satanás, pai da mentira, inverte a verdade e a vida, pervertendo-as; acusa de falsidade a Palavra de Deus, para se colocar no lugar de Deus, como portador de verdade e libertação. Eva começa a vacilar. Nela, como em Adão, tudo é feito na verdade mais profunda, à imagem de Deus, no amor. Mas a mentira começa a entrar nela, na imagem

---

[7] *Bíblia.* Livro de Gênesis 3, 1.
[8] *Bíblia.* Livro de Gênesis 3, 2-3.
[9] *Bíblia.* Livro de Gênesis 3, 4b.

de Deus, a contagiá-la e a fazer efeito. Eva torna-se fraca e confusa, ouve passivamente.

Agora tem lugar a segunda injeção do «veneno» em Eva, e o caráter dramático do que está para acontecer é evidente. O maligno acrescenta: «Pelo contrário, Deus sabe que, no dia em que comerdes da árvore, vossos olhos se abrirão, e sereis como Deus, conhecedores do bem e do mal»[10]. O maligno fala mal de Deus, atribuindo a mentira e a inveja a Deus e pervertendo, no coração da mulher, a imagem do rosto verdadeiro de Deus. Satanás procura, assim, colocar-se no lugar de Deus, para mandar na criação. Neste ponto, Eva, enganada, começa a decidir rebelar-se contra Deus e a cometer o *pecado original*. «A mulher viu que seria bom comer da árvore, pois era atraente para os olhos e desejável para obter conhecimento. Colheu o fruto, comeu dele e o deu ao marido a seu lado, que também comeu »[11].

Alguns ainda se deixam levar por este engano de satanás – que é muito sagaz – e pensam que, «conhecendo o bem e o mal», se possa ser, realmente, «como Deus». Assim, estupidamente, acabam por identificar o conhecimento, que é um poder forte, com o próprio Deus. Daqui até considerar Deus como a projeção humana de todo o poder do conhecimento, a passagem é breve e, desta forma, com a cultura e a ciência já não faria falta Deus. Na realidade, aqui escapam duas realidades essenciais.

Primeira, não se pode «ser como Deus» porque Deus é Único.

Segunda, conhecer ou experimentar o bem e o mal é uma característica do ser humano, porque o homem «descobre» o bem e o mal como um fato e o interpreta. De fato, a frase satânica «conhecendo o bem e o mal», nos versículos 4 e 5 que alude aos *frutos*, deliberadamente omite – e aqui está o engano e, simultaneamente, a mentira – a palavra *árvore*, que se encontra na Palavra de Deus: «a árvore do conhecimento do bem e do mal»[12]. E «a árvore» implica, de fato, as raízes que estão em Deus e, por conseguinte, não se identifica com o conhecimento, isto é, com os frutos que são o conhecimento do bem e do mal. A verdade da «árvore», que satanás habilmente «esconde» a Eva, exprime a soberania de Deus, o Único que é a Fonte não só da vida mas também da Verdade e do Bem.

As consequências que não se querem ver

É preciso entender que este «veneno», como distorção da verdade e aversão a Deus, está em contradição com o ser humano «criado à imagem de Deus»; penetra no corpo, na mente, no cérebro, na sexualidade; manifesta-se e transmite-se de geração em geração.

Atinge o sistema nervoso, o sistema neurovegetativo, afeta o funcionamento do nosso ser. O pecado original não é só consumado na natureza humana, mas é também transmitido através dela e, assim, passa de geração em geração. A mentira e a rebelião penetraram no homem,

---

[10] *Bíblia*. Livro de Gênesis 3, 5.
[11] *Bíblia*. Livro de Gênesis 3, 6.
[12] *Bíblia*. Livro de Gênesis 2, 9.

deixando de ser íntegra a sua noção de Deus: a verdade, oferecida em plena luz, apresenta-se camuflada e procura a escuridão. A vontade, que estava orientada para o bem, a verdade, o amor, a vida, a justiça, por meio da mentira de satanás subleva-se contra Deus, torna-se isolamento do ser humano, que se refugia numa felicidade que não existe e leva à morte de si mesmo e dos irmãos e à destruição do mundo.

Por isso, apesar de ser feito à imagem e semelhança de Deus, o homem morrerá: perderá o reino e a vida. Na verdade, tudo se deforma: o amor torna-se egoísta; sem a entrega a Deus, o futuro torna-se angústia; a inteligência, sem a luz, fica confusa e incerta ou então arrogante. E surge o medo e o desatino, até ao ponto de escapar de Deus: «Quando ouviram o ruído do Senhor Deus, que passeava pelo jardim à brisa da tarde, o homem e a mulher esconderam-se do Senhor Deus no meio das árvores do jardim»[13].

A perversão, distorcendo a relação com Deus, transtorna a relação entre o homem e a mulher e, sucessivamente, entre os homens. Neles, a imagem divina é encoberta pela mentira que foi acolhida como «verdade». E agora, desconfiando da verdade do amor e da reta vontade, cobrem-se: «Então os olhos de ambos se abriram, e, como reparassem que estavam nus, teceram para si tangas com folhas de figueira»[14]. A vida humana, afastando-se da glória de Deus que é Pai, torna-se busca de uma glória humana que ameaça uns e outros, até ao delito de Caim que mata o justo Abel, seu irmão[15]. Assim, o homem é capaz de morte e de autodestruição.

Assim, a vontade dos seres humanos é contaminada pela mentira e rebelião contra Deus e pela falta de amor aos irmãos, até ao ponto de se tornar indiferença e ódio. O pecado original foi o pecado contra Deus, que é Amor. Satanás enganou o amor, reduzindo-o falsamente a conveniência.

Temos aqui os primórdios de «mamon». Deus quer fazer-nos voltar a Ele, que é Pai. Ele é o Bem Supremo do Amor, a nossa Pátria e o nosso futuro. Precisamente porque Deus é Amor, tal como de amor é o seu reino, o paraíso, só há uma estrada para regressar: a do amor, isto é, da nossa vontade que retorna livre e amorosamente a Ele. Com efeito, o amor está de acordo com a liberdade, embora o amor seja também dependência, pelo menos dentro de certos limites que o próprio amor livremente estabelece.

A humanidade moderna quer o amor, mas não quer vincular- se nem estar dependente, porque tem medo de perder a própria liberdade, receia ter que depender de algo ou de alguém. É por isso que, atualmente, a liberdade se desembaraça cada vez mais do amor, até se tornar uma liberdade sem sentido e sem ninguém. Depois do pecado, de certo modo, a liberdade e o amor se separaram no coração do homem. Assim, muitas vezes, pensa-se que quem quer a liberdade não pode amar, porque tem medo de depender; e quem quer o amor teme a liberdade do amado que lhe pode fugir. É preciso o regresso a Deus para fazer com que se encontrem no coração do homem e da mulher a liberdade e o amor, e estes dois voltem a se juntar.

---

[13] *Bíblia*. Livro de Gênesis 3, 8.
[14] *Bíblia*. Livro de Gênesis 3, 7.
[15] *Bíblia*. Cf. Livro de Gênesis 4, 1-8.

A obra de Jesus

Deste modo o reino de Deus, antes e mais do que vir com força, chega na verdade, na liberdade e no amor. Para isso precisamos de Jesus, o Filho de Deus, que, descendo à terra, traga a verdade à nossa mente confusa e nos fale bem de Deus; nos fale do amor de Deus e nos faça ver todo o Bem que Deus tem preparado para cada um e para a humanidade. Quando se ouve falar mal de Deus, aí está o pecado, o pecado original que atravessa a história, que nos segue ao longo das nossas estradas. Precisamos novamente da experiência da positividade e bondade de Deus, que nos faça voltar à verdade de Deus e crer no seu amor por nós.

Eis o motivo por que Jesus veio nos trazer a verdade do amor de Deus e revelar-nos como somos feitos, a verdade que torna possível existirmos, e ensinar-nos novamente, através do seu amor e da obra da sua graça, a pôr direito aquilo que satanás entortou e pretende que continue torto, perverso, sem o sentido que Deus lhe deu na criação.

Jesus é o «Salvador», o único Salvador de cada homem e de todos os homens, como recorda o Papa, em sua mensagem de Natal à cidade de Roma e ao mundo inteiro: «Vinde salvar-nos! Tal é o grito do homem de todo e qualquer tempo, que, sozinho, se sente incapaz de superar dificuldades e perigos. Precisa colocar a sua mão numa mão maior e mais forte, uma mão do Alto que se estenda para ele. Amados irmãos e irmãs, esta mão é Jesus, nascido em Belém da Virgem Maria. Ele é a mão que Deus estendeu à humanidade, para fazê-la sair das areias movediças do pecado e segurá-la de pé sobre a rocha, a rocha firme da sua Verdade e do seu Amor (cf. *Sl* 40, 3). (...) Ele foi enviado por Deus Pai, para nos salvar sobretudo do mal mais profundo que está radicado no homem e na história: o mal que é a separação de Deus, o orgulho presunçoso do homem fazer como lhe apetece, de fazer concorrência a Deus e substituir-se a Ele, de decidir o que é bem e o que é mal, de ser o senhor da vida e da morte (cf. *Gn* 3, 1-7). Este é o grande mal, o grande pecado, do qual nós, homens, não nos podemos salvar senão confiando-nos à ajuda de Deus, senão gritando por Ele: «*Veni ad salvandum nos* (Vinde salvar-nos)!»[16].

A primeira realidade que devemos mudar para voltar a Deus é a nossa vontade, que foi contaminada pela mentira de satanás e pela rebelião contra Deus. Jesus toma-nos pela mão na senda da verdade e exorta-nos a rezar assim: «Seja feita a vossa vontade», a vontade de Deus. Ensina-nos a voltar, com amor e confiança, à vontade de Deus Pai e, com ela, a voltar ao seu reino. Nunca a tínhamos ouvido assim! Só Jesus é capaz de no-la indicar. Ele que vive em íntima relação com o Pai, Ele que é o «rosto» do Pai, Ele que veio à terra para realizar a obra do Pai, para fazer tudo no amor ao Pai. Jesus ensina-nos a chamar-lhe, com confidência, «Abba, Pai» e exorta-nos a pedir, com amor, na oração: «Seja feita a vossa vontade». Tínhamos perdido a vontade de Deus e, com ela, havíamos perdido também o amor e a comunhão com Ele, o reino e a vida para sempre. A única maneira que existe para entrar no reino, para ter parte na vida do reino de Deus, é voltar a amar a vontade do Pai. Tudo se resume nisto. É uma palavra, uma relação, a única sabedoria e a única salvação

---

[16] *Magistério*. BENTO XVI, *Mensagem «Urbi et Orbi»*, no Natal de 2011.

que há para cada um e para a humanidade inteira, o único «dom nosso» que podemos oferecer a Deus.

Deus criou o ser humano «à sua imagem, criou-o homem e mulher», porque devia resplandecer, precisamente na sexualidade, o dom e o mistério, a transparência e a manifestação do amor de Deus no amor humano. O lugar do mistério de que nasce a vida, a sexualidade humana, o lugar onde nascem os meninos e as meninas e onde existe o futuro da humanidade, é, segundo o desígnio de Deus, o lugar da imagem de Deus e não da fuga de Deus. A vida foi deformada pelo pecado: depois do pecado, o ser humano e o mundo devem ser purificados e já não se pode amar como antes, porque o ser humano e o mundo tornaram-se ambíguos como o coração do homem e da mulher. Na verdade, seduzida pelo mundo e pela secularização, a vida humana – tanto na afetividade como na sexualidade – perdeu muito da presença do espírito e, consequentemente, da transparência da imagem divina que traz em si e que Deus lhe confiou. É isto o que nos diz o apóstolo São João, na sua Primeira Carta: «Não ameis o mundo, nem o que há no mundo. Se alguém ama o mundo, não está nele o amor do Pai. Porque tudo o que há no mundo – a concupiscência da carne, a concupiscência dos olhos e a ostentação da riqueza – não vem do Pai, mas do mundo. Ora, o mundo passa, e também a sua concupiscência; mas aquele que faz a vontade de Deus permanece para sempre »[17].

A nossa vontade, mente, coração e todo o âmbito corpóreo como que estão desorientados, porque «contaminados» pelo mal. A nossa vontade e as nossas energias mais profundas devem *orientar-se de novo*. Isto é realizado por Jesus com a verdade, com o seu amor e com a graça do Espírito Santo. Então, a vontade de Deus Pai torna-se também a nossa, e a nossa vontade torna-se também a do Pai: isto é a paz do coração e é também a entrada no reino de Deus. Para realizar isto, Jesus traz-nos a verdade, aquela verdade fundamental que havíamos perdido. O mundo, ao contrário, detém-se no pluralismo de tantas verdades parciais, talvez úteis, mas que se assemelham muito a meras opiniões. Na verdade, o *homem diminuto* não consegue ter senão «opiniões» e a sua riqueza cognitiva traduz-se pela soma confusa delas.

O *pluralismo enriquecedor*, feito de posições, de ideias e de livre adesão mas desligado de qualquer busca das raízes da verdade absoluta, é outro truque do nosso tempo, um modo para desqualificar toda e qualquer «verdade» e, consequentemente, toda e qualquer autoridade. Com efeito, tal pluralismo, não fundado sobre a busca da «verdade», torna-se a alma do individualismo e da divisão entre os homens e, com o seu relativismo, no fim das contas, deixa espaço só a «mamon» e ao lucro material que unifica os indivíduos nas necessidades. Entretanto, para fazer unidade, também não se pode reivindicar aquele dogmatismo «fanático» da verdade, alma do autoritarismo, que, no fim, se impõe como ditadura de uma ideologia. Com efeito, o pluralismo permanece um grande valor, quando combinado com o amor pela verdade e o bem do homem.

Ambas as posições (quer a relativista e, em última análise, individualista, quer a despótica e autoritária) estão muito distantes do cristianismo e da

---

[17] *Bíblia*. Primeira Carta de S. João 2, 15-17.

fé da Igreja, não fazendo bem nem às pessoas e nem à sociedade. A fé da Igreja Católica não equivale a algo de ideológico, ou seja, dependente de uma doutrina *a priori*, sendo o adjetivo «católica» (que em si mesmo significa «universal») sinônimo de verdade, seriedade e serviço generoso ao mundo.

O mundo «laico», ao contrário, pensando em permanecer livre e correndo atrás só da verdade científica, cai na ideologia do momento, sob as pressões do projeto econômico, de modo particular de «mamon». Hoje, por exemplo, está na moda considerar bem tudo o que é útil, e mal aquilo que não é útil e imediato.

Jesus nos diz: «Eu sou o Caminho, a Verdade e a Vida»[18]. «Mas o Filho do Homem, quando vier, será que vai encontrar fé sobre a terra?»[19]. Jesus refere-se à sua fé, à fé que Ele trouxe à terra, à fé «Divina»; não à «fé natural» dos homens, àquele anseio pelo qual é possível recorrer a Deus que está lá em cima e nos dá uma mão para enfrentar as dificuldades e os temores da vida. Não devemos desprezar esta fé «humana», mas também não esconder a fé «Divina» revelada em Jesus Cristo.

A ciência oferece-nos novas seguranças e, também ela, é um dom de Deus. Mas, a fé «divina» é superior à ciência. O ponto comum é o espírito humano, sem o qual não haveria o anseio do homem nem a busca de Deus. Sem a presença, no homem, do seu espírito, da alma espiritual, não haveria a capacidade para fazer ciência com inteligência e liberdade de pensamento, nem para encontrar a Deus e acolhê-lo com liberdade e amor.

A tolerância, o amor pelos homens, por todos os homens, e a capacidade de partilhar quanto há de bom nos recursos e talentos humanos, derivam da dimensão comum do espírito humano, onde está a «imagem de Deus». Este é o caminho da paz. São João Paulo II nos lembra que «procurar e ensinar efetivamente a verdade é de fato uma grande missão. (...) Vós sois chamados a pôr o grande patrimônio da verdade a serviço do homem. A verdade mesma se torna um serviço de amor e de unidade. Com a aceitação da verdade, abrem-se possibilidades de amor. (...) Naturalmente, cada disciplina tem a sua autonomia, mas todas as disciplinas convergem para o bem do homem de acordo com a verdade da sua natureza»[20].

Não é «reduzindo» a verdade, fazendo progressivamente coincidir o significado de «verdade» com o de «opinião», que se constrói a paz, mas, ao contrário, descobrindo juntos, no respeito por todos, a verdade do que somos a partir daquilo que nos constitui. O «opinionismo» é uma estrada falsa, que afasta os homens e não predispõe à paz e à justiça nem ao amor entre os seres humanos. A busca da verdade espiritual constrói a unidade, o respeito e a solidariedade humana; o «opinionismo», ao invés, humilha o ser humano, porque o pensamento serve apenas na medida em que é útil. Prevalecem, ao final, a atividade e o poder econômico, pois parecem mais úteis. Esta é a estrada de «mamon». E assim, posta de lado a busca da verdade que

---

[18] *Bíblia*. Evangelho segundo S. João 14, 6.

[19] *Bíblia*. Evangelho segundo S. Lucas 18, 8.

[20] *Magistério*. JOÃO PAULO II, *Discurso aos Representantes dos Institutos de Ensino Superior da Austrália* (Sidney, 26 de Novembro de 1986), nn. 1.3.

Jesus nos recomendou, porque «a verdade vos libertará»[21], deixa-se a porta aberta ao poder para estabelecer outros tipos de tirania associados com a do «útil»: desde as tiranias econômicas e políticas até às pseudo-espirituais ou espiritualistas.

A liberdade de pensamento deve chegar à verdade; caso contrário, o homem não pode construir e a liberdade demonstra-se inútil. Para ser autêntica, a verdade terá de manter-se sempre uma verdade humilde, porque o mistério nos ultrapassa. A nossa casa é o mistério, mas só a verdade nos faz habitá-la. É por isso que precisamos da revelação da vida. O ser humano precisa não só de desenvolver a sua vida, mas precisa também da revelação acerca da verdade da sua vida.

Viver a vida biológica, como os animais, não nos basta. Para viver, temos necessidade da revelação profunda, a fim de entendermos o que, na vida, nos torna seres humanos. Como será o nosso futuro? Quem somos nós? Por que vivemos na terra? Por que é que depois acontece a morte? E como vencê-la? Colocamo-nos tantas perguntas porque temos o reino dentro de nós. Jesus veio para isto mesmo: para nos dar a resposta, porque fomos feitos para o reino e aspiramos por ele. Jesus nos abre as portas do paraíso; mas, já aqui na terra, Ele vem ao nosso encontro para não nos deixar morrer no engano nem no desespero.

Quantas vezes vi transparecer a intuição do reino do amor e do mistério da vida no amor entre o homem e a mulher, porque o sentem! Mas os vi, também, inclinar-se sobre si mesmos, cair no eu e perder-se. Precisamos de Jesus Cristo! Sozinhos, não conseguimos «viver bem» no mistério que somos.

Jesus abre-nos o reino; e não só para entrarmos, mas para permanecermos nele: «Permanecei no meu amor»[22], diz-nos Ele. Sem Jesus Cristo, ficaremos fora. Ele vem ao encontro de cada um, a fim de nos orientar para a vontade do Pai, a fim de regressar «dentro» à comunhão com Ele e à Vida plena. Deus nos dá a verdade, mas nós devemos oferecer a Deus a nossa vontade para que se configure gradual, livre e verdadeiramente à dele. Isto é fundamental. Cumprir a vontade de Deus enche de alegria e sentido a nossa vida. É o máximo a que todo o homem e mulher pode verdadeiramente aspirar, porque, só com Deus, é que construímos seriamente: «Quem não está comigo, é contra mim; e quem não recolhe comigo, espalha»[23]. A Igreja não cessa de indicar a busca e o amor à vontade de Deus, pois é a única capaz de saciar o coração humano e dar sentido pleno à nossa história, como recordou o Papa Bento XVI nas mensagens em várias línguas que transmitiu à multidão – mais de dois milhões – de jovens presentes na XXVI Jornada Mundial da Juventude em Madri[24].

---

[21] *Bíblia*. Evangelho segundo S. João 8, 32.
[22] *Bíblia*. Evangelho segundo S. João 15, 9b.
[23] *Bíblia*. Evangelho segundo S. Mateus 12, 30.
[24] *Magistério*. Cf. BENTO XVI, *Angelus, no Aeroporto «Cuatro Vientos» de Madrid*. Visita Apostólica a Espanha por ocasião da XXVI Jornada Mundial da Juventude (21 de Agosto de 2011). O texto encontra-se no n. 41 do Apêndice, disponível no site figlidichi. altervista.org

O reino de Deus se constrói com a vontade de Deus e a nossa, com a nossa e a d'Ele. Primeiro constrói-se na alma da pessoa, imagem e semelhança de Deus; em seguida, no casal, na família e, depois, na sociedade.

Devemos nos perguntar: Por que é tão difícil, para a vontade humana, escolher a vontade de Deus? Por que não é simples e imediato o seu cumprimento? Por que o ser humano se sente tão atraído pelo mal, o erro, o extravio, com a consequência de que tudo se perverte? Por que o mistificador, o maligno, faz um bom jogo, como lhe apetece, com as paixões humanas? Por que a vontade escolhe o mal? Como é possível, se vimos de Deus?

Pelo poder que o espírito humano tem de se afastar de Deus pode-se optar pelo mal e fazê-lo, odiando a luz da verdade e rejeitando o amor de Deus. Este é o «pecado» e o drama da humanidade. Jesus fala exatamente sobre isso a Nicodemos, como nos refere João no capítulo terceiro do seu Evangelho: fala-lhe do coração de Deus e do coração do mundo; aproxima-os fazendo ressaltar a diferença e mostra onde nascem os pecados. «De fato, Deus amou tanto o mundo, que deu o seu Filho único, para que todo o que nele crer não pereça, mas tenha a vida eterna»[25]. Aqui temos *o coração de Deus*: ama tanto o mundo que lhe entrega (notem o termo: «entregou») o seu Filho, o seu único Filho, o seu coração, a sua vida, o seu reino.

Mas, qual é *o coração do homem*? Podemos vê-lo nestas palavras: «Ora, o julgamento consiste nisto: a luz veio ao mundo, mas as pessoas amaram mais as trevas do que a luz, porque as suas obras eram más. Pois todo o que pratica o mal odeia a luz e não se aproxima da luz, para que suas ações não sejam denunciadas»[26] ou, em outras palavras, para que não lhe seja tirado aquilo que roubou. Com efeito, trata-se de um roubo: em vez de reconhecer a verdade, o amor de Deus e o seu reino, e amorosamente participar daquilo que é de Deus como Ele no-lo ofereceu, a força espiritual do homem e da mulher procura apoderar-se de todas as coisas desta vida, querendo-as para si.

Nesta dinâmica, preferem as trevas à luz, «porque as suas obras eram más»[27]. De que obras se trata? São as obras com que alguém se apropria das coisas, em vez de as descobrir como «dons» recebidos de Deus, como dons d'Ele confiados a nós.

O mal nos faz usar as coisas boas, que são de Deus, como se fossem «nossas», apropriando-nos delas para realizarmos, em vez do reino de Deus, «o principado». A vontade humana, contaminada pela mentira e a rebelião de satanás contra Deus, faz com que o homem, sem se dar conta (ou mesmo conscientemente) se apodere delas com o roubo. Mas, disto, não se interessa minimamente, porque o seu coração está fixo noutro lugar: olha só para si mesmo, para o seu amor próprio. E deste roubo, pretende que não seja descoberto. Ilusão perigosa e fugaz! «Pois todo o que pratica o mal odeia a luz e não se aproxima da luz, para que suas ações não sejam denunciadas. Mas quem pratica a verdade se aproxima da luz, para que suas ações sejam manifestadas, já que são praticadas em Deus»[28]. Com efeito, quem pratica a

---

[25] *Bíblia*. Evangelho segundo S. João 3, 16.
[26] *Bíblia*. Evangelho segundo S. João 3, 19-20.
[27] *Bíblia*. Evangelho segundo S. João 3, 19.
[28] *Bíblia*. Evangelho segundo S. João 3, 20-21.

verdade faz as obras de Deus, realiza as obras que são d'Ele. E fica contente se isso apareça, porque «as suas obras são feitas em Deus». Sim, ele «pratica» a verdade e constrói o reino de Deus e não o «próprio».

Os dois sistemas

Há, sem dúvida, diversos modos de viver este conflito. Na parábola do «filho pródigo»[29], designada também como parábola do «pai misericordioso», Jesus oferece-nos o exemplo da relação de dois filhos com o pai. Nos dois irmãos podemos reconhecer as reações diferentes que tiveram os judeus e os pagãos perante a boa nova trazida por Jesus. Porém, parece-me oportuno considerar a aplicação da parábola na ótica da nossa realidade social face ao reino.

Na parábola, Jesus fala de dois filhos: o mais velho vive ao lado do pai, até parece que entende o pai, mas realmente não lhe interessa nada e nem compreende o coração do pai. Com efeito, quando o pai recebe em casa o filho mais novo, que regressou arrependido, ele não deseja sequer entrar em casa, não obstante o convite afetuoso que o pai lhe faz. Assim é um filho que parece acreditar no pai, que na parábola representa Deus. Parece ser obediente e fazer a vontade do Pai, mas na realidade, apesar de viver perto do Pai, nada assimila do coração de Deus Pai: está fechado em si mesmo, nos seus privilégios e direitos que a proximidade ao Pai lhe confere. Na casa do Pai, usa as propriedades do Pai, as «práticas religiosas». Usa a casa do Pai, mas pensando fundamentalmente em si mesmo e nos próprios direitos, até ao ressentimento: procura a sua realização pessoal e, quando o Pai faz algo de extraordinário que o coração lhe pede, o filho mais velho não o compreende, rebela-se, não entra no seu coração e fica fora de casa!

Assim, pode-se estar perto de Deus, crer em Deus, frequentar os atos religiosos e a igreja, mas como um *estranho* e não segundo o coração de Deus. Pode-se querer também a liberdade da Igreja e a ação da Igreja, a obra de Deus, mas sem viver segundo o coração de Deus. Que isto sirva de advertência para todos! É possível administrar as coisas do Pai, mas sem o seu coração![30]

O outro filho, o mais novo, diz ao pai: «Pai, dá-me a parte da herança que me cabe»[31]. Descaradamente fala dos seus próprios direitos, ofendendo o pai, talvez sem se dar conta. O pai divide a herança entre os dois filhos e o mais novo pega o que é «seu» e vai-se embora, batendo a porta. A vontade do pai não lhe interessa; não se importa nada com o pai. Interessam-lhe apenas os seus próprios direitos e a liberdade: quer apenas os bens do pai, quer gozá-los livremente e sem o pai, que abandonou. Aquilo que pensa ser seu, na realidade é do pai; mas ele o considera seu por direito! Gasta tudo com as prostitutas, joga fora a vida, perseguindo os seus direitos, até ao perigo da morte. «Ele queria matar a fome com a comida que os porcos comiam, mas nem isto lhe davam. Então caiu em si e disse: "Quantos empregados do meu pai têm pão

---

[29] *Bíblia*. Cf. Evangelho segundo S. Lucas 15, 11-32.
[30] *Bíblia*. Cf. Evangelho segundo S. Lucas 13, 25.
[31] *Bíblia*. Evangelho segundo S. Lucas 15, 12.

com fartura, e eu aqui, morrendo de fome"»[32]. Só então decide voltar para o pai, expressando-lhe o seu arrependimento.

Pensando bem, os dois filhos representam, ambos de maneira errada, dois comportamentos diversos que nos lembram, por um lado, o *capitalismo* e o *liberalismo* e, por outro, o *marxismo* e o *comunismo*. O primeiro, que busca a segurança e a pretende de Deus, e o outro, que quer a liberdade e a aventura da vida e a pretende longe de Deus. Nenhum dos dois filhos vive segundo a vontade do pai: nem o mais velho, que continua ao lado do pai de maneira formal e sem o amar, nem o mais novo que sai para longe do pai «para viver» sem o reconhecer nem amar. Nenhum dos dois filhos compreende o pai e nem o ama: ele terá de sair de si para ir ao encontro de ambos os filhos. No fundo, os dois filhos representam dois sistemas – sempre e em todo o caso horizontais – que na história colidem, se contrapõem, perseguem e se sobrepõem. Diga-se também que muitos aspectos destes dois sistemas representados pelos dois irmãos, misturando-se, tomaram, na história, formas tão variadas como o *laicismo* – que é diverso do termo «leigo» – e o *ateísmo*, que combate a relação vertical com Deus, negando-a e, fundamentalmente, deixando o lugar vazio para outros. No final das contas, em todos estes sistemas meramente humanos e horizontais, procura-se sobretudo aquilo que nos parece ser «nosso».

Aquilo que é «nosso»

Jesus Cristo nos revela, no entanto, que é «nosso» só aquilo que é «para Deus»; e, portanto, muito mais! Jesus coloca diante dos nossos olhos a Cruz, unindo nela as dimensões horizontal e vertical, a realidade do homem e a realidade de Deus. Deste modo, Jesus restabelece *os direitos de Deus*. Com efeito, Deus também tem os seus direitos. Basta pensar em Jesus que expulsa os vendilhões do templo dizendo-lhes: «"Está escrito: 'Minha casa será casa de oração'. Vós, porém, fizestes dela um antro de ladrões"»[33]. Na realidade, trata-se fundamentalmente de um roubo: tanto por parte daqueles que podem permanecer em casa, procurando o próprio interesse e servindo-o, como por parte daqueles que contestam e vão-se embora para longe: no fundo dos vários sistemas, quando falta Deus, sempre impera o próprio egoísmo, disfarçado de bem-estar e de altruísmo.

A única forma verdadeiramente alternativa é entrar na vontade do Pai e compreender que as realidades são suas: d'Ele é o amor, a felicidade, a vida dos seres humanos, a inteligência, a ciência, bem como a capacidade de progresso. Dele é o mundo, do qual também nós fazemos parte, porque estamos no reino da verdade, da liberdade e do amor. Assim, Jesus traz de volta à terra a vontade do Pai e nos repõe na direção justa, ou seja, «aquilo que é para Deus», pois só isto é «verdadeiramente nosso» e ninguém poderá, efetivamente, nos arrebatar. Então podemos nos encontrar em Deus como irmãos e construir um mundo mais justo para todos. Por isso Jesus nos diz para procurarmos,

---

[32] *Bíblia*. Evangelho segundo S. Lucas 15, 16-17.
[33] *Bíblia*. Evangelho segundo S. Lucas 19, 46.

primeiro, o reino de Deus e a sua justiça, prometendo-nos que as outras coisas de que precisamos nos «serão dadas por acréscimo»[34]. Quanto mais depressa reconhecermos os direitos de Deus, tanto mais depressa reconheceremos os nossos: a fraternidade universal mas apoiada sobre Deus, sobre a relação com Deus Pai em Jesus.

Com efeito, só «aquilo que é para Deus» é verdadeiramente nosso e de todos nós. É verdadeiramente «nosso» aquilo que pertence ao Pai, porque somos os seus filhos. O resto é um roubo, ilusório e fugaz. E quais são os direitos de Deus? Vale a pena repeti-los. Os direitos de Deus são os direitos da verdade, da liberdade e do amor. E só entrando na vontade de Deus é que os mesmos pertencem, como um dom, também a nós.

Foi isto que nos ensinou Jesus na terra e quer que o ensinemos aos filhos, levando-os a dirigir-se ao Pai assim: «Venha a nós o vosso reino, seja feita a vossa vontade», porque o reino de Deus só pode vir desta maneira: descobrindo a vontade do Pai e aderindo a ela, com liberdade e amor, todos os dias, para bem nosso, da família e de todos os homens. É isto o que nos ensina o *Pai nosso.*

Só amando a vontade de Deus é que descobrimos Deus como Pai: amar a Deus significa amar a sua vontade. Às vezes ouve-se dizer em tom resignado: «É vontade de Deus!» Mas o tom devia ser outro. Ainda bem que fazemos a vontade de Deus! Haverá, porventura, outra melhor do que a sua? Amar o reino de Deus quer dizer amar a sua vontade. Amar a nossa vida de piedade, a vida familiar, o trabalho, o desenvolvimento social quer dizer amar a sua vontade. Amar a humanidade para que se torne uma só família, a família dos filhos de Deus, significa amar a sua vontade. Amemos a vontade do Pai: «Seja feita a vossa vontade», como rezamos no *Pai nosso.* Veja que suavidade, que profundidade, que beleza! Só luz e amor na liberdade e na verdade do nosso coração e do nosso agir como filhos de Deus para o verdadeiro bem de todos.

Mas por que Jesus acrescentou: «assim na terra como no céu»? Não era suficiente dizer: «Seja feita a vossa vontade»? Jesus deixou-nos outra frase essencial para a nossa vida e que devemos compreender bem. Na verdade, são muitas as pessoas que, ou para silenciar a sua consciência ou para distorcer a dos outros, se sentem tentadas a refazer a «vontade de Deus», como infelizmente mostra a história várias vezes. Com efeito, precisamos desta especificação adicional que não devemos esquecer e que veremos no próximo capítulo.

---

[34] *Bíblia.* Evangelho segundo S. Lucas 12, 31.

8

Assim na terra como no céu (I)

Vimos que o terceiro pedido na oração do *Pai nosso* não só está no centro do texto mas constitui também o seu «coração», porque é precisamente ao descobrir o amor à vontade de Deus Pai que encontramos os sinais da sua presença, desenvolvemos juntos o seu reino e também a capacidade de o edificar: tudo isto muda a nossa vida e modifica a construção da nossa sociedade.

Então por que Jesus acrescenta, no *Pai nosso*, a frase «assim na terra como no céu»? Não bastava dizer: «Seja feita a vossa vontade»? Nesta frase, já não está tudo? Pergunta interessante! Comecemos por ela.

Talvez já tenhamos, alguma vez, ouvido dizer: «Que podemos fazer? Seja feita a vontade de Deus!» Refletindo bem, é um modo verdadeiramente banal de considerá-la. E se são os próprios pais que, deste modo, dão um mau testemunho de amor à vontade de Deus, como poderão os filhos cumpri-la com lucidez e amor? E como se pode buscar, compreender e amar a vontade de Deus, se a mesma é desprezada? Não se pode tratá-la assim! Que ideia fará de Deus Pai um não-crente ou um membro de outra religião? Entretanto, será mesmo verdade que a vontade de Deus é sempre aquela que nos contraria ou que, em todo o caso, nunca cumpriríamos de livre vontade? Aprofundemos este aspecto.

Como conhecê-la?

Um tema fundamental que atravessa toda a Bíblia é precisamente o da busca da vontade de Deus: como conhecê-la e compreendê-la. O pressuposto disto, como nos diz a Sagrada Escritura, é a presença em nós da alma, do espírito humano, da imagem divina, pela qual podemos entrar em comunhão com Deus.

Parece-me ser útil, aqui, apresentar qualquer ponto de reflexão do Papa Bento XVI a propósito da possibilidade de compreender a lógica de Deus, o seu projeto e a sua vontade. No livro *Jesus de Nazaré*, ao comentar a oração do *Pai nosso*, escreve: «A essência do céu é formar uma coisa só com a vontade de Deus, a união entre vontade e verdade. (...) Pedimos que as coisas na terra decorram como no céu, que a terra se torne "céu". (...) Há uma comunhão de saber com Deus, profundamente inscrita em nós, que chamamos consciência.

(...) Esta comunhão de saber com o Criador, que Ele mesmo nos deu ao criar-nos "à sua semelhança", ficou soterrada no curso da história – nunca extinta completamente, mas foi obstruída de muitos modos (...). Porque o nosso ser provém de Deus, podemos, apesar de todas as torpezas que nos estorvam, encaminhar-nos para a vontade de Deus»[1]. A primeira maneira de conhecer a vontade de Deus é, precisamente, através do sacrário da *consciência*.

Com o dom da alma espiritual, da imagem com que Deus criou o ser humano, cada um pode «encaminhar-se» para Deus, certo de conseguir compreender aquilo que Deus lhe pede, porque Deus é nosso Pai. A segunda maneira de conhecer a vontade de Deus é ouvir e meditar a sua Palavra, *a Bíblia*.

Depois da consciência e do dom das Sagradas Escrituras, a terceira maneira de conhecer a vontade de Deus Pai é o próprio *Jesus*, seu Filho. Diz Ele aos discípulos que lhe traziam de comer: «O meu alimento é fazer a vontade daquele que me enviou e levar a termo a sua obra»[2]. O ser de Jesus forma uma coisa só com a vontade do Pai[3]. É o segredo da vida de Jesus. «Eis que venho. No rolo do livro está escrito a meu respeito que eu cumpra tua vontade»[4]. Portanto, Deus quer absolutamente dar-nos a conhecer a sua vontade para salvação nossa e do mundo.

Mas, que significado se deve dar à expressão «assim na terra como no céu»? Não significa «porque tem de ser assim». Jesus não quer que se faça a vontade do Pai porque tem de ser assim ou por força; não seria «a sua vontade», já que esta é sempre amor e dom. Deus não é um tirano; com efeito, o seu reino é reino de verdade, de liberdade e de amor. Não quer, de modo algum, que façamos a sua vontade porque tem de ser assim, mas, como lembra a Palavra de Deus, «Que cada um dê conforme tiver decidido em seu coração, sem pesar nem constrangimento, pois "Deus ama quem dá com alegria"»[5].

Deus sabe corresponder ao nosso coração e à nossa generosidade. «Deus não se deixa vencer em generosidade»: dizia a minha mãe. Deus quer que se faça a sua vontade «como no céu». Notemos que aqui há um «como», que não podemos absolutamente esquecer nem tirar do Evangelho: é o «como de Deus». Este «como» exprime o coração de Deus, diz-nos «como» Ele quer que se faça a sua vontade. Só assim, fazendo a vontade de Deus dia a dia, podemos construir a família dos filhos de Deus e, consequentemente, o seu reino. Só deste modo. Não há outro.

Embora acreditando em Deus, como se consegue aceitar a vontade de Deus segundo o seu coração, quando o «como» não é propriamente aquilo que gostaríamos (imagine-se a doença de um filho ou a morte de um ente querido)? Na terra, o «como» fecha: o mal, o sofrimento, as várias situações da vida são «como» as vivemos nós, procurando superá-las mas colidindo

---

[1] *Magistério*. BENTO XVI, *Jesus de Nazaré* (1ª parte), cap. 5, A Esfera dos Livros, Lisboa 2007, pp. 196-197.
[2] *Bíblia*. Evangelho segundo S. João 4, 34.
[3] *Bíblia*. Cf. Evangelho segundo S. João 10, 30.
[4] *Bíblia*. Livro dos Salmos 40, 8-9.
[5] *Bíblia*. Segunda Carta aos Coríntios 9, 7.

com todas as nossas limitações. Podemos nos perguntar: como Deus vive as nossas situações e a comunhão com os nossos sofrimentos? Certamente não podemos pensar que Deus os deseje e nós devemos suportá-los e basta! Existe o «como de Deus»: é um «como» que soluciona, um «como» que, embora reconhecendo os pecados, os males, o sofrimento e a morte, tudo vê superável e superado na vitória do Bem que Jesus nos manifestou com a Ressurreição. Este «como no céu» abre para outra maneira de viver: a maneira dos filhos de Deus. Jesus no-lo dá no *Pai nosso*, para que não nos detenhamos no «como» da terra, muitas vezes cheio de injustiças e de males. Por isso, com consciência crítica, os cristãos contribuem para que a história avance bem e as coisas sejam bem feitas, segundo o coração de Deus «assim na terra como no céu».

Os escândalos

Mas há também «ventos contrários», muitos «ventos contrários», e as pessoas ficam, muitas vezes, à deriva e confusas. E muitos, mesmo batizados, pela sua pouca adesão à vontade de Deus ou mesmo pela sua vida contrária ao Evangelho, deram escândalo. E isto, por um lado, enche-nos de tristeza e, por outro, induz-nos a rezar tanto por aqueles que são vítimas como pelos que são grave causa.

Quando acontecem os escândalos, com o seu rumor endurecem os corações e afastam da verdade. Assim atua o mal. O *inimigo*, como nos alerta Jesus[6], primeiro faz cair nos pecados e, depois, aproveita-se do mal gerado, incluindo o dos escândalos. Por isso, Jesus adverte a «todos» para que não os utilizem, pois são um instrumento do mal. «Jesus disse a seus discípulos: "É inevitável que ocorram escândalos, mas ai daquele que os provoca! Seria melhor para ele ser atirado ao mar com uma pedra de moinho amarrada ao pescoço, do que fazer cair um só desses pequenos. Cuidado, portanto!"»[7]. Mesmo quem divulga os escândalos, faz-se porta-voz do mal. E nem sempre quem divulga o mal o faz para afastar do mal. Na verdade, a «amplitude do mal» é o efeito produzido pelo «escândalo» que amplifica o mal no mundo e pode confundir e levar ao erro os fracos e os pequeninos. Esta é a sementeira que faz o demônio e de que fala Jesus no Evangelho. É preciso interrogar-se: quem divulga os escândalos está verdadeiramente contra o mal ou é a favor da sua difusão? Quem denuncia o mal e o divulga quer, porventura, dizer que tudo é mal? Este é um dos disfarces da obra de Satanás: nem sempre, quando se fala do mal, se combate o mal e se quer o bem; no fundo pode ser a instigação a outro mal, à destruição e ao ódio, uma espécie de pavio aceso que faz explodir. A Palavra de Deus recorda que aqueles que «semeiam ventos, hão de colher tempestades»[8].

Certamente são muito importantes a informação e o direito à informação dos meios de comunicação social: uma conquista do mundo democrático

---

[6] *Bíblia*. Cf. Evangelho segundo S. Mateus 13, 36-43.
[7] *Bíblia*. Evangelho segundo S. Lucas 17, 1-3.
[8] *Bíblia*. Livro do Profeta Oseias 8, 7.

e moderno. Mas o poder midiático tem uma grande responsabilidade pela incidência do bem ou do mal que possa motivar. O Papa Bento XVI, na Mensagem para o XLII Dia Mundial das Comunicações Sociais, sublinhou a importância da verdade e da responsabilidade dos criadores de informações[9], que se torna tanto mais necessária quanto maior é o poder midiático: «Quando a comunicação perde as amarras éticas e se esquiva ao controle social, acaba por deixar de ter em conta a centralidade e a dignidade inviolável do homem, arriscando-se a influir negativamente sobre a sua consciência, sobre as suas decisões e a condicionar em última análise a liberdade e a própria vida das pessoas. (...) É preciso evitar que os *mídias* se tornem o megafone do materialismo econômico e do relativismo ético, verdadeiras chagas do nosso tempo»[10].

Muitas pessoas, à força de frequentarem o mal e as obras do Maligno, habituam-se a tornar-se *malignas*, denegrindo tudo e todos. Ao contrário, Jesus nos pede para preferirmos sempre o bem: «Não te deixes vencer pelo mal, mas vence o mal pelo bem»[11]. O mal suscita curiosidade, mas é o bem que edifica: «Quanto ao mais, irmãos, ocupai-vos com tudo o que è verdadeiro, digno de respeito ou justo, puro, amável ou honroso, com tudo o que é virtude ou louvável»[12]. Com efeito, ao longo de toda a Bíblia Deus, que é nosso Pai, nunca se detém no mal, ainda que terrível, mas sempre o ultrapassa, ensinando-nos a lançar, com Ele, um olhar sobre o seu bem que vence.

Não será por ter perdido a perspectiva de Deus que o homem atual já não consegue captar os sinais de esperança do bem, limitando-se a denunciar o mal que o ameaça? Por isso, o mundo da informação aparece invadido, de forma desproporcionada, por notícias más, relativamente às boas, que afligem o coração de muitas pessoas. Muitos portam o mal e o expulsam com uma denúncia áspera e violenta, pensando que deste modo possam melhorar a si mesmos e aos outros; ao passo que, com tal procedimento, aumentam aquele mal que talvez quisessem combater.

Todavia, quanto mais a Igreja se vê afetada pelo mal, tanto mais, com a presença e a ajuda do Senhor, reconhece a sua fraqueza humana, mesmo nos seus filhos que erram, e recebe a capacidade de se purificar para melhor servir a Deus e aos homens; e, assim, renovada pela luz e a graça do seu Senhor Jesus Cristo, se apresenta mais capaz de o fazer resplandecer.

O Papa João Paulo II, por ocasião do Jubileu do ano 2000, na carta apostólica *Tertio millennio adveniente*, exprimia a necessidade que tinha toda a Igreja de «purificar-se, pelo arrependimento, de erros, infidelidades, incoerências, retardamentos»[13]. Ele, renovando o seu pesar não só pelas

[9] *Magistério*. Cf. BENTO XVI, *Mensagem para o 42º Dia Mundial das Comunicações Sociais* (24 de Janeiro de 2008). O texto encontra-se no n. 42 do Apêndice, disponível no site figlidichi.altervista.org
[10] *Magistério*. BENTO XVI, *Mensagem para o 42º Dia Mundial das Comunicações Sociais* (24 de Janeiro de 2008).
[11] *Bíblia*. Carta aos Romanos 12, 21.
[12] *Bíblia*. Carta aos Filipenses 4, 8.
[13] *Magistério*. JOÃO PAULO II, Carta apostólica *Tertio millennio adveniente* (1994), n. 33. O texto encontra-se no n. 43 do Apêndice, disponível no site figlidichi.altervista.org

dolorosas recordações que marcam a história das divisões entre os cristãos (como, aliás, já o haviam feito o Papa Paulo VI e o Concílio Vaticano II), no dia 12 de Março do Ano Santo apresentou, em nome de todos os cristãos, o *pedido de perdão*[14] por muitos fatos históricos nos quais estiveram implicados, a diverso título, a Igreja ou grupos individuais de cristãos. A Igreja, nas perseguições, revigora-se e cresce, porque fica cada vez mais perto do Senhor, que a purifica e enriquece de dons. O problema é para os mais «pequeninos na fé» e os mais «debilitados pelos vícios», porque o mal os bloqueia ainda mais. Nestes casos, requer-se a caridade de todos, que ajude cada um; aqui é preciso aquele amor que Jesus recomendou para superar o mal e os «ventos contrários» que contrastam a construção de uma humanidade nova.

Muitos contentam-se com o ser cristãos de forma superficial, conveniente ou cômoda, sem aprofundar o «como» sê-lo segundo a vontade de Deus. Há um «como» de Deus, que Jesus nos revelou: seja feita «como» no céu, onde a vontade de Deus é a alegria de todos. Deus não nutre desconfiança a nosso respeito, olhando-nos como pequenos ou incapazes. Deus é Pai e quer que vivamos plenamente como adultos com responsabilidade, e não como pessoas debilitadas e enfraquecidas. A seus olhos, somos uma preciosidade. A expressão «assim na terra com no céu» exprime o modo como podemos existir de forma boa e feliz diante de Deus em uma comunhão de amor, na qual nos descobrimos, em medida maior e não menor, a nós mesmos e a Deus. Para fazer vir o reino de Deus, é preciso que amemos de novo a vontade de Deus, a fim de que cresça dentro de nós, porque a sua vontade é verdade, liberdade e amor.

A relação entre o céu e a terra

Esta comunhão entre o homem e Deus é restabelecida com o amor infinito de Jesus, que vence o pecado pela sua morte na cruz: «Então Jesus deu um forte grito e expirou. Nesse mesmo instante, o véu do Santuário rasgou-se de alto a baixo, em duas partes»[15]. Já não há separação entre o céu e a terra. O templo do seu corpo, oferecido na cruz por nós, está aberto: «Um soldado golpeou-lhe o lado com uma lança, e imediatamente saiu sangue e água»[16], que banham a terra da nossa humanidade. Por isso, podemos rezar: «Seja feita a vossa vontade, assim na terra como no céu». Sim, podemos desejá-la, pedi-la e amá-la, em virtude da grande e extraordinária comunhão com Deus Pai realizada por Jesus Cristo.

Se não fosse por Jesus, verdadeiro Deus e verdadeiro homem, que fez a «ponte» com o seu corpo e a sua vontade de amar tornando possível este «como», não poderíamos rezar assim. Agora, em Cristo Jesus, há abertura e comunhão entre o céu e a terra. Enquanto muitas vezes o mundo quer separar

---

[14] *Magistério*. Cf. JOÃO PAULO II, *Oração Universal com Confissão das culpas e pedido de perdão durante a Celebração Eucarística do I Domingo da Quaresma, Dia do Perdão* (12 de Março de 2000). O texto encontra-se no n. 44 do Apêndice, disponível no site figlidichi.altervista.org

[15] *Bíblia*. Evangelho segundo S. Marcos 15, 37-38.

[16] *Bíblia*. Evangelho segundo S. João 19, 34.

a terra do céu, Jesus, na oração do *Pai nosso*, com a oferta da sua vida, uniu-os. E a relação por Ele estabelecida entre a terra e o céu é tão profunda e completa que a sua vontade, perfeitamente realizada em harmonia e com alegria no céu, pode ser cumprida de igual modo também na terra.

Dois dons para realizar o «como» da sua vontade

Agora surge a pergunta: Como se conseguirá fazer na terra aquilo que Deus quer e é perfeitamente cumprido no céu? Por onde começar?

A resposta de Deus é fantástica: ao dar-nos Jesus, o novo Templo[17], ofereceu-nos também o seu Espírito, *o Espírito Santo*, para realizar na terra o que é feito no céu: é o seu dom, o dom do Pai e do Filho, o dom do Espírito Santo, o dom de Pentecostes[18].

Jesus, com a sua paixão e morte, a sua ressurreição e ascensão à glória, dá-nos uma nova relação com Deus e com o mundo. Precisamente porque o véu do templo se rasgou, agora o novo templo – o seu corpo glorioso – está aberto para nós; no seu coração traspassado, abriu-se a nova relação entre o céu e a terra: Jesus Ressuscitado dá-nos o seu modo de ser, o seu coração, o seu amor, a graça do Espírito Santo. «O amor de Deus foi derramado em nossos corações pelo Espírito Santo que nos foi dado»[19]. É precisamente o dom do Espírito Santo que leva à perfeição, na perspectiva do reino, «a imagem de Deus» que está em cada homem, de tal modo que, tornando-nos cada vez mais semelhantes a Cristo, manifestemos a nossa «semelhança» com Deus e possamos viver «como filhos». Com certeza, só Jesus é o Filho desde sempre: eternamente em relação com Deus Pai, Ele é o Verbo do Pai, Um só com o Pai, de tal modo que só Ele pode dizer «meu Pai». Ao passo que nós somos filhos pela graça: a graça de termos recebido o dom do seu Espírito Santo, podendo, por isso, dizer «Pai nosso». «Recebestes um espírito que faz de vós filhos adotivos, pelo qual clamamos: *Abba! Pai!* O próprio Espírito se une ao nosso espírito, atestando que somos filhos de Deus»[20]. Criados «à imagem e semelhança de Deus» em Cristo Jesus e redimidos por Ele, que «restaurou» a nossa imagem ferida e deformada pelo pecado, com o dom do Espírito Santo no Batismo tornamo-nos «filhos no Filho», capazes de viver com Ele as três funções: sacerdotal, profética e real[21].

Esta ligação não é mera convicção teórica, mas uma experiência profunda de Deus: primeiro, temos no coração o seu amor para construir a família dos filhos de Deus e o seu reino; depois, temos a compreensão de tipo experimental, pela qual nos damos conta de que o Espírito Santo atesta ao nosso espírito humano que somos «filhos de Deus». Esta nossa capacidade é realizada por Jesus Cristo, com o dom pascal do Espírito Santo.

Assim, começamos a compreender que o *Pai nosso* não é uma oração como qualquer outra. É única e fenomenal: nela, se encontram o «coração» de Deus, a explicação da nova relação céu-terra, realizada com a Páscoa de Jesus, e também a revelação da nossa identidade, do modo como viver sobre

---

[17] *Bíblia.* Cf. Evangelho segundo S. João 2, 18-22.
[18] *Bíblia.* Cf. Actos dos Apóstolos 2, 1-36.
[19] *Bíblia.* Carta aos Romanos 5, 5.
[20] *Bíblia.* Carta aos Romanos 8, 15b-16.
[21] *Magistério.* Cf. *Catecismo da Igreja Católica,* nn. 783-786; 871-873.

a terra para podermos renovar as pessoas e a civilização. Podemos dizer que o *Pai nosso*, a oração do Senhor, é a *nova oração* da vida nova.

O amor de Deus, «derramado em nossos corações»[22], faz com que *possamos* amar não só com o nosso amor humano, parcial, fraco, seja ele confuso ou entusiasta, mas com o próprio dom do Espírito Santo recebido no Batismo: é um evento que encerra uma grande oportunidade, pela qual somos responsáveis. «E, porque sois filhos, Deus enviou aos nossos corações o Espírito do seu Filho, que clama: *Abba, Pai!*»[23]. A nossa relação com Deus não é uma pretensão quimérica, nem um sentimento, uma opinião ou um desejo meramente humano; não é um anseio, uma necessidade, uma nossa projeção, uma fé nossa, humana. Temos a realidade, ou seja, a possibilidade de ter esta relação com Deus, e não com a ideia de Deus, mas com Ele mesmo, por obra e força do Espírito Santo. Por isso, «os cristãos devem oferecer aos homens o gosto de Deus Pai, a alegria da sua presença criadora no mundo»[24]. Isto é fenomenal! É o dom, belíssimo e novo.

Enquanto não «virmos» o dom de Deus, não podemos dizer-nos cristãos. Eis a razão pela qual se batizam os próprios filhos ou se pede o batismo em idade adulta: para receber e viver este dom. E por que devemos ser cristãos?

Para isto mesmo: para viver a comunhão de amor com Deus Pai em Cristo Jesus, que é o único modo bom e justo para ser pessoas humanas capazes de edificar, em colaboração com Deus, uma nova civilização. Verdadeiramente «Deus é a realidade maior da nossa vida», como meu pai me mostrou com a sua vida. Deus é de tal maneira fascinante e supremo que, se Ele não fosse assim, não nos teria criado para a eternidade. Com efeito, só o amor pode viver para sempre. O amor é precisamente o coração da revolução cristã. Por isso é que a vida nos aparece, em todo o caso, a todo o custo e quando menos se espera, maravilhosa!

Um cristão é aquele que sabe rezar e agir sob a poderosa ação do amor e da luz do Espírito Santo[25].

Assim se compreende por que o querer rezar para conhecer a vontade de Deus assenta na realidade, já que amadurece através da ação do Espírito Santo dentro de nós, especialmente na oração íntima e pessoal. O motivo por que rezamos é este: Jesus nos ensina a pedir para se cumprir a sua vontade, porque é Ele que a realiza em nós, mas também através de nós e das nossas obras. Este é o primeiro dom: *encontrarmo-nos com Deus*, através da Palavra de Deus e da fé.

Mas há ainda um segundo dom: o dom dos *sacramentos*. Por eles, Deus realiza o seu «como» em nossa vida para construir o seu reino. Assim nos recorda o *Catecismo da Igreja Católica*: «"Sentado à direita do Pai" e derramando o Espírito Santo sobre o seu corpo que é a Igreja, Cristo age agora pelos sacramentos, que instituiu para comunicar a sua graça»[26]. São o

---

[22] *Bíblia*. Cf. Carta aos Romanos 5, 5.
[23] *Bíblia*. Carta aos Gálatas 4, 6.
[24] *Magistério*. BENTO XVI, Exort. ap. pós-sinodal *Africae munus* (2011) n. 176.
[25] *Bíblia*. Cf. Carta aos Efésios 4, 29-32.
[26] *Magistério*. *Catecismo da Igreja Católica*, n. 1084.

dom da sua presença e do seu amor, que precisamos de redescobrir e viver na nossa vida[27].

Cada sacramento tem uma poderosa ação salvífica que ilumina a nossa vida e lhe confere a graça específica para realizar a vontade de Deus «assim na terra como no céu». Mas, quando se recebem os sacramentos, é preciso verificar se se deixa agir a força de Deus e a sua graça na alma e se, verdadeiramente, se quer fazer a vontade de Deus e construir o seu reino.

Caso contrário, se pela «dureza do coração» se recebem os sacramentos superficialmente e não com as devidas disposições, então não se conseguirá fazer a vontade de Deus – e menos ainda fazê-la «assim na terra como no céu» –, nem construir o seu reino, porque a colaboração com Deus implica sempre o dom da nossa vontade livre. Com efeito, a concretização da vontade de Deus não acontece automaticamente de uma vez por todas, porque deve passar pelo coração humano de onde havia sido afastada com o pecado. É no coração humano que se deve buscar e amar de novo a vontade de Deus. Os sacramentos precisam encontrar, no coração, a disponibilidade para produzir frutos de amor e fraternidade.

Os dois sacramentos, «a Ordem e o Matrimônio, são ordenados para a salvação de outrem. Se contribuem também para a salvação pessoal, é através do serviço aos outros que o fazem. Conferem uma missão particular na Igreja, e servem a edificação do povo de Deus»[28]. Permiti-me sublinhá-lo! Como o sacramento da Ordem não é conferido para o sacerdote mas para os outros, assim o do Matrimônio é dado para a salvação dos cônjuges, dos filhos, mas também para os outros. A família está naturalmente aberta à vida e a tornar-se «dom» para os outros: nisto manifesta verdadeiramente o seu amor. É preciso não «tomar» os sacramentos com egoísmo, mas recebê-los com a gratidão e o amor com que se acolhe um «dom». São muito significativas as palavras que o Papa Bento XVI dirigiu conjuntamente aos sacerdotes e aos esposos por ocasião do XXV Congresso Eucarístico Nacional da Itália, em Ancona[29].

Há pessoas que gostam de «tomar» os sacramentos como se fosse para uso próprio; e o mesmo fazem com o Evangelho, quando se seleciona «qualquer coisa» que possa interessar ou agradar mais. Aquilo que é subjetivo agrada e interessa mais e parece dar maior segurança: é o «subjetivismo» atual, que mina também a fé cristã, porque com isso tende-se a tomar uma parte, «a parte que me toca».

Mas, o que nós procuramos são respostas seguras, fundamentais e «objetivas». Para encontrar as raízes cristãs, temos de procurar em textos seguros (os textos bíblicos e do Magistério da Igreja), cujo valor esteja confirmado e não mude com o tempo; antes, permanecendo sempre válidos,

---

[27] *Magistério*. Cf. BENTO XVI, *Mensagem para a XXIV Jornada Mundial da Juventude* (22 de Fevereiro de 2009). O texto encontra-se no n. 45 do Apêndice, disponível no site figlidichi.altervista.org

[28] *Magistério. Catecismo da Igreja Católica*, n. 1534.

[29] *Magistério*. Cf. BENTO XVI, *Discurso no encontro com as famílias e os sacerdotes na Catedral de São Ciríaco de Ancona por ocasião da Conclusão do XXV Congresso Eucarístico Nacional Italiano* (11 de Setembro de 2011). O texto encontra-se no n. 46 do Apêndice, disponível no site figlidichi.altervista.org

deixam-se aprofundar, crescendo cada vez mais a sua compreensão. Por isso, é possível encontrar as raízes cristãs e também reencontrá-las.

Atualmente muitos gostariam de tomar do cristianismo não a salvação integral de Jesus Cristo mas aquelas ideias que lhes possam dar satisfação: tomam aquilo que pareça ser mais útil. Também aqui surge aquele coração humano propenso mais ao utilitarismo que ao serviço amoroso de Deus, mais ao roubo que a um verdadeiro amor aos irmãos a quem se deve entregar toda a verdade, mais à forma de se declarar cristãos que à substância de pertencer a Jesus Cristo.

Além disso, alguns perderam-se também atrás de maus pastores, como nos recorda Santo Agostinho nos seus *Sermões*[30]. Não servir bem a Deus faz com que não se sirva bem o homem. No fundo, esta é a medida para do que consiste ser bons ou maus pastores. A isto mesmo se refere São Gregório Magno, em sua obra *A Regra Pastoral*[31]. Na verdade, procurar não a glória de Deus mas a própria, falar para aumentar a própria glória ou calar para não a perder, constitui a grande tentação, um mal grave para todos, clérigos e leigos. É esta busca da glória «para si» que impede a fé, como adverte Jesus quando diz no Evangelho: «Eu vim em nome do meu Pai, e vós não me recebeis. Mas, se um outro viesse em seu próprio nome, a esse receberíeis. Como podereis acreditar, vós que recebeis glória uns dos outros e não buscais a glória que vem do Deus único?»[32]. Com efeito, o motivo principal por que, no mundo, muitos não têm a fé é este: andam à procura da glória efêmera que pode dar o mundo.

O processo redutor e a descristianização

A humanidade tem extrema necessidade daquele «Jesus Cristo completo» que a Igreja oferece, para não se perder atrás do *reducionismo ao útil* e da idolatria que está no mundo. «Não renunciar a nada; comprar tudo», diz o mundo. A ganância é a idolatria[33] do mundo, que acredita na satisfação imediata: «Agarra e foge». O homem foi-se tornando cada vez mais um fugitivo. Tornou-se um ídolo para si mesmo: aquilo que pensa é exclusivamente tudo. Na sua Visita Apostólica à França, o Papa Bento XVI denunciou estes ídolos no mundo contemporâneo[34]. O ídolo só se compraz consigo mesmo. É constituído pelo seu próprio pensamento e a própria liberdade, separada do

---

[30] *Tradição*. Cf. SANTO AGOSTINHO (354-430), *Sermão sobre os Pastores*, n. 46, 1-2: CCL 41, 529-530. Cf. Liturgia das Horas, IV, 291-292. O texto encontra-se no n. 47 do Apêndice, disponível no site figlidichi.altervista.org

[31] *Tradição*. Cf. SÃO GREGÓRIO MAGNO (540-604), *A Regra Pastoral*, II, 8, Città Nuova, Roma 1981, pp. 96-98. Traduzido por António Ferreira. O texto encontra-se no n. 48 do Apêndice, disponível no site figlidichi.altervista.org

[32] *Bíblia*. Evangelho segundo S. João 5, 43-44.

[33] *Bíblia*. Cf. Carta aos Colossenses 3, 5.

[34] *Magistério*. Cf. BENTO XVI, *Homilia durante a Santa Missa na «Esplanade des Invalides» em Paris*. Visita Apostólica à França por ocasião dos 150 anos das Aparições de Lourdes (13 de Setembro de 2008). O texto encontra-se no n. 49 do Apêndice, disponível no site figlidichi.altervista.org

resto. Há muitos que se enganam em seus próprios pensamentos, como nos adverte Jesus: «Estais errados. Não compreendeis a Escritura, nem o poder de Deus»[35]. Esta atitude do pensamento livre e da própria liberdade elevados a ídolo é o credo fundamental do secularismo, juntamente com o uso dos bens do mundo que oferece «mamon» e do qual nos acautela Jesus[36]. Estas atitudes têm sido inculcadas nas novas gerações para as afastar da Igreja e do verdadeiro cristianismo.

Através desta atitude do «reducionismo ao útil», tudo se degrada e é fragmentado para ser usado. Assim, sem a Igreja que Jesus quis, a pessoa de Cristo torna-se um Evangelho escrito e o Evangelho uma ideologia moral, que pode ser interpretado de acordo com a cultura da época. É preciso ter a coragem de aceitar a totalidade e a profundidade de toda a revelação, pois, caso contrário, vêm «os lobos», que destroçam e fazem «em pedaços» tudo o que encontram[37]. Esses, deste modo, tomam partes do cristianismo e do Evangelho para depois «usá-las» ou «vendê-las», quando for útil. Assim foram desencaminhados muitos dos nossos adolescentes e jovens, que têm uma ideia demasiado vaga ou completamente errada de Jesus e do cristianismo.

Este processo redutor, que está na base da descristianização, tem um centro falso que é *a idolatria do próprio «eu»*. Depois da descoberta fascinante do «eu» no século passado, muitos correram atrás da sedução do próprio «espelho» (e o mesmo se diga das várias culturas e da arte), esquecendo que a imagem recebida pelo homem é de Deus. As culturas puseram-se a serviço do «eu», que cresceu cultivando, mesmo de maneira monstruosa, as formas do narcisismo e do individualismo, chegando a negar que houvesse limites aos seus direitos. Esta transformação cultural não usa as armas da violência, mas as da revolução que, começando do «pensamento livre», chegou ao «prazer livre». A técnica de persuasão não é a de combater o que é contrário a esta idolatria, mas a técnica de não ouvir ou ouvir com a indiferença suficiente para deixar cair «a verdade» no esquecimento. A força é dada através da pressão psicológica dos meios de comunicação social que, mesmo com poucos operadores, impõe a muitos a «*ditadura cultural*». Esta não se impõe aos homens externamente mas a partir de dentro, de forma pacífica e aparentemente indolor, considerando o homem um «grande animal» a contentar: isto seria o que há de comum a todos os homens.

Aqui também o truque foi o de dividir, separar, em vez de unir e ver o homem inteiro, «o homem todo».

O «regresso»

O princípio do «regresso» à fé cristã será a inclusão de todos os valores. Creio que esta nova «*capacidade inclusiva*» na fidelidade deverá ser a característica da *nova evangelização* que se deve deflagrar, necessária nos

---

[35] *Bíblia*. Evangelho segundo S. Mateus 22, 29.
[36] *Magistério*. Cf. BENTO XVI, *Jesus de Nazaré* (1ª parte), cap. 4, A Esfera dos Livros, Lisboa 2007, p. 139. O texto encontra-se no n. 50 do Apêndice, disponível no site figlidichi.altervista.org
[37] *Bíblia*. Cf. Evangelho segundo S. João 10, 10-12.

tempos atuais para um serviço integral de todos os novos conhecimentos. Tal serviço é realizado no Centro Família Pequena Igreja, do Movimento do Amor Familiar, que está estendendo cada vez mais a sua atividade de nova cultura e missão.

Jesus Cristo realiza plenamente o caminho da humanidade e o faz com o mundo e com a Igreja. Ele o faz com a Igreja, que, animada pelo Espírito Santo, se confronta com o mundo, com os seus estímulos ao progresso ou retrocesso, com as suas multiplicidades e diversidades, com as várias ciências e respectivas conquistas humanas e científicas, para poder, deste modo, purificá-las e orientá-las «para o bem do homem todo e de todos os homens». Por isso, «o anúncio de Cristo» é indispensável para o desenvolvimento da sociedade humana[38], como o é também o aprofundamento da Palavra de Deus.

Para o «regresso» também os sacramentos ajudam a fazer a vontade de Deus, o «como de Deus». Com efeito, cada sacramento faz viver alguma coisa de Jesus, alguma coisa do céu que se deve realizar na terra; comunica o amor de Jesus que nos anima a fazer o bem aos outros, como Ele («caritas Christi urget nos – o amor de Cristo nos impele»[39]); na verdade e na caridade, faz construir com os irmãos e para os irmãos o reino de Deus. «Ninguém dentre nós vive para si mesmo ou morre para si mesmo. Se estamos vivos, é para o Senhor que vivemos, e se morremos, é para o Senhor que morremos. Portanto, vivos ou mortos, pertencemos ao Senhor. Cristo morreu e ressuscitou para ser o Senhor dos mortos e dos vivos»[40]. Em qualquer situação em que estivermos, de vida ou de morte, tudo em nós pertence a Ele.

Cada realidade nossa é importantíssima para Deus, pois somos preciosos aos seus olhos. Tudo é importante, belo, grande, de valor imenso, porque Deus nos ama seriamente e ama tudo em nós. Alegrias, sofrimentos, dificuldades, aquilo que vivemos ao longo de toda a nossa existência, tudo realiza a vontade de Deus, que é a nossa santificação através do dom do Espírito Santo, recebido nos sacramentos. Estes nos fazem companhia, para que a nossa realidade humana «volte» a ser para Deus Pai e para os irmãos, superando todos os condicionamentos[41] e as mais variadas pressões do mundo.

Quando a fé cresce e se torna madura, é capaz de amar e ajudar os pobres, incluindo os mais pobres, efetiva e concretamente, com o calor do amor de Deus e a ajuda fraterna. As próprias paróquias e comunidades cristãs tornam-se, gradualmente, comunidades de fé, caridade e esperança para a sociedade. É o amor ao próximo que nos torna melhores e abre as nossas fronteiras para o servir. A verdade, como nos confirma o Papa, é que «só o serviço ao próximo abre os meus olhos para aquilo que Deus faz por mim e para o modo como Ele me ama. (...) O amor cresce através do amor. O amor é "divino", porque vem de Deus e nos une a Deus, e, através deste processo

---

[38] *Magistério*. Cf. BENTO XVI, Carta encíclica *Caritas in veritate* (2009), n. 8. O texto encontra-se no n. 51 do Apêndice, disponível no site figlidichi.altervista.org

[39] *Bíblia*. Cf. Segunda Carta aos Coríntios 5, 14.

[40] *Bíblia*. Carta aos Romanos 14, 7-9.

[41] *Magistério*. Cf. JOÃO PAULO II, Carta encíclica *Dominum et vivificantem* (1986), n. 60. O texto encontra-se no n. 52 do Apêndice, disponível no site figlidichi.altervista.org

unificador, transforma-nos em um Nós, que supera as nossas divisões e nos faz ser um só, até que, no fim, Deus seja "tudo em todos" (*1 Cor* 15, 28)»[42].

Mas, para entrar nesta relação, que é amor e luz de Deus, temos de agir de modo tal que a nossa vontade recomece a *respirar*, em uníssono, com a de Deus, isto é, que se faça «assim na terra como no céu», com o amor à Palavra Deus, através da ação do Espírito Santo e do dom dos sacramentos. «Eu vos exorto, irmãos, pela misericórdia de Deus, a oferecerdes vossos corpos em sacrifício vivo, santo e agradável a Deus: este é o vosso verdadeiro culto. Não vos conformeis com este mundo, mas transformai-vos, renovando vossa maneira de pensar e julgar, para que possais distinguir o que é da vontade de Deus, a saber, o que é bom, o que lhe agrada, o que è perfeito»[43].

Ninguém nasce de si mesmo e para si mesmo. Assim, a nova vida de um menino ou de uma menina não se exprime apenas na festa humana, mas manifesta-se também como festa de Deus Pai. Eis aqui o motivo pelo qual escolhemos conferir-lhe o Batismo: para que a criança não seja apenas um «filho nosso», mas também «filho de Deus, em Cristo Jesus, por obra do Espírito Santo», chamado a construir a cidade dos homens e também o reino de Deus. Em suma, uma vida humana *para* Deus, como Jesus que pertence ao Pai.

«Para Deus»: por isso um cristão amará; por isso dará luz e amor aos outros «em nome do Pai, do Filho e do Espírito Santo»; por isso poderá dizer «seja feita a vossa vontade, Pai, aqui na terra como no céu», pois ele possui algo do céu e a «imagem» vai assemelhando cada vez mais a Cristo pela ação da graça do Espírito Santo nele. Tudo isto confere o sacramento do Batismo. Os nossos olhos vêem o Batismo, mas Deus quer que procuremos compreender e amar aquilo que é realizado em profundidade por Ele: devemos compreender que, como é feito na terra, assim se realiza no céu; devemos ter os olhos na terra, mas o coração no céu. A realidade profunda é a do Espírito, captada com os olhos da fé que acolhe na terra as coisas do céu.

Na mesma linha, a Confirmação é, precisamente, o sacramento que revigora e dá orientação à vida de um adolescente ou de um jovem: por amor, Deus o chamou à existência na terra, através do amor, para uma missão que não se reduz às emoções, aos prazeres corporais, amizades, escola, dinheiro, motocicleta, emprego. Estes são meios para se relacionar com os outros, mas há algo maior do que tudo isso, que é necessário saber dizer a cada um deles: «Há uma realidade maior do que aquilo que vês, ou seja, Deus que Se coloca ao teu lado e te sustenta, abre a tua inteligência e o teu coração para te desvendar o significado da tua existência e o amor pelos outros, o mistério do teu ser. Este mistério é revelado com Cristo e o teu futuro é Deus: Ele é a vida eterna, como é também o amor com que foste pensado, projetado e amado, ainda antes de o seres por nós. Ele é a tua vocação fundamental». Com efeito, são coisas distintas aquilo que um jovem deseja ser, com as suas capacidades e talentos, e a vocação fundamental com que Deus lhe confia o seu projeto e o sentido da sua vida. Mas, se os cristãos escondem estes dons de Deus, quem ajudará as novas gerações? «Ora, como invocarão aquele em

---

[42] *Magistério.* BENTO XVI, Carta encíclica *Deus caritas est* (2005) n. 18.
[43] *Bíblia.* Carta aos Romanos 12, 1-2.

quem não creram? E como crerão naquele que não ouviram? E como o ouvirão, se ninguém o proclamar?»[44].

Quem desvendará aos adolescentes e aos jovens o seu mistério e a sua vocação fundamental? Porquê escondê-la, enganando-os e deixando-os presa fácil dos seus instintos ou dos interesses e enganos de «mamon»?

É verdade que devem ser livres, pois trata-se de um bem deles. Mas são verdadeiramente livres, quando se usa um truque para os «comprar» deixando-os longe da sua vocação fundamental? Para construir qual projeto? São livres quando estão confusos e fracos, sem raízes nem uma meta? Muitos cristãos adultos se deixam amedrontar e não realizam o reino e nem fazem entrar os outros!

Em todo o caso, a liberdade procura realizar um projeto de vida e de amor, como veremos no capítulo seguinte.

---

[44] *Bíblia*. Carta aos Romanos 10, 14.

9

Assim na terra como no céu (II)

Após a exposição no capítulo anterior, voltamos a considerar o desenvolvimento da vida humana com a contribuição da graça do Espírito Santo que permite realizar o reino de Deus através do seu «*como*». Foi isto que Jesus nos ensinou a pedir no *Pai nosso*. A vida humana amadurece no dom, o que implica o exercício da liberdade humana. Assim, quando dois jovens sentem a vocação ao amor são capazes não só de estar juntos, mas também de realizar algo que ainda não existe: é a família, criada por dois corações que se amam e se dão para ser «uma só carne»[1], indo ao encontro e abraçando o mistério da vida, do amor e de Deus. Com efeito, Ele quis manifestar algo de si mesmo no amor do homem e da mulher, criados à sua imagem[2].

Pode-se imaginar, verdadeiramente, que o amor humano possa não pertencer a Deus? Poderia ser somente do casal? Seria apenas expressão do *eros* natural, necessário para fazer sobreviver na terra a espécie humana, como uma necessidade biológica ou mesmo afetiva para não ficar só? Ou, pelo contrário, no amor de um casal está inerente um projeto maior que abre para o Alto? Com efeito, o amor humano, para aqueles que o fazem amadurecer na verdade, revela-se como algo maior do que os «seus» pensamentos e projetos, algo «maior do que eles dois».

Como se pode pensar que Deus, a Fonte do Amor, não se importe com eles dois? Ou que Jesus não tenha algo de peculiarmente seu a dar aos esposos? O sacramento do *Matrimônio* é a resposta de Deus: dom de Jesus para criar a família dos filhos de Deus e o reino de Deus. Deste modo, o amor humano não é dado, poderíamos dizer, para o uso; mas o amor é de Deus, sendo concedido aos seres humanos já com a «imagem» divina a fim de brilhar neles o mistério de Deus; e isto é reforçado pelo sacramento do Matrimônio, para que o amor deles seja amor «de um para o outro» e «para os outros». Mas esta realidade humana e espiritual torna-se compreensível rezando a Deus Pai: «Seja feita vossa vontade assim na terra como no céu». É assim que se vive o sacramento do Matrimônio.

«Esposos cristãos» quer dizer que são «de Cristo», ou seja, o casal não pertence apenas a si mesmo, mas a Cristo. Aqui está o motivo pelo qual os noivos pedem que a sua vida e o seu amor seja abençoado e orientado,

---

[1] *Bíblia*. Livro de Gênesis 2, 24.
[2] *Bíblia*. Cf. Evangelho segundo S. João 10, 30.

purificado e sustentado pelo sacramento do Matrimônio. Mas, para que o amor humano seja capaz de acolher e manifestar o sacramento do Matrimônio, é preciso que haja no casal um «percurso cristão do amor e do *eros*»[3].

Aprofundemos este aspecto. O Papa Bento XVI, em sua encíclica *Deus caritas est*, ao tratar precisamente do *eros* e da *ágape* mostrando a distinção e a unidade entre ambos, afirmou: «O homem torna-se realmente ele mesmo, quando corpo e alma se encontram em íntima unidade; o desafio do *eros* pode considerar-se verdadeiramente superado, quando se consegue esta unificação. Se o homem aspira a ser somente espírito e quer rejeitar a carne como uma herança apenas animalesca, então espírito e corpo perdem a sua dignidade. E se ele, por outro lado, renega o espírito e consequentemente considera a matéria, o corpo, como realidade exclusiva, perde igualmente a sua grandeza. (...) O *eros* degradado a puro "sexo" torna-se mercadoria, torna-se simplesmente uma "coisa" que se pode comprar e vender; antes, o próprio homem torna-se mercadoria»[4]. O problema do homem é que o seu amor também pode se perverter, do mesmo modo que o seu pensamento, no engano, pode enlouquecer.

A ação do Espírito Santo e o *eros*

É precisamente a ação do Espírito Santo que realiza a santificação para nos fazer parecer cada vez mais com Cristo e tornar possível a maturação da pessoa inteira: passando do amor *erótico* ao amor *agápido*, de tal modo que as energias do *eros*, as energias psico-sexuais, fiquem integradas com as energias interiores do homem, as psico-espirituais. Não esqueçamos de que foi precisamente o testemunho do amor humano integrado, são e puro, capaz de superar as «paixões», juntamente com o amor e a generosidade para com os pobres e doentes, que convenceu os pagãos quanto à superioridade humana e espiritual do Cristianismo.

Além do incentivo ao luxo, «mamon» se alastra também no campo do *eros*, procurando paganizá-lo o mais possível. A revolução sexual levou à liberalização e exaltação do sexo, transformando-o num artigo de uso. Porém, deste modo fez perder o seu significado e valor, chegando à idolatria do mesmo. A humanidade precisa recuperar o valor humano da sexualidade, arrebatando-a à exploração instintiva e animalesca que existe no âmbito publicitário, comercial e sexy a todo o custo. Neste contexto, os leigos e os casais de esposos têm uma nova grande possibilidade de cristianizar a sociedade neo-paganizante com os recursos que o espírito e a nova humanização proporcionam à vida do corpo e à sexualidade.

Portanto, o amor humano do homem e da mulher, o *eros*, sob a ação do amor de Deus, o Espírito Santo, vai-se tornando cada vez mais amor-dom, *ágape*, que procura o bem do outro: é assim que os dois descobrem o seu mistério comum em Deus Amor[5]. Também este amor faz parte do reino

---

[3] Veja-se o capítulo 5.
[4] *Magistério*. BENTO XVI, Carta encíclica *Deus caritas est* (2005) n. 5.
[5] Esta é a vivência e o testemunho de muitos casais do Movimento do Amor Familiar.

de Deus que pedimos na oração do *Pai nosso*. O *eros* e a *ágape* são duas expressões necessárias ao amor: carência e gratuidade, vínculo e liberdade. O amor é circular, de tal modo que, ao dar, recebe e, ao receber, dá: não se pode exprimir só no dar[6], mas deve também receber; nem pode sempre e só receber, deve também poder dar. É a lei do amor. Para crescer, o amor precisa do Amor de Deus. Na sua Visita Apostólica à França, o Papa Bento XVI, falando aos jovens acerca da sua necessidade de amor, disse: «O Espírito coloca-nos intimamente em relação com Deus, no qual se encontra a fonte de toda a riqueza humana autêntica. Todos vós procurais amar e ser amados. É para Deus que vos deveis voltar para aprender a amar e para ter a força de amar. O Espírito, que é Amor, pode abrir os vossos corações para receber o dom do amor autêntico»[7]. O amor procura o amor, até que se torne uma única palavra e Deus, que é Amor, «seja tudo em todos»[8].

Deus acompanha o homem

Muitas, porém, são as situações da vida em que se experimenta também o egoísmo, a fraqueza e o pecado, o «não» dito a Deus. Isto não deixa Deus Pai indiferente; pelo contrário, diz ao homem por meio do seu Filho Jesus: «Recomecemos do princípio! Ofereço-te a minha misericórdia, o meu perdão, a minha força». É esta a misericórdia de Deus que se recebe no sacramento da *Reconciliação*. Identifica-se com o amor de Deus, porque Ele pagou por nós, suprindo o amor que faltou na queda do pecado. Deus quer estar junto do homem e quer que este esteja junto dele.

Ele concede uma força de amor, misericórdia e esperança ao cristão para poder continuar aquele projeto que está presente no Batismo, é reforçado na Confirmação, se vê orientado e santificado no Matrimônio. É extraordinário! Onde o amor é imperfeito, onde o homem é fraco e cai, é aí que Deus vem recolhê-lo e erguê-lo. «Avante, coragem, sou eu; eu carreguei os teus pecados, eu carreguei a cruz, eu paguei pessoalmente. Adiante, recebe a minha graça, retoma o teu caminho». Deus abraça o homem, dizendo: «Recomecemos do princípio!» Somente Deus é capaz de tanto amor e de o dar, com Jesus, de maneira sensível, de maneira humana. Só Jesus Cristo podia trazer Deus para tão perto do homem, e este para tão perto de Deus. Só Ele, o Filho do Pai.

Sem Jesus e sem a Igreja, que continua a sua presença e as suas obras, o mundo seria infinitamente mais pobre. Com efeito, os sacramentos são também humanos e devem passar também através da humanidade do sacerdote. Deus, desde quando se fez homem por nós, comunica a sua graça de modo humano. Isso vale para todos os sacramentos, incluindo o do Matrimônio, cuja graça passa através dos esposos, já que eles próprios são ministros do sacramento.

Só Deus, o Emanuel, nos podia acompanhar assim durante a nossa vida. Deus acompanha toda a realidade humana, mesmo o sofrimento da velhice

---

[6] *Magistério.* Cf. BENTO XVI, Carta encíclica *Deus caritas est* (2005) n. 7.

[7] *Magistério.* BENTO XVI, *Discurso durante a Vigília de Oração dos jovens, no Sagrado da Catedral de Notre-Dame em Paris.* Visita Apostólica à França por ocasião dos 150 anos das Aparições de Lourdes (12 de Setembro de 2008).

[8] *Bíblia.* Primeira Carta aos Coríntios 15, 28.

e da doença, para colocá-la em suas mãos. Aqui os remédios já não bastam. Esta é a função do sacramento da *Unção dos Enfermos*! É uma realidade maravilhosa! Mas é preciso compreender que a vontade de Deus seja feita segundo o coração de Deus, na terra como no céu. É o que pedimos no *Pai nosso*.

Não se morre e basta, não se é velho por um erro, nem se consuma e apaga como uma vela e, depois, tudo acabou! Na sua Visita Pastoral a Paris e a Lisieux, São João Paulo II lembrou que «o homem está mesmo no coração do mistério de Cristo, o homem está no coração do Pai, do Filho e do Espírito Santo. E isto desde o início. Não foi ele criado à imagem e semelhança de Deus? Fora disto, o homem não tem sentido. O homem não tem um sentido no mundo senão como imagem e semelhança de Deus. De outra maneira, ele não tem sentido, e chegar-se-ia a dizer, como afirmam alguns, que o homem não é senão uma "paixão inútil"»[9]. Temos Deus que nos sustenta, que nos ama, que dá pleno significado à nossa vida e, sobretudo, que nos acolhe unidos a Cristo crucificado. Deus recolhe as lágrimas e os sofrimentos dos homens para a ressurreição. Não nos esqueçamos de que Deus Pai não quer a morte e que nos promete a ressurreição com Cristo. Deus Pai é misericordioso e poderoso; é «amante da vida»[10]. Neste sacramento da Unção dos Enfermos, que é para os vivos, que vivem a tribulação, Jesus dá força, perdão e conforto para a existência.

Há de se Perguntar: «A vida dos idosos desenvolveu-se apenas por intermédio e tendo em conta os meios de "mamon"»? Não cresceu também a sua fé, de modo a ver que a sua vida é sustentada e orientada também por intermédio do Senhor e tendo em vista a Ele e ao seu reino? E se é assim, por que não o manifestar? Com qual amor e qual esperança morrem muitos idosos? Não se deveria morrer, embora com inúmeros tratamentos médicos, também com o conforto dos afetos dos seus parentes queridos e com o auxílio do amor de Deus? Porventura não fizemos da morte a última desumanidade? Talvez na velhice nos arrependamos de ter criado um mundo tão árido; e de ter feito demasiado pouco pela fé na ressurreição que nos espera.

Deus deu sete sacramentos para sustentar a nossa humanidade, para dar sentido à vida, indicar a direção, para não se estar só, porque Deus está conosco. O véu do templo rasgou-se, abriu-se, e agora há comunhão entre o céu e a terra no Corpo de Cristo, que é o novo Templo: é nele que os homens, agora, encontram Deus que se dá[11]; nele, Cristo, no templo do seu Corpo glorioso, mas também na presença divina tornada acessível a nós na *Eucaristia*. Em Cristo, o céu e a terra estão unidos e o reino de Deus já se encontra na terra com a sua Presença através da Igreja e das suas obras no mundo[12]. A Palavra

---

[9] *Magistério*. JOÃO PAULO II, *Homilia da Missa no aeroporto «Le Bourget»*, Visita Pastoral a Paris e Lisieux (1 de Junho de 1980), n. 4.
[10] *Bíblia*. Livro da Sabedoria 11, 26.
[11] *Bíblia*. Cf. Carta aos Efésios 2, 19-22.
[12] *Magistério*. Cf. BENTO XVI, *Homilia na Santa Missa para a dedicação da Basílica da Sagrada Família e do Altar*, Visita Apostólica a Santiago de Compostela e Barcelona (7 de Novembro de 2010). O texto encontra-se no n. 53 do Apêndice, disponível no site figlidichi.altervista.org

de Deus, a humanidade de Jesus Cristo e a sua Igreja são as três maiores manifestações que Deus concedeu aos homens e ao mundo para a salvação.

A grande comunhão com Deus é construída através dos sacramentos, que nos acompanham no desenvolvimento da nossa vida. Aqui está a razão pela qual Jesus, que se fez alimento para nós no sacramento da Eucaristia, é dom e graça de vida nova que nos sustenta semanalmente. Isto é extraordinário! Ele nos renova, purifica, mergulha-nos no absoluto da sua força, na sua Cruz salvadora, na Glória de sua ressurreição. «A Eucaristia é igualmente o sacrifício da Igreja. A Igreja, que é o Corpo de Cristo, participa na oblação da sua Cabeça. Com Ele, ela mesma é oferecida integralmente.

Ela une-se à sua intercessão junto do Pai em favor de todos os homens. Na Eucaristia, o sacrifício de Cristo torna-se também o sacrifício dos membros do seu corpo. A vida dos fiéis, o seu louvor, o seu sofrimento, a sua oração, o seu trabalho unem-se aos de Cristo e à sua oblação total, adquirindo assim um novo valor»[13]. É por isso que a Eucaristia é o sacramento de cada dia, mas é sobretudo o sacramento do Domingo e dias santos de guarda, é «a fonte e o ápice da evangelização e da transformação do mundo»[14].

Assim, chegamos a compreender que Deus nos deu «o seu coração», o seu Amor com o dom do Espírito Santo, com a sua Graça que pode operar – se nós o consentirmos – mesmo através dos sacramentos e transformar o «como» do nosso coração e da nossa vida. Mas, infelizmente nos esquecemos disso!

Esquecemos também a pedagogia do «sacrifício *por amor*». Aquele sentido do *sacrifício pelo Senhor*, que, outrora, se ensinava aos próprios filhos, de modo que estes se sentiam impelidos a cumprir atos de amor ao próximo e a fazer dom de si mesmos no matrimônio foi substituído pelo *sentido de sacrifício* só *dos pais* pelos seus filhos sem nada pedir a estes. Aliás, que poderiam os pais pedir a seus filhos!? O amor sem Deus ficou tão secularizado! Mas, deste modo, não podendo pedir para si e eliminando do coração dos filhos a oferta devida a Deus, geraram filhos presunçosos e egoístas, incapazes de «dar» não só a seus pais, mas, por sua vez, nem aos próprios filhos e aos outros, apegados apenas a si mesmos.

Deus é Pai e Jesus nos ensinou «o sacrifício por Deus Pai», para que, deste modo, descobríssemos o amor, aquele amor que é dom de si, indispensável para a vida do mundo. Deus não precisa dos nossos sacrifícios, mas dando-nos Ele mesmo o exemplo com o dom do seu Filho Jesus e Jesus que se entrega por nós, quis ensinar-nos o que é o amor. Assim, Jesus é o único que abre a estrada, no coração de cada um, para fazer descobrir o amor a Deus Pai e a toda a humanidade. Tal é o significado da Eucaristia, que é comunhão, sacrifício e agradecimento. O sacrifício nasce do amor e, por isso, tem necessidade de Deus Amor para que seja bom e não degenere e nem se perverta.

---

[13] *Magistério. Catecismo da Igreja Católica*, n. 1368.
[14] *Magistério*. Cf. PONTIFÍCIO COMITÉ PARA OS CONGRESSOS EUCARÍSTICOS INTERNACIONAIS, *A Eucaristia dom de Deus para a vida do Mundo. Documento teológico de base para o 49° Congresso Eucarístico Internacional no Quebeque* (2008) n. 5-A. O texto encontra-se no n. 54 do Apêndice, disponível no site figlidichi.altervista.org

Quando o amor é autêntico e atinge as energias profundas da pessoa inteira, é capaz do dom de si e de fazer-se oferta e sacrifício por um bem que constrói. Este é o amor que constrói, muito diverso do amor folgazão, negligente e inepto a que nos habitua a subcultura facilitadora. Esquecemos a beleza do Cristianismo e a graça de compreender a vontade de Deus Pai. A tudo isto nos chama a oração do *Pai nosso* e o amor de Jesus.

Quem é que faz verdadeiramente a vontade de Deus? Os anjos e os santos no céu. Eles amam, sem dúvida, a vontade de Deus. Para a fazer também na terra, é preciso amar a vontade de Deus; então, seremos capazes de cumpri-la. Para a amar, é preciso também compreendê-la. Devemos amá-la para a compreender, e compreendê-la para a amar. Por isso, Jesus nos faz pedi-la com amor na oração do *Pai nosso*, para conseguirmos cumpri-la como Ele, com confiança e amor. Só assim podemos construir, dia a dia, a família dos filhos de Deus e o seu reino.

O «como» de Deus e o «como» do mundo

Como já disse, os cristãos constroem a cidade dos homens juntamente com os outros homens, mas com um «como» que é próprio de Deus e que constrói o reino de Deus. Este «como» cristão é a expressão da comunhão entre Deus e o homem: Deus dá, juntamente com a sua graça, a própria presença e ação, enquanto o homem traz de volta a Deus, com a novidade da sua contribuição, aquilo que é de Deus e que Deus lhe confiou na natureza e suas possibilidades, no universo e suas energias. O homem foi colocado, pelo Criador, no vértice da criação para louvar a Deus pela vida e por todas as criaturas. Isto está bem expresso por São Francisco de Assis no famoso *Cântico das Criaturas*[15]. Mas, o homem atual pensa que foi a «mãe natureza» a colocá-lo neste estado de *consciência superior*. Assim é fácil que as crianças e adolescentes, impelidos pelas novas modas da «*Nova Era*» e pelas técnicas yoga, cheguem quase inconscientemente a fazer orações ao sol e a louvar as criaturas, em vez de louvar o Criador *pelas* suas criaturas, como nos lembra São Francisco.

Mas, negando ou ignorando Deus Criador, a própria natureza fica à mercê das mãos do homem, que pretende fazer dela outra realidade, uma criação diferente, uma criação dele. Por isso, a religião é descrita como restritiva, invasora e concebida como um evento mítico e passageiro de uma era pré-científica que não tem nada a desvendar ao homem «construtor e tecnológico» atual. A religião e a moral cristãs pertenceriam a uma época passada, enquanto a ciência e a técnica são, hoje, as novas religiões a que nos devemos confiar. Agora, sim, pode-se viver feliz, «finalmente livres num mundo adulto, sem as restrições da moral e da religião, um mundo moderno e secular com novos direitos civis, onde apenas a liberdade própria dita as regras». Mas, podemos nos interrogar se, porventura, não existe, nestes novos princípios, o eco das

---

[15] *Tradição*. Cf. SÃO FRANCISCO DE ASSIS (1182ca.-1226), *Os Escritos de Francisco e de Clara de Assis*, Messaggero di Padova, Pádua 1981³, pp. 118-119. Traduzido por António Ferreira.

ideologias que atravessaram a história e têm dilacerado a humanidade como sucedeu no século passado. E não é dever próprio também dos cristãos purificar a história, para que o progresso seja verdadeiro e bom para todos?

A própria aplicação ao corpo humano das novas tecnologias, tais como as biotecnologias, a engenharia genética e os fármacos neurológicos, leva a subverter o conceito de natureza humana superando os seus limites naturais. Por isso, torna-se cada vez mais urgente uma renovada visão da complexidade da realidade da natureza humana e das suas verdadeiras raízes, que não se podem reduzir a pura materialidade. Com efeito, a realidade da natureza humana é mais ampla e rica do que a matéria que a compõe.

Será que as novas fronteiras da ciência não precisam, hoje mais ainda, de sendas de verdade, bondade e sabedoria para servir o bem da humanidade? Porventura não foram necessários equilíbrio e responsabilidade na difícil tarefa de gerir a energia atômica? É um grande dom que haja, no mundo, a Igreja e os cristãos. Não se vêem sinais de uma sabedoria maior!? A Igreja é um dom de Jesus para o mundo.

Mesmo o problema ecológico – como, aliás, todo o problema social – não será também, em última análise, um problema de consciência e de humanidade para o qual a Igreja muito tem a propor?

Não terá o mundo necessidade também de um «como» proceder, para que a vida seja possível neste planeta? Se o mundo estivesse em sã consciência, não faria melhor a abrir-se, com mais coragem e sem preconceitos, aos dons de Deus e à sua sabedoria? Durante a sua Visita Pastoral a Paris, São João Paulo II abordou este aspecto importante do desenvolvimento contemporâneo, que precisa reencontrar a sua estrada[16].

O «como» de Deus dom à humanidade

Na frase de alto valor do *Pai nosso* «assim na terra como no céu», Jesus nos confia aquele «como» que Ele próprio vive e nos veio trazer. Transparece nela um coração, uma harmonia, uma paz, uma profundidade, uma grande segurança, porque indica a estrada. Não de qualquer jeito, como faria o mundo, como fazem os tiranos na terra, mas «assim na terra como no céu»: no jeito de Deus! O Cristianismo não porta só a verdade de Deus, mas também a sua presença e, com ela, o «como» de Deus, a sua sabedoria. É o Espírito Santo que realiza esta comunhão de Aliança: é a Nova Aliança realizada por Jesus Cristo com o dom da sua vida, para nos abrir ao dom do Amor de Deus e do seu Espírito Santo. «Este cálice é a nova aliança no meu sangue, que é derramado por vós»[17].

Com o seu Santo Sacrifício, Jesus realiza a purificação, o coração novo e o espírito novo prometidos pela boca do profeta Ezequiel: «Derramarei sobre vós água pura e sereis purificados. Eu vos purificarei de todas as impurezas e

---

[16] *Magistério.* Cf. JOÃO PAULO II, *Homilia da Missa no aeroporto «Le Bourget»*, Visita Pastoral a Paris e Lisieux (1 de Junho de 1980). O texto encontra-se no n. 55 do Apêndice, disponível no site figlidichi.altervista.org
[17] *Bíblia.* Evangelho segundo S. Lucas 22, 20.

de todos os ídolos. Eu vos darei um coração novo e porei em vós um espírito novo. Removerei de vosso corpo o coração de pedra e vos darei um coração de carne. Porei em vós o meu espírito e farei com que andeis segundo minhas leis e cuideis de observar os meus preceitos»[18].

No mesmo sentido, se coloca a Palavra de Deus pronunciada pelo Profeta Jeremias, que o autor da Carta aos Hebreus cita ao descrever a Nova Aliança: «Pois, se a primeira aliança fora sem defeito, não se procuraria substituí-la por uma segunda. De fato, Deus repreendeu-os, dizendo:

> Dias virão, diz o Senhor,
> em que concluirei com a casa de Israel
> e com a casa de Judá
> uma nova aliança. (...)
> Eis a aliança que firmarei
> com o povo de Israel,
> depois daqueles dias, diz o Senhor:
> Porei minhas leis em sua mente e as gravarei no seu coração,
> e serei o seu Deus
> e eles serão o meu povo»[19].

Trata-se da Nova Aliança prometida[20] e realizada por Jesus Cristo, que, com o dom pascal do Espírito Santo, leva a cabo a salvação, criando a relação íntima com Deus[21] e dando início ao reino de Deus na terra.

Em última análise, é o Espírito Santo que está construindo o reino de Deus nos cristãos e nas pessoas de boa vontade, sendo Ele também que nos ajuda a realizar em nossa vida o «como» de Deus. Por Ele, a *imagem de Deus* no homem torna-se cada vez mais *«semelhança»* com Jesus Cristo. Criados e redimidos em Jesus, através do seu amor e da ação da sua graça em nós pelo Espírito Santo, vamos nos tornando sempre mais «como» Ele, assemelhamo-nos cada vez mais a Cristo. É o Espírito Santo que realiza esta divinização do homem (cristificação), aprimorando progressivamente nele a «imagem» divina à «semelhança» de Cristo. «Na verdade, por meio das mãos do Pai, isto é, por meio do Filho e do Espírito, o homem torna-se a semelhança de Deus»[22].

É sob a ação amorosa e santificadora do Espírito Santo que a criação do homem e da mulher, como de toda a história, volta a Deus. Passar da imagem à semelhança: tal é a obra do Espírito Santo, na conversão da pessoa; passar do amor humano ao sacramento do Matrimônio para, nos esposos cristãos, regressar ao coração de Deus; e, na história da humanidade, passar da cidade dos homens ao reino de Deus.

---

[18] *Bíblia*. Livro do Profeta Ezequiel 36, 25-27.
[19] *Bíblia*. Carta aos Hebreus 8, 7-10.
[20] *Bíblia*. Cf. Livro do Profeta Jeremias 31, 31-34.
[21] *Magistério*. Cf. JOÃO PAULO II, Carta encíclica *Dominum et vivificantem* (1986), n. 59. O texto encontra-se no n. 56 do Apêndice, disponível no site figlidichi.altervista.org
[22] *Tradição*. Cf. SANTO IRENEU DE LIÃO (130-202), *Contra as Heresias/2*, Liv. V, 6, 1, Ed. Città Nuova, Roma 2009, p. 321. Traduzido por António Ferreira.

Com a sua irrupção na história de Israel, Deus revelou ao mundo a sua existência, o seu poder e a sua promessa de salvação. Deus Pai, com Jesus Cristo, revelou-nos o seu «como» e ofereceu-o aos homens. O «como» de Deus não é uma norma externa, nem é formado por uma série de leis, mas é um modo de existir na verdade, na liberdade e no amor.

O Cristianismo não é só crer que Deus existe, mas acreditar no seu amor[23]: é acolher Deus Pai que se dá aos homens, com Cristo no Espírito Santo. O cristianismo é sobretudo receber o «como» de Deus, que é Comunhão Trinitária Pai, Filho e Espírito Santo. Desta forma, os cristãos, enquanto filhos de Deus, vivem o «como» de Deus. O «como» de Jesus mostra-nos «como» viver e «como» morrer: esta é a nossa salvação, a salvação que nos trouxe Jesus. O «como» de Jesus torna-se a «salvação» para cada pessoa, para o amor e a vida humana, a «salvação» para a humanidade inteira.

Por isso, Jesus deixou o Mandamento Novo, dizendo que era o «seu» mandamento. «Este é o meu mandamento: amai-vos uns aos outros, assim como eu vos amei»[24].

Já havia na terra o amor, mas não salvava; era necessário o «como» de Deus para salvar a humanidade. O «como» Deus é poder e luz; é o seu reino na terra. A Igreja assume o «como» de Jesus e com ele harmoniza a vida, opondo- se ao «como» do espírito do mundo sem Deus. Por isso, Jesus nos dizia: «Não penseis que vim trazer paz à terra! Não vim trazer paz, mas sim, a espada»[25]. É a força do amor que plasma e prepara o «como» dos filhos de Deus, que formam o seu povo.

Há um «como» dos filhos de Deus no amor humano entre homem e mulher ao construir o casal e a família.

Há um «como» dos filhos de Deus ao conceber a vida de um ser humano, que não existe em mais nenhuma das possíveis concepções.

Há um «como» dos filhos de Deus no evitar a concepção com os métodos naturais, que não é com os meios contraceptivos[26].

Há um «como» dos filhos de Deus no mundo do trabalho, para contribuir para o desenvolvimento e o progresso humano.

Há um «como» dos filhos de Deus no divertir-se. Com efeito, no divertimento do mundo, há um «como» que, em vez de recompor o homem no melhor das suas capacidades, desagrega-o.

Há um «como» dos filhos de Deus ao combater o mal.

Há um «como» dos filhos de Deus no construir a cidade dos homens. Há um «como» dos filhos de Deus, no uso da ciência e da técnica.

Há um «como» dos filhos de Deus no levar a paz de Jesus: «Não é como a dá o mundo, diz Jesus, que Eu vo-la dou»[27].

Há um «como» dos filhos de Deus no viver e no morrer.

---

[23] *Bíblia*. Cf. Primeira Carta de S. João 4, 16.
[24] *Bíblia*. Evangelho segundo S. João 15, 12.
[25] *Bíblia*. Evangelho segundo S. Mateus 10, 34.
[26] *Tradição*. Cf. FEDERAÇÃO INTERNACIONAL DAS ASSOCIAÇÕES DOS MÉDICOS CATÓLICOS (FIAMC), Documento *Os 40 Anos da Encíclica «Humanae Vitae»* (1968 - 25 de Julho - 2008).
[27] *Bíblia*. Evangelho segundo S. João 14, 27; cf. Carta aos Efésios 2, 17-18.

Só vivendo em comunhão com Cristo, que nos recomenda «permanecei no meu amor»[28], será possível receber este «como» de Deus. E o mesmo nos diz e anuncia a Igreja, quando proclama o querigma[29], o anúncio do Evangelho, da Boa Nova e, do amor da fé em Cristo morto e ressuscitado, passa a encarnar o Evangelho na vida quotidiana.

Esta é a tarefa de todos os cristãos, da Igreja inteira: viver Cristo no amor ao Pai e aos irmãos, encarnando na história o «como» de Deus. Quanto mais o «como» for segundo Deus, tanto mais se manifesta a salvação à humanidade. A Igreja não teme propor o «como» de Deus realizado no amor, como fez Jesus que, ao ser interpelado por «Judas (não o Iscariotes) perguntou-lhe: "Senhor, como se explica que tu te manifestarás a nós e não ao mundo?" Jesus respondeu-lhe: "Se alguém me ama, guardará a minha palavra; meu Pai o amará, e nós viremos e faremos nele a nossa morada"»[30].

No entanto, a Igreja também levanta a voz, na história, para denunciar o «como» do mundo, quando o vê, presunçosamente, desviar-se do que é verdadeiro, bom e justo. Ela o faz apelando à consciência dos crentes e dos não-crentes para não se deixarem arrastar pelas aparências históricas. Trata-se de um apelo profético, feito na história, aos indivíduos, às famílias e ao mundo. A Igreja ama e deseja o bem; ama a vida e o progresso; está a serviço dos homens e solidária com os homens e a história. Fiel a Jesus Cristo que disse: «Eu sou o Caminho, a Verdade e a Vida. Ninguém vai ao Pai senão por mim»[31], a Igreja aponta a estrada de Deus para quem a queira ouvir.

A estrada de Deus é feita com Cristo «Caminho, Verdade e Vida» e com o dom do Espírito Santo, Espírito de Amor e de Verdade. Deus é Único, não há outro; Deus é o Altíssimo, há um só Deus! Em Si mesmo, como pode ser Pai? Só Jesus nos mostrou o segredo de Deus, que é o mistério revelado. Na verdade, Deus é uma comunhão de Amor, Pai, Filho e Espírito Santo. Deus revelou-nos o seu como, o como trinitário do seu Ser.

Neste segredo de Deus, está contido também o nosso, que temos cada vez mais necessidade de conhecer, não apenas para sobreviver, mas para viver bem.

As máquinas são cada vez mais perfeitas, mas o homem é ainda muito pequeno. Não é suficiente ter conhecimento de mais uma pequena descoberta, de uma parcela a mais: é preciso conhecer o todo, o «coração» do sistema. Cristo nos dá a chave, através da Igreja. Mas, porque Deus teria escolhido precisamente a Igreja? Porque é humana como toda a humanidade, composta de santos e pecadores; mas possui algo de particular: é humilde, não se pode vangloriar, deixa o espaço a Deus, não ocupará jamais o lugar d'Ele. Cristo se sente bem e à vontade com a Igreja, sua Esposa. Como escolheu a palha para estar deitado no meio dos homens, assim escolheu a sua Igreja. É preciso gostar da Igreja, amá-la e compreendê-la: a quem é humilde de coração, pastores e magos, ela abre os tesouros de Cristo, que é o «coração» do sistema.

---

[28] *Bíblia*. Evangelho segundo S. João 15, 9.
[29] *Bíblia*. Cf. Actos dos Apóstolos 2, 14-39; 3, 12-26; 4, 8-12; 5, 29-32; 10, 34-43; 13, 16-41.
[30] *Bíblia*. Evangelho segundo S. João 14, 22-23.
[31] *Bíblia*. Evangelho segundo S. João 14, 6.

A humanidade da Igreja

A humanidade da Igreja é uma boa estrada e é aquela que Deus escolheu para aproximar a si todo o homem e mulher. Não escolheu as legiões dos Anjos; não escolheu as capacidades humanas extraordinárias, as energias do universo, nem a oposição e o ódio dos espíritos rebeldes; não escolheu o poder dos milagres que resolvem o impossível, nem a glória que os homens tanto procuram. Escolheu[32], sim, a Igreja e sua humanidade com todas as suas limitações, mas na qual está de tal modo presente Cristo que o coração do ser humano, amando-a e ouvindo, encontra sem dúvida a Deus. Se, pelo contrário, a rejeitasse e desprezasse, estaria exprimindo aquele desprezo para consigo mesmo, aquela falta de amor à sua humanidade, a si próprio, que comumente se chama «dureza de coração»: esta é o átrio do ódio e do inferno.

A própria pretensão de uma Igreja perfeita recorda a revolta do «paraíso perdido»: uma pretensão, no entanto, que não busca o amor para o encontrar. Revolta, polêmica, desprezo, luta ou astúcia, luta de classes ou pelo poder, são todos sistemas que não estão de acordo com o espírito evangélico. Além disso, alguns consideram a Igreja apenas como uma organização humana, acabando por perder todo o benefício resultante daquilo que verdadeiramente é a Igreja. Lembrou-o o Papa Bento XVI na sua Visita Apostólica à Alemanha[33].

Deus está, deliberadamente, presente na realidade humana da Igreja. Quer dizer: Deus esconde-se, para poder dar-se a nós. Porventura não está Ele presente também nas crianças, nos pobres, nos doentes e nos marginalizados? Esconde-se, para que o homem volte mais facilmente a amar a grandeza de Deus, sem se assustar. Não é este também o sentido do Natal de Jesus?

Fiel a Deus, a Igreja traz e mostra «o modo» de Deus na história, indicando a estrada de Deus[34], «o caminho» de Jesus. É o «como» de Deus dado aos homens, que amam a verdade e amor. A solicitude e o amor da Igreja è, fundamentalmente, esta fidelidade ao Evangelho, embora nos limites humanos da vida. Por isso, embora se reconheça composta de santos e pecadores, a Igreja é fiel a Cristo e anuncia a verdade e a salvação para todos os seres humanos e para o mundo. Em cada diocese, a comunidade cristã guiada pelo seu pastor, o Bispo, vai descobrindo cada vez mais a dimensão da salvação e da sua missão[35].

Em sua missão, a Igreja mostra, tanto nos pastores como nos fiéis, que o «como» de Deus que traz à humanidade não provém do «mundo»; manifesta, assim, a sua profecia no mundo. Em oração ao Pai, Jesus pede pelos seus irmãos: «Eles permanecem no mundo (...). Eu não rogo que os tires do mundo, mas que os guardes do maligno. Eles não são do mundo, como eu não sou do

---

[32] *Bíblia*. Cf. Primeira Carta aos Coríntios 1, 26-31.

[33] *Magistério*. Cf. BENTO XVI, *Homilia da Missa no «Olympiastadion» de Berlim*, Visita Apostólica à Alemanha (22 de Setembro de 2011). O texto encontra-se no n. 57 do Apêndice, disponível no site figlidichi.altervista.org

[34] *Bíblia*. Cf. Evangelho segundo S. Mateus 7, 13-14.

[35] *Magistério*. Cf. BENTO XVI, *Discurso durante o Encontro com os Bispos dos Camarões na Igreja de Cristo-Rei no Bairro de Tsinga em Yaoundé*, Visita Apostólica aos Camarões e a Angola (18 de Março de 2009). O texto encontra-se no n. 58 do Apêndice, disponível no site figlidichi.altervista.org

mundo»[36]. E, em outro texto do Evangelho, explica: «Se fôsseis do mundo, o mundo vos amaria como ama o que é seu; mas, porque não sois do mundo, e porque eu vos escolhi do meio do mundo, por isso o mundo vos odeia»[37]. É o espírito do mundo que odeia e combate a Igreja; e é a Igreja que combate o espírito do mundo[38], denunciando-o e mostrando a sua falsidade e engano quando pretende elevar-se sem Deus, apesar de Deus ou contra Deus, ou loucamente acima de Deus.

Os cristãos no mundo, entre as novas descobertas, as aplicações das ciências e os novos «direitos», devem procurar o «como» de Deus para viverem no mundo como filhos de Deus e darem, com a vida, testemunho da sua fé. «Mas o Filho do Homem, quando vier, será que vai encontrar fé sobre a terra?»[39].

A fé manifesta-se na vida, no «como» se vive a vida, especialmente onde há várias possibilidades de escolha: assim, hoje, ser cristão no mundo, embora não seja fácil, é mais «luminoso». O «como» dos cristãos no mundo é para o bem do mundo, não é um «credo» que se fecha em si; ao contrário, deve ser capaz de mostrar «um bem maior», «uma liberdade maior», «um amor maior» e «uma justiça maior» que os cristãos e as opções cristãs privilegiam nos campos da sexualidade, da família, da técnica, da medicina, da política, da economia, da educação, etc.

Neste sentido, os fiéis cristãos – ou seja, como o nome indica, fiéis a Cristo – não são fiéis apenas a um passado, mas fiéis também «para o futuro»: comportam-se como proponentes quando, na síntese entre ciência e fé, sabem apresentar o tal «bem maior» para o futuro, sem se deixarem vencer pela abdicação ou o isolamento, pela chantagem ou o incômodo. Com efeito, hoje é importante possuir uma adequada atitude missionária[40], nomeadamente no confronto com a nova situação migratória[41]. O Senhor leva a ver a sua presença em cada ser humano; e na história inteira, o seu projeto de amor salvífico. Por isso, o *Pai nosso* ecoa como a oração por excelência por cada pessoa e pela humanidade inteira; com efeito, mais do que qualquer outra oração, exprime o coração de Deus, o seu amor e interesse pelo bem de todos.

Nesta linha, somos chamados também a unir todos os esforços para um entendimento e uma *ação comum ecumênica* em prol do reconhecimento da dimensão religiosa e da sua liberdade, como recordou o Papa Bento XVI, na sua Visita Apostólica à Inglaterra em 2010, ano em que se celebrava «o centenário da Conferência Missionária Mundial de Edimburgo, que é geralmente considerada como o nascimento do movimento ecumênico moderno. Demos graças ao Senhor pela promessa que representa o entendimento e a cooperação

---

[36] *Bíblia.* Cf. Evangelho segundo S. João 17, 11-16.
[37] *Bíblia.* Evangelho segundo S. João 15, 19.
[38] *Bíblia.* Cf. Evangelho segundo S. Mateus 10, 34.
[39] *Bíblia.* Evangelho segundo S. Lucas 18, 8b.
[40] *Magistério.* Cf. JOÃO PAULO II, Carta encíclica *Redemptor hominis* (1979), nn. 12 e 14. O texto encontra-se no n. 59 do Apêndice, disponível no site figlidichi.altervista.org
[41] Magistério. Cf. BENTO XVI, *Mensagem para o 98º Dia Mundial do Migrante e do Refugiado, em 2012* (21 de Setembro de 2011). O texto encontra-se no n. 60 do Apêndice, disponível no site figlidichi.altervista.org

ecumênica, em vista de um testemunho concorde da verdade salvífica da palavra de Deus na sociedade contemporânea, em rápida transformação»[42]. Na mesma viagem, o Papa disse que a dimensão ecumênica necessitava de diálogo e de colaboração pacífica, livre e respeitadora[43]. O mundo necessita cada vez mais de redescobrir a visão religiosa e cristã da vida.

A nova evangelização

O Papa Bento XVI lembra, frequentemente, a urgência de uma nova evangelização, como fez, por exemplo, na carta pastoral aos católicos da Irlanda[44], no discurso aos Bispos da Conferência Episcopal do Canadá[45] e na Audiência Geral de 3 de Fevereiro de 2010: «Com efeito, Cristo é o bem mais precioso que os homens e as mulheres de todos os tempos e lugares têm o direito de conhecer e de amar! E é consolador ver que, até na Igreja de hoje, são muitos – pastores e fiéis leigos, membros de antigas ordens religiosas e de novos movimentos eclesiais – que com alegria despendem a sua vida por este ideal supremo: anunciar e testemunhar o Evangelho!»[46].

Igualmente importante, no campo da evangelização, é o *mundo da arte e da beleza*. Também esta é um campo privilegiado do «espírito» humano e pode abrir o coração e a mente ao mistério de Deus e do homem, como nos recordou o Papa Bento XVI na sua Visita Apostólica a Santiago de Compostela e a Barcelona[47]. Nesta mesma Visita a Barcelona, o Santo Padre sublinhou que «a beleza é a grande necessidade do homem; constitui a raiz da qual brota o tronco da nossa paz e os frutos da nossa esperança. A beleza é também reveladora de Deus, porque, como Ele, a obra bela é pura gratuidade, convida à liberdade e arranca do egoísmo»[48].

Trata-se de percorrer, em cada campo, a estrada dos homens e do desenvolvimento humano, mostrando, em comunhão com Deus, o seu «como»,

---

[42] *Magistério*. BENTO XVI, *Homilia da Missa no Bellahouston Park em Glasgow*, Visita Apostólica à Inglaterra (16 de Setembro de 2010).

[43] *Magistério*. Cf. BENTO XVI, *Discurso aos Representantes Institucionais e Leigos de outras Religiões no* Waldegrave Drawing Room do St Mary's University College *de Twickenham em Londres*, Visita Apostólica à Inglaterra (17 de Setembro de 2010). O texto encontra-se no n. 61 do Apêndice, disponível no site figlidichi.altervista.org

[44] *Magistério*. Cf. BENTO XVI, *Carta pastoral aos católicos da Irlanda* (19 de Março de 2010), n. 12. O texto encontra-se no n. 62 do Apêndice, disponível no site figlidichi. altervista.org

[45] *Magistério*. Cf. BENTO XVI, *Discurso aos Bispos da Conferência Episcopal do Canadá-Atlântico em Visita «ad limina Apostolorum»* (20 de Maio de 2006). O texto encontra-se no n. 63 do Apêndice, disponível no site figlidichi.altervista.org

[46] *Magistério*. BENTO XVI, *Catequese*, na Audiência Geral de 3 de Fevereiro de 2010.

[47] *Magistério*. Cf. BENTO XVI, *Entrevista concedida aos jornalistas durante o vôo para Espanha*. Visita Apostólica a Santiago de Compostela e a Barcelona (6 de Novembro de 2010). O texto encontra-se no n. 64 do Apêndice, disponível no site figlidichi. altervista.org

[48] *Magistério*. BENTO XVI, *Homilia na Santa Missa para a dedicação da Basílica da Sagrada Família e do Altar*, Visita Apostólica a Santiago de Compostela e Barcelona (7 de Novembro de 2010).

a opção melhor para a humanidade, sem se deter nas aparentes «conquistas humanas». Precisamos ir além das aparências para captar as verdades do bem e do coração, como ensina a Sagrada Escritura: «O homem vê a aparência, o Senhor vê o coração»[49]. Desta forma, os cristãos constituem não apenas a consciência crítica da história, mas também a *consciência proponente*: eles trabalham para o melhor bem da humanidade. A Igreja o faz através dos cristãos «fiéis».

Por isso a «nova evangelização», que a Igreja implementa, não será «exclusiva» mas «inclusiva» das várias realidades que aparecem, na capacidade de uma nova síntese, para que o «como» de Deus se encarne na história humana com toda a sua novidade, mas na fidelidade a Deus e ao seu reino. E para este processo de renovação e aquisição na verdade e no diálogo são necessárias verdadeiras e profundas raízes que podemos e devemos reencontrar. Temos diante de nós a tarefa de uma nova evangelização, recorda-nos o Papa Bento XVI[50], que está longe de terminar e espera as novas gerações. Precisa dela também o mundo, para poder conhecer e acolher o Evangelho da salvação e da vida nova de Jesus.

Depois de haver comentado a primeira parte do *Pai nosso*, no próximo capítulo começaremos a segunda parte, na qual Jesus aponta dons e condições que são necessário conhecer, a fim de realizar o projeto de amor que Ele tem para cada um e para a humanidade inteira.

---

[49] *Bíblia*. Primeiro Livro de Samuel 16, 7.
[50] *Magistério*. BENTO XVI, *Homilia nas Primeiras Vésperas da Solenidade dos Apóstolos São Pedro e São Paulo*, na Basílica de São Paulo Extramuros (28 de Junho de 2010). O texto encontra-se no n. 65 do Apêndice, disponível no site figlidichi.altervista.org

10

O pão nosso de cada dia nos dai hoje

Na segunda parte do *Pai nosso* Jesus indicou quatro condições para realizar o reino de Deus e fazer a sua vontade «assim na terra como no céu».

Enquanto na primeira parte do *Pai nosso* Jesus nos ensinou a rezar por três pedidos mais relacionadas com o «céu», na segunda parte ele nos indica quatro petições a apresentar ao Pai e que são mais relacionadas com a nossa humanidade, com a «terra». Mas constituem também condições necessárias para realizar, na terra, o reino e a vontade de Deus, que é a nossa salvação.

Convém notar que estas duas partes do *Pai nosso* «evocam» as duas Tábuas do Decálogo[1]. Com a Oração do *Pai nosso*, Jesus retomou os Dez Mandamentos e os reconduziu à nossa relação com Deus Pai, indispensável para compreendermos o seu sentido e valor. Sem o amor de Deus, os próprios ensinamentos morais acabam deturpados. Para «re-fundar» nas suas raízes a nova vida humana, Jesus nos reconduz à relação com o Pai.

Para realizar a beleza e a grandeza da vida que o *Pai nosso* nos mostra, sem nos iludirmos nem cairmos nos enganos causados, por um lado, pelas limitações da nossa natureza humana e, por outro, pelos «ventos contrários», não há outra estrada senão a que Jesus nos ensina. Na oração do *Pai nosso*, o Senhor indica-nos as condições para realizarmos a nossa vida em plenitude.

Por que o pão?

Fixando o olhar particularmente sobre a vida humana e terrena bem sabemos que, para impulsionar a nossa existência, é necessário o alimento. O pão é sinal de sobrevivência e crescimento. Jesus nos ensina a pedir ao Pai o pão: «O pão nosso de cada dia nos dai hoje», o pão de que precisamos dia a dia. O pedido parece-nos tão óbvio que poderíamos prosseguir no texto. Mas seria um erro! O que devemos fazer é aprofundar esse pedido para o compreendermos convenientemente. Por que Jesus, no *Pai nosso*, nos faz exprimir este pedido? Porventura não temos nós o trabalho para nos dar o «pão» que pedimos? Será, talvez, uma oração apenas para as crianças e não para os adultos que o ganham com o trabalho duro de «cada dia»? Esse pedido não poderia predispor alguém para a apatia e a preguiça?

---

[1] *Bíblia*. Cf. Livro do Deuteronômio 5, 1-22.

Pedir na oração a Deus Pai «o pão» não significa, certamente, acomodar-se preguiçosamente não trabalhando ou trabalhando mal, sem empenho. Em suma, não é uma fuga do nosso trabalho diário e das nossas responsabilidades.

A propósito, é útil ler o que João Paulo II sublinha na carta encíclica *Laborem exercens* (Mediante o trabalho) sobre o significado e a dignidade do *trabalho*: «O trabalho é um bem do homem – é um bem da sua humanidade –, porque, mediante o trabalho, o homem *não só transforma a natureza*, adaptando-a às suas próprias necessidades, mas também se realiza como homem e até, num certo sentido, "se torna mais homem". (...) Este fato não muda em nada a nossa justa preocupação por evitar que no trabalho, mediante o qual a *matéria é nobilitada*, o próprio *homem* não venha a sofrer uma *diminuição* da sua dignidade»[2].

Para o homem, o fim pessoal do trabalho é sustentar a sua vida e realizá-la. Evidentemente quando aqui se fala de homem entende-se o ser humano, ou seja, o homem e a mulher. Sem negar a importância do trabalho, hoje sente-se cada vez mais a necessidade de conquistar a dignidade do mesmo, para que seja «humano» e não contra o homem. O próprio Papa Bento XVI sublinhou a importância de conciliar o trabalho e a família: «Infelizmente, em nossos dias, a organização do trabalho, pensada e levada a cabo em função da concorrência de mercado e do máximo lucro, e a concepção da festa como ocasião de evasão e de consumo, contribuem para desagregar a família e a comunidade e para difundir um estilo de vida individualista.

Por conseguinte, é necessário promover uma reflexão e um compromisso destinados a conciliar as exigências e os tempos de trabalho com os da família e a recuperar o verdadeiro sentido da festa, especialmente do domingo, Páscoa semanal, dia do Senhor e dia do homem, dia da família, da comunidade e da solidariedade»[3]. Para nós, o trabalho – como aliás a vida inteira – é uma conquista, mas também um dom recebido de Deus, para realizarmos a nós mesmos, à família e à sociedade[4]. Por isso, é necessário redescobrir as raízes (a isso, nos conduz o *Pai nosso*) para encontrarmos novamente as razões da vida, do trabalho e da família.

No seio da família, vive-se uma formação para o trabalho, isto é, uma abertura à responsabilidade, à partilha, à superação do egoísmo, a iniciativa, a diligência, a criatividade: a pessoa e a sociedade se fundamentam na base que é a família. Além disso, o trabalho tem uma importância extraordinária para a unidade entre os próprios seres humanos, para o bem da humanidade e ainda para a subsistência pessoal e familiar. O trabalho encerra uma dinâmica extremamente importante para a vida pessoal, familiar e social e toca todos os níveis da nossa vida. Daí que o trabalho pareça mais o fruto da nossa iniciativa, inteligência e criatividade que um dom recebido do Alto.

Mas então, se para ganhar o pão o trabalho, por todas estas razões, é tão importante, porque Jesus nos ensinou no *Pai nosso* a pedi-lo a Deus? Para

---

[2] *Magistério*. JOÃO PAULO II, Carta encíclica *Laborem exercens* (1981), n. 9.

[3] *Magistério*. BENTO XVI, *Carta ao Presidente do Pontifício Conselho para a Família a fim de preparar o VII Encontro Mundial das Famílias* (23 de Agosto de 2010).

[4] *Magistério*. Cf. JOÃO PAULO II, Carta encíclica *Laborem exercens* (1981), n. 10. O texto encontra-se no n. 66 do Apêndice, disponível no site figlidichi.altervista.org

chamar a nossa atenção para dois motivos essenciais, condição primária para realizar o *Pai nosso*, o seu reino e a sua vontade «assim na terra como no céu».

O primeiro motivo é: o pão deve ser pedido e é «dado», consequentemente não roubado. Jesus nos faz pedi-lo e este fato responsabiliza. O segundo motivo: na palavra «dai-nos» da oração dirigida a Deus exprime-se o reconhecimento de que o pão deve permanecer sempre um dom de Deus, para que seja bom. Por isso, Jesus nos ensina a pedi-lo a Deus Pai. Vejamos a razão.

Há um dado que facilmente esquecemos e nos passa despercebido: o pão que tomamos cada dia assimila-nos ao mundo (nunca percamos isto de vista!). Com efeito, quando ganhamos o «pão», fazemo-lo «nosso»; e, ao mesmo tempo que utilizamos o pão e a comida como recursos para sobreviver, na realidade nos assimilamos àquilo que o mundo nos fornece. Em outras palavras, transformamo-nos naquilo que nos faz crescer e viver, que nos permite sobreviver: é «o poder do pão»!

O pão que se estraga

Somos nós que ganhamos o pão, o tocamos e fazemos, que dele nos nutrimos e saciamos, mas nos esquecemos de que, ao longo deste relacionamento necessário, gradualmente o assimilamos e nos tornamos naquilo que comemos, naquilo que nos faz viver. Em consequência tornamo-nos, sem perceber, «dependentes» do poder do pão: tratando com este de manhã à noite e tendo as mãos imersas no trabalho, corremos, sem cessar, o risco de nos tornarmos, assim, naquilo que nos alimenta e permite viver. De certo modo, o pão torna-se um «ídolo», escravizando as pessoas sem que se apercebam. O trabalho, sempre mais mecanizado e tecnológico, tende a transformar os seres humanos e as relações humanas a fim de funcionarem como máquinas.

Para o assunto que nos ocupa é esclarecedora uma página do Evangelho que não cessa de me impressionar. Um dia «os discípulos se esqueceram de levar pães; tinham apenas um pão consigo no barco. Jesus os advertia, dizendo: "Atenção! Cuidado com o fermento dos fariseus e com o fermento de Herodes"»[5]. Uma pergunta se impõe: Quem está por detrás do pão?

Na verdade, não nos prendemos apenas ao pão, mas também a quem no-lo fornece: torna-se importante não só o pão, mas também a pessoa de quem o recebemos. É daqui que nasce a dependência que entra na alma humana. «Cuidado – diz Jesus – com o fermento». Com efeito, o *fermento* faz crescer o pão, mas este pão, juntamente com a disponibilidade de recursos, dá segurança para sobreviver e faz crescer como pessoas. No fim das contas, surge a pergunta: Quem nos fez crescer? Trata-se de dupla dependência: do pão certamente, mas também de quem no-lo fornece. Vamos nos prendendo cada vez mais a quem produz o pão com segurança, ficando sempre mais dependentes de quem o promete, de quem o dá, de quem o vende. Esta engrenagem penetra, pouco a pouco, no nosso coração, no nosso cérebro, no nosso modo de viver. Cuidado – diz então Jesus – com o fermento que vem

---

[5] *Bíblia*. Evangelho segundo S. Marcos 8, 14-15.

dos fariseus ou provém de Herodes, porque, comendo deste pão, assimila-se também a dependência. Não se vê a dependência, porque se vê só o pão.

Vê-se o bem de consumo, mas não nos apercebemos de que entramos numa dinâmica de dependência e progressiva escravidão. A criança que não dispõe de certa roupa ou determinados sapatos de marca não pára de importunar os pais. Os próprios colegas da escola e os amiguinhos tornaram-se dependentes de tantas coisas que, no fim das contas, são supérfluas, mas caracterizam a sua vida: trata-se duma engrenagem econômica, que cria uma segurança efêmera e falsa, feita de tantas coisas «inúteis» para os pequenos e para os grandes.

Os fariseus reconhecem a sua segurança na Lei; e Herodes, no poder político e econômico. Jesus indica a sua segurança na vontade de Deus Pai. O «fermento dos fariseus» alude à religião quando se torna ideologia; e o «fermento de Herodes», ao poder econômico e político quando se torna um ídolo.

Assim, para permanecer livres, Jesus recorda-nos, em primeiro lugar, a necessidade de pedir o pão a Deus, que é Pai, para não assimilar aquilo que vem do mundo, porque faria crescer o homem no mundo criando dependência e faria crescer o mundo dentro do homem criando o ídolo. Os discípulos terão, certamente, comido dos pães com o fermento dos fariseus e com o fermento de Herodes. Entretanto, Jesus adverte a humanidade para ter cuidado com um «fermento» que pode vir de uma dimensão, ainda que religiosa, mas auto-suficiente e sem o coração de Deus; ou que pode vir do poder político ou do bem-estar econômico que reclamam a sua autonomia de Deus. Cuidado – diz Jesus – com aquilo que tranquiliza mas vem de «mamon».

Em segundo lugar, Ele recomenda «tomar cuidado» para não nos afastarmos do único pão que o Pai do Céu nos dá, ou seja, o próprio Cristo. «Jesus respondeu: "Em verdade, em verdade, vos digo: não foi Moisés quem vos deu o pão do céu. É meu Pai quem vos dá o verdadeiro pão do céu. Pois o pão de Deus é aquele que desce do céu e dá vida ao mundo"»[6]. Naquele dia, havia mesmo só um pão na barca... era Jesus![7] Ele quer que os filhos de Deus tenham uma consciência vigilante, capaz de distinguir o verdadeiro bem do falso, o pão bom do estragado.

Neste pedido, «o pão nosso de cada dia nos dai hoje», temos a primeira condição para fazer a vontade de Deus e fazer crescer o reino dentro de nós. Trata-se de um pedido indispensável, pois, só rezando assim, poderemos manter pura a barreira da mediação humana para procurarmos o alimento necessário.

O reino não pode crescer se fizermos crescer em nós «outro fermento». Este vai crescendo gradualmente no nosso íntimo, passando da honestidade à cobiça, da moderação à intemperança, do bem-estar ao embrutecimento que se vislumbra nos modos rudes e indelicados e na tristeza que as pessoas trazem impressa no rosto. Recordemos que o sorriso não é dos animais, mas dos seres humanos criados à imagem de Deus. Quando se perde o sorriso, isso significa que a alma está no escuro. O processo do *consumismo* é este: usa

---

[6] *Bíblia*. Evangelho segundo S. João 6, 32-33.
[7] *Bíblia*. Cf. Evangelho segundo S. Marcos 8, 14-15.

e joga fora! Pretende-se sempre o objeto novo, porque é mais bonito: mas o novo faz jogar fora o velho. Pode-se dizer que o consumismo triunfa quando se faz do consumo o nosso objetivo.

Provam-no frases como esta: «Ganha mais, consome e morre»! Nisto se resumiria tudo o que é preciso. Mas, é preciso para quem? Portanto, o sistema econômico, com todo o seu desenvolvimento aliado ao progresso tecnológico, deve satisfazer cada indivíduo e a humanidade inteira, não só relativamente à dimensão econômica e às questões do consumo e do mercado, mas também quanto à dimensão espiritual com os valores do espírito que estão no homem.

O *Pai nosso* foi ensinado e muitos receberam os sacramentos, mas não podemos deixar de nos interrogar: muitos cristãos experimentaram a Palavra de Deus que faz viver? Terão experimentado Jesus como o Pão de Deus para a vida eterna? E uma outra pergunta se impõe: afinal quem faz viver o amor? Só o pão dos homens? Não! Bem depressa acabariam o amor e a família, se se nutrissem apenas do pão dos homens, porque o pão dos homens é feito, muitas vezes, também de traição. Veremos isso no último capítulo. É preciso saber comê-lo, mas tomando cuidado com o «fermento». E quem pode nos ensinar, se todos nós somos seres humanos? Só Deus nos pode dar o seu Pão: Jesus. Sem Ele, mais cedo ou mais tarde, o pão dos homens gera dependência e se torna cada vez mais escravo, precipitando pouco a pouco dentro da engrenagem dos próprios interesses até ao ponto de perder de vista todo o horizonte e ficar prisioneiro do próprio egoísmo e prazer. O confronto tornou-se ainda mais urgente em nossa sociedade, visto o colapso das consciências, por um lado, e por outro, o relativismo ético.

E assim, tornados injustos pelo próprio modo de pensar e agir, facilmente nos tornamos glutões, devorando inclusive o bem da vida. Absolutiza-se o bem-estar, que leva ao embrutecimento: o mais importante de tudo passam a ser as coisas. Deste modo, o trabalho e o máximo lucro econômico tornam-se as coisas «essenciais» da vida, o fazer torna-se mais importante que o ser, e a terra «a pôr em ordem» torna-se mais importante que o céu a construir com Deus. Privilegiando o desenvolvimento material, assiste-se hoje a uma grave e perigosa disfunção laboral que coloca o «trabalho» no centro da vida, sacrificando a «Festa» e a Missa de preceito festivo, que, para nós cristãos, é a base social da comunhão com Deus e os irmãos. Desta forma, ao lado do consumismo, foi-se desenvolvendo, primeiro, um materialismo cada vez mais generalizado e, depois, um hedonismo cada vez mais desenfreado: e «a busca do alimento» tornou-se «a busca do prazer». Em seguida, do hedonismo foi-se caindo sempre mais no erotismo até chegar à «coisificação» das relações sexuais, consideradas como um prazer necessário à natureza. Perdeu-se, assim, a noção da progressiva precipitação no empobrecimento humano dos sentimentos, dos valores da consciência moral e da própria responsabilidade individual e coletiva. A «honestidade» viu-se suplantada pelo «útil», e a vida invadida pela pequena e a grande corrupção.

Tempo de reconstrução

Assim, enquanto o mundo exterior parece cada vez mais belo e organizado, o mundo interior das pessoas sem Deus, como recorda São Paulo na Carta aos Romanos[8], torna-se cada vez mais horroroso e iníquo: cada vez mais sombrio. E há quem pense que isto seja verdadeiramente progresso e liberdade! Mas, porventura é este o bem e o futuro que queremos entregar às novas gerações? É esta a máxima expressão da nossa humanidade? É tempo de reconstruir. As novas gerações nos pedem isso: os sinais do mal-estar são a apatia e a vida destituída da sua preciosidade: não vale nada, ou vale cada vez menos! Temos que descobrir novamente o valor e a preciosidade da vida e da família. Por este motivo Deus quer que nos alimentemos do seu Pão, beleza e grandeza de Deus, gratuidade e bondade que nutre a realidade maior: a sua imagem e semelhança em nós para sermos cada vez mais perfeitamente homens e mulheres. Sim, temos necessidade de Jesus, mas esta «necessidade» não é igual à dependência gerada pelo pão do mundo. Aqui a dependência é, antes, um vínculo de amor e Aliança, a Nova Aliança, e é amor gratuito por nós. Assim, a vida humana e o pão da vida se encontram no dom do amor. O dom eucarístico é estupendo e sublime!

Deus é providência e gratuidade. Por gratuidade, aqui, não entendemos aquele «grátis» que se pode encontrar numa loja com o objetivo de atrair mais clientes para aumentar as vendas. Gratuidade, aqui, não é engano por interesse. Mas é a gratuidade de Deus, do amor com que Deus quer sustentar a nossa vida, quer fazê-la amadurecer e crescer, dando-se a nós. Pelo fato da gratuidade do seu amor não é que Deus não espere nada do homem! Deus espera a nossa fé e o nosso amor que são capazes de receber a Deus. Ele não precisa de nós, ao passo que nós, seres humanos, temos necessidade de Deus: este vínculo de amor é a verdade da nossa vida que não deve ser confundido com dependência. Somente esta pertença, que é pura gratuidade de amor, pois Deus gratuitamente quer que existamos, que vivamos nele, na sua glória e na felicidade eterna, é condição essencial da nossa vida; caso contrário, não existiríamos.

Esta relação de pertença é objeto de muitos apelos que, nas mais variadas e propícias ocasiões, o Papa Bento XVI dirige às famílias e aos pais, particularmente vulneráveis no mundo de hoje, exortando-os nestes termos: «Queridos pais, empenhai-vos sempre em ensinar os vossos filhos a rezar, e rezai com eles; aproximai-os dos Sacramentos, especialmente da Eucaristia (...); introduzi-os na vida da Igreja; na intimidade doméstica, não tenhais medo de ler a Sagrada Escritura, iluminando a vida familiar com a luz da fé e louvando a Deus como Pai. Sede uma espécie de Cenáculo em miniatura, como o de Maria e dos discípulos, onde se vive a unidade, a comunhão, a oração. Hoje, graças a Deus, muitas famílias cristãs vão adquirindo uma consciência cada vez maior da sua vocação missionária, e comprometem-se seriamente dando testemunho de Cristo Senhor. O Beato João Paulo II fez questão de salientar: "Uma família autêntica, fundada no matrimônio, é em si mesma uma 'boa notícia' para o mundo". E acrescentou: "No nosso tempo, são cada

---

[8] *Bíblia*. Cf. Carta aos Romanos 1, 18-32.

vez mais numerosas as famílias que colaboram ativamente na evangelização (...). Amadureceu na Igreja a hora da família, que é também a hora da família missionária" (*Angelus*, 21 de Outubro de 2001). (...) Queridas famílias, sede corajosas! Não cedais à mentalidade secularizada que propõe a convivência como preparação ou mesmo substituição do matrimônio. Mostrai com o vosso testemunho de vida que é possível amar, como Cristo, sem reservas, que não é preciso ter medo de assumir um compromisso com outra pessoa. Queridas famílias, alegrai-vos com a paternidade e a maternidade! A abertura à vida é sinal de abertura ao futuro, de confiança no futuro, tal como o respeito da moral natural, antes que mortificar a pessoa, liberta-a. O bem da família é igualmente o bem da Igreja»[9].

Mais duas particularidades caracterizam o processo histórico que estamos vivendo: a velocidade das comunicações, através da Internet, e a *globalização* que nos liga uns aos outros em contacto radical e profundo. E, assim, não são apenas as leis de mercado que orientam a história e o seu desenvolvimento, mas também as decisões que tomamos com a vontade de ver o mundo progredir ou regredir. O uso bom ou mau da própria globalização depende de nós, isto é, de todos nós, como afirmou o Papa na encíclica *Caritas in veritate*[10].

Daí a pergunta: quem tomará nas mãos as rédeas da globalização, para um mundo mais humano: Deus ou «mamon»? Os valores do bem, da verdade e da justiça, ou a ambição de poder e do lucro ilimitado da economia? Jesus nos recorda no Evangelho: «Não podeis servir a Deus e ao 'Dinheiro'»[11], tendo de optar por um dos dois. Qual direção o mundo está tomando? Para onde caminha a humanidade? Desperta-nos o apelo de Jesus: «Cuidado»[12].

O espírito cristão requer uma visão crítica e, simultaneamente, construtiva da relação do homem com *o mundo financeiro*, de modo que a mesma tenha por finalidade construir o reino e contribuir para o desenvolvimento do homem todo e de todos os homens. Por isso, o lucro contribui para o progresso quando, em sua destinação, é capaz de se transformar em investimentos produtivos responsáveis e no aumento dos recursos humanos. Mas, ao invés, quando alguém, à procura do máximo lucro, se lança em especulações financeiras e, de modo geral, em ações que prejudicam os justos interesses de todos os sujeitos envolvidos (*stakeholders*), tal procura evidencia a sua inconsistência quanto ao «método» de aquisição, porque leva ao seu colapso, e quanto à «finalidade», pondo a descoberto a sua malícia porque deixa de estar a serviço de todos os homens e do homem todo.

Para não cair na avidez, o *Pai nosso* ensina-nos a «cotidianidade».

A expressão «*de cada dia*» restringe o objeto da petição ao suficiente para hoje. Com efeito, há também a tentação de acumular, caindo na ilusão da ganância, segundo a qual as coisas nunca são suficientes; e da serenidade

---

[9] *Magistério*. BENTO XVI, *Homilia na Santa Missa por ocasião da Jornada Nacional das Famílias Católicas Croatas, no Hipódromo de Zagábria*, Visita Apostólica à Croácia (5 de Junho de 2011).

[10] *Magistério*. Cf. BENTO XVI, Carta encíclica *Caritas in veritate* (2009), n. 42. O texto encontra-se no n. 67 do Apêndice, disponível no site figlidichi.altervista.org

[11] *Bíblia*. Evangelho segundo S. Lucas 16, 13.

[12] *Bíblia*. Evangelho segundo S. Marcos 8, 15.

passa-se à angústia e à reivindicação, pensando que a paz, a serenidade e a felicidade residam na acumulação da riqueza. Está aqui o grande engano que alimenta a tentação no mundo. Esta tem-se apoderado de tantas pessoas: muitas famílias educaram deste modo os seus filhos, que acreditam no ídolo do pão humano. E também para eles chega o abatimento, quando descobrem que tudo isto não é verdade, não passa de um ídolo, e vêem-se de mãos vazias: a falsa paz, uma felicidade que desaparece, uma segurança que não existe. É uma grande e torpe armadilha, da qual o Senhor nos quer libertar, fazendo-nos rezar: «O pão nosso de cada dia nos dai hoje».

«...Nos dai hoje», cada dia, isto significa reconhecer que tudo vem de Deus e que Ele provê diariamente aos seus filhos; significa acreditar na providência, porque tudo está em suas mãos[13]. Assim nos recomenda Jesus: « Portanto, não vivais preocupados, dizendo: 'Que vamos comer? Que vamos beber? Como nos vamos vestir?' Os pagãos é que vivem procurando todas essas coisas. Vosso Pai que está nos céus sabe que precisais de tudo isso. Buscai em primeiro lugar o Reino de Deus e a sua justiça, e todas essas coisas vos serão dadas por acréscimo. Portanto, não vos preocupeis com o dia de amanhã, pois o dia de amanhã terá sua própria preocupação! A cada dia basta o seu mal »[14].

Aprende-se a confiar na *Providência* desde a infância, vendo os sinais de Deus, Pai bom, que segue e acompanha a nossa existência, proporcionando-lhe os mais variados auxílios e recursos. Estes cobrem todo o mundo, embora o «mundo» nem sempre tenha consciência disso. O mundo do bem-estar e da tecnologia não pode imaginar essas realidades. A verdade, porém, é que nós dependemos de Deus: começam por aqui as Bem-aventuranças[15], constituindo como que a medida do nosso ser cristão. Muitos esquecem a Providência, como se Deus fosse uma ideia, como se Deus não existisse, ou não fosse Pai e nem tampouco nos ouvisse. Deixaram de compreender o *Pai nosso*. Muitos voltaram-se para «mamon» e tornaram-se escravos do bem-estar, esquecendo Deus, o nosso Pai celeste.

Com qual pão?

Se queremos construir o reino de Deus devemos também alimentar-nos, de certo modo, com *outro alimento*. E, em nosso íntimo, surge a pergunta: haverá outro pão, do qual devamos comer para nos sustentarmos, além do pão humano? Sim! Por isso Jesus veio e nos ensinou, no *Pai nosso*, a pedir este alimento a Deus, para que não nos contentássemos, não nos enganássemos e nem fôssemos enganados a propósito do pão humano.

A Deus importa muito que o homem, sua criatura, seja livre de toda a escravidão. Por isso, Jesus recorda no Evangelho: «Está escrito: *Não se vive somente de pão, mas de toda palavra que sai da boca de Deus*»[16]. Jesus indica a necessidade de alimentar-se da Palavra de Deus e, portanto, da sua vontade. É

---

13 *Bíblia*. Cf. Livro dos Salmos 10, 14.
14 *Bíblia*. Evangelho segundo S. Mateus 6, 31-34.
15 *Bíblia*. Cf. Evangelho segundo S. Mateus 5, 1-12.
16 *Bíblia*. Evangelho segundo S. Mateus 4, 4.

a Palavra de Deus que revela e faz amadurecer a identidade pessoal e o plano de salvação da humanidade. A Palavra de Deus é útil para tudo[17]. Muitos se extraviaram correndo atrás da «falsa ciência»[18]. O *orgulho* de crer que sabe e a *avidez* de gozar das riquezas são os dois males do homem de sempre, fruto do engano e da mentira. No-lo recorda a Palavra de Deus: «Pois os que querem enriquecer caem em muitas tentações e laços, em desejos insensatos e nocivos, que mergulham as pessoas na ruína e perdição. Na verdade, a raiz de todos os males é o amor ao dinheiro. Por se terem entregue a ele, alguns se desviaram da fé e se afligem com inúmeros sofrimentos»[19].

A Palavra de Deus tem um efeito particular de luz e sabedoria para a fé que essa suscita, como nos recorda uma oração da liturgia dominical: «Senhor, que prometestes estar presente nos corações retos e sinceros, ajudai-nos com a vossa graça a viver de tal modo que mereçamos ser vossa morada»[20]. As novas gerações devem ver que, na respectiva família, nunca falta a Palavra de Deus, tal como nunca falta o pão. Nunca se deveria estar em jejum da Palavra de Deus o dia inteiro. A Palavra de Deus nos edifica e reconduz-nos a um diálogo confiante com Ele.

Na sua exortação apostólica *Verbum Domini* (A Palavra do Senhor), o Papa Bento XVI diz: «Com efeito, a Palavra de Deus não se contrapõe ao homem, nem mortifica os seus anseios verdadeiros; pelo contrário, ilumina-os, purifica-os e realiza-os. Como é importante, para o nosso tempo, descobrir que *só Deus responde à sede que está no coração de cada homem!* Infelizmente na nossa época, sobretudo no Ocidente, difundiu-se a ideia de que Deus é alheio à vida e aos problemas do homem; pior ainda, de que a sua presença pode até ser uma ameaça à autonomia humana. Na realidade, toda a economia da salvação mostra-nos que Deus fala e intervém na história a favor do homem e da sua salvação integral. Por conseguinte é decisivo, do ponto de vista pastoral, apresentar a Palavra de Deus na sua capacidade de dialogar com os problemas que o homem deve enfrentar na vida diária. Jesus apresenta-se a nós precisamente como Aquele que veio para que pudéssemos ter a vida em abundância (cf. *Jo* 10, 10). (...) São Boaventura afirma no *Breviloquium*: "O fruto da Sagrada Escritura não é um fruto qualquer, mas a plenitude da felicidade eterna. Com efeito, a Sagrada Escritura é precisamente o livro no qual estão escritas palavras de vida eterna, porque não só acreditamos mas também possuímos a vida eterna, em que veremos, amaremos e serão realizados todos os nossos desejos"»[21].

E o Papa, dirigindo-se aos jovens por ocasião da XXVI Jornada Mundial da Juventude, volta a salientar a importância que tem a Palavra de Deus na edificação da própria vida[22].

---

[17] *Bíblia.* Cf. Segunda Carta de S. Paulo a Timóteo 3, 16-17.

[18] *Bíblia.* Cf. Primeira Carta de S. Paulo a Timóteo 6, 20-21a.

[19] *Bíblia.* Primeira Carta de S. Paulo a Timóteo 6, 9-10.

[20] *Tradição.* Cf. CONFERÊNCIA EPISCOPAL PORTUGUESA, Missal Romano, Colecta do VI Domingo do Tempo Comum, Gráfica de Coimbra 1992, p. 400.

[21] *Magistério.* BENTO XVI, Exortação apostólica *Verbum Domini* (2010), n. 23.

[22] *Magistério.* Cf. BENTO XVI, *Discurso na Festa de Acolhimento dos jovens vindos para a XXVI Jornada Mundial da Juventude, em Madrid*, Visita Apostólica à Espanha (18 de

Enquanto o pão dos homens não passa de um meio, o Pão de Deus é o dom que Deus Pai nos dá: Jesus, a sua Palavra até ao dom de si mesmo que é a Eucaristia, Pão de Vida Eterna. Temos de reconhecer que, sem o coração que confia em Deus Pai, impõe-se a luta pela sobrevivência, o carreirismo, a mania inspirada por «mamon». No fim, a alma encontra-se triste; e não se trata só de cansaço devido ao trabalho exigente, ao estresse causado pelo trânsito das nossas cidades ou às preocupações que nos sobrecarregam. A verdade é que nos falta o «outro pão», o pão para a nossa alma espiritual, porque somos feitos também de espírito. Por isso, Jesus nos lembra que «não só de pão vive o homem, mas de toda palavra que sai da boca de Deus»[23].

Isto implica pedi-lo a Deus, esperá-lo como um dom vindo das suas mãos e, num sentido ainda mais denso de significado, da sua boca, já que «sai da boca de Deus». Ele deu-nos a sua Palavra. Em sentido pleno e total, a Palavra de Deus é o Verbo, Jesus, que se faz alimento para nós. O Verbo de Deus fez-se homem por obra do Espírito Santo no seio da Virgem Maria[24]: é o homem Jesus de Nazaré, verdadeiro Deus e verdadeiro homem. Ele se oferece em dom à humanidade na Eucaristia: «Eu sou o pão vivo que desceu do céu. Quem come deste pão viverá eternamente»[25]. Jesus é o único pão da vida[26], para a nossa vida: é Ele o Pão que o Pai nosso nos dá cada dia.

Deus quer que não nos esqueçamos a grandeza e a bondade do que realmente somos a seus olhos: filhos; Deus nosso Pai nos quis, e quer, seus filhos para sempre, por toda a eternidade. Não quer que nos limitemos ao pão humano, como nos adverte Jesus: «Em verdade, em verdade vos digo: se não comerdes a carne do Filho do Homem e não beberdes o seu sangue, não tereis a vida em vós. Quem se alimenta com a minha carne e bebe o meu sangue tem a vida eterna, e eu o ressuscitarei no último dia»[27]. O Pai nos dá o seu Filho, Palavra e Pão da vida eterna, para permanecermos e crescermos como filhos de Deus, capazes de fazer a sua vontade e colaborar na construção do seu reino.

Isto não impede que, para ter à disposição o pão dos homens necessário para a vida pessoal, familiar e social, se continue a sentir o peso do trabalho, a dificuldade de o encontrar, a contingência das situações e a sofreguidão de quem trabalha dia a dia com a preocupação de um futuro incerto. Mas sabemos que esta situação é temporária.

Assim, para viver, precisamos de dois tipos de pão: o pão humano, que é um meio para sobreviver mas acaba-se por morrer, e o pão de Deus, que é um dom para o futuro, algo de diverso, algo que está mais além, é o além. Sim, a Eucaristia, o dom que Jesus nos fez, é o além, é algo mais que nos aproxima de Deus e nos aproxima de nós mesmos e de todos os homens, porque alimenta o mistério da vida pessoal, familiar e social, introduzindo-nos no futuro da

---

Agosto de 2011). O texto encontra-se no n. 68 do Apêndice, disponível no site figlidichi. altervista.org

[23] *Bíblia*. Evangelho segundo S. Mateus 4, 4b.
[24] *Magistério*. Cf. JOÃO PAULO II, Carta encíclica *Redemptoris mater* (1987), n. 30.
[25] *Bíblia*. Evangelho segundo S. João 6, 51.
[26] *Bíblia*. Cf. Evangelho segundo S. João 6, 35.
[27] *Bíblia*. Evangelho segundo S. João 6, 53-54.

eternidade e da felicidade de Deus. É para isto que Deus se faz homem e alimento para nós, através da sua auto-doação, vencendo o pecado e a morte. Dom maravilhoso e sublime! Dom impensável e único, relativamente a todas as outras religiões. Uma invenção de Deus para nós. Deus é verdadeiramente o nosso Pai «celeste».

A nossa vida não acaba conosco, ou melhor, com a nossa existência terrena. O pão terreno nutre e mantém a nossa vida em boa saúde, mas o pão de Jesus, a Eucaristia, faz-nos alcançar a finalidade para a qual existimos, dá-nos o sentido da vida e faz-nos voltar, com Jesus, ao Pai e à vida eterna. E este alimento, que é a Comunhão Eucarística, torna-se para nós força e amor de partilha fraterna.

Este é o dom que pedimos ao dizer «o pão nosso de cada dia nos dai hoje». Saibamos ser gratos pelo que temos, contentando-nos com o necessário, até para não nos tornarmos escravos do mundo e dos dominadores do mundo, purificando-nos constantemente do engano presente e futuro de «mamon». É assim que nos tornamos mais humanos, melhores, mais sábios e mais santos, recebendo de Deus não só o pão humano necessário mas também o pão de Deus para a nossa alegria eterna, Jesus, «aquele que desce do Céu e dá a vida ao mundo»[28]. Precisamos, todos, de Jesus!

«O pão nosso de cada dia nos dai hoje»: esta é a primeira condição que Jesus nos ensina na oração do *Pai nosso* para sermos verdadeiramente humanos e realizarmos a família dos filhos de Deus e o reino de Deus.

No *Pai nosso* aparece, em síntese, todo o plano da obra de Deus que Jesus veio nos trazer e entregar. Os cristãos conhecem a oração do *Pai nosso*, mas nem todos conhecem profundamente o alcance, a luz e a força desta oração com todas as suas consequências para a vida, a família e a sociedade. Trata-se de uma realidade de altíssimo valor que nos abre horizontes para o bem nosso, das famílias e do mundo inteiro, porque Jesus é a luz[29] que veio ao mundo e para o mundo. É a luz para todos os seres humanos que a desejam e amam a verdade profunda, para que o mundo não caia nas mãos dos loucos e no coração de quem tem as trevas dentro de si.

---

[28] *Bíblia*. Evangelho segundo S. João 6, 33.
[29] *Bíblia*. Cf. Evangelho segundo S. João 8, 12.

11

Perdoai-nos as nossas ofensas

Vimos a primeira condição que Jesus indica no *Pai nosso* como necessária para realizar a vontade de Deus, o seu reino e a família dos filhos de Deus: pedir a Deus Pai «o pão nosso de cada dia». Verificamos a importância desta súplica, a quarta das sete petições que fazemos no *Pai nosso*. O Senhor manda-nos pedir ao Pai o pão de cada dia, para nos mantermos numa atitude de liberdade e autenticidade e para redescobrirmos a gratuidade e a providência de Deus Pai. Leva-nos, assim, a permanecer humanos, sem cairmos escravos nas malhas de «mamon» ou daqueles que se dizem «sem Deus» e vivem como se Deus não existisse.

A quinta petição – «perdoai-nos as nossas ofensas, assim como nós perdoamos a quem nos tem ofendido» – refere-se à segunda das condições indispensáveis em nossa vida humana para realizarmos a vontade de Deus e o seu reino. Com efeito, a primeira condição diz respeito às coisas, ao «pão», enquanto a segunda tem a ver com o «coração». Vejamos por que é tão essencial na nossa vida.

Esta petição nos dá a certeza e a capacidade de continuar humanos, se vivermos, em nosso coração, a dimensão da gratuidade, que é indispensável para nós e para o mundo. Enquanto a gratuidade de Deus a propósito das coisas nos levou a considerar a sua providência, agora a gratuidade de Deus em nossos corações mostra-nos a sua misericórdia. Com efeito, Ele sente amor e compaixão por nós. A Sagrada Escritura revela-nos o coração de Deus: «Entretanto, de todos tens compaixão porque tudo podes, e fechas os olhos aos pecados dos mortais, para que se arrependam. Sim, amas tudo o que existe e não desprezas nada do que fizeste; porque, se odiasses alguma coisa, não a terias criado. Da mesma forma, como poderia alguma coisa subsistir, se não a tivesses querido? Ou como poderia ser mantida na existência, se por ti não tivesse sido chamada? A todos, porém, tratas com bondade, porque tudo é teu, Senhor, amigo da vida»[1]. Cada um dos seres humanos tem necessidade, para o seu coração, do coração de Deus. O fato de Deus continuar a amar-nos, a falar conosco e querer cuidar de nós, tudo isto é expressão da sua misericórdia.

Depois da oração do *Pai nosso*, que é a mais bela que podemos fazer, a súplica mais autêntica e mais próxima da nossa realidade humana, como

---

[1] *Bíblia*. Livro da Sabedoria 11, 23-26.

Jesus, no Evangelho[2], demonstra apreciar, é a seguinte: «Ó Deus, tende piedade de mim, que sou pecador». Assim reconhecemos e apresentamos a nossa miséria aos olhos da misericórdia divina. Na verdade, como diz São Bernardo, «a vida espiritual resume-se nestas duas coisas: na consideração de nós mesmos que nos causa uma tristeza salutar e na consolação divina que nos dá a alegria do Espírito Santo; o primeiro sentimento conserva-nos no temor e na humildade, o segundo fortifica-nos na esperança e na caridade»[3].

O que é a misericórdia? A misericórdia é o fruto da verdade e gratuidade que Deus vive a nosso respeito: esta atitude é fundamental para nós, é como o «pão» para a alma. É derramada por Deus sobre o nosso «coração», onde se acumulam as nossas ofensas. Aqui, entendemos por «coração» a sede da consciência, da vontade, dos sentimentos e do nosso espírito. Encontramo-nos de novo diante do grande mistério que está dentro de cada homem e cada mulher: a «imagem e semelhança de Deus»[4]. Na verdade, para vivermos e sobrevivermos temos necessidade que esta nossa dimensão, a do coração, seja reconhecida e visitada por alguém que, amorosamente, saiba compreender, aceitar e curar. Isto é a misericórdia. Mas, onde podemos encontrá-la? Somente em Deus; só Deus a pode conceder.

Em outras palavras, para sermos pessoas e construirmos famílias e uma sociedade com dimensão humana, precisamos sentir e viver a dimensão da misericórdia de Deus. Quando Jesus nos ensina a pedir, no *Pai nosso*, o perdão dos pecados, ajuda-nos a descobrir e a viver a dimensão da misericórdia nas pessoas, nas famílias, na sociedade e no mundo inteiro. Como sem o pão de Deus se embrutece na vida (vimo-lo no capítulo anterior), assim sem a misericórdia de Deus os seres humanos embrutecem no coração a ponto de se tornarem «duros de coração».

Se, para os judeus, Deus é misericordioso, e os muçulmanos designam Alá como «O Misericordioso», o que trouxe de novo Jesus Cristo?

Com efeito, já no Antigo Testamento se lêem estas palavras: «O Senhor é clemente e misericordioso, lento para a ira e rico de graça. O Senhor é bom para com todos, compassivo com todas as suas criaturas. Que todas as tuas obras te louvem, Senhor, e te bendigam os teus fiéis. Proclamem a glória do teu reino e falem do teu poder, para manifestar aos homens os teus prodígios e a esplêndida glória do teu reino. Teu reino é reino de todos os séculos, teu domínio se estende a todas as gerações. Fiel é o Senhor em suas palavras, santo em todas as suas obras. O Senhor ampara todos os que caem e reergue todos os combalidos»[5]. Esta é a beleza e a grandeza da misericórdia que Deus Pai manifestou e derramou com abundância, como atestam as Sagradas Escrituras, e nos concedeu máxima e estavelmente em Jesus Cristo, seu Filho, para a salvação da humanidade.

---

[2] *Bíblia*. Cf. Evangelho segundo S. Lucas 18, 9-14.
[3] *Tradição*. SÃO BERNARDO DE CLARAVAL (1090-1153), *Sermão* 5, 5: Opera Omnia, Edições Cistercienses, vol. 6,1 (1970), p. 104. A citação é tirada da *Liturgia das Horas*, IV, Gráfica de Coimbra, 2001⁴, p. 277.
[4] *Bíblia*. Cf. Livro de Gênesis 1, 26.
[5] *Bíblia*. Livro dos Salmos 145, 8-14.

Neste capítulo, refletiremos sobre a primeira parte da petição feita a Deus: «Perdoai-nos as nossas ofensas». No próximo, debruçar-nos-emos sobre a segunda parte: «Assim como nós perdoamos a quem nos tem ofendido».

Estará fora de moda a misericórdia?

Por que se revela difícil falar hoje da misericórdia? Terá o mundo necessidade dela? Por que motivo Jesus a terá colocado precisamente no *Pai nosso*? Será que nos esquecemos simplesmente da misericórdia, ou pretendemos viver como se não precisássemos dela?

A carta encíclica *Dives in misericordia* (Deus rico em misericórdia) de João Paulo II pode ajudar-nos nesta investigação. Escreve ele: «A palavra e o conceito de misericórdia parecem causar mal-estar ao homem, o qual, graças ao enorme desenvolvimento da ciência e da técnica, nunca antes verificado na história, se tornou senhor da terra, a subjugou e dominou. Um tal domínio sobre a terra, entendido por vezes unilateral e superficialmente, parece não deixar espaço para a misericórdia. (...) Percebemos na misericórdia sobretudo uma relação de desigualdade entre aquele que a exercita e aquele que a recebe. Por consequência, somos levados a deduzir que a misericórdia difama aquele que a recebe e ofende a dignidade do homem. A parábola do filho pródigo mostra que a realidade é diferente: a relação de misericórdia baseia-se na experiência comum daquele bem que é o homem, na experiência comum da dignidade que lhe é própria. (...) É preciso que o rosto genuíno da misericórdia seja sempre descoberto de maneira nova. Apesar dos multiformes preconceitos, a misericórdia apresenta-se como algo particularmente necessário nos nossos tempos»[6].

Atualmente, o homem prefere o direito e a justiça à misericórdia, porque, com a justiça, sente-se mais seguro de poder construir o que lhe pertence, o «seu», enquanto, com a misericórdia, receia perdê-lo. Neste sentido, interessa-lhe menos, ou mesmo nada, a misericórdia. Ora a misericórdia não é uma perda, mas uma conquista do amor e do valor da dignidade da pessoa humana; não oprime nem humilha, porque reconhece a preciosidade de cada homem e a realidade humana mais profunda, ou seja, aquele mistério de humanidade que está dentro de nós (a «imagem de Deus») e reconhece que, dotado de liberdade, o ser humano pode errar. Sermos misericordiosos uns para com os outros significa reconhecermo-nos humanos e bons.

A misericórdia é indispensável ao ser humano. A redenção não é apenas resultado da justiça[7]; mas realiza-se também com a misericórdia, que permite ao homem encontrar a sua preciosa realidade de filho de Deus.

Falar de misericórdia lembra-nos dos termos erro e pecado. Às vezes ouve-se dizer: «Mas que mal eu fiz para me acontecer essa desgraça?» É como se dissesse: «Não mereço este sofrimento». Pois bem, Jesus recorda-nos, na oração, que somos pecadores e que devemos pedir, todos os dias,

---

[6] *Magistério*. JOÃO PAULO II, Carta encíclica *Dives in misericordia* (1980), nn. 2 e 6.
[7] *Magistério*. Cf. JOÃO PAULO II, Carta encíclica *Dives in misericordia* (1980), n. 7. O texto encontra-se no n. 69 do Apêndice, disponível no site figlidichi.altervista.org

a misericórdia de Deus Pai. Isto nos faz mais humanos, reconhecendo profundamente aquilo que somos: pecadores, mas amados e salvos por Deus, se quisermos. Ao contrário, se não se reconhece os próprios pecados, se não se vê a realidade dos erros humanos, torna-se superficial, chegando até a pensar que se é um super-homem, uma super-mulher. No fundo, as pessoas não se dão conta de que estão se tornando desumanas com a «dureza de coração», da qual o mundo começa já a vangloriar-se.

Se queremos a liberdade para ser justamente livres, temos também que reconhecer e aceitar a possibilidade do erro e do perdão; se queremos ser livres para poder escolher, então devemos também aceitar a dimensão da misericórdia, isto é, reconhecermo-nos também pecadores, necessitados da misericórdia entre nós e da salvação de Deus. Sentir-se necessitado da misericórdia dá-nos consciência do que realmente somos, porque o pecado é nocivo para a pessoa, a família e a sociedade. A misericórdia é, diria, realista, porque tem de lidar com a nossa humanidade e com a dos outros.

Não se deve confundir misericórdia com fraqueza e nem com indiferença. Às vezes, ouve-se dizer: «Deus é bom, perdoa tudo, desculpa tudo. O pecado!? Não existe! O inferno!? Não existe! Não existe nada disso! Deus é bom, é compreensivo com todos, a todos desculpa. Não há motivo algum para nos preocuparmos!» Trata-se de outra heresia do nosso mundo e do secularismo atual: pensar em construir um bom futuro, inclusive com os pecados e inclusive sem Deus. Não podemos construir o futuro sem misericórdia. E, com a consciência confusa e adormecida como está hoje, há muitos cristãos que não se importam de ver encoberta e posta de lado esta petição do *Pai nosso*. Puseram de lado a realidade amarga do pecado, que hoje foi reduzida a «nada». Mas então, por que motivo nos ensina Jesus a pedir a Deus, no *Pai nosso*, «perdoai-nos as nossas ofensas»? Isto significa que há ofensas nossas contra Deus! Porque Jesus havia de nos ensinar a pedir perdão, no *Pai nosso*, fazendo-nos reconhecer as nossas ofensas e pecados, senão porque isso é a verdade e serve para o nosso bem?

Ofensas e pecados

Quais são estas «nossas ofensas» e o que entendemos pelo termo *pecado*? A exortação apostólica *Reconciliatio et paenitentia* (Reconciliação e penitência) de São João Paulo II nos ajudará a compreender este ponto importante. É fácil perder a consciência dos próprios pecados e afastar-se cada vez mais do Senhor, caindo na presunção de quem pensa que se basta a si mesmo.

«Como escreve o apóstolo São João, "se dissermos que não temos pecado, enganando a nós mesmos, e a verdade não está em nós. Se reconhecemos nossos pecados, então Deus se mostra fiel e justo, para nos perdoar os pecados" (*1 Jo* 1, 8-9). (...) *Reconhecer o próprio pecado*, ou melhor – indo mais a fundo na consideração da própria personalidade –, *reconhecer-se pecador*, capaz de pecar e de ser induzido ao pecado, é o princípio indispensável do retorno a Deus. (...) Para exercitar adequadamente tal ministério penitencial, será também necessário avaliar, com os "olhos iluminados" (*Ef* 1, 18) da fé, as consequências do pecado, que são motivo de divisão e de ruptura não só no interior de cada homem, mas também nos vários círculos em que ele vive – familiar, ambiental, profissional e social –, como tantas vezes se pode verificar pela experiência, em confirmação da página bíblica referente à cidade de Babel e à sua torre (cf. *Gn* 11, 1-9)»[8].

A narração bíblica de Gênesis conta que os homens, a um certo ponto, se puseram soberbamente de acordo para construir uma torre cujo cimo tocasse os céus. Há uma grande soberba neste projeto. Com efeito, João Paulo II, em sua exortação apostólica, continua a sua análise nestes termos: «Tendo a intenção de construir aquilo que devia ser, simultaneamente, símbolo e foco de unidade, aqueles homens encontraram-se mais dispersos do que antes, confundidos na linguagem, divididos entre si e incapazes de consenso e de convergência.

Por que falhou o ambicioso projeto? Por que "é inútil o cansaço dos pedreiros" (*Sl* 127, 1)? Porque os homens tinham colocado como sinal e garantia da desejada unidade unicamente uma obra das suas mãos, esquecidos da ação do Senhor. Contaram apenas com a dimensão horizontal do trabalho e da vida social, descurando a dimensão vertical, pela qual se teriam encontrado radicados em Deus, seu Criador e Senhor, e voltados para Ele como fim último do seu caminho.

Ora pode-se dizer que o drama do homem de hoje, como aliás de todos os tempos, consiste precisamente no seu caráter babélico. (...) Como ruptura com Deus, o pecado é o ato de desobediência de uma criatura que, pelo menos implicitamente, rejeita Aquele de quem proveio e que a mantém em vida; é, portanto, um ato suicida. E dado que, com o pecado, o homem recusa submeter-se a Deus, também se transtorna o seu equilíbrio interior e, precisamente no seu íntimo, irrompem contradições e conflitos. Assim dilacerado, o homem produz, quase inevitavelmente, uma laceração no tecido das suas relações com os outros homens e com o mundo criado. (...) Por isso, pode-se falar de pecado *pessoal* e *social*. Todo o pecado é, sob um aspecto, *pessoal*, mas, sob outro, ou seja, enquanto e porque tem também conseqüências sociais, todo o pecado é *social*»[9]. A propósito deste ponto, a exortação apostólica indica três sentidos (significados) para o pecado social.

Primeiro sentido. «Falar de *pecado social* quer dizer, antes de mais, reconhecer que, em virtude de uma solidariedade humana tão misteriosa e imperceptível como real e concreta, o pecado de cada um se repercute, de algum modo, sobre os outros. Esta é a outra faceta daquela solidariedade que, em nível religioso, se desenvolve no profundo e magnífico mistério da *comunhão dos santos*, graças à qual se pode dizer que "cada alma que se eleva, eleva o mundo". Do mesmo modo se pode falar de uma *comunhão no pecado*, em razão da qual uma alma que se rebaixa pelo pecado arrasta consigo a Igreja e, de certo modo, o mundo inteiro. Em outras palavras, não há nenhum pecado, mesmo o mais íntimo e secreto, o mais estritamente individual, que diga respeito exclusivamente àquele que o comete. Todo o

---

[8] *Magistério*. JOÃO PAULO II, Exortação apostólica *Reconciliatio et paenitentia* (1984) n. 13.

[9] *Magistério*. JOÃO PAULO II, Exortação apostólica *Reconciliatio et paenitentia* (1984) nn. 13 e 15.

pecado se repercute, com maior ou menor veemência, com maior ou menor dano, em toda a estrutura eclesial e na inteira família humana. Segundo este primeiro sentido, a cada pecado pode-se atribuir, indiscutivelmente, o caráter de pecado *social*»[10].

Segundo sentido. «Há certos pecados, no entanto, que constituem, pelo seu próprio objeto, uma agressão direta ao próximo. (...) São uma ofensa a Deus, porque ofendem o próximo. A tais pecados costuma-se dar a qualificação de *sociais*, e este é o segundo significado do termo. Neste sentido, é *social* o pecado contra o amor ao próximo, ainda mais grave na lei de Cristo porque está em jogo o segundo Mandamento, que é "semelhante ao primeiro". É igualmente *social* todo o pecado cometido contra a justiça, quer nas relações de pessoa a pessoa, quer nas relações da pessoa com a comunidade, quer ainda nas relações da comunidade com a pessoa. É *social* todo o pecado contra os direitos da pessoa humana, a começar pelo direito à vida, incluindo a do nascituro, ou contra a integridade física de alguém; todo o pecado contra a liberdade de outrem, especialmente contra a suprema liberdade de crer em Deus e de o adorar; todo o pecado contra a dignidade e a honra do próximo. É *social* todo o pecado contra o bem comum e as suas exigências, em toda a ampla esfera dos direitos e dos deveres dos cidadãos. Pode ser *social* tanto o pecado de comissão como o de omissão, quer por parte dos dirigentes políticos, econômicos e sindicais que, podendo, não se empenhem com sabedoria no melhoramento ou na transformação da sociedade, segundo as exigências e as possibilidades do momento histórico, quer por parte dos trabalhadores que faltem aos seus deveres de presença e de colaboração para que as empresas possam continuar a proporcionar o bem-estar a eles próprios, às suas famílias e à sociedade inteira»[11].

E, no campo da justiça, não devemos jamais nos esquecer, juntamente com os direitos, também os deveres, como nos recorda o Papa Bento XVI na exortação apostólica *Africae munus* (O serviço da África): «Hoje, muitos daqueles que decidem, tanto políticos como economistas, pretendem não dever nada a ninguém, a não ser a si mesmos. "Considerando-se titulares só de direitos, frequentemente deparam-se com fortes obstáculos para maturar uma responsabilidade no âmbito do desenvolvimento integral próprio e alheio. Por isso, é importante invocar uma nova reflexão que faça ver como os direitos pressupõem deveres, sem os quais o seu exercício se transforma em arbítrio"»[12].

Terceiro sentido. «O terceiro sentido de *pecado social* diz respeito às relações entre as várias comunidades humanas. Estas relações nem sempre estão em sintonia com o desígnio de Deus, que quer no mundo justiça, liberdade e paz entre os indivíduos, os grupos, os povos. Assim, a luta de classes, seja quem for o seu responsável ou por vezes o sistematizador, é um *mal social*. Assim, a contraposição obstinada dos blocos de nações, de uma

---

[10] *Magistério.* JOÃO PAULO II, Exortação apostólica *Reconciliatio et paenitentia* (1984) n. 16.

[11] *Magistério.* JOÃO PAULO II, Exortação apostólica *Reconciliatio et paenitentia* (1984) n. 16.

[12] *Magistério.* BENTO XVI, Exortação apostólica *Africae munus* (2011) n. 82.

nação contra a outra e de grupos contra outros grupos no seio da mesma nação, é igualmente um *mal social*. (...) Pois bem! A Igreja (...) sabe e proclama que tais casos de *pecado social* são o fruto, a acumulação e a concentração de muitos *pecados pessoais*. Trata-se dos pecados pessoalíssimos de quem gera ou favorece a iniquidade, ou a desfruta; de quem, podendo fazer alguma coisa para evitar, eliminar ou pelo menos limitar certos males sociais, deixa de fazê-lo por preguiça, por medo e conivência, por cumplicidade disfarçada ou por indiferença; de quem procura desculpas na pretensa impossibilidade de mudar o mundo; e, ainda, de quem pretende esquivar-se ao cansaço e ao sacrifício, alegando capciosas razões de ordem superior»[13].

Esta ampla análise que nos proporcionou a exortação apostólica permite compreender a extensão das nossas «ofensas», ofensas humanas contra Deus Pai e contra os seus filhos, nossos irmãos. O pecado é sempre um dano que requer o seu efetivo reconhecimento.

A perda do sentido do pecado

Uma pergunta se nos impõe: Quais são as causas da perda do sentido do pecado no mundo de hoje? A propósito, São João Paulo II expõe uma série de razões importantes nos números 17 e 18 da exortação apostólica *Reconciliatio et paenitentia*: – «O "secularismo", que, pela sua própria natureza e definição, é um movimento de ideias e de costumes, que propugna um humanismo que abstrai totalmente de Deus, todo concentrado no culto do empreender e do produzir e arrastado pela embriaguez do consumo e do prazer, sem qualquer preocupação com o perigo de "perder a própria alma", não pode deixar de minar o sentido do pecado. Este último reduzir-se-á, quando muito, àquilo que ofende o homem» (n. 18). Como se pode ver aqui, eclipsou-se a presença de Deus no mundo, bem como na consciência humana e no ser humano.

«Na realidade, Deus é a origem e o fim supremo do homem, e este traz consigo um germe divino. Por isso, é a realidade de Deus que desvenda e ilumina o mistério do homem» (n. 18). De tal «germe divino», fala também o documento *Gaudium et spes*[14], do Concílio Vaticano II; e, antes ainda, a Bíblia[15]. Trata-se da dimensão do espírito humano, da alma espiritual, de que já falamos[16].

– «Desvanece-se este sentido do pecado na sociedade contemporânea também pelos equívocos em que se cai ao apreender certos resultados das ciências humanas. Com base nalgumas afirmações da psicologia, a preocupação de não rotular alguém como culpado nem pôr freio à liberdade, leva a nunca reconhecer uma falta. Por indevida extrapolação dos critérios da ciência sociológica, acaba-se – como já aludi – por descarregar sobre a sociedade todas as culpas, de que o indivíduo é declarado inocente». Isto se verifica por um mecanismo tristemente notório: atribuir sempre a culpa aos

---

[13] *Magistério*. JOÃO PAULO II, Exortação apostólica *Reconciliatio et paenitentia* (1984) n. 16.
[14] *Magistério*. Cf. CONCÍLIO VATICANO II, Constituição pastoral *Gaudium et spes* n. 3.
[15] *Bíblia*. Cf. Primeira Carta de S. João 3, 9.
[16] Veja-se o capítulo 3.

outros. Mas, procedendo assim, torna-se de tal modo imaturo e superficial que já não se dá conta sequer das próprias responsabilidades. Desta forma, fica muito complicada a convivência humana.

– «E uma certa antropologia cultural, por seu lado, à força de aumentar os condicionamentos e influxos ambientais e históricos, aliás inegáveis, que agem sobre o homem, limita tanto a sua responsabilidade que deixa de lhe reconhecer a capacidade de fazer verdadeiros atos humanos e, por conseguinte, a possibilidade de pecar». A influência social, os meios de comunicação social, os exemplos contínuos dos outros... Mas, não é estranho que, no meio de tanto individualismo, desapareça aqui o indivíduo?

– «O sentido do pecado decai facilmente ainda sob a influência de uma ética que deriva dum certo relativismo histórico. Pode tratar-se da ética que relativiza a norma moral, negando o seu valor absoluto e incondicionado e negando, por consequência, que possam existir atos intrisecamente ilícitos, independentemente das circunstâncias em que os mesmos são realizados pelo sujeito. Trata-se duma verdadeira inversão e derrocada dos valores morais; e o problema não é tanto de ignorância da ética cristã, mas sobretudo do sentido, dos fundamentos e dos critérios das atitudes morais».

– «Desvanece-se (...) o sentido do pecado, quando – como pode acontecer no ensino aos jovens, nos meios de comunicação social e na própria educação familiar – este sentido do pecado é erroneamente identificado com o sentido mórbido de culpa ou com a simples transgressão de normas e preceitos legais».

Consideremos quão profundamente estes pensamentos penetraram na mentalidade de hoje! Deste modo foi afetado o sentido do pecado nas pessoas e debilitada a sua consciência do mesmo. Não existiria nada de absoluto, nem mesmo alguma norma absoluta. Resultado: tudo é relativo. No fim, não restaria um pecado sequer!

– «A perda do sentido do pecado, portanto, é uma forma ou um fruto da *negação de Deus*: não só da negação ateísta, mas também da negação secularista. Se o pecado é a interrupção da relação filial com Deus para se viver a própria existência fora da obediência a Ele devida, então pecar não é só negar a Deus; pecar é também viver como se Ele não existisse, bani-lo do próprio dia a dia». Isto provocou uma situação geral de «ofuscamento ou debilitação do sentido do pecado» e da necessidade do perdão[17].

Na maioria das vezes, o mundo afirma, orgulhosamente, que a auto-realização passa pela desobediência às regras, fazendo o mais possível a vontade própria, sem qualquer escrúpulo, ultrapassando toda e qualquer barreira. Ao contrário, para nós cristãos, a realização do homem está no retorno das capacidades humanas à vontade de Deus Pai, onde «se encontram» Deus e o homem. Assim nos mostra Jesus em toda a sua vida. O retorno a Deus, na verdade, liberdade e amor, é apresentado por Jesus como humildade e obediência, pelas quais o homem se encontra mais homem, e a humanidade mais verdadeira e fraterna. Ao invés, correndo atrás da desobediência a Deus e

---

[17] *Magistério*. Cf. JOÃO PAULO II, Exortação apostólica *Reconciliatio et paenitentia* (1984) n. 18. O texto encontra-se no n. 70 do Apêndice, disponível no site figlidichi. altervista.org

do próprio orgulho e vaidade, o homem perdeu a raiz da própria humanidade, verdadeira e boa, que a oração do *Pai nosso* não cessa de nos recordar.

Deste modo, damo-nos conta do ponto onde a mentalidade e o espírito do mundo atacam para arrancar as raízes cristãs da vida, da família e da sociedade, e compreende-se o motivo por que desejam ver a religião relegada a um canto, longe da vida. O ataque ao Cristianismo e às consciências dos cristãos parte daqui. A análise de São João Paulo II é muito útil também para perceber a nossa sociedade, e como se passou à indiferença religiosa. Esta passagem ocorreu, em grande parte, esquecendo-se da paternidade de Deus. Por isso, é muito importante recomeçar precisamente de um melhor conhecimento da oração do *Pai nosso*. Devemos reconhecê-lo! Grande é, hoje, a necessidade e a urgência de os fiéis se darem conta, com maior consciência, da preciosidade do cristianismo. Isto deve ser feito através da busca das suas verdadeiras raízes, com serenidade e objetividade e em diálogo com o mundo, à luz da fé e do Magistério da Igreja. Para isso, é indispensável uma nova evangelização, como recorda o Papa Bento XVI na exortação apostólica *Verbum Domini*[18].

A obra da misericórdia

O pecado é um fato real, e a sua relevância não se identifica com o sentimento que se possa experimentar. Neste mundo, no meio de muitíssimas realidades boas e esplêndidas, está presente também o mistério do mal, *o mistério da iniquidade*. Mas há um mistério maior, mais poderoso: é o da misericórdia de Deus, do seu amor pela humanidade, por todos e cada um dos homens. A Misericórdia Divina «é um amor mais poderoso do que o pecado, mais forte do que a morte. Quando nos damos conta de que o amor que Deus tem por nós não se detém diante do nosso pecado, nem retrocede diante das nossas ofensas, mas torna-se ainda mais solícito e generoso; quando nos apercebemos de que este amor chegou a causar a paixão e a morte do Verbo feito carne, que aceitou nos redimir pagando com o seu Sangue, então prorrompemos no ato de reconhecimento: "Sim, o Senhor é rico em misericórdia", e dizemos mesmo: "O Senhor é misericórdia"»[19].

Verdadeiramente grande é a obra que Deus realiza, em sua misericórdia, para acolher, vir ao encontro do homem, abraçá-lo e dar-lhe o perdão e «a vida verdadeira»! O perdão passa pela oferta da vida de Jesus e estende-se, depois, pelo mundo através dos *ministros da misericórdia*, como nos recorda São João Paulo II no seu livro *Dom e Mistério*[20]. Precioso como o pão «de cada dia», o perdão chega ao mundo e à alma das pessoas através do sacramento da Reconciliação, chamado comumente de Confissão, instituído por Jesus como seu dom pascal, dom do seu Espírito de amor, de misericórdia e de salvação:

---

[18] *Magistério*. Cf. BENTO XVI, Exortação apostólica *Verbum Domini* (2010) n. 96. O texto encontra-se no n. 71 do Apêndice, disponível no site figlidichi.altervista.org

[19] *Magistério*. JOÃO PAULO II, Exortação apostólica *Reconciliatio et paenitentia* (1984) n. 22.

[20] *Magistério*. Cf. JOÃO PAULO II, *Dom e Mistério*, Paulinas, Lisboa 1996, p. 97. O texto encontra-se no n. 72 do Apêndice, disponível no site figlidichi.altervista.org

«Recebei o Espírito Santo. A quem perdoardes os pecados, serão perdoados; a quem os retiverdes, lhes serão retidos»[21]. A vida nova da ressurreição tem início em nós com a recepção da misericórdia de Jesus, através da sua Igreja. Entre a Igreja e Cristo existe uma comunhão e uma unidade extraordinária de vida e missão, que a Igreja anuncia vendo em Jesus o Esposo[22].

O sacerdote deve ser o homem de Deus, o homem da misericórdia e da paz: o seu coração e a sua vida devem estar intimamente unidos a Cristo, de modo a reproduzir em si mesmo os traços espirituais de Jesus Bom Pastor, como nos recordou São João Paulo II em sua Exortação apostólica *Pastores dabo vobis* (Dar-vos-ei pastores)[23].

Por esta razão, só na intimidade da oração com Deus é que o sacerdote adquire luz e força para o seu ministério. O Papa Bento XVI o recorda a cada sacerdote, sublinhando a preciosidade de cada chamado pessoal de Deus para o seu serviço: «Na oração, [o sacerdote] é chamado a descobrir o rosto sempre novo do seu Senhor e o conteúdo mais autêntico da sua missão. Só quem possui um relacionamento íntimo com o Senhor é conquistado por Ele, pode levá-Lo aos outros, pode ser enviado. Trata-se de um "permanecer com Ele", que deve acompanhar sempre o exercício do ministério sacerdotal; deve constituir a sua parte central, também e sobretudo nos momentos difíceis, quando parece que as "coisas a fazer" devem ter a prioridade. Onde quer que estejamos, o que quer que façamos, devemos sempre "permanecer com Ele"»[24].

Assim como Deus abençoa uma família com a «dádiva» dos filhos[25] através de cada maternidade e paternidade natural ou adotiva, assim também Ele abençoa uma comunidade precisamente através do «sinal» do chamado particular de homens e mulheres para o seu serviço[26], para eles próprios e para o mundo. E não se deve esquecer de que, das boas famílias, saem também boas vocações e bons sacerdotes. Estes possuem também uma dimensão humana própria, que é instrumento da Graça, já que Deus opera através deles. Há uma dupla necessidade da misericórdia: nas relações humanas, mas também na relação com Deus, para haurir d'Ele a misericórdia e a reconciliação

---

[21] *Bíblia*. Evangelho de S. João 20, 22-23.

[22] *Tradição*. Cf. BEATO ISAAC DE L'ÉTOILE (1100ca.-1169), *Sermões* 11: *PL* 194, 1728-1729. Cf. Liturgia das Horas, IV, 283-284. O texto encontra-se no n. 73 do Apêndice, disponível no site figlidichi.altervista.org

[23] *Magistério*. JOÃO PAULO II, Exortação apostólica *Pastores dabo vobis* (1992) n. 22. O texto encontra-se no n. 74 do Apêndice, disponível no site figlidichi.altervista.org. No Movimento do Amor Familiar, os «Amigos do Esposo» constituem um grupo de amizade sacerdotal aberto a quantos desejam ajudar-se mutuamente a viver, à luz da Exortação apostólica *Pastores dabo vobis* (n. 22) do Beato João Paulo II, a espiritualidade do «grande mistério» do Amor, para a infundirem em cada atividade apostólica, especialmente no apostolado com as famílias e os esposos cristãos.

[24] *Magistério*. BENTO XVI, *Homilia na Eucaristia com a Ordenação Presbiteral dos Diáconos da diocese de Roma* (20 de Junho de 2010).

[25] *Bíblia*. Cf. Livro dos Salmos 127, 3-5.

[26] *Magistério*. Cf. BENTO XVI, *Discurso aos Bispos da Conferência Episcopal da Romênia em Visita "ad limina Apostolorum"* (12 de Fevereiro de 2010). O texto encontra-se no n. 75 do Apêndice, disponível no site figlidichi.altervista.org

e vivê-las no mundo. É importante viver a misericórdia também entre as pessoas e em nossas cidades.

A humanidade inteira, as famílias, as pessoas e a própria sociedade têm necessidade de se reconhecer carentes da misericórdia. Na verdade, sem a misericórdia, rapidamente definham, fechando-se numa suposta justiça formal, mas pobre de substância porque não habitada pelo amor de Deus pelas suas criaturas.

Na exortação apostólica *Sacramentum caritatis* (Sacramento da caridade), o Papa Bento XVI faz apelo à generosidade, empenho e competência na administração do sacramento da Reconciliação[27]. A Igreja é solícita para que não falte o dom da misericórdia a ninguém, pois sente a sua necessidade para as almas, para as pessoas no âmbito familiar e social; compreende como é importante para o equilíbrio pessoal, para a capacidade de amar, ver a luz, construir de forma sadia as relações, para a capacidade de curar da distorção íntima do espírito face, entre outras coisas, à perda de consciência do pecado. Neste contexto, Bento XVI, na referida Exortação apostólica, recorda a ligação da Eucaristia com o sacramento da Reconciliação[28].

Não refletindo e dando ouvidos apenas ao próprio desejo, alguém poderia aproximar-se indignamente da Sagrada Comunhão. Na realidade, trata-se de um ato que deve ser praticado «em comunhão», deve ser vivido «em comunhão» com Cristo e com a Igreja. A superficialidade em aproximar-se da Sagrada Comunhão deriva, muitas vezes, de falta de reflexão sobre o que pensa o Senhor da nossa vida, quais são as «nossas ofensas», os nossos pecados, há quanto tempo não vivemos o sacramento do Reconciliação, negligenciando a vida de pureza do espírito.

Na verdade, não podemos estar à altura dos nossos deveres humanos de responsabilidade e de amor, sem a experiência do perdão: o perdão faz parte da nossa capacidade de vida. Tirar a capacidade de sermos perdoados por Deus é deixar o mundo abandonado ao seu mal, que cresce nas consciências e na vida dos homens, revelando-se nos âmbitos do trabalho e nas relações humanas. O perdão que Deus concede não é formal, mas é ser restabelecidos na verdade, na vida e na alegria, que se perde com o pecado. Não receber o perdão de Deus significa destruir o homem, destruir as famílias e os casais, destruir a sociedade. Com efeito, não pode existir uma sociedade do tipo *do-ut-des*; não pode existir sobre a base de mera troca comercial; não pode haver algum câmbio na relação entre o homem e a mulher; não pode haver troca e câmbio funcional na relação entre pais e filhos. Se não vivemos a misericórdia para conosco e para com os outros, a vida não resiste e, mais cedo ou mais tarde, desaba e precipita na traição ou na mazela da chantagem.

A misericórdia é feita de verdade, tal como é feita de justiça. Mas é feita também de uma superação da aplicação da justiça, porque reconhece um valor maior, para além das limitações históricas ocasionais e transitórias: esta é

---

[27] *Magistério*. Cf. BENTO XVI, Exortação apostólica *Sacramentum caritatis* (2007) n. 21. O texto encontra-se no n. 76 do Apêndice, disponível no site figlidichi.altervista.org

[28] *Magistério*. Cf. BENTO XVI, Exortação apostólica *Sacramentum caritatis* (2007) n. 20. O texto encontra-se no n. 77 do Apêndice, disponível no site figlidichi.altervista.org

a misericórdia que traz consigo o perdão e a reconciliação. O mundo não pode crescer na justiça e na paz sem misericórdia, porque o próprio mundo não pode ser o fruto apenas de uma economia, de uma sabedoria matemática e de uma justiça legalista. Ainda que humana e imperfeita, a justiça é necessária para combater a ilegalidade e os sistemas da ilegalidade, porque *a lei e o direito* são a defesa da dignidade da pessoa e do bem comum. Por isso, há que se promover e defender a legalidade juntamente com a justiça, apesar desta ser imperfeita. Mas, a justiça e a legalidade, embora necessárias para uma boa e ordenada convivência humana, devem ter presente também a dimensão da misericórdia humana e divina. Na verdade, há algo maior no mundo humano que devemos ter sempre em mente: o nosso mundo humano vem de Deus. Por isso, Jesus nos ensina, no *Pai nosso*, a fazer este pedido a Deus: «Perdoai-nos as nossas ofensas». Rezando assim, virá à luz a nossa vida melhor.

Precisamos ir até às raízes da nossa existência e compreender aquilo que é mais justo, mesmo para o mundo, e aquilo de que o mundo mais necessita. Por isso, São Paulo nos recomenda «que se façam súplicas, orações, intercessões, ação de graças, por todas as pessoas, pelos reis e pelas autoridades em geral, para que possamos levar uma vida calma e tranqüila, com toda a piedade e dignidade. Isto é bom e agradável a Deus, nosso Salvador. Ele quer que todos sejam salvos e cheguem ao conhecimento da verdade. Pois há um só Deus e um só mediador entre Deus e a humanidade: o homem Cristo Jesus, que se entregou como resgate por todos »[29].

Com a sua misericórdia, compreenderemos ainda melhor por que Jesus é o Salvador de toda a humanidade e o que ele trouxe de único e imensamente grande que não se deve ocultar ao mundo. Isto aparece expresso e esclarecido na segunda parte desta maravilhosa petição do *Pai nosso*: «assim como nós perdoamos a quem nos tem ofendido», que veremos a seguir.

---

[29] *Bíblia*. Primeira Carta a Timóteo 2, 1-6.

12

Assim como nós perdoamos a quem nos tem ofendido

Na quinta petição que dirigimos a Deus no *Pai nosso*, às palavras «perdoai-nos as nossas ofensas», Jesus acrescenta uma segunda parte: «assim como nós perdoamos a quem nos tem ofendido». Para que a nossa oração não seja formal mas incisiva na vida pessoal, familiar e social também aqui Jesus nos ensina um «como». Na verdade, não podemos receber de Deus a sua misericórdia e o seu perdão de forma automática, mas há uma condição particular que Ele colocou que diz respeito, fundamentalmente, ao modo «como» agimos. Nesta segunda parte deste pedido temos uma especificação importante que é, como veremos, indispensável e muito esclarecedora.

No capítulo anterior observamos que a capacidade de ser livre implica também em darmo-nos conta da gravidade dos erros, omissões e pecados, e em a necessidade de pedirmos perdão, reconhecendo-nos pecadores e, consequentemente, carecidos da misericórdia. O amor misericordioso de Deus, que amou de tal maneira o mundo[1] que se deu a si mesmo com o seu perdão misericordioso, ajuda-nos a compreender que, para nós, que somos falíveis e pecadores, este é o único modo que temos para não perder a nossa realidade humana de filhos de Deus e readquirir as energias do bem e da verdade. Só assim nos reencontramos e realizamos a exigência posta pelo nosso coração de permanecermos «humanos» e podermos construir, juntos, um mundo que não seja de «pedra».

Vimos como a misericórdia faz falta para a verdade da vida das pessoas, para a verdade da família e da sociedade. Com efeito, todos, em nosso reino humano, necessitamos da misericórdia, desde os mais pequenos aos maiores. A realidade do pecado nos pesa e a nossa vontade é de fugir: queremos não ver e esquecer; enfim, não reter todas aquelas ofensas. É para isto que há o grande amor de Deus Pai, que nos faz aproximar d'Ele através da humanidade boa de Jesus. Para nos salvar, ele tomou sobre si os nossos pecados[2], e nos resgatou com a misericórdia divina, re-introduzindo a bondade e a verdade nas relações humanas.

---

[1] *Bíblia*. Cf. Evangelho segundo S. João 3, 16.
[2] *Bíblia*. Cf. Livro do Profeta Isaías 52, 13 - 53, 12.

Pecados e corrupção

O pecado é um amor desordenado a si mesmo, a que chamamos egoísmo, amor-próprio, que vira as costas a Deus rebelando-se contra Ele: no fundo, é fechar-se em si mesmo, numa existência auto-referencial e auto-justificante. Este amor, errado, a si mesmo destrói a vida, a família e a sociedade. Não conseguimos viver como filhos de Deus, fazer a sua vontade e construir o seu reino, convivendo com os próprios pecados e aproveitando-nos dos alheios. O mundo dos pecados dilata-se nos vícios e na corrupção pessoal e social. A falta de abertura a Deus Pai, de quem provimos, e também as faltas contra os outros homens, ainda que as não quiséssemos ver, permanecem em nós e difundem o mal: a família e a realidade que nos rodeia são oprimidas pelo mal que as pessoas trazem dentro. Pecado moral e consequências negativas se espalham à nossa volta e, muitas vezes, tornam-se a base de um costume e de uma mentalidade comum, de um modo de viver que contém as pequenas corrupções que preparam as grandes.

No início trata-se de uma corrupção superficial, mas constante, que corrói as consciências e destrói a justiça e o amor, a fé religiosa e os valores humanos, ocasionando, depois, a grande corrupção social. Com efeito, inicialmente, «mamon» exprime-se através de mentiras e intrigas, artimanhas e enganos que se combinam em detrimento de outros, numa guerra onde tudo parece lícito para se prevalecer a todo o custo sobre o adversário. Carreirismo, mentiras, aparências, fraudes, injustiças, violências e intrigas, de tudo se compõe a corrupção diária de uma vida cada vez mais incivilizada, mas que se apresenta falsamente revestida de civilidade e legalidade. É com esta realidade diária que o homem da rua deve lidar. Este ficará cada vez mais ferido se não tomar cuidado com o mal nas suas múltiplas formas, e acabará, como o traficante de droga, por semear, também ele, mais cedo ou mais tarde, uma vida feita de pequenas e grandes corrupções.

A este respeito, o *Catecismo da Igreja Católica* recorda que «o pecado arrasta ao pecado; gera o vício, pela repetição dos mesmos atos. Daí resultam as inclinações perversas, que obscurecem a consciência e corrompem a apreciação concreta do bem e do mal. Assim, o pecado tende a reproduzir-se e reforçar-se, embora não possa destruir radicalmente o sentido moral»[3]. E o *Catecismo* continua: «Os vícios podem classificar-se segundo as virtudes a que se opõem, ou relacionando-os com os *pecados capitais* que a experiência cristã distinguiu, na sequência de São João Cassiano e São Gregório Magno. Chamam-se capitais porque são geradores de outros pecados e de outros vícios. São eles: a soberba, a avareza, a inveja, a ira, a luxúria, a gula e a preguiça ou negligência (acédia)»[4].

A nossa dimensão espiritual, pela qual Deus quis cada ser humano criado na liberdade e no amor, tem a capacidade de fazer o bem ou o mal, elevando-se em Deus ou corrompendo-se. Para o homem reentrar «em si» é indispensável a luz, o regresso a Deus e à verdade, a ternura do amor, a força da graça, como nos recorda São Paulo: «Deus encerrou todos na desobediência, a fim de usar de misericórdia para com todos»[5].

---

[3] *Magistério. Catecismo da Igreja Católica* n. 1865.
[4] *Magistério. Catecismo da Igreja Católica* n. 1866.
[5] *Bíblia.* Carta aos Romanos 11, 32.

Esta é a extraordinária misericórdia que Deus usou para conosco; é uma força incrivelmente poderosa, de que o mundo tem necessidade. Ela passa do sacrifício redentor de Jesus para a Igreja, e da Igreja para os cristãos, que a vivem e testemunham no mundo, não como um fato privado de que envergonhar-se pelos pecados confessados, mas como anúncio de salvação. Na verdade, «confessando» a sua misericórdia testemunhamos o dom grandíssimo, imenso que Deus nos concedeu a fim de nos devolver a nossa imagem mais verdadeira e mais bela, a que é mais nossa, devolver-nos a alegria de existir, a gratidão e a beleza de vivermos renovados e podermos recomeçar do princípio com Deus. Na verdade, Ele tem confiança em nós.

«Como» Jesus

Uma vez que a misericórdia de Deus é amor incondicional, perguntamo-nos: por que Jesus nos ensinou, no *Pai nosso*, a pedir o seu perdão para nós, associando-lhe como condição um «como» da nossa parte? Note-se que Ele não diz «assim como nós devemos perdoar», mas «assim como nós perdoamos». Isto significa que recebemos o perdão de Deus na medida em que nós próprios «somos capazes» de viver a misericórdia com «quem nos tem ofendido». Na verdade, se vivemos a misericórdia o nosso coração está aberto para a receber; se, pelo contrário, o nosso coração está fechado, então a vida não germina em nós e não acolhemos a graça do perdão de Deus, da Reconciliação, nem a reinvestimos, por nossa vez, no próximo.

«Assim como nós». Este «como» é revelador; é o mesmo «como» que tantas vezes nos recorda Jesus e que é fundamental, porque abre a nossa capacidade à sua dimensão mais profunda. Trata-se daquele «como» que vimos anteriormente[6]. O *Catecismo da Igreja Católica* afirma: «Este "como" não é único no ensinamento de Jesus: "Sede perfeitos *como* o vosso Pai celeste é perfeito" (*Mt* 5, 48); "sede misericordiosos *como* o vosso Pai é misericordioso" (*Lc* 6, 36); "dou-vos um novo mandamento: amai-vos uns aos outros *como* Eu vos amei" (*Jo* 13, 34). Observar o mandamento do Senhor é impossível, quando se trata de imitar, do exterior, o modelo divino. Trata-se duma participação vital, vinda "do fundo do coração", na santidade, na misericórdia e no amor do nosso Deus. Só o Espírito, que é "nossa vida" (*Gl* 5, 25), pode fazer "nossos" os mesmos sentimentos que existiram em Cristo Jesus (cf. *Fl* 2, 1.5). Então, a unidade do perdão torna-se possível, "perdoando-nos mutuamente *como* Deus nos perdoou em Cristo" (*Ef* 4, 32)»[7].

A referida capacidade humana não tem a sua raiz no pensamento, na corporeidade, na sexualidade, na afetividade, no caráter, na psique mas enraiza-se principalmente na peculiaridade de sermos criados «à imagem e semelhança de Deus», isto é, no espírito humano. É nele que entra a misericórdia de Deus, para depois se estender aos outros.

«Assim como nós perdoamos a quem nos tem ofendido» é uma possibilidade que nos é dada. Animados pelo nosso espírito podemos,

---

[6] Encontramo-lo nos capítulos 8 e 9.
[7] *Magistério. Catecismo da Igreja Católica* n. 2842.

também nós, perdoar a exemplo de Deus Pai. É uma grandeza que podemos viver permitindo-nos, assim, acolher a misericórdia de Deus, o seu amor misericordioso para conosco e para os outros. De duas, uma: ou a pessoa vive na misericórdia e então é capaz de a acolher e oferecer, ou então está fechada, não a vive com ninguém convencida, porém, que a recebe de Deus. Mas quando a recebe, por assim dizer, não lhe entra no coração, no espírito e na vida, porque o seu coração e a sua vontade estão fechados. Em suma, em nós e nos outros, devemos «vencer o mal com o bem», como nos recorda São Paulo: «Não te deixes vencer pelo mal, mas vence o mal pelo bem»[8]. O mal que há em cada um tem de ser vencido com o bem.

Não podemos nos apropriar do bem, nem do perdão pedido a Deus e recebido d'Ele, pensando que deste modo se acalmou a Deus ou a nossa consciência. Ao contrário, somos chamados a viver amorosamente no dom: assim como o recebemos de Deus nosso Pai, assim também deve chegar aos irmãos.

Jesus, no Evangelho, ao falar do reino dos céus e da misericórdia de Deus, conta a parábola do servo sem compaixão[9], mostrando como a «dívida» que há entre nós e os irmãos é sempre muito menor do que a dívida que temos para com Deus. Mas, tudo o que Deus quer de nós é que perdoemos de coração aos nossos irmãos, cancelando as «pequenas dívidas» que eles têm conosco pelas injustiças ou as ofensas que nos causaram.

Mais do que justiça

Naturalmente «a justiça» supõe o acertamento verdadeiro dos males cometidos, e não se pode evitar, como pretenderiam alguns, este procedimento, porque o mal feito hoje a uma pessoa poderia repetir-se amanhã contra outra. Na verdade, a justiça deve ser praticada tanto para consigo mesmo como para com os outros, sabendo, porém, que não se poderá romper a espiral do mal só com a aplicação do «direito»; mas requer-se a prática daquele amor tipicamente cristão que toma a peito mesmo quem erra, dando-lhe também a possibilidade de se reconstruir no bem que lhe falta. «Perdoar» é servir o irmão, é um «doar para...», um doar à pessoa que errou para que se restabeleça no bem (um bem que talvez não tenha conseguido possuir em sua vida, mas que pode ver e encontrar em quem lhe perdoa). Perdoar não é dizer: «Não importa!». Perdoar não significa suportar o mal, aceitando-o ou não fazendo caso dele, mas enfrentá-lo decididamente para fazer circular o bem, dedicando-se e servindo os irmãos, mesmo quando praticam o mal e fazem sofrer. Ao mal é necessário «contrapor» a resistência do bem; é preciso interrompê-lo, purificá-lo e curar o homem, para que, curado, resplandeça na luz.

Esta é a forma que Jesus nos ensinou para vencer o mal: tomá-lo sobre nós, como fez Ele, e curá-lo com o bem da misericórdia. A misericórdia não é fraqueza, mas força; nem se detém na paridade própria da justiça: a

---

[8] *Bíblia*. Carta aos Romanos 12, 21.
[9] *Bíblia*. Cf. Evangelho segundo S. Mateus 18, 23-35.

misericórdia é aquele «algo mais» de que o mundo necessita para ser um mundo humano, a família dos filhos de Deus. Jesus nos exorta: «Amai os vossos inimigos»[10]. Comentando esta importante exortação de Jesus, o Papa Bento XVI diz: «Mas, qual é o sentido desta sua palavra? Por que motivo pede Jesus para amar os próprios inimigos, isto é, um amor que excede as capacidades humanas? Na verdade, a proposta de Cristo é realista, porque tem em conta que, no mundo, existe *demasiada* violência, *demasiada* injustiça; e assim, não se pode superar esta situação senão contrapondo um *algo mais* de amor, um *algo mais* de bondade. Este *"algo mais"* vem de Deus: é a sua misericórdia, que se fez carne em Jesus e é a única que pode fazer o mundo "propender" do mal para o bem, a partir daquele pequeno e decisivo "mundo" que é o coração do homem. (...) O amor ao inimigo constitui o núcleo da "revolução cristã", uma revolução não baseada em estratégias de poder econômico, político ou midiático. A revolução do amor, um amor que, em última instância, não assenta nos recursos humanos, mas é dom de Deus que se obtém confiando, unicamente e sem reservas, na sua bondade misericordiosa. Eis a novidade do Evangelho, que muda o mundo sem fazer rumor. Eis o heroísmo dos "pequeninos", que crêem no amor de Deus e o irradiam mesmo à custa da própria vida»[11].

Só este dom de Jesus, a misericórdia, «um *algo mais* de amor, um *algo mais* de bondade», pode renovar verdadeiramente a história, introduzindo uma novidade. O cristianismo fez o mundo conhecer o perdão, dando novas energias ao bem da humanidade. Por isso, não nos deixemos confundir pelos defeitos, nem pelos graves escândalos que há no mundo, mesmo quando estão envolvidos cristãos ou até representantes da Igreja. O inimigo infiltrou-se por toda a parte para confundir as pessoas e separá-las de Deus e da Igreja. Só uma «fé» verdadeira, vivida na caridade, afasta os operadores de iniquidade e satanás. Não nos deixemos bloquear pelo mal e pelo desânimo. Os pecados e escândalos de poucos não podem tapar o bem imenso praticado durante vinte séculos por multidões inumeráveis de cristãos que venceram o mal com o bem.

Em suma, podemos dizer que o amor misericordioso é um modo de viver importante e necessário como o pão. Depois do pão material, «o pão nosso de cada dia nos dai hoje», a necessidade mais profunda dos homens é ser amado e perdoado, aprendendo com Deus Pai a conceder, por nossa vez, o perdão. «O pão nosso de cada dia nos dai hoje, perdoai-nos as nossas ofensas assim como nós perdoamos»: isto é também o nosso bem, porque se não anularmos o mal que recebemos, este permanece dentro de nós e deforma-nos, criando o «coração de pedra». Com efeito, se se enfrenta o mal praticando outro mal, semelhante à ofensa recebida, o mal continuará a existir e se transformará em vingança, rancor e inveja, manifestar-se-á no retraimento e no desprezo, propagar-se-á como ódio ou desejo de que outro mal continue a circular, expandir-se e a retornar multiplicado. Então o homem, ferido pelo mal dos irmãos, deixa, por sua vez, de ser um homem que traz a justiça e a paz, mas antes semeia vingança e destruição. E, embora sinta vontade de restaurar o direito, no entanto, porque ferido, muitas vezes erra o «como» do bem que

---

[10] *Bíblia*. Evangelho segundo S. Lucas 6, 27.
[11] *Magistério*. BENTO XVI, *Alocução do «Angelus»* (18 de Fevereiro de 2007).

deseja fazer e pratica o mal. Muitas vezes adoecemos por isso. Com efeito, muitas doenças dependem também desta falta de amor não recebido, ou de um mal sofrido, ou ainda da falta de amor não oferecido com o perdão.

Assim como Deus nosso Pai vence o mal com o bem, assim também nós podemos e devemos viver da mesma maneira; caso contrário, vamos morrendo por dentro, um bocado cada dia, como pessoas, como famílias e como sociedade. É por isso que, depois de ter esclarecido e procurado a verdade e a justiça, é tão importante saber perdoar: devemos viver, fundamentalmente, de misericórdia, pelo bem da nossa vida e do nosso verdadeiro bem-estar; um bem-estar espiritual que se repercute em toda a vida.

O ser humano, para poder apreciar e receber a misericórdia, deve ser capaz de a dar, como nos diz Jesus: «com o mesmo julgamento com que julgardes os outros sereis julgados; e a mesma medida que usardes para os outros servirá para vós»[12]. Recolheremos aquilo que tivermos semeado. «Felizes os misericordiosos, porque alcançarão misericórdia»[13]: na medida em que a vivemos, somos capazes de a respirar e rejubilar com ela, de recebê-la e doá-la de novo. Um coração livre é capaz de perdão, como nos lembra a Carta de São Tiago: «Falai e procedei, pois, como pessoas que vão ser julgadas pela Lei da liberdade. Pensai bem: o julgamento vai ser sem misericórdia para quem não praticou misericórdia; a misericórdia, porém, triunfa sobre o julgamento»[14].

Os dois ladrões

A imagem de Jesus na cruz, tendo ao seu lado os dois ladrões pode nos ajudar a compreendermos melhor. «Um dos malfeitores crucificados o insultava, dizendo: "Tu não és o Cristo? Salva-te a ti mesmo e a nós!"»[15]. Afrontava Jesus, insultando o enviado, o Messias de Deus, e não o acolhendo; assim permanecia fechado no seu pecado e na desordem da sua vida. « Mas o outro o repreendeu: "Nem sequer temes a Deus, tu que sofres a mesma pena? Para nós, é justo sofrermos, pois estamos recebendo o que merecemos; mas ele não fez nada de mal"»[16].

O bom ladrão, conforme o chamamos, defende Jesus. Nisto se manifesta a sua misericórdia, que o torna capaz de se opor ao mal e à injustiça que sente no outro e de confessar a verdade a propósito da sua condenação: «Para nós, é justo sofrermos, pois estamos recebendo o que merecemos; mas ele não fez nada de mal». O bom ladrão tem misericórdia e defende o justo, injustamente castigado: Jesus na cruz. Deve-se notar o seu amor e a sua confiança: «E acrescentou: "Jesus, lembra-te de mim, quando começares a reinar"»[17]. Esta é a sua oração. O bom ladrão, primeiro, bloqueou, com a verdade, a expansão do mal do outro ladrão, enfurecido contra Deus e contra os homens; em seguida,

---

[12] *Bíblia*. Evangelho segundo S. Mateus 7, 2.
[13] *Bíblia*. Evangelho segundo S. Mateus 5, 7.
[14] *Bíblia*. Carta de S. Tiago 2, 12-13.
[15] *Bíblia*. Evangelho segundo S. Lucas 23, 39.
[16] *Bíblia*. Evangelho segundo S. Lucas 23, 40-41.
[17] *Bíblia*. Evangelho segundo S. Lucas 23, 42.

defendeu Jesus; e agora reza, confiando-se à sua misericórdia: «Lembra-te de mim, quando começares a reinar». E Jesus responde-lhe com esta frase maravilhosa: «Em verdade te digo: hoje estarás comigo no Paraíso»[18]. O bom ladrão teve fé e se confia à misericórdia de Jesus, mas antes ele próprio teve misericórdia para com Jesus. Na medida em que está aberto e procede com misericórdia o nosso coração está pronto para receber a misericórdia de Deus mil vezes mais.

É fundamental vencer o mal com o bem. Como disse uma vez São João Paulo II, «ao mesmo tempo que pedimos perdão, perdoamos»[19]. Trata-se de tirar o mal do mundo: é esta a força da misericórdia. Humanamente, não se saberia onde ir buscar força para o bem quando se é ferido, humilhado, espezinhado pela injustiça e pelo mal. Mas, com a ajuda de Jesus e a força do Espírito Santo, é possível receber d'Ele novas energias para o bem; na verdade, isto é necessário para romper a *espiral do mal*. A propósito, diz o *Catecismo da Igreja Católica*: «Não está no nosso poder deixar de sentir e esquecer a ofensa; mas o coração que se entrega ao Espírito Santo muda a ferida em compaixão e purifica a memória, transformando a ofensa em intercessão»[20].

«Ora, e isso é temível, esta onda de misericórdia não pode penetrar nos nossos corações, enquanto não tivermos perdoado àqueles que nos ofenderam. O amor, como o corpo de Cristo, é indivisível: nós não podemos amar a Deus, a quem não vemos, se não amarmos o irmão ou a irmã, que vemos (cf. *1 Jo* 4, 20). Recusando perdoar aos nossos irmãos ou irmãs, o nosso coração fecha-se, a sua dureza torna-o impermeável ao amor misericordioso do Pai. Na confissão do nosso pecado, o nosso coração abre-se à graça»[21].

A capacidade de perdoar implica uma cura. A este respeito, Bento XVI escreve no livro *Jesus de Nazaré*: «O perdão tem o seu preço, em primeiro lugar para quem perdoa: deve superar em si mesmo o mal sofrido, deve de certo modo queimá-lo dentro de si e assim renovar-se, para depois envolver também o outro, o culpado, neste processo de transformação, de purificação interior, e ambos, sofrendo até ao fundo o mal e superando-o, tornarem-se novos»[22].

Este processo de purificação torna-se necessário sempre que se faz experiência do mal. E para isso é preciso a ajuda de Deus. Sozinhos, não conseguimos esta purificação; fracos como somos, não a conseguimos isolados.

Por que a justiça não basta?

Há que se perguntar: como proceder com a injustiça? Qual é a saída da justiça espezinhada? A injustiça do mal sofrido deve ser de algum modo

---

[18] *Bíblia*. Evangelho segundo S. Lucas 23, 43.
[19] *Magistério*. Cf. JOÃO PAULO II, *Alocução do «Angelus»* (12 de Março de 2000). O texto encontra-se no n. 78 do Apêndice, disponível no site figlidichi.altervista.org
[20] *Magistério*. Catecismo da Igreja Católica n. 2843.
[21] *Magistério*. Catecismo da Igreja Católica n. 2840.
[22] *Magistério*. BENTO XVI, *Jesus de Nazaré* (1ª parte), cap. 5, A Esfera dos Livros, Lisboa 2007³, pp. 208-209.

incinerada, purificada não só em quem a sofre, mas também no culpado. Por este motivo, é necessário identificá-la em toda a sua verdade e enfrentá-la, como nos recorda a carta encíclica *Dives in misericordia*: «Cristo põe em realce com tanta insistência a necessidade de perdoar aos outros, que a Pedro, quando este lhe perguntou quantas vezes devia perdoar ao próximo, indicou o número simbólico de "setenta vezes sete", querendo indicar com isso que deveria saber perdoar a todos e cada um e todas as vezes. É óbvio que a exigência de ser tão generoso em perdoar não anula as exigências objetivas da justiça. A justiça bem entendida constitui, por assim dizer, a finalidade do perdão. Em nenhuma passagem do Evangelho, o perdão e mesmo a misericórdia como sua fonte significam indulgência para com o mal, o escândalo, a injúria causada, ou o ultraje feito. Em todos estes casos, a reparação do mal e do escândalo, o ressarcimento do prejuízo causado e a satisfação pela ofensa feita são condições do perdão»[23]. Deve ser dito claramente que o perdão e a misericórdia não são uma licença dada para outro mal, uma «indulgência para com o mal ou a injustiça cometida», porque o perdão pressupõe a reparação do dano provocado.

O perdão deve ter em conta a justiça e não pode ignorar as responsabilidades, pois o outro também deve reparar o mal feito e renovar a sua vida. Portanto, não se pode deixar o outro no pecado, no erro, no engano, em perigo de continuar a fazer mal a si mesmo e aos outros, criando novas vítimas. Mas o homem, para reconhecer em si o próprio mal, necessita não só da justiça mas também do perdão.

Mas o mundo se pergunta: «No fundo, que necessidade existe da misericórdia? Não é suficiente a ação da justiça? Esta não é a única solução para o mal social?» Eu diria que esta é uma solução materialista, ingênua e cega, que não leva em conta a história, como nos diz a encíclica *Dives in misericordia* de São João Paulo II: «A experiência do passado e do nosso tempo demonstra que a justiça, por si só, não é suficiente; e mais, que ela pode levar à negação e ao aniquilamento de si mesma, se não se permitir àquela força mais profunda, que é o amor, plasmar a vida humana nas suas várias dimensões. Foi precisamente a experiência da história que, entre outras coisas, levou a formular a asserção: *summum jus, summa iniuria* (o excesso de justiça redunda em injustiça). Esta afirmação não tira o valor à justiça, nem atenua o significado da ordem instaurada sobre ela; mas indica apenas, sob outro aspecto, a necessidade de recorrer às forças do espírito, bem mais profundas, que condicionam a própria ordem da justiça»[24].

«A autêntica misericórdia é, por assim dizer, a fonte mais profunda da justiça. Se esta é, em si mesma, apta para "arbitrar" entre os homens a recíproca repartição dos bens objetivos de maneira justa, o amor, por seu turno, e somente o amor (incluindo aquele amor benigno que chamamos "misericórdia"), é capaz de restituir o homem a si mesmo. (...) Enquanto a igualdade introduzida mediante a justiça se limita ao campo dos bens objetivos e extrínsecos, o amor e a misericórdia fazem com que os homens se encontrem uns com os outros naquele valor que é o próprio homem, com a

---

[23] *Magistério.* JOÃO PAULO II, Carta encíclica *Dives in misericordia* (1980) n. 14.
[24] *Magistério.* JOÃO PAULO II, Carta encíclica *Dives in misericordia* (1980) n. 12.

dignidade que lhe é própria»[25]. Assim, a «justiça igualitária», «olho por olho, dente por dente», é uma justiça muito limitada relativamente ao homem que é «maior» que as leis feitas por ele e cujos direitos se estendem muito além do que se possa medir. No fim, a «justiça igualitária» se revela cada vez mais uma utopia à medida que se expandem as relações por causa da globalização. Sente-se hoje, mais do que nunca, a necessidade de uma justiça mais ampla: a do amor. Assim, o amor e a misericórdia dilatam os corações e a consciência em vista de uma justiça maior.

Para uma justiça maior

Em suma, a justiça é necessária, mas não é só de justiça humana que há necessidade, porque o homem é feito à «imagem e semelhança» de Deus. Se se esquece esta verdade, fazem-se sofrer as pessoas, as famílias, os filhos, a sociedade. Para se construir uma humanidade íntegra, boa, verdadeira, solidária, é indispensável considerar a necessidade da misericórdia, e não apenas da justiça. Como escreveu João Paulo II, na Mensagem para o XXXV Dia Mundial da Paz, «não há paz sem justiça, não há justiça sem perdão»[26]. Na verdade, «o mundo dos homens só pode se tornar mais humano se introduzirmos no quadro multiforme das relações interpessoais e sociais, juntamente com a justiça, aquele "amor misericordioso" que constitui a mensagem messiânica do Evangelho»[27].

Este é o Evangelho para o mundo, o Evangelho que deve tocar a vida[28]. Dele tem necessidade o mundo; e somos precisamente nós, cristãos, que devemos testemunhar e espalhar a misericórdia. Assim, a oração do *Pai nosso* torna-nos mais humanos e mais próximos de cada homem. Esta oração de Jesus, dada ao coração e à consciência de todos, ajuda o caminho da história e da humanidade e nos faz crescer como irmãos, capazes de uma justiça mais verdadeira e maior para uma esperança que cresce.

Junto à justiça e no seu âmbito há necessidade também do amor misericordioso. O mundo precisa da misericórdia[29] para ser salvo. Aspectos que se esquecem mas que o *Pai nosso* não cessa de nos recordar: «Perdoai-nos as nossas ofensas, assim como nós perdoamos a quem nos tem ofendido». Agora compreendemos melhor o alcance do *Pai nosso* que Jesus transmitiu e entregou à humanidade. A misericórdia, tão necessária para a pessoa, a vida familiar e a construção de uma sociedade humana, constitui um mandato

---

[25] *Magistério*. JOÃO PAULO II, Carta encíclica *Dives in misericordia* (1980) n. 14.

[26] *Magistério*. JOÃO PAULO II, *Mensagem para a Celebração do XXXV Dia Mundial da Paz* (8 de Dezembro de 2001).

[27] *Magistério*. JOÃO PAULO II, Carta encíclica *Dives in misericordia* (1980) n. 14. Uma citação mais extensa encontra-se no n. 79 do Apêndice, disponível no site figlidichi.altervista.org

[28] *Magistério*. Cf. JOÃO PAULO II, Carta encíclica *Evangelium vitae* (1995) n. 2. O texto encontra-se no n. 80 do Apêndice, disponível no site figlidichi.altervista.org

[29] Magistério. Cf. JOÃO PAULO II, *Memória e Identidade*, Bertrand Editora, Lisboa 2005, pp. 57 e 58. O texto encontra-se no n. 81 do Apêndice, disponível no site figlidichi.altervista.org

para a Igreja[30], motivo pelo qual, frequentemente, tal exortação se encontra presente nos documentos Igreja.

Neste ponto o leitor, constatando a abundância de citações do Magistério, poderia interrogar-se: qual é o valor destes documentos que atestam um passado e, simultaneamente, também um futuro?

As encíclicas e outros documentos do Magistério da Igreja nos guiam em nossa pesquisa, precisamente porque se tratam de pronunciamentos que, verdadeiramente, devem ser tomados em consideração e que nos comprometem a rever a nossa vida para descobrirmos a profundeza das nossas raízes cristãs. Estas iniciativas do Magistério são sempre válidas. Todas elas fazem constante referimento à Bíblia, que é Palavra de Deus, como também à Tradição da Igreja. Essas constituem, para nós, um aprofundamento contínuo e uma confirmação, aquela confirmação que Jesus pediu a Pedro que fizesse: «Confirma os teus irmãos»[31]. Tais documentos acompanham a Igreja e a humanidade no seu processo histórico[32]. Por isso, fazemos referimento aos documentos do Magistério do Papa. O Papa «como Bispo de Roma, carrega a responsabilidade suprema para o Cristianismo Católico»[33] é um grande dom de Jesus à Igreja e à humanidade. Desde o início, os cristãos estavam cientes da importância da fidelidade à verdade revelada por Jesus, como nos recorda São Paulo: «Estarás sabendo como deves proceder na casa de Deus, que é a igreja de Deus vivo, coluna e fundamento da verdade»[34].

A oração do *Pai nosso* é um grande farol de luz que atravessa a história passada e futura e acompanha a nossa vida pessoal e social, abrindo-a à esperança suprema.

Sempre gozou de uma particular estima pelo Magistério da Igreja e por todos os crentes, porque nos ajuda a compreender e amar a Deus, rico de perdão, e a viver a fé e o amor ao próximo. Com efeito, o mundo precisa da nossa oração e da força da misericórdia que, junto com a justiça, se torna capacidade de amor e de luz para um mundo melhor. Oxalá não nos aconteça de deixar, culpavelmente, de levar a misericórdia ao mundo fazendo com que este sofra a destemperança de uma justiça fechada em si mesma. É preciso iluminar a humanidade, aquecer os corações, orientar as próprias relações, purificando-as com a misericórdia evangélica.

Esta é, também, a tarefa do testemunho que devemos dar: perdoarmo-nos e perdoar, convidando aqueles que erraram a fazer reparação. Por isso, a imagem impressionante e humaníssima do *crucifixo* é sinal não só da misericórdia, mas também da justiça, porque Jesus Redentor tomou sobre si os nossos pecados, carregou as nossas culpas[35] e as nossas ofensas. Com o seu exemplo, Jesus nos mostra a necessidade da reparação e, consequentemente,

---

[30] *Magistério*. Cf. JOÃO PAULO II, Carta encíclica *Dives in misericordia* (1980) n. 15. O texto encontra-se no n. 82 do Apêndice, disponível no site figlidichi.altervista.org
[31] *Bíblia*. Evangelho segundo S. Lucas 22, 32.
[32] *Magistério*. Cf. *Catecismo da Igreja Católica* n. 95.
[33] *Magistério*. BENTO XVI, *Discurso no «Bundestag», o Parlamento Federal de Berlim*, Visita Apostólica à Alemanha (22 de Setembro de 2011).
[34] *Bíblia*. Primeira Carta a Timóteo 3, 15.
[35] *Bíblia*. Cf. Livro do Profeta Isaías 53, 1-12.

da justiça. Ser homens de paz e amor significa ser também homens de misericórdia, capazes de espalhar a bondade pelo mundo. Seremos julgados pelo amor, pela misericórdia. Numa palavra: pela bondade. Só a bondade entrará no Paraíso, só a bondade resistirá ante o fogo do amor de Deus, só a bondade estará bem com Deus: «Vinde, benditos de meu Pai! Recebei em herança o Reino que meu Pai vos preparou desde a criação do mundo! Pois eu estava com fome, e me destes de comer; estava com sede, e me destes de beber; eu era forasteiro, e me recebestes em casa; estava nu e me vestistes; doente, e cuidastes de mim; na prisão, e fostes visitar-me»[36]. Por isso, precisamos do mundo de Deus e do seu Espírito de Santidade e de Amor, do «pão do perdão», porque, sem ele, morremos por dentro, morremos no amor: toda a amizade se apaga, todo o amor se depaupera, toda a vida cai no esquecimento.

---

[36] *Bíblia.* Evangelho segundo S. Mateus 25, 34-36.

13

E não nos deixeis cair em tentação (I)

Na segunda parte do *Pai nosso*, surgiram duas petições a respeito do pão: numa, pedimos o pão do corpo, na outra, o pão do espírito e do coração. Temos necessidade dos dois para a vida «humana».

Se o *Pai nosso* tivesse sido inventado pelos homens e fosse apenas humano, provavelmente terminaria aqui. Para que a nossa vida se desenvolva e para construir a cidade dos homens, porventura, não seria suficiente o «pão» e o amor feito de bondade e misericórdia para fazer com que todos vivessem e convivessem em paz? Por que Jesus coloca diante de nós outras duas condições para realizar o seu reino e fazer a sua vontade? Com feito, Jesus, verdadeiro Deus e verdadeiro homem, confia-nos, no *Pai nosso*, uma sexta petição: «E não nos deixeis cair em tentação».

Deus é Pai e chama todos os homens a cooperarem com Ele e a construírem, juntos, «o seu reino» e «o bem da vida na terra». Ora Jesus, com a sexta petição, traz-nos de volta ao Pai e ao seu reino através de uma passagem fundamental: «Não nos deixeis cair em tentação», que significa «não nos deixeis errar», «não nos abandoneis à mercê da tentação», não deixeis que nos enganemos com falsas seguranças, com as aparências que nos podem seduzir; não nos deixeis vaguear na escuridão, não permitais que sejamos perturbados, confusos e dominados pela tentação, porque podemos falhar completamente a nossa vida e perder tudo, vida terrena e vida eterna.

Esta petição, que Jesus nos entrega, faz-nos reconhecer algo que, frequentemente, esquecemos ou queremos esquecer: somos tentados. É um dado real; e Jesus, pelo amor que nos tem, quer que o tenhamos em mente para, amorosamente, voltarmos ao amor de Deus. Depois do pecado original ficou comprometida a nossa relação com Deus, feita de amor e confiança e vivida na liberdade: sobreveio a tentação. Para regressar à condição inicial, é preciso passar pelo mesmo ponto para nos apercebermos da tentação e, na liberdade, rejeitá-la pedindo a ajuda de Deus Pai.

Assim, no *Pai nosso*, Jesus indica na consciência, na liberdade e na confiança em Deus Pai *a estrada do regresso*. Depois de nos ter reaberto o coração com a misericórdia e o perdão, chega o momento de reerguer-se e tomar o caminho do regresso. A oração do *Pai nosso* reconduz tudo ao Amor e à Comunhão com Deus Pai, no respeito pela verdade de Deus e do homem. É uma oração em que confiamos em Deus entregando-nos a Ele, para que nos ajude não só a viver e sobreviver mas também a colaborar com Ele, que nos chama a ser felizes com Ele. Nosso Pai nos considera como filhos e deseja que possamos alegrar-nos com Ele no seu reino, que cresce já na terra. O reino de Deus, a sua Soberania, é um reino que se impõe apenas pela luz da verdade, para crescer na liberdade e no amor. Entretanto o homem, «seduzido» pelo mal, apercebe-se de que poderia também construir algo não só de diverso mas até contrário ao reino de Deus. Com efeito, cada paixão, que se torna um ídolo para o homem, impele-o a construir um «principado» e a perder o reino de Deus. Como filho, recebeu de Deus capacidades tais que podem tornar concreta esta terrível possibilidade. Esta é a tentação contra Deus. Mas pode também realizar um projeto grande, belo e bom, colaborando livre e fielmente com o seu Deus. Esta é a fidelidade a Deus, de que o homem nunca se arrependerá.

Provados para crescer ou tentados para a destruição?

Como surge esta «tentação» que se opõe à realização do reino de Deus, à sua vontade e, em última análise, à nossa verdadeira felicidade e também ao futuro do mundo? Precisamos aprofundar esta questão. Em que sentido pode o ser humano ser «seduzido» e perder-se?

É uma preocupação daqueles que amam. Eis como nos exortava o Papa Paulo VI, em uma Audiência Geral: «A vida cristã é um drama, em que o bem e o mal se entrecruzam e se opõem continuamente e conferem ao mundo precisamente o caráter de um combate permanente (...); o Senhor quis inseri-lo na fórmula, podemos chamar oficial, da nossa oração a Deus Pai, fazendo-nos invocar sempre a sua ajuda para obter a defesa de uma ameaça contínua que insidia o nosso caminho no tempo: a tentação. (...) Não é de admirar, então, se a nossa sociedade se degrada do seu nível de humanidade autêntica à medida que progride nesta pseudo-maturidade moral, nesta indiferença, nesta insensibilidade perante a diferença entre o bem e o mal, e se a Sagrada Escritura nos adverte severamente que "o mundo inteiro (no sentido pejorativo que estamos considerando) está sob o jugo do maligno" (*1 Jo* 5, 19). Vigiemos, irmãos e filhos caríssimos, para que o mundo, que não é de Deus, não nos seduza, não nos infunda uma concepção ilusória da vida e não nos faça perder o sentido dos seus verdadeiros valores. Estejamos com Cristo, para sermos participantes da vitória que Ele nos anuncia e promete: "Tende confiança! Eu venci o mundo" (*Jo* 16, 33)»[1].

É o Senhor que, através do Papa e da Igreja fiel, nos dirige os seus apelos e acompanha ao longo da história.

Por isso, podemos compreender como o Senhor conduz a história a descobrir, na oração do *Pai nosso*, as raízes cristãs mais profundas da vida, da família e da sociedade. Também isto faz parte do amor de Deus que chama cada homem revelando-lhe quem é e qual é o seu futuro.

Tenhamos presente ainda que a tentação faz parte da nossa vida. O *Catecismo da Igreja Católica* nos recorda: «Nós pedimos ao nosso Pai que não

---

[1] *Magistério*. Cf. PAULO VI, *Alocução*, na Audiência Geral de 23 de Fevereiro de 1977.

nos "deixe cair" na tentação. Traduzir numa só palavra o termo grego é difícil. Significa "não permitas que entre em", "não nos deixes sucumbir à tentação". "Deus não é tentado pelo mal, nem tenta ninguém" (*Tg* 1, 13). Pelo contrário, Ele quer livrar-nos do mal. O que Lhe pedimos é que não nos deixe seguir pelo caminho que conduz ao pecado»[2].

«O Espírito Santo permite-nos discernir entre a provação, necessária ao crescimento do homem interior em vista duma virtude "comprovada", e a tentação que conduz ao pecado e à morte. Devemos também distinguir entre "ser tentado" e "consentir" na tentação»[3]. Somente o consentir na tentação, por nossa livre escolha, gera o pecado em nós.

Como toda a realidade humana, Jesus, precisamente porque é homem, foi tentado no deserto, diz-nos os Evangelhos. Eis o que o Papa Bento XVI, no seu livro *Jesus de Nazaré*, propõe à nossa atenção: «Deus certamente não nos induz em tentação. Na realidade, Tiago afirma: "Ninguém diga, quando for tentado: 'É Deus que me tenta'. Deus não pode ser tentado pelo mal e não tenta ninguém" (1, 13). (...) A tentação vem do demônio, mas faz parte da missão messiânica de Jesus vencer as grandes tentações que afastaram e continuam a afastar os homens de Deus. (...) Para maturar, para encontrar verdadeira e progressivamente a estrada que leva de uma religião de fachada a uma profunda união com a vontade de Deus, o homem tem necessidade da provação (...), precisa de purificações, de transformações, que, embora sejam perigosas para ele e possam provocar a sua queda, constituem todavia caminhos indispensáveis para encontrar a si mesmo e a Deus. O amor é sempre um processo de purificações, de renúncias, de dolorosas transformações de nós mesmos e deste modo um caminho de maturação. (...) Foi neste sentido que Cipriano interpretou a petição. Diz ele: "Quando pedimos 'não nos deixeis cair em tentação', expressamos a consciência de que o inimigo não pode nada contra nós, se antes não lhe for permitido por Deus; deste modo, toda a nossa reverência, devoção e culto vão para Deus, já que, nas nossas tentações, nada é lícito ao maligno, se não lhe for dada faculdade para isso" (*De oratione dominica*, 25)»[4].

O homem pode vencer a tentação e o maligno, com a ajuda da graça de Deus[5], como nos recorda o Apóstolo João: «Eu vos escrevi, filhinhos: conheceis o Pai. Eu vos escrevi, pais: conheceis aquele que é desde o princípio. Eu vos escrevi, jovens: sois fortes, a Palavra de Deus permanece em vós, e vencestes o Maligno»[6]. É verdade que toda a tentação, na sua origem, deriva do maligno, mas nem sempre provém diretamente dele, como diz o apóstolo Tiago: «Cada qual é tentado por sua própria concupiscência, que o arrasta e seduz. Em seguida, a concupiscência concebe o pecado e o dá à luz; e o pecado, uma vez maduro, gera a morte»[7].

---

[2] *Magistério. Catecismo da Igreja Católica* n. 2846.
[3] *Magistério. Catecismo da Igreja Católica* n. 2847.
[4] Magistério. BENTO XVI, *Jesus de Nazaré* (1ª parte), cap. 5, A Esfera dos Livros, Lisboa 2007, pp. 211-214.
[5] Bíblia. Cf. Primeira Carta aos Coríntios 10, 13
[6] *Bíblia*. Primeira Carta de S. João 2, 14.
[7] *Bíblia*. Carta de S. Tiago 1, 14-15.

Como procede a tentação

Como ocorre este processo no coração do homem? Como é possível que o homem, possuindo inteligência, liberdade e dignidade resultantes da «imagem de Deus», se deixe confundir tão facilmente e desviar pelo mal? Como se processa este mecanismo, segundo o qual o homem gradualmente se corrompe nas suas opções? A Palavra de Deus revela o processo do coração do homem. É Jesus quem nos revela, no Evangelho: «De fato, Deus amou tanto o mundo, que deu o seu Filho único, para que todo o que nele crer não pereça, mas tenha a vida eterna»[8]. Este é o amor de Deus por nós: Ele quer que tenhamos a vida para sempre, a vida de Deus. Mas no homem, apesar de tão amado por Deus, reina uma estranha ambiguidade: «A luz veio ao mundo, mas as pessoas amaram mais as trevas do que a luz, porque as suas obras eram más. Pois todo o que pratica o mal odeia a luz e não se aproxima da luz, para que suas ações não sejam denunciadas. Mas quem pratica a verdade se aproxima da luz, para que suas ações sejam manifestadas, já que são praticadas em Deus»[9]. O homem é tentado a preferir as trevas à luz da verdade. Podemos nos perguntar: por quê?

Diz-nos o texto da Palavra de Deus: «porque as suas obras eram más». Quando o homem começa a criar estruturas injustas e iníquas e a adotar, depois, comportamentos perversos para defender o resultado do seu sistema, acaba por preferir as trevas que escondem as mentiras e o mal praticado, podendo assim, encoberto, perdurar e não se perder. Deste modo, com a perversidade, o homem consegue manter em sua posse o furto realizado.

No capítulo 3 do livro de Gênesis descreve-se, numa linguagem figurativa particular, a perversidade inicial da queda de Adão e Eva: querem algo próprio de Deus procedendo contra Deus, sem Deus e, por conseguinte, roubando-o de Deus. E verifica-se o furto, ditado pela «concupiscência da carne, a concupiscência dos olhos e a ostentação da riqueza»[10], de que fala a Primeira Carta do apóstolo São João. «Ora, o mundo passa, e também a sua concupiscência; mas aquele que faz a vontade de Deus permanece para sempre»[11]. «Passa», porque se destrói; e passa juntamente «com suas concupiscências», «pois a figura deste mundo passa»[12]. É preciso esperar um mundo novo, que Deus Pai prepara para os seus filhos, no qual não reina mais o egoísmo.

Entretanto o homem, para manter em seu poder o «pequeno principado», prefere a escuridão, a simulação e não se aproxima da luz por não poder manipulá-la. A tentação atual, como aliás de sempre, é erguer «principados» seus, em vez de edificar o reino de Deus, porque se pretende algo que pertença a si mesmo, ao indivíduo, à «própria» família ou à sociedade. É por isso que não se aceita o Evangelho da Luz e da Verdade; e daqui nasce a oposição à religião. Diz o ímpio: «Com a religião, não posso fazer os meus interesses».

---

[8] *Bíblia*. Evangelho segundo S. João 3, 16.
[9] *Bíblia*. Evangelho segundo S. João 3, 19-21.
[10] *Bíblia*. Primeira Carta de S. João 2, 16.
[11] *Bíblia*. Primeira Carta de S. João 2, 17.
[12] *Bíblia*. Primeira Carta aos Coríntios 7, 31.

Enquanto Deus nos fala de amor, de nos dar o seu Filho e, com Ele, todos os outros dons, o homem está pronto a ouvir e a receber de Deus. Mas o homem, corrompido pelo pecado e o egoísmo, deixa de pensar no reino do Deus para se ocupar do seu «pequeno principado» que pretende separar do reino: « Pois quem faz o mal odeia a luz e não se aproxima da luz para que suas obras não sejam descobertas». Esta afirmação significa que o homem corrompido tudo faz para que as suas obras não sejam desmascaradas e ele não acabe censurado com a consequência de perder aquilo que «pegou» e «roubou». Por isso, não se aproxima da luz. Pelo contrário, «quem pratica a verdade aproxima-se da luz». «Pratica a verdade», não porque é sua, mas porque a vê: o homem vê o que é verdadeiro e justo e pratica-o, sem se apropriar do mesmo, porque a verdade e o bem existem antes dele. Deste modo ele constrói, não o seu principado, mas a verdade do reino, que é bondade, justiça e luz. Pratica a verdade construindo-a, já que a recebe como dom de Deus e está em comunhão com Deus.

O homem que está na luz realiza a vida na medida em que capta o seu mistério e a sua verdade. Não constrói a vida num laboratório, dizendo que é sua, mas leva à perfeição aquilo que já existe como «dom» recebido de Deus.

Quem pratica a verdade aproxima-se da luz, para que se veja claramente que os seus atos «são feitos *em* Deus»[13]. Não foram feitos pelo homem e para o homem, mas foram «feitos em Deus»: já existem em Deus e lhe pertencem. As coisas, a verdade, a bondade, a justiça, os valores fundamentais existem em Deus: o homem os descobre e, assim, não tem dificuldade em mostrar a todos que a sua vida, a sua família, o seu trabalho, o seu contributo para construção da sociedade são feitos em Deus. É isto que significa construir o reino de Deus. Esta é a grande diferença entre quem recebe a vida como um dom, descobrindo a verdade da mesma e dando glória a Deus ao vivê-la, e quem, pelo contrário, dissimuladamente se apropria da vida, gerindo-a impunemente como «própria» e conservando-a para si como um furto. Trata-se, portanto, de uma tentação interior, escondida no homem.

Para contrastá-la, Jesus, no *Pai nosso*, ensina-nos a individuá-la, reconhecendo-nos tentados, confiando-nos a Deus e pedindo para nos conservar em suas mãos. Com efeito, devemos estar cientes do que construímos e do futuro que nos espera. A esta altura, é interessante analisar sete tentações que estão surgindo em nosso tempo.

Sete tentações

A primeira tentação é a tentação de base, que vimos já no capítulo 7 deste livro, ao comentar o capítulo 3 de Gênesis. Para os homens, feitos como são à «imagem e semelhança»[14] de Deus, a primeira tentação é querer ocupar o lugar de Deus. Sob o impulso do pecado original, esta tentação sugere viver como se Deus não existisse, construir a própria vida, a família, a sociedade, enfim tudo, ignorando a religião e a relação com Deus.

---

[13] *Bíblia*. Evangelho segundo S. João 3, 21.
[14] *Bíblia*. Cf. Livro de Gênesis 1, 26.

Esta dinâmica compreende três graus. O primeiro é a *indiferença*, segundo a qual Deus não seria importante. A questão da relação com Deus tornou-se indiferente no nosso mundo e para o nosso povo. Não interessa; e, a muitos, nem lhes passa pelo pensamento. A indiferença é terrível! O segundo grau é a *irreligiosidade*. Aqui considera-se «inútil» o diálogo com Deus e, por consequência, começa-se a contestar a religião e a opor-se a ela, afirmando que os recursos econômicos e humanos devem ser utilizados em atividades mais construtivas, mais úteis. O terceiro grau é o *ateísmo*: Deus não existe e o homem fecha-se na oposição. A maior tentação é esta: não levar Deus a sério.

A segunda tentação do mundo contemporâneo pode-se explicar com a imagem do «barril» de vinho. O desejo do homem é estar cheio, naturalmente de si mesmo, estar saciado, motivo pelo qual se buscam todos os prazeres que possam encher a vida. E, assim, o homem fica sozinho com o seu «eu», verificando-se uma exaltação de si mesmo, uma auto-adulação, uma espécie de fixação em si mesmo, atitude típica do narcisista.

A sensação que se tem hoje é de que há muitas pessoas narcisistas; e, com elas, é muito difícil raciocinar, porque se apresentam «cheias de si mesmas», quando, na realidade, estão «vazias de espírito». Tais pessoas procuram viver satisfeitas com uma existência marcada pelo hedonismo, caracterizada pelos vícios capitais de que falamos no capítulo anterior. Da tentação passou-se, depois, à opção de vida, ou seja, ao vício. Mas esta opção não é definida «viciosa»; antes, é por elas considerada «natural».

Interessa-nos saber o desenvolvimento que tiveram a primeira e a segunda tentação no mundo atual. Como foram assimiladas pelas novas gerações? Por que muitos adultos, mesmo cristãos, não se dão conta e ficam tão passivos diante das tentações? Aqui está o ponto nevrálgico da terceira tentação.

A terceira tentação é o *relativismo*[15], uma tentação muito forte, sobretudo pelo desaparecimento daquela ligação entre verdade-bem-liberdade de que o Magistério da Igreja fala, com preocupação, na carta encíclica *Veritatis splendor* (O esplendor da verdade) de São João Paulo II: «Algo de mais grave aconteceu: o homem já não está convencido de que só na verdade pode encontrar a salvação. A força salvadora do verdadeiro é contestada, confiando à simples liberdade, desvinculada de toda a objetividade, a tarefa de decidir autonomamente o que é bem e o que é mal. Este relativismo gera, no campo teológico, desconfiança na sabedoria de Deus, que guia o homem com a lei moral. Àquilo que a lei moral prescreve contrapõem-se as chamadas situações concretas, no fundo, deixando de considerar a lei de Deus como sendo *sempre* o único verdadeiro bem do homem»[16].

Ora, quando o homem pensa que a verdade deixou de existir e, por isso, não a deve descobrir, sucede que a quer criar ele mesmo, estabelecendo o que é bem e o que é mal. E assim o homem, longe de Deus e sem Deus, torna-se «criador e árbitro do bem e do mal». Esta é a sua insana pretensão. No fundo, esta é a consequência da tentação de satanás e do pecado original[17].

---

[15] *Magistério*. Cf. JOÃO PAULO II, Carta encíclica *Veritatis Splendor* (1993) n. 84. O texto encontra-se no n. 83 do Apêndice, disponível no site figlidichi.altervista.org
[16] *Magistério*. JOÃO PAULO II, Carta encíclica *Veritatis Splendor* (1993) n. 84.
[17] *Bíblia*. Cf. Livro de Gênesis 3.

A preocupação com este relativismo é muito presente no Magistério e na consciência dos cristãos. Ao abordar esta questão em sua Visita Apostólica a Camarões e a Angola, o Papa Bento XVI afirmou: «Com efeito, contra um relativismo difuso que nada reconhece como definitivo e tende a defender como última medida apenas o próprio eu e os seus caprichos, nós propomos outra medida: o Filho de Deus, que é também verdadeiro homem. Ele é a medida do verdadeiro humanismo. O cristão de fé adulta e madura não é aquele que segue as ondas da moda e a última novidade, mas quem vive profundamente enraizado na amizade de Cristo. É esta amizade que nos abre a tudo o que é bom e nos dá o critério para discernir entre engano e verdade»[18].

Deus é o Bem absoluto. Só Ele é a Fonte, o fundamento do bem; é n'Ele que o homem tem a sua raiz mais profunda, a raiz da vida. O homem não pode apoderar-se dela para viver «fora», desenraizado de Deus, porque neste caso morreria. A tentação do engano de satanás, em que a humanidade caiu, foi pretender decidir, longe de Deus, o que é bem e o que é mal.

Posto Deus de lado, deixa de haver objetividade na verdade: aquilo que é verdadeiramente bom e verdadeiramente mal. Sem Deus, o homem fica à mercê desta terrível tentação de ser ele mesmo a gerir tudo, de inventar ele próprio a verdade e o bem, para si e para o mundo. E, na sua ilusão, a capacidade criativa do homem aventura-se até ao ponto de cair em dois grandes erros: o primeiro, é poder decidir a respeito do absoluto, quando não aceita sequer reconhecer a si mesmo como aquilo que é, ou seja, um ser relativo; o segundo é o erro oposto, ou seja, quando o homem pensa ser de tal maneira relativo que nega a si mesmo a possibilidade de reconhecer a existência de Deus, o Absoluto.

É verdade que o homem é feito à «imagem e semelhança» de Deus, que é Absoluto, mas a sua capacidade de o compreender não pode, jamais, prescindir da comunhão com Ele; caso contrário, cai nos grilhões destes dois grandes erros. Somente reconhecendo a dimensão absoluta de Deus e a dimensão relativa do ser humano, criado à sua imagem, é que o homem pode pronunciar-se de forma lógica acerca de Deus e de si mesmo. Ao contrário, negando o ser Absoluto de Deus, o homem cai na auto-destruição niilista: «nada tem valor e nada é verdadeiro e certo», ou então numa auto-exaltação insana: «tem valor, sentido e força apenas aquilo que faz o homem, o qual cria o que quer».

A terceira tentação faz cair, portanto, no orgulho e nos maiores erros, afasta-nos de Deus e da sua sabedoria, que, entretanto, é o único caminho para poder conhecê-lo e amar, sem se perder. Somos «pequenos» mas «fortes», porque, em nossa pequenez há uma grandeza extraordinária, a qual, para se manifestar para o bem do homem e da sociedade, necessita da relação com Deus. Por isso, Jesus nos ensinou a rezar no *Pai nosso*: «E não nos deixeis cair em tentação», não nos abandoneis à mercê da tentação, não nos largueis das vossas mãos.

A quarta tentação diz respeito ao homem que não quer dar ouvidos à Palavra de Deus e não acredita na *vida eterna*, mas apenas na vida desta terra

---

[18] *Magistério*. BENTO XVI, *Discurso aos Bispos de Angola e São Tomé*, em Luanda. Visita Apostólica aos Camarões e a Angola (20 de Março de 2009).

e, por conseguinte, não acredita num Juízo Final. No entanto Deus continua a falar mas, para «o insensato», é como se não ouvisse. A Sagrada Escritura recorda-nos: «Como são grandes tuas obras, Senhor, quão profundos os teus pensamentos! O insensato não compreende isto, o imbecil não entende»[19]. Mas, «o Senhor sabe como são fúteis os pensamentos dos homens»[20].

Deus falou-nos e a sua Palavra interpela-nos continuamente: «Não procureis a morte com uma vida desregrada, e não provoqueis a ruína com as obras de vossas mãos. Pois Deus não fez a morte, nem se alegra com a perdição dos vivos. Ele criou todas as coisas para existirem, e as criaturas do orbe terrestre são saudáveis: nelas não há nenhum veneno mortal, e não é o mundo dos mortos que reina sobre a terra, pois a justiça é imortal. Mas os ímpios chamam a morte com gestos e palavras: considerando-a amiga, perderam-se e fizeram aliança com ela: de fato, são dignos de pertencer ao seu partido»[21]. Com efeito, os ímpios «dizem entre si, em seus falsos raciocínios: "Curto é o tempo de nossa vida e cheio de tédio, e não há alívio quando chega o fim. Aliás, não se conhece ninguém que tenha voltado do mundo dos mortos. De repente nascemos, e logo passaremos, como quem não existiu"»[22].

Eis o juízo de Deus sobre eles: não raciocinam, proferem «falsos raciocínios»; é uma espécie de loucura da mente e do coração, à qual se seguem as suas maldades: «Oprimamos o justo pobre e não poupemos a viúva, nem respeitemos os cabelos brancos do ancião. Que a nossa força seja a lei da justiça, pois o que é fraco é reconhecidamente inútil»[23]. Tornados cegos, perdidos de coração e de mente, atiram-se contra Cristo: «Declara possuir o conhecimento de Deus e a si mesmo se chama de 'filho de Deus'»[24]. «Proclama feliz a sorte final dos justos e gloria-se de ter a Deus por Pai. Vejamos, pois, se é verdade o que ele diz, e comprovemos o que vai acontecer com ele. Se, de fato, é 'filho de Deus', Deus o defenderá e o livrará das mãos de seus inimigos. Vamos pô-lo à prova com ofensas e torturas para ver a sua serenidade e provar sua paciência. Condenemo-lo a morte vergonhosa, porque, de acordo com as suas palavras, virá alguém em seu socorro»[25]. Esta é uma das passagens proféticas que dizem respeito a Jesus.

Eis a resposta da Palavra de Deus registrada no livro da Sabedoria: «Tais são os pensamentos dos ímpios. Mas eles se enganam, pois a malícia os torna cegos: eles não conhecem os segredos de Deus, não esperam recompensa para a vida santa e não dão valor à honra das almas puras. Ora, Deus criou o ser humano incorruptível e o fez à imagem de Sua própria natureza: foi por inveja do diabo que a morte entrou no mundo, e experimentam-na os que são do seu partido»[26]. Deus permitiu a morte, mas não a quer: por isso, Jesus Ressuscitado trouxe e prometeu a ressurreição. Deus não quer a

---

[19] *Bíblia.* Livro dos Salmos 92, 6-7.
[20] *Bíblia.* Livro dos Salmos 94, 11.
[21] *Bíblia.* Livro da Sabedoria 1, 12-15.
[22] *Bíblia.* Livro da Sabedoria 2, 1-2a.
[23] *Bíblia.* Livro da Sabedoria 2, 10-11.
[24] *Bíblia.* Livro da Sabedoria 2, 13.
[25] *Bíblia.* Livro da Sabedoria 2, 16b-20.
[26] *Bíblia.* Livro da Sabedoria 2, 21-24.

morte do pecador, do ímpio, «mas antes que ele mude de conduta e viva»[27]; e «não mandou ninguém agir como ímpio e a ninguém deu licença para pecar»[28]. E depois da ressurreição de Jesus, nos Atos dos Apóstolos está escrito: «Mas Deus, sem levar em conta os tempos da ignorância, agora faz saber à humanidade que todos, em todo lugar, devem converter-se. Pois ele estabeleceu um dia para julgar o mundo com justiça, pelo homem a quem designou. Mostrou a todos que ele é digno de fé, ressuscitando-o dos mortos»[29].

Demasiadas vezes se esquece a vida eterna, que nos espera a todos, e o Juízo Final, com o regresso de Jesus glorioso. Em consequência, uma tentação generalizada é pensar que a nossa vida se reduza apenas a esta fase terrena. São muitos os que caem e que induzem a outros nesta tentação. Esquece-se também que na vida, aqui na terra, falta sempre qualquer coisa, pelo menos uma parcela de justiça. Esta aspiração deverá ficar insatisfeita?

---

[27] *Bíblia*. Livro do Profeta Ezequiel 33, 11.
[28] *Bíblia*. Livro de Eclesiástico 15, 20.
[29] *Bíblia*. Atos dos Apóstolos 17, 30-31.

14

E não nos deixeis cair em tentação (II)

Em meio à atual sucessão de acontecimentos, conflitos, ideias e interesses, ganha terreno uma *quinta tentação*, que parece passar despercebida. É a *superficialidade* daqueles que dizem: «Que importa aprofundar, compreender? O importante é viver». «Viva a sua vida! É demasiado complicado entendê-la: todos têm a sua opinião a dizer. Todos têm razão. Todos estão errados. De nada aproveita saber!». Conclusão: as pessoas dão a primazia à ação e a um conhecimento de tipo meramente informativo. Deste modo se toma um atalho funesto, sem nunca olhar em profundidade as coisas, acabando por não ser capaz de fazer opções para construir uma vida verdadeiramente sólida. A superficialidade é alimentada pela *preguiça* ou pela *desconfiança* quanto à possibilidade de alcançar a verdade: no máximo, a pessoa mostra-se disposta a se relacionar e trocar opiniões. O problema é que, mesmo para dialogar com as outras culturas e religiões, cada um precisa, primeiro, conhecer, e bem, a própria, analisando as raízes cristãs. Porém, em vez disso, escolhe-se a estrada mais fácil e menos exigente. A Primeira Carta de Pedro recorda aos cristãos: «Mais que isso, se tiverdes que sofrer por causa da justiça, felizes de vós! Não tenhais medo de suas intimidações, nem vos deixeis perturbar. Antes, declarai santo, em vossos corações, o Senhor Jesus Cristo e estai sempre prontos a dar a razão da vossa esperança a todo aquele que a pedir»[1].

Na superficialidade do mundo atual, não se luta, não se usa pá e picareta para escavar até chegar à rocha sobre a qual, unicamente, é possível construir bem a casa, como disse Jesus[2]. As pessoas contentam-se com assentar a casa, fragilmente, sobre a precaria areia. Assim, cada iniciativa é apenas uma tentativa; e o mesmo se diga da própria vida, porque se tornou medíocre[3].

Esta superficialidade estende-se também à relação com Deus e com a sua Palavra: não se toma a sério, em profundidade, o que Deus nos diz. No fim de contas, a fé torna-se uma opinião. É a superficialidade do mundo de hoje. Esta é mais uma manifestação daquele esconder-se de que se falou no capítulo anterior: a vontade de não se colocar jamais sob a luz, «não se aproximar da luz», não acreditar na luz, não amar a luz, porque não se ama a verdade. Acomoda-se na preguiça e na ociosidade.

---

[1] *Bíblia*. Primeira Carta de S. Pedro 3, 14-15.
[2] *Bíblia*. Cf. Evangelho segundo S. Mateus 7, 24-27.
[3] *Bíblia*. Cf. Livro de Gênesis 25, 29-34.

A *sexta tentação* do mundo é a tentação dos *falsos profetas*, pessoas que atraem e suscitam admiração: mais ou menos exaltadas, detentoras de qualquer ideia em vários campos. São as falsas vozes que se dissociam da verdade de Deus e induzem em tentação. No Evangelho, Jesus nos adverte: «Hão de surgir muitos falsos profetas, que enganarão muita gente. A maldade se espalhará tanto que o amor de muitos esfriará. Mas quem perseverar até o fim, esse será salvo»[4]. «Cuidado com os falsos profetas: eles vêm até vós vestidos de ovelha, mas por dentro são lobos ferozes. Pelos seus frutos os conhecereis»[5].

Existem os falsos profetas e surgirão ainda mais. A história está cheia deles. Em consequência, espalha-se a *suspeita* e não se realiza o bem que se poderia fazer. Também esta é uma grave tentação, porque, «por medo», bloquea-se o bem que se poderia fazer e a justiça que se deve praticar torna-se estéril, sem dar frutos para Deus, como o servo «preguiçoso» na parábola evangélica dos talentos[6] ou como o juiz iníquo[7] que não queria aborrecimentos. Por isso, é necessária a fé cristã para se ter mais força, mais zelo e grandeza de ânimo e coração, e, assim, não cair na *tibieza* e consequente repreensão de Deus[8]. A confiança em Deus deve sustentar os cristãos para serem presença ativa e construtiva no mundo, de modo a serem verdadeiros exemplos e animação das realidades temporais. Durante a sua Visita Apostólica à Inglaterra, o Papa Bento XVI afirmou a necessidade de ser, na sociedade hodierna, sinal de luz e de clareza na obra de evangelização[9].

A *sétima tentação* deriva da constatação de que *o mal prospera* e se fortalece. O ímpio, diz a Sagrada Escritura, «ilude-se consigo mesmo em procurar sua culpa e detestá-la. Suas palavras são maldade e engano, deixou de entender e de fazer o bem. Trama no seu leito a maldade, obstina-se no caminho que não serve, não quer rejeitar o mal»[10]. A pessoa vê o mal crescer, juntamente com o número dos maus e dos ímpios, e sobrevém-lhe o desânimo e a perplexidade. Deus parece estar ausente e, por vezes, perde-se a esperança porque, por causa dos ímpios que prosperam, o mal apresenta-se mais forte que o bem. Por isso, muitos perdem a fé em Deus e, sem a esperança cristã, deixam-se invadir pelo mal e se embrutecem. Alguns conformam-se com o mal comum e sucumbem.

O homem precisa da Palavra de Deus como de pão; caso contrário, morre interiormente. Deus tem a resposta para o fato da presença do mal no mundo e que tanto o molesta. Esta resposta é necessária no coração de cada um, se não quer sucumbir, conformando-se com o mal. Uma primeira resposta de Deus a encontramos num dos Salmos da Bíblia, que aqui menciono: fala-se lá de uma

---

[4] *Bíblia.* Evangelho segundo S. Mateus 24, 11-13.
[5] *Bíblia.* Evangelho segundo S. Mateus 7, 15-16a.
[6] *Bíblia.* Cf. Evangelho segundo S. Mateus 25, 14-*30.*
[7] *Bíblia. Cf.* Evangelho segundo S. Lucas 18, 1-8.
[8] *Bíblia.* Cf. Livro do Apocalipse 2, 4-5; 3, 15-16.
[9] *Magistério.* Cf. BENTO XVI, *Homilia da Missa no* Bellahouston Park *em Glasgow.* Visita Apostólica à Inglaterra (16 de Setembro de 2010). O texto encontra-se no n. 84 do Apêndice, disponível no site figlidichi.altervista.org
[10] *Bíblia.* Livro dos Salmos 36, 3-5.

pessoa muito perturbada com a presença do mal no mundo, ao sabor de tantos exemplos negativos que a rodeiam, a qual, desconsolada, se volta para Deus que lhe responde, iluminando-a espiritualmente a tal respeito. Eis o texto: «Sim, Deus é bom para Israel, o Senhor é bom para os puros de coração. Mas quase tropeçaram meus pés, por um nada vacilavam meus passos. Pois comecei a ter inveja dos arrogantes, vendo a prosperidade dos maus. Para eles sofrimento não existe, sadio e bem nutrido é seu corpo; não sofrem as labutas dos mortais, não são atingidos como os demais. Como colar os cinge o orgulho, como veste os envolve a violência; seu olhar desponta de sua gordura, transbordam as ambições de seu coração. Zombam, falam com malícia, com soberba ameaçam de cima. Levantam sua boca até o céu e sua língua percorre a terra»[11].

É uma linguagem forte que mostra como os ímpios vociferam e se impõem com arrogância e violência. «E dizem: "O que é que Deus sabe? Acaso o Altíssimo toma conhecimento?" Assim são os maus, sempre tranquilos, só fazem aumentar o seu poder. Então foi em vão que conservei puro meu coração e que na inocência lavei minhas mãos? Sou molestado o dia todo e castigado cada manhã. Estava quase dizendo: "Vou falar como eles". Mas assim estaria traindo os filhos teus. Pensei, pois, nesse problema, porém achei difícil demais para meus olhos. Até que entrei no santuário de Deus e entendi qual era o fim deles. De certo, tu os pões num chão escorregadio e assim os fazes cair em ruína. Como ficam reduzidos a escombros num instante! Caem por terra, destruídos pelo terror. Como um sonho ao despertar, Senhor, quando te levantas, desprezas a figura deles. Quando meu coração se amargurava e nos meus rins sentia dor aguda, eu era imbecil, ignorante, como um animal diante de ti. No entanto, estou sempre contigo; tu me tomaste pela mão direita. Com teu conselho me guias e depois na glória me recebes»[12].

Deus responde ao homem para que não sucumba à tentação. E encontramos neste Salmo uma resposta comovente. Ele promete e mantém, exorta o homem e o conforta. Além disso, é preciso considerar que o homem tem também um inimigo, que é o diabo, que tenta precisamente com a presença do mal que há no mundo. Para o homem, esta é uma grande tentação que o confunde e atrai. Mas a maior resposta de Deus ao mal presente no mundo continua a ser a própria vida de Jesus. Ele enfrentou, por nós, a realidade do mal presente na vida humana em todas as suas manifestações e mostrou como é possível vencê-lo e superá-lo. No Evangelho, Jesus, enquanto homem, enfrenta as três tentações feitas por satanás. Na verdade, o problema da presença do mal é central na vida humana, pois é aqui que mais se concentra a tentação humana e a «provocação» de satanás, porque a tentação se *disfarça* de bem. São desafios que frequentemente se nos apresentam.

As três tentações de satanás

Mas, como é que o diabo tenta? Jesus precisou enfrentar o «inimigo» do homem, o diabo, a fim de nos mostrar quais são as tentações fundamentais

---

[11] *Bíblia*. Livro dos Salmos 73, 1-9.
[12] *Bíblia*. Livro dos Salmos 73, 11-24.

para o homem e como repeli-las. A propósito, é muito esclarecedor o que nos confia o Papa Bento XVI no seu livro *Jesus de Nazaré*: «Aqui aparece claramente o núcleo de toda a tentação: remover Deus, o Qual, face a tudo o que na nossa vida se apresenta mais urgente, parece secundário, senão mesmo supérfluo e incômodo. Pôr ordem no mundo sozinhos, sem Deus, contar apenas com as próprias capacidades, reconhecer como verdadeiras apenas as realidades políticas e materiais e deixar de lado Deus como uma ilusão, tal é a tentação que de múltiplas formas nos ameaça. (...) [A tentação, na sua aparência moral,] finge que indica o melhor: abandonar finalmente as ilusões e empregar eficazmente as nossas forças para melhorar o mundo. (...) O real é o que se constata: poder e pão. Comparadas com isto, as coisas de Deus aparecem irreais, um mundo secundário de que verdadeiramente não há necessidade.

«Em jogo está Deus: é verdade ou não que Ele é o real, a própria realidade? Ele é o Bem, ou devemos nós mesmos inventar o que é bem? A questão de Deus é a questão fundamental, que nos leva à encruzilhada da existência humana»[13]. Ao texto do Papa, que acabamos de citar, segue-se o comentário das três tentações descritas no Evangelho de Mateus, sobre as quais vamos agora nos debruçar.

Ataque à fé

Detenhamo-nos na *primeira tentação* de Jesus. «"Se és Filho de Deus, manda que estas pedras se transformem em pães" (*Mt* 4, 3): começa assim a primeira tentação. "Se és o Filho de Deus..." – voltaremos a ouvir estas palavras dos lábios daqueles que, junto da cruz, hão de escarnecer de Jesus: "Se és o Filho de Deus, desce da cruz" (*Mt* 27, 40). (...) Sobrepõem-se aqui escárnio e tentação: Cristo deve dar provas da sua pretensão para se tornar credível. (...) E o mesmo pedido dirigimos também nós a Deus, a Cristo e à sua Igreja no curso da história: Se existis, ó Deus, então deveis mostrar-vos; deveis rasgar a nuvem onde vos escondeis e dar-nos a clareza a que temos direito. Se vós, ó Cristo, sois verdadeiramente o Filho e não apenas mais um daqueles iluminados que não cessam de aparecer na história, então deveis mostrá-lo de forma muito mais clara do que o tendes feito. E então deveis dar à vossa Igreja, se verdadeiramente ela deve ser a vossa, um grau de evidência diferente daquele que na realidade possui»[14].

O Papa continua a sua análise do texto evangélico e afirma: «O que há de mais trágico, o que mais contradiz a fé num Deus bom e a fé num redentor dos homens que a fome da humanidade? O primeiro critério de identificação do redentor perante o mundo e para o mundo não deveria ser porventura o de dar o pão e acabar com a fome de todo homem? (...) Porventura não é o problema da alimentação do mundo – e, mais em geral,

---

[13] *Magistério*. BENTO XVI, *Jesus de Nazaré* (1ª parte), cap. 2, A Esfera dos Livros, Lisboa 2007³, pp. 58-59.
[14] *Magistério*. BENTO XVI, *Jesus de Nazaré* (1ª parte), cap. 2, A Esfera dos Livros, Lisboa 2007³, pp. 60-61.

os problemas sociais – o primeiro e autêntico critério segundo o qual se deve medir a redenção? (...) O marxismo fez precisamente deste ideal, de modo bem compreensível, o cerne da sua promessa de salvação: haveria de fazer com que toda a fome fosse saciada e que "o deserto se tornasse pão". (...) "Se és o Filho de Deus..." Que desafio! E não se deve dizer o mesmo à Igreja? Se queres ser a Igreja de Deus, então preocupa-te em primeiro lugar com o pão para o mundo; o resto virá depois. (...) Jesus não fica indiferente perante a fome dos homens, diante das suas necessidades materiais, mas coloca-as no seu justo contexto e situa-as na reta ordem»[15].

A resposta que Jesus dá ao tentador e também a quantos podem tentar, servindo-se deste ponto delicado no qual, aliás, muitas vezes se apoia o desafio do mundo, é esta: «Não se vive somente de pão, mas de toda palavra que sai da boca de Deus»[16]. E, sobre este ponto, escreve o Papa Bento XVI no seu livro *Jesus de Nazaré*: «Onde esta ordem de valores não for respeitada, mas invertida, deixa-se de conseguir a justiça, não mais se presta cuidado aos homens que sofrem; mas gera-se desorganização e destruição, mesmo no âmbito dos bens materiais. Onde Deus é considerado uma grandeza secundária, que temporária ou estavelmente se pode deixar de lado em nome de coisas mais importantes, então falham precisamente estas coisas pretensamente mais importantes. E, a demonstrá-lo, não é só o desfecho negativo da experiência marxista.

As ajudas do Ocidente aos países em vias de desenvolvimento, baseadas em princípios puramente técnico-materiais que não só deixaram Deus de fora mas afastaram também os homens d'Ele com o orgulho da sua petulância, fizeram do Terceiro Mundo mesmo o *Terceiro Mundo* no sentido que hoje se entende. Tais ajudas puseram de lado as estruturas religiosas, morais e sociais existentes e instauraram no vazio a sua mentalidade tecnológica. Pensavam poder transformar as pedras em pão, mas deram pedras em vez do pão. (...) Não se pode governar a história com estruturas simplesmente materiais, prescindindo de Deus. Se o coração do homem não for bom, então nada mais se pode tornar bom. E a bondade do coração só pode vir d'Aquele que em Si mesmo é a Bondade, o Bem. (...) Neste mundo, temos de opor-nos às ilusões de falsas filosofias e reconhecer que não vivemos só de pão, mas primariamente da obediência à palavra de Deus. E somente onde esta obediência for vivida é que nascem e crescem aqueles sentimentos que permitem remediar também pão para todos»[17].

Isto nos permite entender que a resposta dada por Jesus ao tentador é muito mais forte e profunda de quanto possamos imaginar, e toca o coração de cada homem para que a fome seja vencida no mundo. Somente crescendo com a Palavra de Deus[18] é que o homem pode maturar um amor fraterno

---

[15] *Magistério.* BENTO XVI, *Jesus de Nazaré* (1ª parte), cap. 2, A Esfera dos Livros, Lisboa 2007³, pp. 62-63.

[16] *Bíblia.* Evangelho segundo S. Mateus 4, 4.

[17] *Magistério.* BENTO XVI, *Jesus de Nazaré* (1ª parte), cap. 2, A Esfera dos Livros, Lisboa 2007³, pp. 64-65.

[18] *Magistério.* Cf. BENTO XVI, *Jesus de Nazaré* (1ª parte), cap. 2, A Esfera dos Livros, Lisboa 2007³, p. 67. O texto encontra-se no n. 85 do Apêndice, disponível no site

e universal, capaz de socorrer, na justiça, todos os povos e cada homem. «Procurando» apenas o pão material com todos os seus meios humanos, a humanidade nunca chegará ao «reino» de Deus, mas só àquele «principado» onde um luta com o outro; ao passo que, alimentando-nos, como nos é mandado, da Palavra de Deus, «nascem e crescem aqueles sentimentos que permitem obter também pão para todos».

Bento XVI recorda-nos ainda que «o homem cai frequentemente na ilusão de poder "transformar pedras em pão". Depois de ter abandonado Deus, ou de o ter tolerado como uma escolha particular que não deve interferir com a vida pública, determinadas ideologias apostaram na organização da sociedade mediante a força do poder e da economia. A história demonstra-nos, dramaticamente, que a finalidade de assegurar a todos o desenvolvimento, o bem-estar material e a paz, prescindindo de Deus e da sua Revelação, acabou por dar aos homens pedras em vez de pão. Queridos irmãos e irmãs, o pão é "fruto do trabalho do homem", e nesta verdade está encerrada toda a responsabilidade confiada às nossas mãos e ao nosso talento; mas o pão é também, e antes ainda, "fruto da terra", que do alto recebe sol e chuva: é um dom a pedir, que nos priva de toda a soberba e nos faz invocar com a confiança dos humildes: "Pai (...), o pão nosso de cada dia nos dai hoje" (*Mt* 6, 11). O homem é incapaz de dar a vida a si mesmo, pois só se compreende a si próprio a partir de Deus: é a relação com Ele que confere consistência à nossa humanidade e que torna boa e justa a nossa vida. No *Pai nosso*, pedimos que seja santificado o *Seu* nome, que venha a nós o *Seu* reino e que seja feita a *Sua* vontade. É, antes de tudo, a primazia de Deus que devemos recuperar no nosso mundo e na nossa vida, porque é esta mesma primazia que nos permite descobrir a verdade daquilo que nós somos, e é no gesto de conhecer e seguir a vontade de Deus que encontramos o nosso verdadeiro bem. Reservemos tempo e espaço para Deus, a fim de que Ele seja o centro vital da existência»[19].

O ataque à Igreja

Aprofundemos *a segunda tentação de Jesus*, atendo-nos sempre ao texto do livro *Jesus de Nazaré*, onde o Papa Bento XVI escreve: «Para atrair Jesus à sua armadilha, o diabo cita a Sagrada Escritura, ou seja, o Salmo 91 (...): "Pois ele dará ordem a seus anjos para te guardarem em todos os teus passos. Em suas mãos te levarão para que teu pé não tropece em nenhuma pedra" (vv. 11-12). (...) O diabo mostra ser um conhecedor da Escritura, sabe citar o Salmo com exatidão. (...) O diabo aparece aqui como teólogo, observa a propósito Joachim Gnilka. Vladimir Solov'ëv serviu-se deste tema na sua *Narração do Anticristo*: o Anticristo recebe o doutoramento *honoris causa* em teologia pela Universidade de Tubinga; é um grande especialista da Bíblia. (...) A interpretação da Bíblia pode, efetivamente, tornar-se um instrumento do anticristo. Não é apenas Solov'ëv que o diz; afirma-o implicitamente a própria

figlidichi.altervista.org
[19] *Magistério.* BENTO XVI, *Homilia na Missa de encerramento do XXV Congresso Eucarístico Nacional Italiano*, em Ancona (11 de Setembro de 2011).

narração das tentações. Os piores livros, que destruíram a figura de Jesus, que desmontaram a fé, foram tecidos com pretensos resultados da exegese»[20].

A presença e a ação do *Anticristo* aparecem referidas em algumas passagens da Sagrada Escritura, como esta da Primeira Carta do apóstolo S. João: «Filhinhos, esta é a última hora. Ouvistes dizer que o Anticristo virá. Com efeito, muitos anticristos já se apresentaram – por isso, sabemos que chegou a última hora. Eles saíram do nosso meio, mas não eram dos nossos, pois se fossem realmente dos nossos, teriam permanecido conosco. Mas precisava ficar claro que eles todos não são dos nossos»[21].

A propósito dos «pretensos resultados da exegese», mencionados acima e usados indevidamente para «desmontar» a fé, compreendemos a situação de quantos, sem a necessária competência e sem uma fé cristã bem enraizada e suficientemente profunda, se aventuraram, quase sem se aperceberem, numa falsa cultura científica da interpretação bíblica, acabando por acreditar mais em si próprios e no seu pensamento dominante do que no Deus vivo e nas promessas divinas já realizadas na história ou que se devem ainda cumprir. Deste modo, apesar de se declararem «crentes», deixaram a fé segura da Igreja e enriqueceram-se de hipóteses teológicas «em sintonia com os tempos» obscuros e de hipotéticas considerações. E assim, seguros do próprio douto saber, tornaram-se «os sábios» e deixaram de ser verdadeiros pastores para apascentarem em nome próprio e dos próprios raciocínios, em vez de o fazerem em nome do verdadeiro Mestre[22], Cristo.

Muitos fiéis e sacerdotes perderam-se neste *labirinto ideológico* e nele vagueiam, servindo mais à sua paixão de pesquisa e criatividade e às próprias ideias de que se vangloriam, sem se dar conta de que são prisioneiros de uma cultura transitória e se afastam da fé segura e da Igreja fiel. Às vezes, a própria falta ou a perda da relação com Deus Pai influi sobre estas tomadas de posição. Perdeu-se, talvez, a fé e a oração, sobretudo a do *Pai nosso*. Na verdade, a falta de valor da paternidade reflete-se também na Igreja. O que mais devia maturar na Igreja e na vida eclesial é precisamente a dimensão da *paternidade espiritual*. Como sempre acontece, o fixar-se apenas na «fraternidade» leva, a longo prazo, ao carreirismo e a posições individualistas e parciais e a fáceis contraposições. As nossas estruturas nunca deveriam negligenciar, mas pressupor, as estruturas fundamentais criadas por Deus na natureza humana. Isto aparece bem claro desde o início da Igreja, como nos atestam as cartas de Santo Inácio de Antioquia[23]. As estruturas antropológicas fundamentais da pessoa humana, de forma progressiva, são: ser filhos, esposos, pais, irmãos e amigos.

O ataque à Igreja e à sua obra não é apenas externo, mas também *interno*. Há trabalhadores que «desmontam a fé» dos fiéis pensando, algumas vezes com presunção e *soberba espiritual*, outras por *ignorância*, construir, e melhor do que outros, num espaço que lhes parece livre, mas porque são incapazes

---

[20] *Bíblia*. Primeira Carta de S. João 2, 18-19.
[21] *Bíblia*. Primeira Carta de S. João 2, 18-19.
[22] *Bíblia*. Cf. Evangelho segundo S. Mateus 23, 9-10.
[23] *Tradição*. Cf. SANTO INÁCIO (... - 107), *Cartas de Santo Inácio. I Padri Apostolici*, Città Nuova 1971, pp. 91-142. Traduzido por António Ferreira.

de ver que está ocupado. Não têm olhos para ver Deus, nem coração para ouvir o que Ele diz à Igreja.

Hoje fala-se de um certo «relativismo» no âmbito teológico e também de uma visão «secularista» que pretende uma nova interpretação das Sagradas Escrituras: é «o mundo» que quer invadir e sofismar a fé cristã... e só a «cristã»! Tudo isto gera nos fiéis, primeiro, uma certa insegurança e ceticismo e, depois, a indiferença quanto às certezas da fé. Os fiéis, seguindo estas *falsas doutrinas* e estes falsos profetas com ideias bizarras, encontram-se frequentemente em pastagens áridas, sem vias de saída, condicionados mentalmente. Deste modo, muitos recursos espirituais ficaram bloqueados e impedidos de produzir fruto na Igreja e no mundo.

Ainda hoje, como aliás no passado, há quem prefira estreitar alianças ideológicas em que se chega a atraiçoar a fé cristã e o Evangelho, introduzindo uma visão nova e transformadora do cristianismo, para «fazer novamente aceitável a alegada mensagem de Cristo», como denuncia o Papa Bento XVI no seu livro *Jesus de Nazaré*[24]. Diz ele, tendo presente estas tentativas modernas e preocupantes: «Acima de tudo resulta este dado: Deus desapareceu; quem age agora é apenas o homem. O respeito pelas "tradições" religiosas é só aparente, pois, na realidade, são vistas como um amontoado de costumes que é preciso deixar às pessoas, embora fundamentalmente não contem absolutamente para nada. A fé, as religiões são usadas com objetivos políticos: o que conta é organizar o mundo; a religião conta apenas na medida em que possa ajudar a tal objetivo. A coincidência desta visão pós-cristã da fé e da religião com a da terceira tentação é inquietante»[25].

O «critério da totalidade»

Para sair do referido labirinto ideológico, e também para não cair nele, continua sempre válido para todos o *«critério da totalidade»*: tanto na Sagrada Escritura, a Bíblia, que deve ser considerada no conjunto dos seus livros, como na doutrina da fé cristã, que implica a necessidade de manter unidos os três pilares, ou seja, a Sagrada Escritura, o Magistério da Igreja e a Tradição da Igreja. Com efeito, os três estão de tal modo interligados que um tem necessidade dos outros[26] Ora, considerando o longo período já transcorrido de dois mil anos de história, é impossível que estes três pilares tenham sido edificados pela sabedoria do pensamento humano, mas são «uma manifestação do poder do Espírito»[27]: são um sinal para quem ama a verdade, um sinal na história da presença de Deus, que nunca abandona a sua Igreja, a Igreja de Jesus e, com ela, a humanidade inteira.

---

[24] *Magistério.* Cf. BENTO XVI, *Jesus de Nazaré* (1ª parte), cap. 3, A Esfera dos Livros, Lisboa 2007³, p. 87.

[25] *Magistério.* BENTO XVI, *Jesus de Nazaré* (1ª parte), cap. 3, A Esfera dos Livros, Lisboa 2007³, pp. 88-89.

[26] *Magistério.* Cf. CONCÍLIO VATICANO II, Constituição dogmática *Dei Verbum*, nn. 8-10.

[27] *Bíblia.* Primeira Carta aos Coríntios 2, 4.

A *Sagrada Escritura* é a base, a *Tradição* é, de certo modo, a sua expressão concreta, mas é o *Magistério* que une e permite à Sagrada Escritura e à Tradição da fé perdurarem e encarnarem-se na história.

Na verdade, a perda total da tradição humana compromete a própria liberdade e o bem da humanidade: construir «o depois» pressupõe sempre a existência de «um antes». Com efeito, o homem deve ter em conta a sua historicidade e mortalidade e, se deseja construir e evoluir, tem de reconhecer a necessidade de utilizar conhecimentos, experiências e habilitações adquiridas por outros. *Desenvolvimento e tradição* deveriam, conjuntamente, fazer parte do progresso humano.

A Tradição da Igreja não consiste apenas numa lista de coisas a acreditar, mas exprime o sentido da realidade divina, a interpretação dos textos da revelação bíblica, pois «a *sagrada Tradição* conserva a Palavra de Deus, confiada por Cristo Senhor e pelo Espírito Santo aos Apóstolos, e a transmite integralmente aos seus sucessores»[28]. Embora se deva distinguir a Tradição Apostólica das outras «"tradições" teológicas, disciplinares, litúrgicas ou devocionais, nascidas no decorrer do tempo nas Igrejas locais»[29], trata-se de um sentimento profundo que a Igreja tem e que deu vida à «Tradição cristã» das várias «tradições», a um sentido íntimo presente na vida dos fiéis, nos gestos e nos costumes cristãos, nos ritos e na liturgia[30].

Para compreender e viver fielmente a plenitude do Cristianismo, é preciso associar Sagrada Escritura e Tradição como dois instrumentos unidos e necessários para a receber; e esta é a tarefa do Magistério da Igreja.

Jesus concedeu, de forma particular, à Igreja para o fiel desempenho da sua missão, o dom do Espírito Santo com esta promessa: «Quando ele vier, o Espírito da Verdade, vos guiará em toda a verdade»[31]. Mas, dirigindo-se de modo específico a Pedro e aos seus sucessores, Jesus declara: «Eu, porém, orei por ti, para que tua fé não desfaleça. E tu, uma vez convertido, confirma os teus irmãos»[32]. Por este motivo, é determinante tudo aquilo que o Papa diz e escreve.

No que diz respeito à devida investigação teológica, além de douta, deve ser livre e corajosa; mas os seus resultados, como aliás sucede também em âmbito científico, não podem ser imediatamente assumidos. A doutrina da fé amadurece, também, através dos estudos e da investigação, e disso devemos dar graças ao Senhor. Porém, por isso mesmo é indispensável, para nós cristãos católicos, a fidelidade ao Magistério da Igreja. Enquanto não forem reconhecidas e assumidas pelo Magistério da Igreja, as hipóteses teológicas não devem substituir nem ofuscar tudo aquilo que se deve crer e viver na unidade de doutrina, de sentimentos e de vida na Igreja[33]. Com efeito, Jesus confiou-nos e recomendou-nos a unidade no amor, para que o mundo creia[34].

---

[28] *Magistério. Catecismo da Igreja Católica* n. 81.
[29] *Magistério. Catecismo da Igreja Católica* n. 83.
[30] *Magistério.* Cf. *Catecismo da Igreja Católica* n. 83.
[31] *Bíblia.* Evangelho segundo S. João 16, 13.
[32] *Bíblia.* Evangelho segundo S. Lucas 22, 32.
[33] *Bíblia.* Cf. Carta aos Efésios 4, 1-4.
[34] *Bíblia.* Cf. Evangelho segundo S. João 17, 21.

Servir a Deus e não servir-se de Deus

A Igreja, justamente, se mantém muito atenta à «pureza» da fé e à fidelidade ao mandato recebido de Jesus Cristo. Verdade e caridade são os pilares da vida cristã. Com efeito, fé e amor estão unidos. Assim adverte a Sagrada Escritura: «Se alguém transmite uma doutrina diferente e não se atém às palavras salutares de nosso Senhor Jesus Cristo e ao ensino segundo a piedade, é um orgulhoso, um ignorante, alguém doentiamente preocupado com questões fúteis e contendas de palavras. Daí se originam invejas, ultrajes, suspeitas malévolas, discussões sem fim entre pessoas de mente corrompida, que estão privadas da verdade e consideram a piedade como uma fonte de lucro»[35]. Já demasiadas vezes «ideias religiosas distorcidas» turvaram pastores e fiéis.

Só a fidelidade às três fontes – Sagrada Escritura, Tradição e Magistério – permite a cada um aderir permanentemente às raízes cristãs. Apenas aceitando «a totalidade» é que podemos identificar a verdade parcial, cujo verdadeiro alcance sempre se mede num todo. Deste princípio tão importante, fala Bento XVI a propósito de amputações criadas na interpretação[36]. Em última análise, para repelir e vencer a segunda tentação é preciso o amor à Palavra de Deus e a fidelidade à Igreja que garante a integridade e veracidade da fé.

Se queremos realmente saber responder às tentações e vencê-las, devemos escutar Deus. Para escutar Deus, devemos acolher e considerar «toda» a Palavra de Deus no seu conjunto, e não deixar-se enganar por quem «usa» uma parte, um pedaço. Quem verdadeiramente «escuta» Deus, não instrumentaliza uma parte, uma frase da Palavra de Deus, da Bíblia como faz quem a «usa» querendo servir-se de Deus.

Satanás no lugar de Deus

Finalmente, consideremos *a terceira tentação de Jesus*. Comentando esta última tentação, Bento XVI escreve: «Em visão, o diabo leva o Senhor a um alto monte. Mostra-Lhe todos os reinos da terra e o seu resplendor e oferece-Lhe o domínio do mundo. Não é esta precisamente a missão do Messias? Não deve Ele ser precisamente o rei do mundo, que reúne toda a terra num grande reino da paz e do bem-estar?»[37].

Esta tentação, diz o Papa Bento XVI no seu livro, assume formas sempre novas ao longo da história humana[38]. «Mas também a nós Jesus diz o mesmo que objetou a satanás, que disse a Pedro e que explicou de novo aos discípulos

---

[35] *Bíblia*. Primeira Carta a Timóteo 6, 3-5.

[36] *Magistério*. Cf. BENTO XVI, *Jesus de Nazaré* (1ª parte), cap. 3, A Esfera dos Livros, Lisboa 2007³, pp. 93-94. O texto encontra-se no n. 86 do Apêndice, disponível no site figlidichi.altervista.org

[37] *Magistério*. BENTO XVI, *Jesus de Nazaré* (1ª parte), cap. 2, A Esfera dos Livros, Lisboa 2007³, p. 70.

[38] Magistério. Cf. BENTO XVI, *Jesus de Nazaré* (1ª parte), cap. 2, A Esfera dos Livros, Lisboa 2007³, pp. 71-72.74.75.76. O texto encontra-se no n. 87 do Apêndice, disponível no site figlidichi.altervista.org

de Emaús: nenhum reino deste mundo é o reino de Deus, o estado de salvação da humanidade em absoluto. O reino humano permanece reino humano, e quem afirma que pode edificar um mundo salvo corrobora o engano de satanás, faz cair o mundo nas mãos dele.

Aqui, porém, levanta-se a grande questão que nos há de acompanhar ao longo de todo este livro: mas o que é que Jesus verdadeiramente trouxe, se não trouxe a paz ao mundo, o bem-estar para todos, um mundo melhor? O que é que Ele trouxe?

A resposta é muito simples: Deus. Trouxe Deus. (...) Jesus trouxe Deus e, com Ele, a verdade sobre o nosso destino e a nossa origem; a fé, a esperança e o amor. Só a dureza do nosso coração nos leva a pensar que isto seja pouco. Sim, o poder de Deus no mundo é silencioso, mas é o poder verdadeiro, duradouro. A causa de Deus parece encontrar-se incessantemente como que em agonia. Mas também sempre se demonstra como aquilo que verdadeiramente permanece e salva. Os reinos do mundo, que então satanás pôde mostrar ao Senhor, já todos se desmoronaram. A sua glória, a sua *doxa*, demonstrou-se como aparência. Mas a glória de Cristo, a glória humilde e disposta a sofrer, a glória do seu amor não teve nem tem ocaso.

Jesus saiu vencedor da luta contra satanás: à divinização enganadora do poder e do bem-estar, à promessa enganadora de um futuro que garante tudo a todos através do poder e da economia, Ele opôs a natureza divina de Deus, Deus como verdadeiro bem do homem. Ao convite para adorar o poder, o Senhor replica com as palavras do Deuteronômio, o mesmo livro que o diabo tinha citado: "Ao Senhor, teu Deus, adorarás e só a Ele prestarás culto" (*Mt* 4, 10; cf. *Dt* 6, 13)»[39]. Nas palavras do Papa, assimilamos uma grande verdade sobre Jesus, a mais importante: «Trouxe Deus: agora conhecemos o seu rosto, agora podemos invocá-lo. Agora conhecemos o caminho que, como homens, devemos seguir neste mundo»[40]. Esta é a resposta de que o mundo tem necessidade para escolher o bem e a verdade. É esta realidade que constitui a Igreja e a sua missão no mundo.

Tentado no deserto, Jesus combate o diabo, por nós, sempre com a Palavra de Deus. Isto que Jesus nos ensinou devemos continuar a fazê-lo também em nossa vida. É a Palavra de Deus que vence satanás, não a palavra humana. Mas, para isso, devemos estar cientes de que cada homem, e toda a humanidade, é tentado pelo maligno e pelas suas obras. Com a Palavra de Deus, vencem-se as tentações que estão presentes no mundo e se difundem através dos *mass média*, atingindo indivíduos, famílias e sociedade, especialmente as crianças e os jovens. Somente iluminados e sustentados pela Palavra de Deus e pela obra que Cristo fez e está fazendo com a sua graça no mundo, abrindo os olhos à fé e o coração ao amor da oração do *Pai nosso*, podemos construir um mundo novo, arrancando-o à sua absurda pretensão de salvar-se por si mesmo.

---

[39] *Magistério*. BENTO XVI, *Jesus de Nazaré* (1ª parte), cap. 2, A Esfera dos Livros, Lisboa 2007³, pp. 76-78.

[40] *Magistério*. BENTO XVI, *Jesus de Nazaré* (1ª parte), cap. 2, A Esfera dos Livros, Lisboa 2007³, pp. 77.

Mas, para ser reintegrados plenamente no projeto de Deus, na sua comunhão e na sua felicidade eterna, não basta ser salvos das tentações. É preciso a última petição, a sétima, que é fundamental: «Livrai-nos do mal». É o último pedido que Jesus nos ensina, no *Pai nosso*, a dirigir a Deus Pai e é também o mais necessário.

15

Mas livrai-nos do mal (I)

Constatamos a existência de limitações que nos impedem de realizar todo o bem que queríamos e de eliminar todo o mal que nos ameaça; fazem parte da nossa humanidade e devemos reconhecê-lo com coragem e na verdade. Na oração do *Pai nosso*, a sétima e última petição faz-nos suplicar, com realismo histórico e antropológico, «livrai-nos do mal». Na verdade, só Deus nos livra e poderá livrar de toda a espécie de mal.

Com o termo «mal» entendemos, sem dúvida, tudo aquilo que transtorna a nossa vida, fazendo-nos sofrer. Mas não se trata só disso! «Mal» pode ser o transtorno da natureza, do universo; e, em nós, é o sofrimento do corpo, a tribulação, a doença e a morte. Entretanto, a atual visão naturalista considera tudo isto parte da evolução natural.

Há, também, o «mal» interior, da psique, que se manifesta nas sensações de desconforto e nas amarguras devidas a conflitos afetivos ou provocadas por desordens que não se vêm externamente mas transtornam interiormente. Contudo estas situações podem ser «lidas» também como fases de um processo de amadurecimento útil e necessário, cujo desenvolvimento é deixado à responsabilidade pessoal.

O mal espiritual

Por «mal» pode-se entender também a doença do espírito: tanto o mal moral como o mal propriamente espiritual. É o mais profundo, o mais radical e difícil de se detectar. Este é o primeiro a que o homem se adapta, porque não o vê e, num primeiro momento, também não o sente. Só se manifesta mais tarde, como um câncer, porque se espalha e pode levar à «morte». É expressão da «vida desordenada» e não vivida na verdade, porque o homem se adapta a tudo, mesmo a ser cego, como disse Jesus: «São cegos guiando cegos»[1]. A verdade é que cada um vê aquilo que é, mas «vê segundo o que tem no coração». O ímpio «ilude-se consigo mesmo em procurar sua culpa e detestá-la»[2]. Ou seja, não o descobre porque está às escuras. Como o pó que só é visível à luz do sol, assim o mal podemos

---

[1] *Bíblia*. Evangelho segundo S. Mateus 15, 14.
[2] *Bíblia*. Livro dos Salmos 36, 3.

vê-lo na medida em que possuímos a luz de Deus e diante do amor sem limites de Deus Criador e Pai.

O mal é carência do bem e, por conseguinte, para vê-lo são necessárias a luz e a verdade do Bem. Mas, não há necessidade do mal para ver o bem, como alguns teorizam para justificar a presença do mal no mundo, querendo quase atribuir-lhe um espaço onde conservá-lo. O homem gozaria magnificamente do bem se não houvesse o mal, porque vem do Bem, de Deus, e é feito para o bem e a felicidade eterna. As pessoas interiormente sãs não precisam do mal, para apreciar quando estão bem.

Só Deus pode nos livrar do mal, porque o homem, embora sofra interiormente, adapta-se ao mesmo. É por isso que se habitua a não ouvir a parte boa e luminosa que Deus colocou dentro dele com a «sua imagem», o seu espírito. Às vezes ouve o seu apelo e até sente saudade, como o filho pródigo da parábola do Evangelho[3], que começa a reencontrar-se precisamente quando deixa de pensar em si mesmo: há necessidade de «levantar» o olhar e elevar a vida a Deus Pai, para o seu rosto impresso no Filho Jesus Cristo.

A história humana, apesar de tantos erros e atrocidades, mantém o seu encanto e grandeza! Nela está presente Deus, que em tudo concorre para a realização da *vida* dos seres humanos na *plenitude do seu sentido*. Este sentido, bem como o valor da vida, Deus os comunica aos crentes pela fé e os ajuda a viverem com amor e inteligência, com esperança e lucidez. Na verdade, o sentido e o significado da vida não podem ser determinados apenas pela economia e a técnica. Por vezes, quando se sofre muito intensamente ou durante demasiado tempo, pode acontecer que uma pessoa se veja sobrecarregada com um peso tão despersonalizante que a vida humana é percebida como que desprovida de valor e de esperança. Com o esforço pessoal, por um lado, e as ajudas de luz e força necessárias, por outro, todo homem consegue sair do seu mal. Mas, como explicar a presença do mal? Procuremos aprofundar este ponto.

Afirmemos imediatamente uma verdade fundamental: não existe o mal absoluto, não há o deus do mal. Há um único Deus, Criador de todas as coisas e Criador das criaturas humanas, feitas «à sua imagem e semelhança»[4]. Então por que carregamos o mal na história pessoal, familiar e social? O que são essas tribulações e desordens do mundo, que saiu das mãos boas de Deus? Que necessidade havia de um mundo assim?

Dado que não existe o mal absoluto, então o mal seria um bem que, por rebelião contra Deus, se perverteu. Na verdade, o bem do homem sem a comunhão com a Fonte, que é Deus, torna-se rebelião, orgulho, desobediência e, por fim, loucura e morte. Portanto, o mal é um bem desordenado que não caminha para a sua fonte nem para a sua finalidade; para existir, faz referimento a um bem, mas deforma, perverte-o para seu próprio uso. É difícil combatê-lo precisamente porque, muitas vezes, se disfarça de bem e esconde a sua perversão.

Por que rezar para sermos livres do mal? Por que esperar que Deus nos livre? Deste modo não se estaria favorecendo a passividade? Não podemos

---

[3] *Bíblia*. Cf. Evangelho segundo S. Lucas 15, 11-32.
[4] *Bíblia*. Cf. Livro de Gênesis 1, 26.

nos livrar por nós mesmos, com as nossas forças, com a inteligência, a racionalidade, a vontade, com todos os meios que Deus e o progresso colocam em nossas mãos?

Só Deus pode nos livrar do mal

Deus quer o progresso, a melhoria e a libertação daquilo que nos faz mal. Ele o quer também mediante a nossa contribuição, feita de inteligência, vontade, ciência e técnica e todos os outros meios que nos deu. Contudo, do *mal*, só Deus nos pode livrar sem nos fazer mal. Podemos livrar-nos dos *males*, dos vários sofrimentos e das doenças, graças ao progresso da ciência e às tecnologias cada vez mais avançadas, como, por exemplo, nos campos das neurociências, da cibernética e da informática. Quantos sucessos e conquistas em todos os campos! Mas, do «mal» e «do maligno», só Deus pode nos livrar. Por isso, rezamos: «Livrai-nos do mal».

Só Deus pode nos livrar do mal valendo-se unicamente do bem e sem nos fazer mal, porque existe um limite humano na libertação. A oração do *Pai nosso* confirma esta realidade, que Jesus mostrou na parábola do trigo e do joio, referida no Evangelho: «Jesus apresentou-lhes outra parábola: "O Reino dos Céus é como alguém que semeou boa semente no seu campo. Enquanto todos dormiam, veio seu inimigo, semeou joio no meio do trigo e foi embora. Quando o trigo cresceu e as espigas começaram a se formar, apareceu também o joio. Os servos foram procurar o dono e lhe disseram: 'Senhor, não semeaste boa semente no teu campo? Donde veio então o joio?' O dono respondeu: 'Foi algum inimigo que fez isso'. Os servos perguntaram ao dono: 'Queres que vamos retirar o joio?' 'Não!', disse ele. 'Pode acontecer que, ao retirar o joio, arranqueis também o trigo. Deixai crescer um e outro até a colheita. No momento da colheita, direi aos que cortam o trigo: retirai primeiro o joio e amarrai-o em feixes para ser queimado! O trigo, porém, guardai-o no meu celeiro'»[5].

A realidade do mundo provém das mãos e do coração de Deus, que o criou bom e diversificado. Mas o inimigo, o diabo, explica Jesus, «veio e semeou o joio», que, crescendo, gera uma desordem tal que põe em perigo a vida do próprio trigo. Nós, homens, quereríamos ir ao campo e, de qualquer modo, arrancar o joio. Mas Jesus adverte-nos que isso é um trabalho que só Deus pode fazer, no fim dos tempos; fazê-lo agora, destruiria também o trigo. Nós somos este trigo. Admiremos a delicadeza e a força de Deus, que deseja que o bem triunfe, mas também que não acabe parcialmente anulado com a destruição do mal. Na verdade, «o fim bom não justifica o uso de meios maus».

E, no entanto, quantas decisões se tomam hoje precisamente deste modo! Atendo-se a um valor que se invoca, como o direito à saúde, chega-se a espezinhar, a destruir a própria vida de um embrião humano, o início de uma vida humana. Ou então, para defender um certo direito, falta-se à caridade, ofendendo e apagando um resíduo de bem, uma chamazinha[6], em uma pessoa fraca.

---

[5] *Bíblia*. Evangelho segundo S. Mateus 13, 24-30; cf. 13, 36-43.
[6] *Bíblia*. Cf. Livro do Profeta Isaías 42, 3, Evangelho segundo S. Mateus 12, 20.

Nesta vida, o bem e o mal misturam-se e se confundem; nem sempre é fácil distingui-los, mas pelos frutos compreendemos a diferença: o trigo é fruto daquela semente que germina e cresce com a força que Deus lhe deu e, nisto, faz a sua vontade. Nutre os homens e, por conseguinte, é útil ao desenvolvimento da sua vida. O joio, por sua vez, também cresce, divide, cria um espaço próprio com prepotência, manifesta-se com riqueza e glória, mas engana, porque não é útil à vida do homem. Também o mal, aqui representado pelo joio, cresce, ocupa espaço, manifesta-se com força, riqueza e glória, como nos recorda o Salmo 74 dirigindo-se a Deus: «Não esqueças o rumor dos teus inimigos; o tumulto dos teus adversários aumenta sem fim» (v. 23).

Portanto, o mal difunde-se e pode se desenvolver poderosamente na história, inclusive porque muitas vezes o inimigo o utiliza, disfarçado de liberdade e bem-estar, para chegar ao poder. Pedimos a intervenção de Deus com estas palavras: «Mas livrai-nos do mal». Este «mas» indica que não é suficiente escapar das tentações, precisamos também pedir a Deus que nos livre do próprio mal.

Com efeito, existe também um poder corruptor, destrutivo, que é contra o bem do homem; é deste «mal» que pedimos a Deus para nos livrar. Sabemos que Deus nos livrará. Assim exprimimos a fé na salvação de Jesus Cristo: «Em nenhum outro há salvação, pois não existe debaixo do céu outro nome dado à humanidade pelo qual devamos ser salvos»[7]. «Foi ele que nos livrou do poder das trevas, transferindo-nos para o reino do seu Filho amado, no qual temos a redenção, o perdão dos pecados»[8].

Todos somos chamados à salvação; a possibilidade de salvação é para todos, e a encontramos sempre em Jesus Cristo. Todo o homem, precisamente porque mantém em si «a imagem e a semelhança» divina, ainda que encoberta pelo pecado, aspira pela salvação total e, por isso, busca a justiça. Aqueles que, sem culpa, ignoram Jesus Cristo, podem obter a salvação quando procuram sinceramente a Deus e se esforçam, com a ajuda da sua graça, por cumprir a sua vontade reconhecida na própria consciência[9].

Na carta encíclica *Spe salvi* Bento XVI afirma: «Deus existe, e Deus sabe criar a justiça de um modo que nós não somos capazes de conceber mas que, pela fé, podemos intuir. Sim, existe a ressurreição da carne. Existe uma justiça. Existe a "revogação" do sofrimento passado, a reparação que restabelece o direito. Por isso, a fé no Juízo Final é, primariamente e sobretudo, esperança – aquela esperança, cuja necessidade se tornou evidente justamente nas convulsões dos últimos séculos. Estou convencido de que a questão da justiça constitui o argumento essencial – em todo o caso o argumento mais forte – a favor da fé na vida eterna. (...) Só em conexão com a impossibilidade de a injustiça da história ser a última palavra é que se torna plenamente convincente a necessidade do retorno de Cristo e da nova vida. (...) Só Deus pode criar justiça. E a fé dá-nos a certeza: Ele fá-lo. A imagem do Juízo Final não é primariamente

---

[7] *Bíblia.* Atos dos Apóstolos 4, 12.
[8] *Bíblia.* Carta aos Colossenses 1, 13-14.
[9] *Magistério.* Cf. PAULO VI, *Homilia na Eucaristia de encerramento do Ano da Fé* (30 de Junho de 1968).

uma imagem aterradora, mas de esperança; a nosso ver, talvez mesmo a imagem decisiva da esperança»[10].

Jesus veio para todos os homens, a fim de que «tenham vida e a tenham em abundância»[11]. Devemos dar a Deus o espaço essencial para a libertação da nossa vida e da nossa história e distinguir o mal do joio.

São oito as libertações das quais temos verdadeiramente necessidade.

A primeira libertação: do engano

Jesus, que é «o Caminho, a Verdade e a Vida»[12], vem livrar-nos do engano, porque o homem, ao contrário dos animais, necessita da revelação da verdade para viver, como disse Jesus: «A verdade vos libertará»[13].

Isto nos faz pensar! Uma vez dada à luz os filhotes, estes não precisam de mais nada. O ser humano, ao contrário, além da manutenção da vida, necessita também da revelação: quem sou? Quem é você? Para que serve a vida? De onde venho? Para que futuro caminho? Desde pequeno se interroga sobre quem são os pais da mãe e do pai e até mesmo os pais dos avós. E depois pergunta: «E quem foi que fez Deus?» Embora pequena, a criança quer chegar até ao mistério da vida: «Ninguém fez Deus. Deus existiu sempre». Na verdade, Deus não só «possui» a vida, mas Ele «é» a vida.

Além da vida, o homem necessita da revelação; e este fato mostra que ele possui qualquer coisa de especial: o espírito humano. Por isso, ao longo da história, Deus enviou os profetas e depois a sua Palavra, o Verbo, que se fez homem para toda a humanidade. A história nos faz ver: a sua Presença é uma Presença interior, discreta[14] e não clamorosa; não se impõe com evidência esmagadora.

Deus manifesta-se com amor e humildade, propondo-se à liberdade e à inteligência dos homens. Se agisse diversamente, o homem seria subjugado. Deus não tem necessidade de se impor para convencer o homem, porque não busca submetê-lo. Para que lhe serviria uma humanidade subjugada e forçada pelo seu Poder Absoluto? O que busca Deus Pai é o coração do homem, o seu amor atencioso, desperto e aberto para Ele, porque só este amor aberto a Deus pode fazer o homem crescer e torná-lo capaz de encontrar e receber Deus, «tal como ele é»[15].

Se tivesse sido melhor, para nós e para a humanidade inteira, um modo diferente, certamente Deus o teria usado. Se se mostra como um Deus «escondido», o faz não só porque Ele é Diverso de nós, o Deus misterioso, mas porque ama o homem. Na verdade, o bem do homem é poder procurar Deus e recebê-lo no amor, ampliando suas capacidades dia por dia até que «Deus seja tudo em todos»[16]. Aos Apóstolos que lhe perguntavam: «Senhor, como

---

[10] *Magistério*. BENTO XVI, Carta encíclica *Spe Salvi* (2007) nn. 43-44.
[11] *Bíblia*. Evangelho segundo S. João 10, 10.
[12] *Bíblia*. Evangelho segundo S. João 14, 6.
[13] *Bíblia*. Evangelho segundo S. João 8, 32b.
[14] *Bíblia*. Cf. Livro do Apocalipse 3, 20.
[15] *Bíblia*. Cf. Primeira Carta de S. João 3, 2.
[16] *Bíblia*. Primeira Carta aos Coríntios 15, 28.

se explica que tu te manifestarás a nós e não ao mundo?" Jesus respondeu-lhes: "Se alguém me ama, guardará a minha palavra; meu Pai o amará, e nós viremos e faremos nele a nossa morada»[17]. Jesus veio para abrir de novo o coração dos homens ao dom da Transcendência, ao dom de Deus Pai: «Ide pelo mundo inteiro e anunciai a Boa-Nova a toda criatura»[18]. A fé cristã não pode ser imposta, mas apenas proposta na liberdade e no amor. Para viver, precisamos do *amor à verdade*, de que somos feitos.

O homem deve também defender-se da violência e das intrigas que manipulam e escondem a verdade, criam mentira e oprimem com violência: basta pensar na tortura que há no mundo e nos meios opressivos e coercitivos contra a liberdade de consciência e o respeito pelas pessoas. Pensemos na necessidade que alguns sentem de ofuscar, por inveja, aquilo que de bem e de bom brilha nos outros. As pessoas perversas ou malignas não suportam a luz e o bem e procuram encobri-lo e ofuscá-lo com a inveja, a fofoca e a falsidade! Pensemos no sistema das *mass medias*, quando, por interesses econômicos ou partidários, é sempre pronto a manipular a verdade para responder, com uma «informação direcionada», às paixões mais baixas. Porventura não é um engano vil quando se encoraja através das *mass medias* a fecundação assistida para o nascimento de um ser humano, escondendo à opinião pública que os óvulos fecundados, embriões humanos não implantados, serão mortos ou utilizados em laboratórios? Assim se verifica a destruição de muitos embriões de vidas humanas inocentes. Muitos caem nas malhas do mal sem o saber e habituam-se a elas. A «informação direcionada» cria uma opinião de massa, uma mentalidade e, inadvertidamente, uma adaptação ao mal e à injustiça que contamina as vítimas. Esta é uma técnica do mal, que nos leva a pedir ao Senhor: «Livrai-nos do mal».

Como recordava João Paulo II, na encíclica *Dives in misericordia*: «O homem tem justamente medo de vir a ser vítima de uma opressão que o prive da liberdade interior, da possibilidade de manifestar publicamente a verdade de que está convencido, da fé que professa, da faculdade de obedecer à voz da consciência que lhe indica o caminho certo a seguir. Os meios técnicos à disposição da civilização dos nossos dias encerram, com efeito, não apenas a possibilidade duma autodestruição mediante um conflito militar, mas também a possibilidade de uma sujeição "pacífica" dos indivíduos, dos âmbitos de vida, de inteiras sociedades e nações»[19].

É preciso, pois, encontrar a estrada para se defender da crescente manipulação da informação, cada vez mais limitada e submetida a fins utilitaristas. Seria bom amar mais a Igreja, que trabalha incessantemente pela paz. Os meios de comunicação social poderiam também exprimir maior respeito e apreço pela obra de amor e paz que a Igreja realiza no mundo. Na verdade, o respeito para com cada um, a reconciliação e o amor são o único caminho da paz sobre a terra.

Jesus vem livrar-nos da acomodação e da manipulação, para nos devolver o amor pela verdade que Deus conhece na sua integridade e para a qual destinou a nós, seus filhos.

---

[17] *Bíblia*. Evangelho segundo S. João 14, 22-23.
[18] *Bíblia*. Evangelho segundo S. Marcos 16, 15.
[19] *Magistério*. JOÃO PAULO II, Carta encíclica *Dives in Misericordia* (1980) n. 11.

Portanto, a primeira libertação que Jesus realiza é a de todo o engano e do poder de satanás, o «pai da mentira»[20], como Ele o define.

A segunda libertação: da injustiça

A injustiça é o mal que aparece mais generalizado na sociedade e na convivência humana. Na encíclica *Dives in misericordia*, João Paulo II denuncia a dificuldade que há, em nosso mundo, para romper com situações de injustiça: «Evidentemente na base da economia contemporânea e da civilização materialista há uma falha fundamental ou, melhor dito, um conjunto de falhas, ou mesmo um mecanismo defeituoso, que não permite à família humana sair de situações tão radicalmente injustas»[21]. E o protelar-se da injustiça impele a buscar refúgio em «mamon», no dinheiro e no poder, mas a experiência ensina que dessa maneira só se multiplicam as injustiças e, com elas, a corrupção. Ora, Deus ama a justiça e quer que a amemos e a pratiquemos.

Desordem, mal-estar social, desonestidade, fraudes e roubos, pequenas e grandes violências vão tornando a vida cada vez mais desumana, a ponto de impelir as pessoas a fecharem-se no egoísmo e na falta de valores e de ideais. É preciso ter a coragem de pôr fim às injustiças. Estas são bloqueadas com a aplicação do direito, com a vivência da legalidade, com a difusão do bem ao nosso redor, com a prática da oração pela qual maturam os corações das pessoas.

Devemos procurar fazer este mundo mais justo. Esta é uma tarefa primária também da política, como recordou Bento XVI, em sua Viagem Apostólica à Alemanha, durante a visita ao Parlamento Federal: «A política deve ser um compromisso em prol da justiça e, assim, criar as condições de fundo para a paz. Naturalmente um político procurará o sucesso, sem o qual não poderia jamais ter a possibilidade de uma ação política efetiva; mas o sucesso há de estar subordinado ao critério da justiça, à vontade de atuar o direito e à inteligência do direito. (...) "Se se põe de parte o direito, em que se distingue então o Estado de uma grande banda de salteadores?" – sentenciou uma vez Santo Agostinho. (...) Servir o direito e combater o domínio da injustiça é e permanece a tarefa fundamental do político. Num momento histórico em que o homem adquiriu um poder até agora impensável, esta tarefa torna-se particularmente urgente. O homem é capaz de destruir o mundo. Pode manipular a si mesmo. Pode, por assim dizer, criar seres humanos e excluir outros seres humanos de serem homens. (...) Grande parte da matéria que se deve regular juridicamente pode ter por critério suficiente o da maioria. Mas é evidente que, nas questões fundamentais do direito em que está em jogo a dignidade do homem e da humanidade, o princípio majoritário não basta»[22].

Um relacionamento sadio com Deus e com a sua sabedoria faz crescer o amor pela justiça e a honestidade. Rezar «livrai-nos do mal» quer também

---

[20] *Bíblia*. Evangelho segundo S. João 8, 44.
[21] *Magistério*. JOÃO PAULO II, Carta encíclica *Dives in Misericordia* (1980) n. 11.
[22] *Magistério*. BENTO XVI, *Discurso no Parlamento Federal*, Reichstag de Berlim. Visita Apostólica à Alemanha (22 de Setembro de 2011).

exprimir este amor e, ao mesmo tempo, comprometer-nos a colaborar na construção de um mundo mais justo, naquilo que depende de nós. Assim, pedimos ao Senhor que nos livre do mal e, simultaneamente, nos ensine a desejar o bem de todos. Sem Deus, cada um acaba por prender-se ao seu próprio interesse e torna-se presunçoso e soberbo. Uma sociedade está minada por dentro enquanto preferir, à legalidade, a desonestidade e a astúcia, que alimentam o crime organizado e a irreligiosidade. Porém, também uma religião não autêntica ou incoerente acaba por ser hipócrita e favorecer os homens que, incoerentemente, professam a religião e ao mesmo tempo praticam a desonestidade. Por isso, a coerência da vida cristã não é tolerada pelos hipócritas e desonestos. A chaga da incoerência e da duplicidade deve dar lugar a uma fé viva e autêntica, como nos lembra o apóstolo São Tiago: «Assim também a fé: se não se traduz em ações, por si só está morta. (...)Tu crês que há um só Deus? Fazes bem! Mas também os demônios crêem isso, e estremecem de medo. Queres então saber, homem fútil, como a fé que não se traduz em obras é vã?»[23].

A terceira libertação: da prepotência e do crime

Na maioria das vezes, a prepotência e o crime estão ocultos nas atitudes do homem e alimentam-se, silenciosamente, nas paixões do rancor e do ódio, da opressão e da vingança. Precisamos de Deus. A encíclica *Evangelium vitae*, de São João Paulo II nos faz refletir sobre esta dura realidade quando afirma: «Há um aspecto ainda mais profundo a sublinhar: a liberdade renega a si mesma, se auto-destrói e predispõe-se à eliminação do outro, quando deixa de reconhecer e respeitar a sua *ligação constitutiva com a verdade*»[24].

E continua: «Se a promoção do próprio eu é vista em termos de autonomia absoluta, inevitavelmente chega-se à negação do outro, visto como um inimigo de quem defender-se. Deste modo, a sociedade torna-se um conjunto de indivíduos, colocados uns ao lado dos outros mas sem laços recíprocos: cada um quer afirmar-se independentemente do outro; mais, quer fazer prevalecer os seus interesses. Todavia, na presença de análogos interesses da parte do outro, terá de se render a procurar qualquer forma de compromisso, se se quer que, na sociedade, seja garantido a cada um o máximo de liberdade possível. Deste modo, diminui toda a referência a valores comuns e a uma verdade absoluta para todos: a vida social aventura-se pelas areias movediças dum relativismo total. Então, *tudo é convencional, tudo é negociável*: inclusivamente o primeiro dos direitos fundamentais, o da vida»[25].

Devemos reflitir como homens e como cristãos! A vida é transtornada por um só e mesmo tirano, «mamon», que aparece e se apresenta sob diversas formas e sem que as pessoas se dêem conta: a um certo ponto, a vida adoece e, partindo do engano, vai-se escorregando numa série progressiva de injustiças até tocar o fundo, chegando à prepotência e ao crime. A oração do *Pai nosso*

---

[23] *Bíblia*. Carta de S. Tiago 2, 14-20.
[24] *Magistério*. JOÃO PAULO II, Carta encíclica *Evangelium Vitae* (1995) n. 19.
[25] *Magistério*. JOÃO PAULO II, Carta encíclica *Evangelium Vitae* (1995) n. 20.

preserva-nos, protegidos no amor e na verdade, quando pedimos a Deus Pai que nos «livre do mal», inclusive «destes males» que a sociedade e a maneira comum de pensar pode encobrir.

Os valores «não negociáveis»

Quais são estes valores «não negociáveis», a que aludia o Papa João Paulo II? Uma vez que tudo se tornou negociável, tudo é convencional, tudo se tornou relativo, uma opinião... E assim se multiplicaram as prepotências e os crimes. A Igreja, então, para contrastar decididamente a tentativa de tornar negociáveis os valores que se referem ao «bem integral da pessoa», fixou, pela primeira vez e com grande clareza, limites: apontou a necessidade de haver «recintos» invioláveis. São os recintos da nossa humanidade, da nossa verdade, do respeito pela vida, pela pessoa, pela sua «dignidade humana», pela família e também pela família humana, que deve construir na terra o valor da paz através da justiça. Sobre estes pontos não se pode transigir: disto depende o nosso futuro sobre a terra. A oração do *Pai nosso*, quando nos leva a pedir «livrai-nos do mal», torna-nos atentos aos valores, mas também aos inúmeros males que há para os evitarmos e ajudarmos os outros a evitá-los.

No mês de Novembro de 2002, a Congregação para a Doutrina da Fé emitiu uma *Nota doutrinal sobre algumas questões relativas à participação e comportamento dos católicos na vida política*. Este documento foi, então, aprovado pelo Papa João Paulo II, quando era Prefeito da referida Congregação o Cardeal Joseph Ratzinger. A citada nota doutrinal não expõe considerações teóricas, mas normas que esclarecem e vinculam a consciência, constituindo um dever moral para todos os cristãos, incluindo aqueles que se consideram «católicos adultos»: não devemos ter parte nas obras do mal, das quais o Senhor nos quer livres. Portanto, o amor à verdade e a liberdade de consciência devem caminhar lado a lado.

No Apêndice, o leitor poderá encontrar esta importante Nota Doutrinal[26], onde, em seu número 4, se entra em detalhe naquilo que estamos tratando aqui.

E voltando à encíclica *Evangelium vitae* de João Paulo II, no número 20, ao tratar do valor da vida humana posto em discussão pela mentalidade do mundo, lê-se: «É aquilo que realmente acontece, mesmo no âmbito mais especificamente político e estatal: o primordial e inalienável direito à vida é posto em discussão ou negado com base num voto parlamentar ou na vontade de uma parte – mesmo que seja majoritária – da população. É o resultado nefasto de um relativismo que reina incontestado: o próprio "direito" deixa de o ser, porque já não está solidamente fundado sobre a inviolável dignidade da pessoa, mas fica sujeito à vontade do mais forte. Deste modo e para descrédito das suas regras, a democracia caminha pela estrada de um

---

[26] *Magistério*. Cf. CONGREGAÇÃO PARA A DOUTRINA DA FÉ, *Nota doutrinal sobre algumas questões relativas à participação e comportamento dos católicos na vida política* (24 de Novembro de 2002), n. 4. O texto encontra-se no n. 88 do Apêndice, disponível no site figlidichi.altervista.org

substancial totalitarismo. O Estado deixa de ser a "casa comum", onde todos podem viver segundo princípios de substancial igualdade, e transforma-se num *Estado tirano*, que presume de poder dispor da vida dos mais fracos e indefesos, desde a criança ainda não nascida até ao idoso, em nome de uma utilidade pública que, na realidade, não é senão o interesse de alguns»[27]. É isto que está sucedendo no mundo atual, através de grandes centros de poder econômico, como denunciava o próprio João Paulo II[28], e também com a ajuda de falsos cristãos ou de pessoas que interpretam errôneamente os direitos e o próprio Evangelho ou servem-se apenas da parte que lhes é mais cômoda. Só Deus nos pode libertar da presunção deste mal.

As três dimensões da vida

Por isso, no Evangelho, Jesus afirma: «sem mim, nada podeis fazer»[29]; e ainda: «quem não recolhe comigo, espalha»[30]. Na verdade, é preciso reconhecer que assim como cada realidade é detectável nas três dimensões do espaço e na do tempo, assim também a vida tem as suas três dimensões que exprimem o seu valor, além da quarta que é a do tempo. A vida tem uma sua «*plenitude*», que é a sua extensão, um seu «*significado*», para o qual remete o corpo e a natureza inteira com as suas raízes, e uma sua «*direção*», que indica o seu desenvolvimento. Trata-se das três *dimensões valorativas* da vida – plenitude, significado e direção – que mostram a necessidade de descobrir as raízes da vida humana. É então que se fala seriamente da vida e daquilo que verdadeiramente somos, saindo de um modo de falar superficial, abstrato ou sedutor.

Ama a vida quem não apoia o «*reducionismo*» da vida, que vai contra a sua *plenitude*. O «mundo» e «mamon» procuram difundir e impor o reducionismo, porque a realidade «*fracionada*» é «mais comerciável», ao passo que uma realidade preciosa e única simplesmente não é comerciável, como é o caso de cada vida humana na sua preciosidade e unicidade.

Ama a vida quem não vai contra o *significado* que a natureza nos oferece: a manipulação da natureza, na verdade, pretende atribuir novos significados à vida de modo que não haveria qualquer significado verdadeiro a descobrir na natureza humana e nem na corporeidade e sexualidade humanas, não haveria inscrita nela qualquer «palavra» de Deus Criador para nós.

Ama a vida quem não esconde a dimensão transcendente e a realidade do espírito, porque não esconde a *direção* mais profunda da vida; caso contrário, que direção imprimir «ao viver e ao morrer»?

Deus quer nos livrar da prepotência e do crime por amor à vida, que por Ele foi confiada ao homem, à família e também à comunidade humana. Já em 1976 escrevia Joseph Ratzinger: «Desprezando o próprio corpo, o homem perde também o último elo com o próprio ser, que deixa de ser contemplado à luz

---

[27] *Magistério.* JOÃO PAULO II, Carta encíclica *Evangelium Vitae* (1995) n. 20.
[28] *Magistério.* Cf. JOÃO PAULO II, *Memória e Identidade*, Bertrand Editora, Lisboa 2005, p. 51. O texto encontra-se no n. 89 do Apêndice, disponível no site figlidichi.altervista.org
[29] *Bíblia.* Evangelho segundo S. João 15, 5.
[30] *Bíblia.* Evangelho segundo S. Lucas 11, 23.

da criação para ser considerado um "objeto" a eliminar. (...) Quando se contesta a existência da família, quando a paternidade e a maternidade humanas são difamadas como um obstáculo para a afirmação da liberdade, quando o respeito, a obediência, a fidelidade, a paciência, a bondade, a confiança são considerados como invenções da classe dominante, ao passo que as verdadeiras virtudes dum homem livre seriam o ódio, a suspeita e a desobediência, sendo precisamente estes os ideais que se propõem às nossas crianças, então é posto em questão também o Criador e a sua criação. (...) E, com efeito, quando se difama a realidade inteira, quando se ofende o Criador, erradica-se o próprio homem da sua realidade. Isto mesmo o vislumbramos, antes o tocamos com a mão precisamente no modo como se aborda o problema do ambiente»[31]. Trata-se de descobrir novamente o direito que deriva da própria natureza, «um direito natural»[32]. Este é um ponto essencial que envolve muitos aspectos da cultura atual. A sua importância foi sublinhada por Bento XVI no seu discurso ao Parlamento Federal, durante a Visita Apostólica à Alemanha[33].

A própria natureza nos fala

O homem perdeu de vista o fato de que a natureza é uma fonte do direito e nos indica limites que não podemos superar, rejeitando-os; antes, precisamente o amor pela vida humana nos impele a aceitá-los para não perder e destruir a própria vida, tornando-nos «desumanos».

No seu discurso à ONU, em 2008, o Papa Bento XVI quis recordar, a propósito da *Declaração Universal dos Direitos Humanos*, que «o documento foi o resultado de uma convergência de tradições religiosas e culturais, todas motivadas pelo comum desejo de colocar a pessoa humana no centro das instituições, leis e intervenções da sociedade, e de considerar a pessoa humana essencial para o mundo da cultura, da religião e da ciência. (...) Tais direitos estão baseados na lei natural inscrita no coração do homem e presente nas diversas culturas e civilizações. Remover os direitos humanos deste contexto significaria limitar o seu âmbito e ceder a uma concepção relativista, segundo a qual o significado e a interpretação dos direitos poderiam variar e a sua universalidade seria negada em nome de contextos culturais, políticos, sociais e até religiosos diferentes. Contudo não se deve permitir que esta ampla variedade de pontos de vista obscureça o fato de que não só os direitos são universais, mas também o é a pessoa humana, sujeito destes direitos»[34].

---

[31] *Magistério*. JOSEPH RATZINGER, *Il Dio di Gesù Cristo. Meditazioni sul Dio uno e trino*, Queriniana, Brescia 2006, pp. 45-46. Traduzido por António Ferreira.

[32] *Magistério*. JOSEPH RATZINGER, *Il Dio di Gesù Cristo. Meditazioni sul Dio uno e trino*, Queriniana, Brescia 2006, pp. 47-48. Traduzido por António Ferreira. O texto encontra-se no n. 90 do Apêndice, disponível no site figlidichi.altervista.org

[33] *Magistério*. Cf. BENTO XVI, *Discurso no Parlamento Federal*, Reichstag de Berlim. Visita Apostólica à Alemanha (22 de Setembro de 2011). O texto encontra-se no n. 91 do Apêndice, disponível no site figlidichi.altervista.org

[34] *Magistério*. BENTO XVI, *Discurso no Encontro com os Membros da Assembleia Geral da Organização das Nações Unidas*, em Nova Iorque. Visita Apostólica aos Estados Unidos da América (18 de Abril de 2008).

A destruição do homem

Em sua missão profética e de vanguarda, a Igreja quer evitar novas catástrofes. Com a invocação «livrai-nos do mal», a oração do *Pai nosso* sustenta a nossa vida e os nossos esforços para vencermos, com Deus, todos os males, incluindo os modernos, pelos quais o diabo semeia a morte alimentando o orgulho. A propósito, escrevia Joseph Ratzinger no seu livro *O Deus de Jesus Cristo*: «No homem, são inseparáveis o tornar-se homem e o seu conhecimento de Deus, precisamente porque o homem é a "imagem" de Deus. Destruir o ser humano significa comprometer a imagem do próprio Deus. A dissolução da paternidade e da maternidade, que se prefeririam transpostas para o laboratório ou, pelo menos, reduzidas a um momento meramente biológico que não teria a ver com o homem como tal, está intimamente ligada com a dissolução da filiação, o que faria definhar a plena igualdade do princípio. Este é o programa da *hýbris*, que quer subtrair o homem da esfera biológica para de novo e simultaneamente o abandonar nela como escravo. Isto chega até às raízes do ser-homem e também da nossa possibilidade de pensar Deus: um Deus que já não pode ser imaginado, também não pode ser pensado»[35].

Este é precisamente o percurso que se está realizando hoje nas chamadas civilizações, desde a manipulação do homem até ao ateísmo: porventura isto não faz parte, também, do *projeto de satanás*, o qual, servindo-se do *orgulho* e da *arrogância* humana, procura apoderar-se da vida humana e subtraí-la cada vez mais à «imagem e semelhança» de Deus para abrir espaço ao anticristo?[36] O «inimigo», com as suas forças, irá se concentrar cada vez mais sobre o início da vida e os pequeninos; só o amor a Jesus Cristo e à Virgem Maria poderá salvá-los. Resistir foi a recomendação que nos deixou o Senhor: «Sede sóbrios e vigilantes. O vosso adversário, o diabo, anda em derredor *como um leão que ruge*, procurando a quem devorar. Resisti-lhe, firmes na fé»[37].

O «homem da iniquidade»

O «Anticristo» está a serviço de satanás, do diabo. Trata-se, efetivamente, como diz a Escritura, do «o Iníquo, destinado à perdição, o Adversário, aquele que se levanta contra tudo o que se chama deus ou que se adora, a ponto de se assentar no Santuário de Deus, proclamando-se deus. (...) Então, ele se revelará, o Iníquo, que o Senhor Jesus matará com o sopro de sua boca e destruirá com a manifestação da sua vinda. Ora, a vinda do Iníquo se dará pela ação do Satanás, com toda espécie de milagres e sinais e prodígios enganadores, e com todas as seduções da iniqüidade para aqueles que estão a se perder, por não terem acolhido o amor da verdade que os teria salvo. Por isso, Deus lhes envia uma força que os extravia, fazendo-os crer na mentira,

---

[35] *Magistério.* JOSEPH RATZINGER, *Il Dio di Gesù Cristo. Meditazioni sul Dio uno e trino*, Queriniana, Brescia 2006, p. 28. Traduzido por António Ferreira.
[36] *Bíblia.* Cf. Segunda Carta aos Tessalonicenses 2, 3-12; Primeira Carta de S. João 2, 18-23
[37] *Bíblia.* Primeira Carta de S. Pedro 5, 8-9.

de modo que sejam condenados todos aqueles que não creram na verdade, mas se comprazeram na iniqüidade»[38]. Este será o fim do projeto de satanás.

A besta

Como escreveu Joseph Ratzinger em seu livro *O Deus de Jesus Cristo*, «o *Apocalipse* fala do antagonista de Deus, da besta. Esta, que exerce um poder contrário ao de Deus, não tem nome, mas apenas um número. Segundo o vidente, o número dela é 666 (*Ap* 13, 18). É um número, e reduz as pessoas a números. Quanto sejam horrendos os resultados vimo-lo nos campos de concentração, sobretudo porque cancelam o rosto, cancelam a história, transformam o homem em número, reduzem-no a mera engrenagem duma enorme máquina. Aqui o homem não passa duma função. Nem hoje nem nunca deveremos esquecer que o campo de concentração prefigurava a sorte que o mundo corre o risco de assumir, se aceitar a lei universal da "máquina", a mesma estrutura dos campos de concentração. Na verdade, se nada mais nos é dado que funções, o próprio homem reduzir-se-á a uma função. As máquinas, que ele construiu, impõem-lhe a mesma lei delas. Deve-se poder ler o homem pelo computador, e isto só é possível se ele for traduzido em números. Tudo o resto não conta. O que não é uma função não possui valor algum. A besta é o número e transforma em números. Pelo contrário, Deus tem um nome e chama pelo nome; Ele é pessoa e procura a pessoa; tem um rosto e procura o nosso rosto; tem um coração e procura o nosso coração. Para Ele, não somos uma função dentro da grande máquina mundial. E precisamente os indivíduos impossibilitados de assumir funções são os que Ele privilegia. Nome significa possibilidade de ser interpelado, significa comunhão»[39].

Tudo isto remete à consciência, que é o instrumento pelo qual podemos aprovar o bem e rejeitar o mal com as suas «estruturas de pecado»[40].

Estas, de modo particular, estão enraizadas em torno do comércio de armas, de drogas e de outras realidades que exploram o homem, que estão particularmente interessados a máfia e o crime organizado. O mal «da prepotência e do crime» consolida-se em algumas «estruturas de pecado» e cresce através delas. Cresce nas «trevas». Uma coisa é a discrição e o sigilo, outra é amar «a escuridão», como sucede nas seitas e em todo o tipo de máfia. Este é o lugar onde satanás lança a isca: mentira, furto, morte são próprias dele que escolheu permanecer nas trevas, no oposto da luz, do amor e da vida.

Com a prepotência e o crime que os ímpios não cessam de difundir e praticar, cresce no mundo a tirania e o joio juntamente com o trigo bom. A Igreja, procurando realizar fielmente a vontade de Deus e o seu reino e caminhando com a humanidade na história, indica a cada homem a liberdade autêntica e o amor verdadeiro. Mas, para isso, é preciso um renovado compromisso, a fim de que a consciência de cada um desperte para o bem e a justiça. A oração

---

[38] *Bíblia*. Segunda Carta aos Tessalonicenses 2, 3-4.8-12.
[39] *Magistério*. JOSEPH RATZINGER, *Il Dio di Gesù Cristo. Meditazioni sul Dio uno e trino*, Queriniana, Brescia 2006, pp. 18-19. Traduzido por António Ferreira.
[40] *Magistério*. *Catecismo da Igreja Católica* n. 1869.

do *Pai nosso*, com a petição «livrai-nos do mal», ajuda-nos a amar o bem e a rejeitar o mal, para que não nos percamos no mal, na confusão que reina hoje nas consciências e na sociedade, como nos recordava São João Paulo II[41].

No mundo, devemos manter a consciência fiel aos valores primários que se devem defender e apoiar, graças à luz que recebemos de Jesus Cristo e do seu Espírito. As gerações futuras terão ao seu dispor tantos meios, mas o bem e o mal estarão ainda mais misturados. Os cristãos devem fazer a sua parte para o bem do homem, da família e da sociedade.

A quarta libertação: da condenação eterna

Para se reencontrar uma vida de amor e justiça, de fraternidade e humanidade, é necessário, portanto, um despertar uma *consciência nova* nos homens de boa vontade, nas pessoas que acreditam no bem verdadeiro e na verdade do bem. Por parte dos cristãos, é necessário uma presença ainda maior na sociedade e uma oração mais demorada e intensa, como Jesus nos confiou no *Pai nosso* naquele «Livrai-nos do mal». Em virtude da nossa liberdade e da nossa consciência, todos temos, de algum modo, uma responsabilidade que Deus nos confiou. Há um tribunal divino. A secularização e o ateísmo induziram as pessoas a pensar o contrário, quando na realidade ninguém pode subtrair-se ao juízo. O tribunal é a própria verdade que nos chama, a verdade maior e melhor que exista: o Supremo Amor de Deus. A Palavra de Deus nos recorda: «Todos temos de comparecer, às claras, perante o tribunal de Cristo, para cada um receber a devida recompensa – prêmio ou castigo – do que tiver feito, de bem ou de mal, ao longo de sua vida corporal»[42].

Fomos criados no próprio Amor de Deus em Cristo Jesus para amar e ser amados na felicidade eterna. No Evangelho, Jesus recorda-nos que seremos julgados pelo amor autêntico[43]. «A ressurreição de todos os mortos, "justos e pecadores" (*At* 24, 15), há de preceder o Juízo Final. Será "a hora em que todos os que estão nos túmulos ouvirão sua voz [do Filho do homem] e sairão. Aqueles que fizeram o bem ressuscitarão para a vida; e aqueles que praticaram o mal, ressuscitarão para a condenação" (*Jo* 5, 28-29). Então "quando o Filho do Homem vier em sua glória, acompanhado de todos os anjos [...].Todas as nações da terra serão reunidas diante dele, e ele separará uns dos outros, assim como o pastor separa as ovelhas dos cabritos. E colocará as ovelhas à sua direita e os cabritos, à sua esquerda. (...) Estes irão para o castigo eterno, enquanto os justos irão para a vida eterna" (*Mt* 25, 31-33.46)»[44]. A Sagrada Escritura fala-nos do Juízo Final: «Todos havemos de comparecer diante do tribunal de Deus. (...) Cada um de nós terá de dar contas de si mesmo a Deus»[45].

Assim São Policarpo exortava os cristãos a levarem uma vida exemplar: «Sirvamo-lo [Cristo], portanto, com temor e reverência, como nos mandou Ele

---

[41] *Magistério*. Cf. JOÃO PAULO II, Carta encíclica *Evangelium Vitae* (1995) n. 24. O texto encontra-se no n. 92 do Apêndice, disponível no site figlidichi.altervista.org
[42] *Bíblia*. Segunda Carta aos Coríntios 5, 10.
[43] *Bíblia*. Cf. Evangelho segundo S. Mateus 25, 31-46; 5, 25-26.
[44] *Magistério*. *Catecismo da Igreja Católica* n. 1038.
[45] *Bíblia*. Carta aos Romanos 14, 10.12.

mesmo e os Apóstolos que nos anunciaram o Evangelho e os Profetas que nos predisseram a vinda de Nosso Senhor; sejamos zelosos em praticar o bem, evitemos os escândalos, os falsos irmãos e os que anunciam hipocritamente o nome do Senhor induzindo em erro os incautos. Todo aquele que não professa que Jesus Cristo Se fez homem é anticristo; e quem não reconhece o testemunho da cruz é do diabo; e quem interpreta as palavras do Senhor segundo as próprias conveniências e afirma que não há ressurreição nem juízo, esse é o primogênito de satanás. Por isso, abandonando os vãos discursos e as falsas doutrinas que muitos sustentam, voltemo-nos para a doutrina que desde o princípio nos foi transmitida»[46].

O amor que entra no Paraíso

Por isso, Deus nos faz crescer no amor: só com o amor dos sentidos não se entra no Paraíso, porque o corpo morre; é preciso um amor mais elevado, ou seja, o do coração capaz de fazer o bem, como Jesus nos recorda no Evangelho, exortando-nos a praticar as obras de bondade e de misericórdia[47].

Somos seres dotados de liberdade, mas temos também uma grande responsabilidade. A oração do *Pai nosso*, que nos faz pedir a Deus Pai «livrai-nos do mal», prepara-nos para partilhar com Deus o seu Juízo salvador porque, na vida, quisemos afastar todo o mal. Em vez disso as pessoas esquecem ou afastam da mente o Juízo Final, quando, na realidade, deveriam afastar o mal.

Chega o momento do Juízo e da prestação de contas: «Nosso Senhor adverte-nos de que seremos separados d'Ele, se descurarmos as necessidades graves dos pobres e dos pequeninos que são seus irmãos (cf. *Mt* 25, 31-46). Morrer em pecado mortal sem estar arrependido e sem acolher o amor misericordioso de Deus significa permanecer separado d'Ele pra sempre, por nossa própria livre escolha. E é este estado de definitiva auto-exclusão da comunhão com Deus e com os bem-aventurados que se designa pela palavra "Inferno"»[48].

«Jesus fala muitas vezes da "geena" do "fogo que não se apaga" (cf. *Mt* 5, 22.29; 13, 42.50; *Mc* 9, 43-48), reservada aos que recusam, até ao fim da vida, acreditar e converter-se, e na qual podem perder-se, ao mesmo tempo, a alma e o corpo (cf. *Mt* 10, 28). Jesus anuncia, em termos muito severos, que "enviará seus anjos e eles retirarão do seu Reino (...) todos os que praticam o mal; depois, serão jogados na fornalha de fogo" (*Mt* 13, 41-42), e sobre eles pronunciará a sentença: 'afastai-vos de mim, malditos! Ide para o fogo eterno' (*Mt* 25, 41)"»[49]. Também o Papa Bento XVI nos recorda, com amor pastoral e solicitude: «Jesus veio para nos dizer que nos quer a todos no Paraíso e que o inferno, do qual se fala pouco nesta nossa época, existe e é eterno para

---

[46] *Tradição*. Cf. SÃO POLICARPO (69-155), *Carta aos Filipenses* 6-7, in *I Padri Apostolici*, Città Nuova 1971, pp. 154-155. A citação foi tomada da *Liturgia das Horas*, IV, pp. 350-351.

[47] *Bíblia*. Cf. Evangelho segundo S. Mateus 25, 34-46.

[48] *Magistério. Catecismo da Igreja Católica* n. 1033.

[49] *Magistério. Catecismo da Igreja Católica* n. 1034.

quantos fecham o coração ao seu amor. (...) O nosso verdadeiro inimigo é o apego ao pecado, que pode levar-nos ao fracasso da nossa existência»[50].

Como é possível falar de inferno?

Porém, como é possível falar de inferno, sendo Deus Bondade e Amor? Como pode existir o inferno se Deus quer que todos se salvem e usa de misericórdia infinita para com todos? Muitas pessoas ficam bloqueadas com estas questões: a presença do mal na terra as bloqueia, mas também o pensamento do céu. Devemos aprofundar isso.

O próprio amor é fogo de amor; se o amor humano já o é, quanto mais Deus, que é imensidão de Amor e Verdade e, consequentemente, também Supremo Bem e Justiça. Deste modo, Ele se torna uma barreira para aqueles que não amaram e nem querem amar; torna-se insuperável para quem não quer amar, nem perdoar, nem ser perdoado pelo Amor da misericórdia. Por isso, no Evangelho, Jesus diz: «Em verdade, vos digo: tudo será perdoado às pessoas, tanto os pecados como as blasfêmias que tiverem proferido. Aquele, porém, que blasfemar contra o Espírito Santo nunca será perdoado; será réu de um 'pecado eterno»[51]. Serão perdoados todos os pecados, à exceção de um: o pecado contra o Espírito Santo, isto é, contra o amor, a misericórdia com que Deus quer dar-se à humanidade e a cada pessoa. O pecado contra o Espírito Santo constitui a recusa do Amor Misericordioso de Deus, como afirma a carta encíclica *Dominum et vivificantem* (O Senhor que dá a vida)[52] de São João Paulo II.

Uma chave para compreender

Mas, para onde ir quando houver unicamente o Amor Absoluto de Deus e Deus for «tudo em todos»[53]? Aquilo que é amor, contentamento e felicidade eterna para quantos amaram e amam a Deus, transforma-se, na parte oposta, em inferno, ou seja, «em ódio», em impossibilidade do próprio amor. Este é o inferno que «queima». «O que há de constituir a felicidade das almas puras será causa de tormento para as que estiverem manchadas de pecado»[54], dizia São Leão Magno.

A salvação, que Jesus nos revelou e trouxe, é também *salvação do fogo do inferno*. No Evangelho, Jesus falou claramente, várias vezes e com exemplos: «O Filho do Homem enviará seus anjos e eles retirarão do seu Reino toda causa de pecado e os que praticam o mal; depois, serão jogados na fornalha

---

[50] *Magistério*. BENTO XVI, *Homilia na Santa Missa durante a Visita Pastoral à paróquia romana de Santa Felicidade e filhos mártires* (25 de Março de 2007).
[51] *Bíblia*. Evangelho segundo S. Marcos 3, 28-29.
[52] *Magistério*. Cf. JOÃO PAULO II, Carta encíclica *Dominum et Vivificantem*, (1986) n. 46. O texto encontra-se no n. 93 do Apêndice, disponível no site figlidichi.altervista.org
[53] *Bíblia*. Primeira Carta aos Coríntios 15, 28.
[54] *Tradição*. SÃO LEÃO MAGNO (400ca–461), *Sermão* 95, 8: *PL* 54, 465. A citação é tirada da *Liturgia das Horas*, IV, p. 269.

de fogo. Ali haverá choro e ranger de dentes. Então os justos brilharão como o sol no Reino de seu Pai. Quem tem ouvidos, ouça!»[55].

Jesus quis advertir-nos de todos os modos[56]. A Bíblia nos recorda: «Do céu Deus se inclina sobre os homens para ver se existe um sábio, se há um que procure a Deus»[57]. A possibilidade da condenação eterna deve ser seriamente tomada em consideração, precisamente pela sua lógica.

São Paulo nos fala com viva comoção e apreensão: «Já vos disse muitas vezes, e agora o repito, chorando: há muitos por aí que se comportam como inimigos da cruz de Cristo. O fim deles é a perdição, o deus deles é o ventre, a glória deles está no que é vergonhoso. Apreciam só as coisas terrenas»[58]. Na Carta aos Romanos, escreve: «Ao mesmo tempo revela-se, lá do céu, a ira de Deus contra toda impiedade e injustiça humana, daqueles que por sua injustiça reprimem a verdade. Pois o que de Deus se pode conhecer é a eles manifesto, já que Deus mesmo lhes deu esse conhecimento. (...) Portanto, eles não têm desculpa: apesar de conhecerem a Deus, não o glorificaram como Deus nem lhe deram graças. Pelo contrário, perderam-se em seus pensamentos fúteis, e seu coração insensato se obscureceu. Alardeando sabedoria, tornaram-se tolos (...).

Por isso, Deus os entregou, dominados pelas paixões de seus corações, a tal impureza que eles desonram seus próprios corpos. Trocaram a verdade de Deus pela falsidade, cultuando e servindo a criatura em lugar do Criador, que é bendito para sempre. Amém. Por tudo isso, Deus os entregou a paixões vergonhosas: tanto as mulheres substituíram a relação natural por uma relação antinatural, como também os homens abandonaram a relação sexual com a mulher e arderam de paixão uns pelos outros, praticando a torpeza homem com homem e recebendo em si mesmos a devida paga de seus desvios. E, porque não aprovaram alcançar a Deus pelo conhecimento, Deus os entregou ao seu reprovado modo de pensar. Praticaram então todo tipo de torpeza: cheios de injustiça, iniqüidade, avareza, malvadez, inveja, homicídio, rixa, astúcia, perversidade; intrigantes, difamadores, abominadores de Deus, insolentes, soberbos, presunçosos, tramadores de maldades, rebeldes aos pais, insensatos, traidores, sem afeição, sem compaixão. E, apesar de conhecerem o juízo de Deus que declara dignos de morte os autores de tais ações, não somente as praticam, mas ainda aprovam os que as praticam.»[59]. São páginas fortes, que levam a nossa reflexão a fixar-se sobre fatos que acontecem nos tempos atuais.

São palavras da Sagrada Escritura, são Palavra de Deus que interpela o coração e a mente do homem. Deus respeita a liberdade e a responsabilidade do homem, mas os homens não respeitam o seu mistério, as suas raízes, quando «não julgaram bom ter o conhecimento de Deus».

---

[55] *Bíblia*. Evangelho segundo S. Mateus 13, 41-43.
[56] *Bíblia*. Cf. Evangelho segundo S. Mateus 11, 23; 13, 49-50; Evangelho segundo S. Lucas 13, 28; 16, 27-31; Evangelho segundo S. Marcos 9, 43-48.
[57] *Bíblia*. Livro dos Salmos 53, 3.
[58] *Bíblia*. Carta aos Filipenses 3, 18-19.
[59] *Bíblia*. Carta aos Romanos 1, 18-19.20-22.24-32.

São Paulo escreve na Segunda Carta a Timóteo: «Fica sabendo que, nos últimos dias, sobrevirão momentos difíceis. As pessoas serão egoístas, gananciosas, presunçosas, soberbas, difamadoras, rebeldes a seus pais, ingratas, sacrílegas, sem coração, implacáveis, caluniadoras, incontinentes, desumanas, inimigas do bem, traidoras, insolentes, presunçosas, mais amigas dos prazeres do que de Deus, tendo a aparência da piedade, mas desmentindo o seu efeito. Foge também dessa gente»[60]. Os homens corruptos enganam-se uns aos outros e caem nas ciladas do próprio mal que amam, porque, como diz a Bíblia, o malvado «caiu no buraco que ele mesmo fez»[61].

É preciso rezar para que «fiquemos livres das pessoas importunas e más, pois nem todos têm a fé. Mas o Senhor é fiel: ele vos confirmará e vos guardará do maligno»[62]. É preciso defender-se do mal em todas as suas formas e das pessoas não boas e que não amam a Deus; e, por isto mesmo, rezar a Deus: «Não me arrastes com os ímpios e com os que fazem o mal. Falam de paz com o seu próximo, mas têm o coração cheio de maldade»[63]. Também isto nos quer ensinar Jesus, no Pai nosso, com a petição «livrai-nos do mal».

A possibilidade da condenação eterna

A ilusão maior, ou seja, a de um coração corrompido que não quer Deus, é capaz de criar a mais grave tragédia, que é a condenação eterna, como nos atesta a Sagrada Escritura: «Porventura ignorais que os injustos não terão parte no reino de Deus? Não vos iludais: os libertinos, idólatras, adúlteros, efeminados, sodomitas, os ladrões, gananciosos, beberrões, maldizentes, estelionatários, ninguém desses terá parte no reino de Deus»[64]. Todo o engano e todo o egoísmo ficarão fora do Paraíso: «Ficarão de fora os cães, os feiticeiros, os libertinos, os assassinos e os idólatras,e todos os que amam a mentira e a praticam»[65]. «Quanto aos covardes, infiéis, corruptos, assassinos, devassos, feiticeiros, idólatras e todos os mentirosos, o lugar deles é o lago ardente de fogo e enxofre, ou seja, a segunda morte»[66].

A esta altura, podemo-nos perguntar: por que o inferno deve ser mesmo eterno? Por que deve ser para sempre a condenação? Como é possível que Deus não nos possa «tirar fora»? O que sabemos é que o homem, naquele momento, odiaria a salvação. Se se olha a situação do lado da nossa realidade humana, poder-se-ia responder que «o condenado» continuaria a odiar a salvação e a misericórdia, como fez durante anos e anos na terra, sem fazer nada pela própria alma. Se se olha a situação do lado de Deus, que é Amor, poder-se-ia responder: «precisamente porque Deus é Amor». O amor queima e torna semelhante a si, como duas chamas que se unem

---

[60] *Bíblia*. Segunda Carta a Timóteo 3, 1-5.
[61] *Bíblia*. Livro dos Salmos 7, 16.
[62] *Bíblia*. Segunda Carta aos Tessalonicenses 3, 2-3.
[63] *Bíblia*. Livro dos Salmos 28, 3.
[64] *Bíblia*. Primeira Carta aos Coríntios 6, 9-10.
[65] *Bíblia*. Livro do Apocalipse 22, 15.
[66] *Bíblia*. Livro do Apocalipse 21, 8.

numa única chama. Ora, quando Deus for «tudo em todos»[67], haverá apenas o Amor de Deus em cada um e cada um em Deus, em uma comunhão de vida eterna, porque o espírito é imortal. Quem conhece o amor humano sabe que uma das suas características é não ter fim, como nos revelou o próprio Deus na Sagrada Escritura: «Suas chamas são chamas de fogo, labaredas divinas. Águas torrenciais não puderam extinguir o amor, nem rios poderão afogá-lo»[68].

Porém, se o amor da alma se revoltasse e tornasse *ódio*, rejeição de Deus e do seu Amor, como é o ódio de satanás, o que faria esta alma que não ama a Deus em contato tão estreito com a luz do Amor, que é Deus Absoluto? Não poderia fazer outra coisa senão arder do amor que odeia. Arderia de um ódio eterno. Se tivesse optado por não amar a Deus e rejeitá-lo, onde poderia ficar longe d'Ele, visto que Deus é «tudo em todos»?[69]. Arderia, não de amor, mas de sofrimento atroz. A mesma chama de amor que une na alegria de Deus todas as almas espirituais seria, ela mesma, fogo que devora eternamente quem, por vontade própria, «não quer amar nem ser amado». Por isso, uma morte, como o suicídio, nunca é a solução da vida; só o amor é solução, é a única solução.

Na verdade, se o ódio é o oposto do amor e Deus é amor, que lugar haveria para alguém estar longe de Deus quando em tudo se manifestar só Deus Amor!? Daqui se vê como é terrivelmente lógica a existência do inferno. Entretanto alguém poderia objetar que seria insuportável, ao bem e ao amor, ver e saber que uma pessoa está no inferno. Certamente. A menos que não seja o próprio imenso Amor: amado pelos santos e odiado pelos condenados, que não o querem, «tendo cada um o que quer, o que ama, o que odeia». A glória de Deus será a plena manifestação do seu Amor em todos, como diz a Bíblia: «O homem atingido por tua ira te dá glória; os que escapam da ira te fazem festa»[70]. E o salmista exclama: «Tu és terrível! Quem te resiste quando desencadeias tua ira? Do céu fazes ouvir a sentença: a terra treme e permanece calada, quando Deus se levanta para julgar, para salvar todos os pobres da terra»[71].

Em última análise, assim como há o Paraíso, porque Deus, que é Amor, vive de felicidade eterna, assim também, sendo Ele respeitador da liberdade do ser humano e não podendo forçar ninguém a amá-lo sinceramente, existe a terrível possibilidade de se encontrar na situação contrária do inferno. Trata-se de uma decisão «sem retorno», que poderia verificar-se tanto na terra como na eternidade. Por isso, Jesus repetidamente, de forma aberta e insistente, revelou a existência e a possibilidade concreta do inferno. Mas, ainda muitas vezes e de todas as maneiras, com gestos e palavras, convidou e exortou para se voltar a «*amar a Deus*» e a «*amar ao próximo*».

Deus não «expulsa» ninguém para o inferno: seria o homem a escolher este estado definitivo de auto-exclusão. É verdade que, no Evangelho, como,

---

[67] *Bíblia.* Cf. Primeira Carta aos Coríntios 15, 28.
[68] *Bíblia.* Livro do Cântico dos Cânticos 8, 6-7.
[69] *Bíblia.* Cf. Primeira Carta aos Coríntios 15, 28.
[70] *Bíblia.* Livro dos Salmos 76, 11.
[71] *Bíblia.* Livro dos Salmos 76, 8-10.

por exemplo, nas parábolas do banquete nupcial[72] e do Juízo Final[73], Jesus usa imagens nas quais é Deus que afasta e expulsa do reino, como sucedera no paraíso terrestre[74]; mas, através delas, Jesus quer fazer-nos compreender a gravidade do caso, lembrando «a ira»[75] de Deus, que é imenso Amor. Seria sempre este Amor, sentido como Amor a «afastar» quando fosse «odiado» pelo homem. Por isso, como nos recorda o *Catecismo da Igreja Católica*, «morrer em pecado mortal, sem arrependimento e sem dar acolhimento ao amor misericordioso de Deus, significa permanecer separado d'Ele para sempre, por nossa própria livre escolha»[76].

Pode-se estar no inferno por não querer nem aceitar a misericórdia, por rejeitá-la e odiá-la. No fim, concretiza-se em não amar a Deus, que é Amor, e «arder» de ódio contra Ele. Com efeito, que nos resta fora de Jesus e da sua misericórdia? Demos graças a Deus, porque, tendo-nos libertado do pecado, da morte e do inferno, nos reabriu as portas da vida e do amor do Paraíso a fim de possuirmos aquela «felicidade» para a qual fomos criados. A petição «mas livrai-nos do mal» faz-nos crescer dia após dia de modo que o nosso coração ame o que agrada a Deus e rejeite aquilo que Ele odeia, o mal que nos faz mal.

No capítulo seguinte veremos as outras quatro libertações que são indispensáveis para a vida humana, prometidas por Deus e pedidas na rica e profunda oração do *Pai nosso*.

---

[72] Bíblia. Cf. Evangelho segundo S. Mateus 22, 11-13.
[73] *Bíblia*. Cf. Evangelho segundo S. Mateus 25, 41.
[74] *Bíblia*. Cf. Livro de Gênesis 3, 23-24.
[75] *Bíblia*. Cf. Carta aos Romanos 1, 18.
[76] *Magistério. Catecismo da Igreja Católica* n. 1033.

16

Mas livrai-nos do mal (II)

No capítulo anterior vimos as primeiras quatro libertações do mal. Examinemo-nos, agora, as outras quatro, as quais têm a ver com o aspecto mais sombrio do mal: o pecado.

A quinta libertação: do pecado

O pecado é uma realidade espiritual, mas nem por isso menos real do que a injustiça, a prepotência e o crime. Estes males, como vimos anteriormente, são mais fáceis de detectar, enquanto a gravidade e o alcance do pecado devem ser buscados mais em profundidade.

Deus quer a nossa realização e o nosso bem, mas sempre à luz da verdade. Quando o homem, para viver na liberdade, ignora Deus presente no seu horizonte diário, a realidade acaba falseada, fica traída a verdade da vida. Fala-se de pecado quando o homem deixa de reconhecer quem é ele e quem é Deus. O pecado é uma *ruptura* da relação entre o homem e Deus; é «virar as costas» para Deus, rebelando-se contra Ele e perdendo tudo. Está aqui a sua gravidade e também a sua absurdidade. Por este motivo, quanto mais o homem se aproxima de Deus e o reconhece como tal, tanto mais se dá conta do «seu pecado» e de quanto se deixou cair nas trevas.

O pecado não é uma ideia nem um sentimento, mas uma realidade que se pode apreender e entender precisamente à luz de Deus, que veio para tirar o ser humano das trevas do pecado e levá-lo para a sua luz, na plenitude da verdade e do amor. A libertação do pecado torna a vida mais livre e humana.

A realidade do pecado infiltra-se na consciência humana até ao ponto de deixar as pessoas alteradas: muitas vezes zangadas, fechadas, tristes. O mal do pecado nos torna tristes porque, quando avança, fecha o coração, corrompe-o, tira-lhe a fisionomia do amor e da alegria, priva-o da esperança até o levar a preferir a escuridão. É assim porque o mal sempre cobre uma parte de verdade e de bem e, consequentemente, faz diminuir a alegria e a esperança. Quanto mais avança o pecado tanto mais queima o terreno da nossa verdadeira vida, visto que se trata sempre de uma carência de amor, um «não» dito a Deus, um mal para todos.

Como recordava João Paulo II, «a recusa do amor de Deus e dos seus dons de amor está sempre na raiz das divisões da humanidade»[1]. «Deus é fiel ao seu desígnio eterno, mesmo quando o homem, induzido pelo maligno e arrastado pelo seu orgulho, abusa da liberdade que lhe foi dada para amar e procurar generosamente o bem, recusando a obediência ao seu Senhor e Pai; mesmo quando o homem, em vez de responder com amor ao amor de Deus, se opõe a Ele como a um seu rival, iludindo-se e presumindo das suas forças, com a consequente ruptura das relações com Aquele que o criou. Não obstante esta prevaricação do homem, Deus permanece fiel ao amor»[2].

Deus é estupendo! Pai sempre bom e misericordioso, perdoa tudo e a todos. Não deixemos cair no vazio o seu apelo enquanto temos tempo. Deus, como afirmava João Paulo II, «não fecha o coração a nenhum dos seus filhos. Espera-os, procura-os, alcança-os precisamente no ponto em que a recusa da comunhão os aprisiona no isolamento e na divisão, e chama-os a reunirem-se à volta da sua mesa, na alegria da festa do perdão e da reconciliação. Esta iniciativa de Deus concretiza-se e manifesta-se no ato redentor de Cristo, que se irradia no mundo mediante o ministério da Igreja»[3]. Na verdade, é a ela que Jesus ressuscitado entrega o seu Espírito de misericórdia e o perdão para o mundo inteiro[4].

A misericórdia não é um sentimento «bonzinho» que justifica a fuga das responsabilidades, mas é uma reconstrução que só Deus pode realizar, como vimos anteriormente[5]. Jesus confiou a sua misericórdia à Igreja e aos seus ministros, como nos lembra o apóstolo Paulo: «Ora, tudo vem de Deus, que, por Cristo, nos reconciliou consigo e nos confiou o ministério da reconciliação. Sim, foi o próprio Deus que, em Cristo, reconciliou o mundo consigo, não levando em conta os delitos da humanidade, e foi ele que pôs em nós a palavra da reconciliação. Somos, pois, embaixadores de Cristo; é como se Deus mesmo fizesse seu apelo através de nós. Em nome de Cristo, vos suplicamos: reconciliai-vos com Deus»[6].

Entre as obras que o inimigo, como lhe chama Jesus[7], suscita, temos o ataque vindo do exterior, ou seja, os pecados contra a Igreja, contra a fé e a sua obra. Mas o ataque está, também, no interior da Igreja com os pecados dos seus filhos. Por isso, a Igreja deve combater o pecado fora e dentro dela. Embora a Igreja seja composta de santos e pecadores, nela sempre estão igualmente operantes o amor, a conversão e a reparação dos pecados. Há pessoas que, em vez de ficarem tristes com os pecados cometidos por alguns filhos da Igreja, parece que se alegram. Isto é preocupante, pois demonstra que o maligno habita no seu coração. Porventura não participam, assim, na

---

[1] *Magistério.* JOÃO PAULO II, Exortação apostólica *Reconciliatio et Paenitentia* (1984) n. 10.

[2] *Magistério.* JOÃO PAULO II, Exortação apostólica *Reconciliatio et Paenitentia* (1984) n. 10.

[3] *Magistério.* JOÃO PAULO II, Exortação apostólica *Reconciliatio et Paenitentia* (1984) n. 10.

[4] *Bíblia.* Cf. Evangelho segundo S. João 20, 20-23.

[5] Vejam-se os capítulos 11 e 12.

[6] *Bíblia.* Segunda Carta aos Coríntios 5, 18-20.

[7] *Bíblia.* Cf. Evangelho segundo S. Mateus 13, 39.

obra de satanás? Deveriam, ao contrário, sentir-se tristes pelos irmãos que caem gravemente nos pecados e erros e por todos aqueles que sofrem as suas consequências. Porém, talvez não se sintam irmãos, mesmo se o são.

No *Pai nosso*, a petição «livrai-nos do mal» nos torna mais conscientes e vigilantes sobre os males que existem no mundo, sem condescender com eles, e nos impele também a reparar o mal feito aos nossos irmãos. Jesus nos recomenda: «Procura reconciliar-te com teu adversário, enquanto ele caminha contigo para o tribunal. Senão o adversário te entregará ao juiz, o juiz te entregará ao oficial de justiça, e tu serás jogado na prisão»[8]. Quanto menos nos sentirmos irmãos tanto mais aumenta o mal e, com ele, os pecados. Deveremos estar particularmente atentos para não renegar, já nesta terra, o perdão e a misericórdia.

A sexta libertação: do maligno

A palavra «mal» pode ser traduzida também com o termo «maligno». Ao comentar a oração do *Pai nosso*, no seu livro *Jesus de Nazaré*, Bento XVI afirma: «Nas traduções recentes do *Pai nosso*, "o mal" de que se fala pode indicar quer "o mal" impessoal, quer "o maligno". No fundo, os dois significados não se podem separar. (...) Só quando perderes Deus, é que te perdes a ti mesmo; então não passas de um produto casual da evolução. (...) As desgraças podem ser necessárias para a nossa purificação, mas o mal destrói. Fundamentalmente, o que pedimos é que não nos seja arrebatada a fé, que nos faz ver Deus, que nos une a Cristo. Pedimos que, por causa dos bens, não percamos o próprio Bem; que, mesmo com a perda de bens, não acabe perdido para nós o Bem, Deus; que não fiquemos nós perdidos: livrai-nos do mal!»[9].

A proximidade de Deus afasta o maligno. Ao contrário, quanto mais o homem se afasta de Deus e se fecha em si e no desfrute da vida, sem compreender Deus nem o amar como tal e até esquecer o mistério profundo da sua alma, criada e querida por Deus «à sua imagem e semelhança», tanto mais fica à mercê das forças de satanás que procuram isolá-lo. Note-se que as forças do mal tendem a transformar a relação dos cristãos com Deus em algo que se pode menosprezar e isolar. O demônio existe, é um ser real, não um «mal» entendido filosófica ou psiquicamente. Alguns pretenderam, em sua fantasia, considerá-lo como tal e assim o ensinavam para ganhar a estima e o consenso humano, embora separando-se, sem o dizerem abertamente, da fé da Igreja. Quando, em nome do respeito e da tolerância, se renuncia à verdade, escondendo-a, nesse momento insinua-se e começa a manipulação: isto significa deixar espaço ao enganador e àqueles que enganam. A partir daqui começa a esmorecer a liberdade e o direito.

Jesus fez-se homem para nos livrar do maligno; «para isto é que o Filho de Deus se manifestou: para destruir as obras do diabo»[10]. Por conseguinte existem

---

[8] *Bíblia*. Evangelho segundo S. Mateus 5, 25.
[9] *Magistério*. BENTO XVI, *Jesus de Nazaré*, 1ª parte, cap. 5, A Esfera dos Livros, Lisboa 2007³, pp. 216-217.
[10] *Bíblia*. Primeira Carta de S. João 3, 8b.

as obras do diabo, com todas as suas maquinações: a doença, as tentações, as perseguições, a possessão, a própria morte. Todas elas, porém, são aniquiladas por Jesus, com as suas palavras e milagres. Jesus, cujo nome significa «Deus salva», veio para nos salvar do diabo e das suas obras maléficas, que são contra Deus, contra a nossa vida, contra o amor, a verdade e a liberdade. Com efeito, com a liberdade podemos amar, mas satanás não quer o amor; antes, odeia-o. E odeia também a liberdade, que nos faz «semelhantes» a Deus. Por isso, o mal e o maligno usam a coerção, a ameaça, a opressão, o medo e a chantagem.

Jesus nos adverte também da louca pretensão de outro pai... O *Pai nosso* começa precisamente com a invocação a Deus como Pai nosso, que devemos redescobrir, e no fim faz-nos rezar a fim de sermos livres da falsidade de outro pai, que é o «pai da mentira»[11], decidido a ocupar o lugar de Deus e formar o reino das trevas, do ódio e da morte.

A ação do maligno

No Evangelho, falando do diabo, Jesus diz: «Ele era assassino desde o começo e não se manteve na verdade, porque nele não há verdade. Quando ele fala mentira, fala o que é próprio dele, pois ele é mentiroso e pai da mentira»[12]. Satanás quer fazer um reino trapaceiro, um reino camuflado, mas não possui minimamente as forças para realizar este projeto: a sua ação reduz-se apenas a uma vã oposição, um «plagiar» aquilo que em Deus é absolutamente verdadeiro.

Com efeito, ninguém que queira viver pode separar-se de Deus, que é a Fonte da existência de toda a realidade criada, incluindo satanás, que decidiu viver «na oposição», no ódio contra Deus, que é Amor. O maligno quer esconder-se nas trevas e na «não vida»; e, porque maltrata e odeia qualquer vida, espalha a morte e a rebelião contra Deus.

Porém, enquanto se opõe com ódio a Deus, mesmo sem querer o confessa como Deus; e assim, contrariamente àquilo que quer, é obrigado a dar-lhe glória. Portanto, o mal não pode tocar, diminuir nem ofuscar o bem no Paraíso; poderá apenas «reconhecê-lo».

Jesus chama a satanás «pai da mentira», pois é ele que a gera: a mentira é precisamente a oposição à Verdade, que é Deus. Aqueles que vão contra a verdade e a busca da verdade não querem pertencer a Deus. Pelo contrário, aqueles que «amam a verdade», dão início à verdadeira relação com Deus; quem ama a verdade, encontra Deus. O problema da humanidade, hoje como sempre, é o de amar a verdade; quando não se ama a verdade, então prefere-se a mentira, o engano, a prepotência até ao crime, uma sequência que indica as várias etapas da crescente gravidade dos pecados dos homens. É a escalada dos pecados, segundo o projeto e a obra de satanás.

Jesus define satanás também como «*assassino desde o começo*»[13], porque quer a destruição da vida, a morte sob qualquer forma, mas preferivelmente

---

[11] *Bíblia*. Cf. Evangelho segundo S. João 8, 44b.

[12] *Bíblia*. Evangelho segundo S. João 8, 44b.

[13] *Bíblia*. Evangelho segundo S. João 8, 44b.

aquela onde «a imagem de Deus» é espezinhada por meio do homicídio e do suicídio. O temor de que «a cultura da morte» possa vingar tem fundamento, como nos advertia São João Paulo II. Com efeito, em alguns países, aceitaram a «cultura da morte» por uma forma de tolerância, quando na realidade é o resultado da prepotência contida na subcultura de poucos, um «braço» do projeto satânico. Porventura, nos fatos, não será um triunfo de satanás, quando muitos idosos são pressionados «democraticamente» a acabar com a própria vida, talvez vivida com tanta dedicação, mas negando-lhe, no fim, qualquer valor com a «solução» do suicídio? Ou quando a vida de tantos embriões e fetos humanos é destruída impunemente ou, ainda, quando estes seres indefesos são secretamente usados nas experimentações como cobaias «desumanas» ou até «sacrificados» nos ritos satânicos com total desprezo e ódio da vida humana? E que outra explicação pode haver para esta terrível impiedade nos ritos satânicos, senão a de um ultraje à vida humana, «imagem de Deus» presente desde a concepção e, por isso mesmo, preciosa aos olhos de Deus? A insensatez e a perversão atacam de modo duplo: primeiro, o materialismo ateu ignora o valor destes pequeninos seres humanos e, depois, o satanismo os usa.

Não será suficiente este vilipêndio infligido a tantos seres humanos para ver em ação o diabo, o «inimigo»[14] de Deus e do homem? Não era já suficiente a cultura da guerra dos séculos passados para denunciar a obra satânica e lembrar a todos o *Pai nosso*, sem termos de chegar hoje à cultura da morte alimentada pelo terrorismo e pelo mal oculto?

Pai nosso, Pai bom, «livrai-nos do mal»! Uma pergunta se nos impõe: queremos, realmente, que Deus nos livre do mal? Cabe a nós compreendê-lo e desejá-lo. O bem ou o mal crescem dentro de nós, na alma, porque há em nós a realidade espiritual que deveria decidir-se por Deus.

Sendo «filhos», procuramos as nossas raízes, procuramos um pai. Por isso Jesus nos adverte para não nos deixarmos enganar pelo «pai da mentira» e do ódio, que se apresenta com uma aparência de liberdade e democracia. No princípio, parece que ali estão o bem e a liberdade, porém depois se descobrem os germes da perversão e da morte.

A libertação através do exorcismo

Só Deus Pai nos livra do maligno, a que chamamos diabo, demônio, satanás, inimigo. Jesus deu à sua Igreja o poder de libertar do diabo. Por isso, quem não sabe falar do demônio não sabe falar da verdadeira realidade humana nem do Evangelho. Muitos cristãos descrentes ou «cristãos fracos» menosprezam esta realidade, pensando que seja lendária. Porém, para entenderem que satanás existe e atua, não basta tanto mal que há no mundo? Não será suficiente a história para o verem? E, sobretudo, não será suficiente Jesus que, com a sua obra de libertação, ensinou à Igreja como combatê-lo? A Igreja combate satanás e a sua obra com a oração de exorcismo, como Jesus lhe deu o poder e a missão de fazer.

---

[14] *Bíblia*. Cf. Evangelho segundo S. Mateus 13, 39.

O diabo quer entrar e transtornar o homem, quando não encontra o amor à verdade e a Deus. O diabo deve ser expulso no nome de Jesus e como Jesus mandou: «Expulsai os demônios»[15]. Assim, é o poder de Jesus que, pela nossa fé, nos livra do maligno.

Um sacerdote exorcista, meu amigo, entrevistado a propósito do demônio, disse: «O demônio, ser vivo e espiritual, não é uma invenção das religiões para ter "sob controle" os homens. O demônio impele o homem para o pecado e para se afastar de Deus, semeia ódio, divisões, confusão e discórdia. Quem nega a existência do demônio coloca-se fora da doutrina da Bíblia e da Igreja. É um ser real, vivo, espiritual, inteligentíssimo, sem corpo, porque é puro espírito. O demônio procura insinuar-se nas malhas da existência para levar divisão, confusão, rebelião, tormento, e para nos afastar de Deus. Para agir eficazmente, precisa da dissimulação e do anonimato; na maioria dos casos, a sua ação não é pomposa, mas sutil e contínua. Onde reinam o egoísmo, o ódio, a violência, a imoralidade, a divisão, a corrupção, não está ausente o demônio. O seu poder é limitado, a sua ação está sempre subordinada à permissão divina e não ultrapassa, jamais, as nossas forças. O demônio é um vencido, sendo forte só com os fracos. Um bom relacionamento com o Senhor, uma vida de oração constante e fiel, a vida dos sacramentos, a Eucaristia e a Confissão, a Palavra de Deus e a reza do terço são meios poderosos e seguros que nos defendem do mal e do maligno».

A vitória da Paz e do Amor

O futuro que o crente, de modo particular, deve ter diante dos olhos não se caracteriza tanto pela vitória sobre o maligno como sobretudo pelo amor, a paz e a alegria do coração de Deus, que é o nosso verdadeiro e derradeiro futuro[16]. O Paraíso é o nosso futuro, o futuro da humanidade. Na verdade, a força do cristão está no amor e na paz que Deus tem e dá; é no Bem que se encontra a força para combater o mal, e não na oposição. Não é o ódio que nos impele a lutar, mas o amor e, concretamente, o amor do Senhor, o amor com que somos amados por Ele.

Com efeito, o Cristianismo não é a religião do ressentimento, mas do amor e da paz que há em Deus. Por isso, a Mãe de Jesus, Maria Santíssima, iniciará o Magnificat[17] com palavras de alegria e de paz:

«Maria então disse:
"A minha alma engrandece o Senhor,
e meu espírito se alegra em Deus, meu Salvador"»[18].

O Compêndio do Catecismo da Igreja Católica nos lembra: «Porque concluímos pedindo: "Mas livrai-nos do mal"? O mal indica a pessoa de satanás, que se opõe a Deus e que é "o sedutor de toda a terra" (Ap 12, 9). A vitória sobre o diabo já foi alcançada por Cristo. Mas nós pedimos para que a

---

[15] Bíblia. Evangelho segundo S. Mateus 10, 8.
[16] Bíblia. Cf. Evangelho segundo S. Lucas 10, 17-20.
[17] Magistério. Cf. JOÃO PAULO II, Carta encíclica Redemptoris Mater (1987) nn. 36-37.
[18] Bíblia. Evangelho segundo S. Lucas 1, 46-47.

família humana seja libertada de satanás e das suas obras. Pedimos também o dom precioso da paz e a graça da esperança perseverante da vinda de Cristo, que nos libertará definitivamente do maligno»[19].

Projeto satânico

Na Primeira Carta do apóstolo S. João, fala-se dos filhos de Deus e dos filhos do diabo[20]. Os filhos do diabo são aqueles que o servem, não amando a verdade mas a mentira; são aqueles aos quais se esconde o seu pai que, só no fim, se mostrará no seu «principado», aquele de «mamon», feito de riqueza, prazer, poderes ocultos e trevas. No fim, quando se tiver imposto como patrão, na tentativa de ocupar o lugar de Deus, surgirá na sua identidade de «pai da mentira» e «pervertedor», que aqueles terão servido «não praticando a justiça» e «odiando»[21] os irmãos.

Reflitamos. A convicção generalizada em muitas pessoas que não se deve buscar «nem pai, nem patrão» de que cada um se basta a si mesmo, não passa de uma ilusão enorme: por detrás há sempre alguém que 'mexe os pauzinhos', procurando arrastar a nossa vida real para fora da verdade. Perante esta tentação constante, Jesus mostra precisamente as nossas verdadeiras raízes, que estão na vida de Deus Pai: não se constói uma casa sobre a areia, são necessários os alicerces[22]. Uma vida sem o «Pai nosso», sem uma causa nem um fim, é um absurdo, uma loucura. E a loucura leva à auto-destruição. Passa por aqui o *projeto satânico*.

Muitos dizem também: «Não é preciso nenhum pai nem patrão; cada um é livre e responde por si.» É outra falsidade, visto que, primeiro, tenta-se de tudo para tirar Deus Pai do horizonte da vida e do coração humano e, depois, aparece alguém que se coloca no seu lugar, orientando as pessoas vulneráveis com o poder oculto: de tipo econômico (os interesses ocultos das multinacionais e das lobby financeiras), político, ideológico, cultural (a ditadura cultural), científico-tecnológico, ou o poder das seitas e outros poderes do gênero.

Do projeto satânico faz parte também negar a realidade do espírito no homem, propondo uma antropologia ateia, para que o homem se afaste de Deus e introduza, no lugar d'Ele, uma genérica dimensão espiritual de paz e bem-estar, de tolerância e serenidade como faz, por exemplo, a «*Nova Era*», na qual não aparecem nomeadas, sequer, as realidades de Deus, de Deus Pai, de Jesus Cristo, apresentando-se como uma espécie de *religiosidade ateia*. Desta forma, aquilo que foi tirado da visão cristã da vida é, depois, reabsorvido e adaptado mas, tendo-se excluído Deus, usado de modo perverso, primeiro, para o *espiritismo* e, depois, para o *satanismo*. A Palavra de Deus nos recorda: «O insensato pensa: "Deus não existe!" São corruptos, fazem coisas abomináveis, ninguém mais faz o bem»[23].

---

[19] *Magistério. Compêndio do Catecismo da Igreja Católica* n. 597
[20] *Bíblia.* Cf. Evangelho segundo S. Lucas 16, 8; Primeira Carta de S. João 3, 10.
[21] *Bíblia.* Cf. Primeira Carta de S. João 2, 11.
[22] *Bíblia.* Cf. Evangelho segundo S. Mateus 7, 21-27.
[23] *Bíblia.* Livro dos Salmos 14, 1.

O diabo tem o seu projeto e o homem insensato, que não escuta Deus, deixa-se enganar pensando, às vezes, ser mais esperto que o diabo. Só Deus nos livra do demônio. «Para isto, diz a Escritura, é que o Filho de Deus se manifestou: para destruir as obras do diabo»[24].

A vitória de Jesus Cristo

Temos conhecimento da vitória de Cristo sobre o demônio. Trata-se de uma guerra espiritual. Não é uma guerra dirigida contra o homem nem pelo homem; não é algo de humano, mas uma luta contra os espíritos do mal que se rebelaram contra Deus.

E nós também tomamos parte nela. Jesus venceu a guerra. A nós, cabe-nos vencer os combates na luta diária contra o mal e todas as potências malignas e suas maquinações, até à derradeira batalha que Cristo travará contra o demônio, como nos recorda a Palavra de Deus na Bíblia. «Pois a nossa luta não é contra o sangue e a carne, mas contra os principados, as potestades, os dominadores deste mundo tenebroso, os espíritos malignos espalhados pelo espaço»[25].

Com Jesus, devemos e podemos vencer o maligno: «Por isso, protegei-vos com a armadura de Deus, a fim de que possais resistir no dia mau, e assim, empregando todos os meios, continueis firmes. Ficai, pois, de prontidão, tendo a verdade como cinturão, a justiça como couraça e os pés calçados com o zelo em anunciar a Boa-Nova da paz. Em todas as circunstâncias, empunhai o escudo da fé, com o qual podereis apagar todas as flechas incendiadas do Maligno. Enfim, ponde o capacete da salvação e empunhai a espada do Espírito, que é a palavra de Deus»[26].

A luta contra o mal e as trevas

Esta é a luta contra o mal e as trevas de que Jesus fala no Evangelho de Mateus quando diz: «Não penseis que vim trazer paz à terra! Não vim trazer paz, mas sim, a espada»[27], isto é, a luta contra o mal, satanás, para libertar o homem e a humanidade inteira. E a Igreja continua a fazer o mesmo serviço, unida fielmente a Jesus e realizando as suas obras.

Aqui pode ser útil lembrar alguns textos do Magistério da Igreja: Paulo VI recordava que «o mal já não é apenas uma deficiência, mas uma eficiência, um ser vivo, espiritual, pervertido e perversor. Terrível realidade. Misteriosa e medonha. (...) Ele é o inimigo número um, o tentador por excelência. Sabemos, portanto, que este Ser mesquinho e perturbador existe realmente, (...) é o inimigo oculto que semeia erros e desgraças na história humana. (...) É "assassino desde o princípio (...) e pai da mentira", como o define Cristo (*Jo* 8, 44). (...) Algumas pessoas julgam encontrar nos estudos da psicanálise ou da psiquiatria, ou em práticas de

---

[24] *Bíblia*. Cf. Primeira Carta de S. João 3, 8
[25] *Bíblia*. Carta aos Efésios 6, 12.
[26] *Bíblia*. Carta aos Efésios 6, 13-17.
[27] *Bíblia*. Evangelho segundo S. Mateus 10, 34.

espiritismo, hoje infelizmente tão difundidas em alguns países, compensação suficiente. (...) "Nós sabemos – escreve o apóstolo São João – que somos de Deus, ao passo que o mundo inteiro está sob o poder do Maligno" (*1 Jo* 5, 19)»[28].

Também São João Paulo II, durante uma Audiência Geral, assim se exprimia: «O diabo (ou satanás) e os outros demônios "foram criados bons por Deus, mas tornaram-se maus por sua própria vontade". (...) Rejeitando a verdade conhecida acerca de Deus com um ato da própria vontade livre, satanás torna-se "mentiroso" cósmico e "pai da mentira" (*Jo* 8, 44). Por isso, ele vive na radical e irreversível negação de Deus e procura impor à criação, aos outros seres criados à imagem de Deus, e em particular aos homens, a sua trágica "mentira acerca do Bem". (...) Como efeito do pecado dos progenitores, este anjo caído conquistou em certa medida o domínio sobre o homem. (...) A ação de satanás consiste primeiro que tudo em tentar os homens ao mal, influindo na sua imaginação e nas suas faculdades superiores para as orientar em direção contrária à lei de Deus. (...) A habilidade de satanás no mundo está em induzir os homens a negarem a sua existência em nome do racionalismo e de cada um dos outros sistemas de pensamento que procuram todas as escapatórias para não admitir a obra dele»[29].

De igual modo o Papa Bento XVI nos adverte, a propósito da obra do diabo, quando lembra que a «Igreja é sempre não só dom de Deus e divina, mas também muito humana: "Virão lobos temíveis" (*At* 20, 29). A Igreja está sempre ameaçada, existe sempre o perigo, a oposição do diabo que não aceita que, na humanidade, esteja presente este novo Povo de Deus, que haja a presença de Deus numa comunidade viva. Portanto não nos devemos admirar que sempre haja dificuldades, que sempre haja erva daninha no campo da Igreja. Foi sempre assim, e assim há de ser sempre. Mas devemos, com alegria, estar cientes de que a verdade é mais forte que a mentira, o amor é mais forte que o ódio, Deus é mais forte que todas as forças contrárias a Ele»[30].

Não se deve ter medo de satanás porque Jesus o venceu e, com Jesus, sairemos vencedores também, como escreve o apóstolo São João: «Eu vos escrevo, pais: conheceis aquele que é desde o princípio. Eu vos escrevo, jovens: vencestes o Maligno»[31]. Como vimos anteriormente, ao diabo vence-se com Jesus. Com efeito, o próprio Jesus nos recomenda para temermos antes a Deus, isto é, tratarmos Deus como Deus[32], porque a nossa referência última é com Ele e com o seu amor.

A sétima libertação: da morte

Deus não só «possui» a vida, mas «é a Vida». Ele não quer a morte, nem é o seu autor[33]: é Deus da vida[34] e, portanto, nos livrará da morte. Antes de

---

[28] *Magistério.* PAULO VI, *Alocução na Audiência Geral* de 15 de Novembro de 1972.
[29] *Magistério.* JOÃO PAULO II, *Alocução na Audiência Geral* de 13 de Agosto de 1986.
[30] *Magistério.* BENTO XVI, «*Lectio divina*» *durante o encontro com os párocos da diocese de Roma* (10 de Março de 2011).
[31] *Bíblia.* Primeira Carta de S. João 2, 13.
[32] *Bíblia.* Cf. Evangelho segundo S. Mateus 10, 28.
[33] *Bíblia.* Cf. Livro da Sabedoria 1, 13.
[34] *Bíblia.* Cf. Livro da Sabedoria 11, 26.

fazer voltar à vida o seu amigo Lázaro, morto há quatro dias, Jesus chorou, manifestando, assim, toda a sua dor face ao drama da morte humana[35]. Depois do primeiro pecado radical, o pecado original, Deus deixou na humanidade, como «consequência», o sinal da morte, manifestação externa da gravidade do pecado que lesou a nossa vida[36]; mas sendo interior, não se vê.

Deus Pai entregou à humanidade o seu Filho Jesus[37] para nos fazer passar da morte à vida sem fim, à vida da ressurreição. Para isso Jesus, vivendo a nossa realidade humana até à morte na cruz, e superando-a com a sua ressurreição, dá-nos a sua vida de Ressuscitado: Deus quer a nossa libertação total, a nossa realidade de «ressuscitados» em Cristo. Sabemos que «aquele que ressuscitou o Senhor Jesus nos ressuscitará também com Jesus e, juntamente convosco, nos colocará ao lado dele. (...) De fato, sabemos que, se a tenda em que moramos neste mundo for destruída, Deus nos dá outra moradia no céu, que não é obra de mãos humanas e que é eterna»[38].

A morte de Jesus, embora humana e única[39], não é uma morte qualquer: é uma morte, assim como a sua ressurreição, «conforme as Escrituras», ou seja, segundo aquilo que Deus preanunciara, ao longo dos séculos, na Sagrada Escritura. A sua ressurreição também é um fato histórico, mas único, que transcende o tempo e o espaço humano. O estudo das profecias, que falam do seu nascimento, morte e ressurreição, é impressionante, tendo sido motivo de conversão para muitíssimas pessoas. Jesus, com amargura, denuncia a dureza do coração humano quando se fecha ao evento divino da ressurreição: «Se não escutam a Moisés, nem aos Profetas, mesmo se alguém ressuscitar dos mortos, não acreditarão»[40]. É precisamente o evento da ressurreição que caracteriza a história antes e depois de Cristo. Não o esqueçamos!

Quando falamos da ressurreição, porém, o que pretendemos dizer? Por certo não se trata de um «acordar» de um estado particular como, por exemplo, de um processo de hibernação; nem se trata de fazer reviver o corpo outra vez, trazendo-o simplesmente de volta à vida terrena. A propósito disso, na segunda parte do seu livro *Jesus de Nazaré*, Bento XVI escreve: «Com efeito, se na ressurreição de Jesus se tratasse apenas do milagre de um cadáver reanimado, em última análise isso não nos interessaria de forma alguma. Com efeito, não seria mais importante do que a reanimação, devida à habilidade dos médicos, de pessoas clinicamente mortas. Para o mundo enquanto tal e para a nossa existência, nada teria mudado. O milagre de um cadáver reanimado significaria que a ressurreição de Jesus era a mesma coisa que a ressurreição do jovem de Naim (cf. *Lc* 7, 11-17), da filha de Jairo (cf. *Mc* 5, 22-24.35-43 e paralelos), ou de Lázaro (cf. *Jo* 11, 1-44). Na realidade, depois de um período de tempo mais ou menos breve, eles voltaram à vida que tinham

---

[35] *Bíblia*. Cf. Evangelho segundo S. João 11, 1-44.
[36] *Bíblia*. Cf. Livro de Gênesis 3, 3.
[37] *Bíblia*. Cf. Evangelho segundo S. João 3, 16
[38] *Bíblia*. Segunda Carta aos Coríntios 4, 14; 5, 1.
[39] *Magistério*. Cf. JOSEPH RATZINGER, *Il Dio di Gesù Cristo. Meditazioni sul Dio uno e trino*, Queriniana, Brescia 2006, p. 108. Traduzido por António Ferreira. O texto encontra-se no n. 94 do Apêndice, disponível no site figlidichi.altervista.org
[40] *Bíblia*. Evangelho segundo S. Lucas 16, 31.

antes, para mais tarde, num certo momento, morrerem definitivamente. (...) Na ressurreição de Jesus, foi alcançada uma nova possibilidade de ser homem, uma possibilidade que interessa a todos e abre um futuro, um novo gênero de futuro para os homens»[41].

Aqui pode-se falar de «*meta-história*», de uma história diversa do nosso modo atual de existir e da qual nos fala a Bíblia[42]. Enquanto a história humana é o transcorrer da existência nas quatro dimensões de tempo e de espaço que conhecemos, a meta-história é viver além da história, noutras dimensões que nos são inacessíveis: as do Absoluto de Deus. Isto permite à história humana encontrar o seu sentido, e à vida de cada um escapar da «ilusão do fim». A mitologia do passado é a tentativa falida que mostra a aspiração do homem por tais fronteiras imaginadas e sonhadas. Atualmente, a hipótese de outros «mundos e modos» diversos deste nosso humano surge tanto no imaginário coletivo como na investigação científica. O erro do mundo atual é não tomar a sério e receber com gratidão o dom trazido por Jesus Cristo, que é o de introduzir-nos, através da fé cristã e da graça que atua nos sacramentos, na *meta-história* com o dom da sua ressurreição oferecido à humanidade. Por isso, as crenças não são todas iguais; a *fé cristã* é única. A ressurreição é a superação do pecado e da morte para viver num modo diverso, ou seja, no modo de Deus. Jamais algum profeta, de qualquer religião, ressuscitou: Jesus Cristo é o único Ressuscitado, o primeiro da nova humanidade[43]. Com a vinda de Cristo, «acreditar em Deus» significa acreditar que Deus, para o nosso bem, é capaz de fazer ressuscitar da morte segundo este modo desconhecido[44]. «E nós, que cremos, reconhecemos o amor que Deus tem para conosco»[45]. A subcultura hoje generalizada, tendo ofuscado a fé em Deus, tenta desdramatizar a morte e até mesmo o *suicídio*, invocando-o como um direito, para depois procurar uma esperança decepcionante na *reencarnação*[46], que é uma ideia filha da cultura humana pré-cristã. O dom de Jesus Cristo não tem nada a ver com a perspetiva oferecida pela chamada *iluminação budista*, ou pela *energia cósmica*, ou mesmo pela «*energia crística*»[47]. Com a perda da fé em Jesus, a cultura está destinada a regredir no seu desenvolvimento: os homens estão mais dispostos a imaginar uma alma que vagueia de um lado para outro à procura de uma possibilidade de se reencarnar e deste modo se purificar vivendo noutro corpo ou num animal do que acreditar na ressurreição de Jesus Cristo e no poder de Deus que é capaz de fazer ressuscitar dos mortos! Porém, somente Deus purifica a vida do homem, que é feito «à sua imagem». A reencarnação não purifica ninguém, porque não é o sofrimento – que se experimentaria passando de um corpo para outro – que há de libertar a

---

[41] *Magistério*. BENTO XVI, *Jesus de Nazaré* (2ª parte), cap. 9, Princípia, Cascais 2011, p. 199.
[42] *Bíblia*. Cf. Carta aos Romanos 8, 18-25; Livro do Apocalipse 21, 1.
[43] *Bíblia*. Cf. Carta aos Colossenses 1, 18; Carta aos Filipenses 3, 20-21.
[44] *Bíblia*. Cf. Evangelho segundo S. Marcos 9, 10.
[45] *Bíblia*. Primeira Carta de S. João 4, 16
[46] *Magistério*. Cf. *Catecismo da Igreja Católica* n. 1013.
[47] *Magistério*. Cf. PONTIFÍCIO CONSELHO DA CULTURA, *Jesus Cristo Portador da Água Viva. Uma reflexão cristã sobre a «nova era»* (2003) nn. 2.3.4; 3.3; 7.2.

própria vida dos pecado, mas o amor que vivemos e que vem de Deus é que purifica a vida e o próprio sofrimento. Precisamos de Jesus Crucificado a fim de viver com amor o sofrimento e a própria morte, para assim a atravessarmos e vencermos juntamente com Ele.

Duas ciladas

Não aceitando Jesus Cristo, o único que venceu a morte e a ultrapassou, apresentam-se duas grandes tentações.

Com efeito, a realidade da morte pode motivar ideias fantasiosas e ilusórias, como a da reencarnação, que é própria da filosofia oriental e está presente nas técnicas yoga e é sustentada pela «Nova Era» e o espiritismo de forma a tranquilizar a todos com o engano: a vida do espírito se desenvolveria de modo «natural», «naturalmente divino», mas sem real necessidade de Deus Pessoa, nem de Jesus redentor, «por não querer passar com Ele da morte à ressurreição» e ao reino de Deus Pai. Esta primeira tentação faz desviar para um pensamento filosófico pré-cristão que não enfrenta o problema da «morte» mas o adia indefinidamente.

Diversamente, a outra tentação é conduzir a existência «agarrando-se à vida», ignorando a morte, como se esta não existisse nem fizesse parte da vida humana. Por esta estrada, outras duas ciladas extremas estão diante do homem:

– A exacerbação do bem-estar até ficar tão «embriagado» dele que se esquece a realidade humana da morte, tendo como resultado tornarmo-nos desumanos;

– O desespero de quem se aproxima da morte sem a esperança nem a consolação de encontrar o rosto de Deus Pai.

No primeiro caso, desenvolve-se o medo da morte e agarra-se à vida, consumando-a, tornando-se cada vez mais vítima do próprio medo. Não se vive no bem, no amor e na luz; vive-se sob o medo de sofrer, de estar doente e de morrer. Esta é uma técnica de satanás[48], porque impele a confiarnos a «mamon» e contornar as dificuldades e os sofrimentos, substituindo o amor pelo dinheiro, convencidos de que a riqueza pode resolver todos os problemas. Deste modo, tornamo-nos desumanos, injustos, descarados, violentos, agressivos. Aos poucos, tornamo-nos materialistas e perdemos a perspectiva das nossas realidades mais verdadeiras e profundas. Entra-se, assim, na cilada de «mamon», de que Jesus nos veio libertar.

No segundo caso, difundem-se o sentido de vazio e o desespero por um mundo sem sentido. Também esta é uma terrível cilada de satanás. Com efeito, parece definhar a luz da inteligência, a verdade e a bondade da vida, que se prevê sem sentido, sem amor, sem Deus chegando a impelir os homens para o túnel da depressão e a suicidar-se, antecipando a própria morte.

Em ambos os casos, trata-se de uma vida da qual se foge, como de Deus, para viver na angústia e no terror.

---

[48] *Bíblia*. Cf. Carta aos Hebreus 2, 14-15.

Por isso, Deus se manifesta na história e através da sua Palavra para dar ao homem a esperança[49] de poder curar e descobrir o mistério e o sentido da vida humana.

As seguranças e as riquezas se perderão com a morte, e a morte só poderá ser vencida com Jesus Cristo. A promessa nos é dada pela Palavra de Deus: «O último inimigo a ser destruído é a morte"[50]. Um dia a morte deixará de existir. Então os crentes serão verdadeiramente consolados pelo próprio Deus, que assim o prometeu: com efeito, «Ele enxugará toda lágrima dos seus olhos. A morte não existirá mais, e não haverá mais luto, nem grito, nem dor, porque as coisas anteriores passaram!»[51].

Trata-se da vida em plenitude e do modo de existir que Jesus ressuscitado mostrou à Igreja nascente[52]: esta é a libertação da morte. Assim Jesus responde à Marta, desconsolada com a morte do irmão Lázaro; « Jesus disse então: "Eu sou a ressurreição e a vida. Quem crê em mim, ainda que tenha morrido, viverá. E todo aquele que vive e crê em mim, não morrerá jamais. Crês nisto?" Ela respondeu: "Sim, Senhor, eu creio firmemente que tu és o Cristo, o Filho de Deus, aquele que deve vir ao mundo"»[53]. Só esta certeza já seria suficiente para amar Jesus. Ele é o Senhor da vida e da vida eterna. Jamais algum profeta disse como Jesus: «Vou preparar um lugar para vós»[54].

A oitava libertação: dos transtornos cósmicos

A Palavra de Deus recorda-nos: «Pois a figura deste mundo passa»[55]. Trata-se do «fim do mundo», deste mundo. Como todos os livros da Bíblia, escritos sob a inspiração do Espírito Santo, o livro do Apocalipse direcionado, de modo especial, a consolar os cristãos que sofrem no mundo nos previne: «Vi então um novo céu e uma nova terra. Pois o primeiro céu e a primeira terra passaram, e o mar já não existe»[56]. Deus prepara «um novo céu e uma nova terra».

O fim do mal

Já no Antigo Testamento Deus anuncia que será posto «um fim» ao mal, consolando o profeta Habacuc, que lhe dirige uma oração cheia de angústia: «Teus olhos são tão puros que não podem ver o mal; tu nem consegues olhar para a injustiça. Por que, então, ficas olhando os velhacos e te calas quando um patife engole alguém mais correto do que ele? (...) Ficarei de pé na torre de vigia, coloco-me no alto da muralha, em guarda, para perceber com clareza o que Deus vai falar-me, como há de responder à queixa que fiz. E o Senhor me

---

[49] *Bíblia.* Cf. Evangelho segundo S. Mateus 11, 28.
[50] *Bíblia.* Primeira Carta aos Coríntios 15, 26.
[51] *Bíblia.* Livro do Apocalipse 21, 4.
[52] *Bíblia.* Cf. Primeira Carta aos Coríntios 15, 1-34.
[53] *Bíblia.* Evangelho segundo S. João 11, 25-27.
[54] *Bíblia.* Evangelho segundo S. João 14, 2.
[55] *Bíblia.* Primeira Carta aos Coríntios 7, 31.
[56] *Bíblia.* Livro do Apocalipse 21, 1.

respondeu: "Escreve esta visão, grava em tabuletas para leitura corrente, pois é ainda uma visão para um tempo determinado. Só quer realizar-se e não há de decepcionar. Se demorar, é só esperar, ela vem mesmo e não há de demorar. Vai se acabar quem não é reto, o justo viverá por sua fidelidade"»[57]. De forma significativa Deus promete, aqui, o fim do mal.

Com Jesus, porém, «esperamos novos céus e uma nova terra, nos quais habitará a justiça»[58]. A humanidade está nas mãos de Deus: Ele é o nosso futuro e nos livrará da convulsão, que mais cedo ou mais tarde, acontecerá. Por isso se compreende a importância de ter boas e profundas raízes e sabê-las descobrir. Seremos livres da cena deste mundo para um mundo novo. Lê-se na Bíblia esta promessa: «Também a própria criação espera ser libertada da escravidão da corrupção, em vista da liberdade que é a glória dos filhos de Deus. Com efeito, sabemos que toda a criação, até o presente, está gemendo como que em dores de parto»[59]. Toda a natureza, portanto, será reconduzida a Deus. Com efeito, a vontade de Deus é «reencabeçar tudo em Cristo, tudo o que existe no céu e na terra»[60]. Com a obra messiânica de Jesus, cessarão completamente as próprias insídias da natureza e dos animais[61].

É preciso reconhecer que Deus estabeleceu *um fim ao mal*, e sempre que pedimos «livrai-nos do mal» ganha-se coragem e força para participarmos ativamente, também nós, como filhos de Deus, na libertação vitoriosa de todos os males operada por Jesus. Ao mesmo tempo, confiamo-nos a Deus Pai, cientes de que no fim, com o regresso glorioso de Jesus à terra, Ele intervirá para nos livrar e pôr «fim» à obra do maligno e de «todo o mal».

A verdadeira e grande esperança

No *Magnificat*, a Santíssima Virgem Maria, Mãe de Jesus, anuncia, igualmente, o «fim» da obra do mal, quando, vendo profeticamente realizada a obra do Salvador, exclama com alegria:

> «*Ele mostrou a força de seu braço:*
> *dispersou os que tem planos orgulhosos no coração.*
> *Derrubou os poderosos de seus tronos*
> *e exaltou os humildes.*
> *Encheu de bens a famintos,*
> *e mandou embora os ricos de mãos vazias*»[62].

A fé alimenta esta *esperança final* que os cristãos oferecem ao mundo, juntamente com a colaboração para a sua construção. Na oração do *Pai nosso*, ao mesmo tempo que pedimos a Deus Pai que nos livre do mal, confiando

---

[57] *Bíblia*. Livro do Profeta Habacuc 1, 13; 2, 1-4.
[58] *Bíblia*. Segunda Carta de S. Pedro 3, 13.
[59] *Bíblia*. Carta aos Romanos 8, 21-22.
[60] *Bíblia*. Carta aos Efésios 1, 10.
[61] *Bíblia*. Cf. Livro de Isaías 11, 1-9.
[62] *Bíblia*. Evangelho segundo S. Lucas 1, 51-53.

no retorno glorioso de Jesus, o nosso coração abre-se a um compromisso construtivo para que, ao regressar, o Senhor nos encontre trabalhando pelo seu reino. «Mas o Filho do Homem, quando vier, será que vai encontrar fé sobre a terra?»[63]. A verdadeira esperança não desilude e a petição «livrai-nos do mal» deve recordar-nos que o mundo necessita da esperança: a esperança verdadeira, a grande esperança que só Deus pode dar.

Na encíclica *Spe salvi*, Bento XVI faz-nos refletir sobre a gravidade da tentativa de substituir a esperança do reino de Deus com a do «reino do homem»: «Assim, a esperança bíblica do reino de Deus foi substituída pela esperança do reino do homem, pela esperança de um mundo melhor que seria o verdadeiro "reino de Deus". Esta parecia finalmente a esperança grande e realista de que o homem necessita. (...) Mas, com o passar do tempo fica claro que esta esperança escapa sempre para mais longe. Primeiro deram-se conta de que esta era talvez uma esperança para os homens de amanhã, mas não uma esperança para mim. (...) E tornou-se evidente que esta era uma esperança contra a liberdade, porque a situação das realidades humanas depende em cada geração novamente da livre decisão dos homens que dela fazem parte. Se esta liberdade, por causa das condições e das estruturas, lhes fosse tirada, o mundo, em última análise, não seria bom, porque um mundo sem liberdade não é de forma alguma um mundo bom. Deste modo, apesar de ser necessário um contínuo esforço pelo melhoramento do mundo, o mundo melhor de amanhã não pode ser o conteúdo próprio e suficiente da nossa esperança»[64].

Para viver bem, o homem precisa não só do reino humano, mas também do reino de Deus. Esta necessidade profunda não deve ser negada e escondida às novas gerações. O homem procura um Futuro, como procura um Pai: como procura a sua Fonte, procura também o seu futuro.

Aqui está a importância de descobrir Deus, nosso Pai, e da oração do *Pai nosso*. O mundo, no seu conjunto, procura uma esperança. Na sua desilusão, as novas gerações não sabem o que esperar para o futuro. É a crise de esperança de muitos jovens que o Papa e a Igreja têm no coração[65]. No cenário do mundo, quem é capaz de propor soluções ou novos caminhos? Que modelo econômico e político poderia garantir o bem comum para todos? O próprio mundo da economia e das multinacionais, da indústria e das finanças deveria abrir-se a Deus, pondo-se ao serviço das necessidades autênticas do homem e da humanidade, sem desfrutar nem multiplicar vícios e defeitos.

Por isso, qual deve ser a contribuição dos cristãos para a construção de um futuro global e sustentável sobre a terra? Muitos homens foram conquistados pelas ideologias do marxismo e do comunismo. A este respeito, Bento XVI afirma na encíclica *Spe salvi*: «Marx não falhou só ao deixar de idealizar os ordenamentos necessários para o mundo novo; com efeito, já não deveria haver necessidade deles. (...) Esqueceu que a liberdade permanece sempre liberdade, inclusive para o mal. Pensava que, uma vez colocada em ordem

---

[63] *Bíblia*. Evangelho segundo S. Lucas 18, 8.
[64] *Magistério*. BENTO XVI, Carta encíclica *Spe salvi* (2007) n. 30.
[65] *Magistério*. Cf. BENTO XVI, *Mensagem para a XXIV Jornada Mundial da Juventude* (22 de Fevereiro de 2009). O texto encontra-se no n. 95 do Apêndice, disponível no site figlidichi.altervista.org

a economia, tudo se arranjaria. O seu verdadeiro erro é o materialismo: de fato, o homem não é só o produto de condições econômicas nem se pode curá-lo apenas do exterior criando condições econômicas favoráveis. (...) Todos fomos testemunhas de como o progresso em mãos erradas possa tornar-se, e tornou-se realmente, um progresso terrível no mal. Se ao progresso técnico não corresponde um progresso na formação ética do homem, no crescimento do homem interior (cf. *Ef* 3, 16; *2 Cor* 4, 16), então aquele não é um progresso, mas uma ameaça para o homem e para o mundo»[66].

Sobre estas temáticas significativas e sérias se debruça a Igreja, não de modo político mas entrando no debate social e político, fazendo-se solidária com cada homem e cada realidade humana, contudo purificando todo o reino humano, religioso ou civil, portando a bondade do Evangelho e a caridade de Cristo presente no mundo, seja para as necessidades desta terra no tempo atual, seja para os «novos céus e nova terra»[67] da eternidade.

Com efeito, nada e ninguém pode satisfazer a grande esperança de que o homem necessita, como nos recorda o Papa Bento XVI: «A experiência demonstra que as qualidades pessoais e os bens materiais não são suficientes para garantir a esperança da qual o coração humano está em busca constante. Como escrevi na citada encíclica *Spe salvi*, a política, a ciência, a técnica, a economia e qualquer outro recurso material, sozinhos, não são suficientes para oferecer a *grande esperança* que todos desejamos. Esta esperança "só pode ser Deus, que abraça o universo e nos pode propor e dar aquilo que, sozinhos, não podemos conseguir" (n. 31). Eis por que uma das consequências principais do esquecimento de Deus é a evidente desorientação que marca as nossas sociedades, com consequências de solidão e violência, de insatisfação e perda de confiança que não raro terminam no desespero. É clara e forte a chamada que nos vem da Palavra de Deus: "Maldito o homem que confia no ser humano, que na carne busca a sua força e afasta do SENHOR seu coração" (*Jr* 17, 5)»[68]. Jamais nos arrependeremos de ter escutado a Deus, confiando nele.

A petição «livrai-nos do mal» torna-se compromisso concreto de libertação social e evangelização dos irmãos, como dizia São João Paulo II, em 1999, aos bispos do Canadá[69]. Entretanto, para serem autênticas, a libertação social e a evangelização precisam do anúncio da «verdadeira e grande esperança», de que fala a encíclica *Spe salvi*[70], conforme nos recorda o Papa.

Deus, nosso Pai, Pai da luz, da beleza, da bondade, da verdade, do amor, oferece-se a todos. É Deus, Pai da Vida, da Verdade e do Amor, o Senhor da história que chama a todos para junto de si. Este é o sentido das Celebrações

---

[66] *Magistério*. BENTO XVI, Carta encíclica *Spe Salvi* (2007) nn. 21-22.

[67] *Bíblia*. Segunda Carta de S. Pedro 3, 13.

[68] *Magistério*. BENTO XVI, *Mensagem para a XXIV Jornada Mundial da Juventude* (22 de Fevereiro de 2009).

[69] *Magistério*. Cf. JOÃO PAULO II, *Discurso aos Bispos da Conferência Episcopal do Canadá* (Província de Ontário) *in Visita «ad limina Apostolorum»* (4 de Maio de 1999). O texto encontra-se no n. 96 do Apêndice, disponível no site figlidichi.altervista.org

[70] *Magistério*. Cf. BENTO XVI, Carta encíclica *Spe salvi* (2007) nn. 27 e 31. O texto encontra- se no n. 97 do Apêndice, disponível no site figlidichi.altervista.org

Litúrgicas da Igreja Católica que são públicas, abertas, à vista de todos. Também isto é um sinal de luz e amor para quem sabe vê-lo; permanece também um apelo da misericórdia de Deus à humanidade. Para nós, cristãos, o nosso encontro com Deus realiza-se aos olhos do mundo inteiro, porque é «para todo o mundo». É preciso não esquecer a preciosidade de quanto Jesus nos deu e quer dar continuamente a toda a humanidade.

Na invocação «livrai-nos do mal» temos não apenas o anseio de ser livres de todo o mal, mas também o anseio da esperança de uma vida plena e feliz rumo a um futuro seguro e pleno, de um novo mundo, do reino de Deus para nós. Esta é também a beleza e a grandeza da oração do *Pai nosso*. Há que redescobrir e tornar conhecida a riqueza das raízes cristãs às gerações futuras.

Nós, cristãos, estamos particularmente comprometidos a dar testemunho da vida e do Evangelho glorioso de Cristo[71], indispensável para nós e para o mundo descobrirmos a realidade de Deus e construirmos um mundo bom. Para permanecer firmes no bem que está presente no mundo e para vencer o mal, também este presente, precisamos da presença de Jesus Cristo e do seu Santo Espírito, que leva à plenitude a história na verdade e no bem. Jesus nos recorda: «No mundo, tereis aflições. Mas tende coragem! Eu venci o mundo»[72].

---

[71] *Bíblia*. Cf. Segunda Carta aos Coríntios 4, 4.
[72] *Bíblia*. Evangelho segundo S. João 16, 33b.

17

A traição

O tema traição, se por um lado fere e assusta, por outro atrai e intriga. Por que este tema suscita a nossa atenção? O que nos recorda a palavra «traição»? Certamente não gostaríamos que alguém nos traísse, nem a nós nem a nossa confiança. A ideia e a possibilidade de ser traído geram insegurança, porque não se podem construir relações se não forem fundadas em uma confiança digna de crédito. Isto nos faz entender que muitos aspectos na vida são confiados à liberdade e, portannto, necessariamente em uma relação de confiança. A palavra «traição» traz à nossa mente uma situação de insegurança e de instabilidade. Na base há algo que não somente se busca e quer, mas também que se teme e que mina a relação de serena confiança.

Todas as relações humanas (com os amigos, entre colegas, entre namorados e entre noivos, dos esposos, entre pais e filhos, entre irmãos) implicam uma relação de confiança e de liberdade. Realmente não se pode construir toda a nossa vida sobre a base da economia e dos interesses, mas são necessárias a confiança e a liberdade. Isto é verdade porque no homem habita o grande mistério da «imagem e semelhança»[1] de Deus. Com efeito, só desta forma o ser humano pode viver a beleza do amor e da liberdade, da amizade e da solidariedade.

O drama e a laceração da traição surgem no centro da nossa vida interior ainda antes de se manifestar na vida exterior. Eis porque somos tão sensíveis a esta palavra! No fundo, somos feitos de amor e confiança; porém somos feitos também de algo que pode trair o amor e a confiança: a liberdade. Na verdade, com o dom da liberdade, que faz de nós pessoas, é possível trair.

A oração do *Pai nosso* é uma oração extraordinária, que nos mostra o caminho para regressar à nossa identidade, à nossa relação com Deus e à nossa fraternidade humana. Jesus nos ensina no *Pai nosso* a voltar ao que é essencial e verdadeiro para sair da «traição fundamental», ou seja, para que a humanidade, o homem e a mulher, cesse de trair e fazer crescer aquela espiral de desintegração e destruição que a traição provoca.

Com efeito, foi confundindo a confiança, o amor e a liberdade que o pecado entrou na vida humana. É preciso coragem para o admitir!

Na realidade, quem acredita no amor? E no amor de Deus?

---

[1] *Bíblia.* Cf. Livro de Gênesis 1, 26.

Com o pecado, acredita-se não tanto no amor quanto no interesse,
não tanto na confiança quanto no temor,
não tanto no prêmio quanto na astúcia,
não tanto na bondade quanto no lucro,
não tanto na inocência quanto na malícia,
não tanto na justiça quanto na prepotência.

Esta é a corrupção que está na alma e que se manifesta no corpo; esta é a morte do amor, que se manifesta na morte do corpo. Este é o pecado que habita no ser humano e o afasta de Deus: está à espreita no interior do homem, deixando-o mais intrigado com as coisas más do que com as boas.

Mas o homem se cansa do mal e volta a procurar a luz e o bem, experimenta em si mesmo a fome do bem e da esperança, sente que o amor pode vencer, dia após dia, o mal que o ameaça e leva a trair a vida. Sem se dar conta, «espera por Deus».

A necessidade da revelação

Vimos de Deus e temos sempre necessidade da verdade que faz de nós «pessoas». Desperta interesse o fato de que, enquanto os animais vivem tranquilos e em sua vida têm tudo o que precisam, na vida dos seres humanos é diferente: durante toda a vida, a começar de pequenos, os seres humanos querem, além da vida, saber a verdade e procuram a «revelação». Os seres humanos não têm somente os modelos externos que os atraem, mas possuem interiormente um estímulo que os move, não só a crescer física e culturalmente, mas ainda rumo a algo que não sabem e não conhecem: é a busca do sentido e do porquê da vida, a busca do que fazer da vida. São as questões existenciais: porquê viver, porquê morrer, porquê casar-se, porquê amar; e todas elas precisam, na vida e além da vida, da resposta de uma «revelação». Queremos conhecer a história, a nossa e a dos outros, porque é essencial: somos feitos de história e procuramos o seu significado. Este fato é devido à dimensão espiritual dos seres humanos. Para um animal é suficiente viver, acasalar-se, ter as crias. Para nós, seres humanos, é diverso: além de reconhecer a necessidade da vida biológica, precisamos de adquirir a história da nossa existência e da sociedade e de projetar o nosso futuro. Revelação e verdade constituem uma parte essencial das necessidades que temos para viver humana e dignamente.

Somos sensíveis à verdade porque fomos criados «à imagem e semelhança» do Deus vivo e verdadeiro. Constata-se, por exemplo, num casal de noivos ou de esposos, como são sensíveis à verdade entre eles para poderem construir a própria relação e o seu futuro. Ao dar-se conta de uma mentira no seu relacionamento com os pais, uma criança pode sentir um abalo da confiança capaz de comprometer o seu crescimento normal. A mentira quebra os laços humanos, afeta a nossa mente, a nossa psique, o nosso coração e orienta a nossa liberdade.

A dinâmica da traição passa precisamente através da mentira, cuja denúncia é feita imediatamente: «Não é verdade o que você me disse!» E a relação entra em colapso. A vida humana não avança por instinto, como na relação entre os animais, mas na liberdade de amar; e isto deixa-nos radicalmente à mercê da verdade ou da mentira. Fundamentalmente, o que é maior que o amor? Um amor verdadeiro. E o que quer, fundamentalmente, o amor? A verdade. Sem verdade o amor não pode ser um amor verdadeiro. Sem a verdade não podemos ser «humanos». É sobre esta base, claramente antropológica, da liberdade, da confiança e da verdade que se insinua a experiência da «traição». Na Bíblia, Deus quis mostrar-nos o caminho da traição dos seres humanos.

A primeira traição

A traição começa de longe e no íntimo do homem com o pecado.

Com efeito, nas origens da história da humanidade temos a experiência de uma traição, narrada no capítulo 3 do livro de Gênesis, na Sagrada Escritua: a traição dos nossos primeiros pais. Desde então, se não tiver a consciência desperta, o homem pode, quase sem dar por isso, incorrer na traição, porque as suas faculdades ficaram, de certo modo, perturbadas com o primeiro pecado cometido pelo homem e pela mulher, o pecado original.

O primeiro efeito

Quando pela primeira vez escolhe pecar, Eva absorve a mentira, a proposta da traição e a rebelião. Decide, assim, afastar-se de Deus, que é Santo. O primeiro efeito do pecado será o de perder Deus e a santidade da vida humana. Afastando-se do Criador, a mulher decide apropriar-se do que é de Deus, em vez de viver com amor a Deus no seu reino, onde Ele a colocou com Adão: satanás a impeliu a agir contra Deus, sem Deus, e não obstante a presença de Deus. A rebelião e a desobediência à relação fundamental com Deus constituem o pecado original. Não querer pertencer, querer viver fora da relação com Deus, apesar de terem sido criados por Deus à sua «imagem e semelhança» no amor; fugir da relação com Deus, para criar, fora, outra realidade. O próprio Adão participa desta terrível ruptura com Deus, que é Amor. E assim, em vez de ser livres na relação de amor, querem ser livres fora da relação: nisto está a traição.

Com efeito, depois de terem dado crédito à mentira de satanás, quebra-se a sua confiança em Deus. Adão e Eva escondem-se d'Ele, deixando de sentir o amor e a verdade da sua presença. Isto, se pensarmos bem, é uma loucura! O pecado é uma incursão no absurdo, quando a lógica do pensamento fica transtornada, «invertida»: é lógico esconder-se por medo[2], mas eles se escondem sem lógica, porque se escondem de Deus, o que é impossível! Deste modo nasce o medo nos seres humanos, que é muito maior do que o sentido pelos animais. Pedem à terra que os encubra, e morrerão assim «cobertos» pela terra, a não ser que se decidam a confiar de novo em Deus, para que os faça voltar à Luz, ao Belo, ao Bem, ao Santo, ao Justo. Será necessária toda a bondade de Deus, que envia o seu Filho e o entrega até à morte, para provar ao homem o seu amor pelo qual o quer salvo.

---

[2] *Bíblia*. Cf. Livro de Gênesis 3, 8-10.

O segundo efeito

O segundo efeito do pecado e da traição é a fratura interior do ser humano: desordena-se completamente a sua vida. O homem sente desintegradas as suas energias básicas: as energias sexuais, psíquicas, afetivas, mentais; todas as energias do coração e do espírito já não aparecem integradas, mas confundidas e separadas. Por isso, a morte entrou na vida humana; aquela morte que Deus não teria querido para o homem. Como diz a Sagrada Escritura, Deus «não é o autor da morte»[3]. Com o pecado original deu-se a desagregação celular, psíquica, emocional, espiritual: o homem, criado como um ser íntegro, perdeu a própria unidade, e o mesmo sucedeu à mulher. O ser humano tem muitas dimensões, mas estão desconexas. Assim, há quem se refugie na dimensão meramente espiritual; há quem subjaza no exercício e na dependência sexual; há quem se vanglorie nas satisfações do corpo ou do bem-estar material; quem se esconda na dimensão apenas emocional e aí pretenda construir o seu mundo; há também quem se instale na segurança que lhe dá a posse de casas, bens, propriedades, e outros na segurança do pensamento e da fantasia.

Enfim, temos manifestações sem conta de uma vida que atraiçoa, porque o homem, traindo o mistério da relação com Deus, atraiçoou a si mesmo e ao seu mistério e encontra-se dividido «em muitos bocados», dos quais tenta satisfazer pelo menos um. E neste seu «bocado» fica «prisioneiro», porque já não consegue facilmente sair dele para se abrir à luz. Dentro de si todo o ser humano sente a aspiração pela vida e a integridade, mas experimenta a condição oposta[4].

Conflitualidade e fraturas internas e externas, sofrimentos e absurdidade, pecados e traições fazem parte da existência humana. Perdemos aquela unidade que gera a nossa paz, a nossa alegria: a paz, que todos aspiramos, é a felicidade que resulta, precisamente, da capacidade de colocar juntas, em harmonia, todas as capacidades, todas as dimensões com que Deus nos criou. Mas, para isso, é preciso encontrar Deus na fé e no amor de Jesus Cristo.

Entretanto alguns, fechados no seu «pedacinho», não fazem qualquer esforço para serem libertados por Deus e entrarem pela porta estreita[5] a fim de «serem incluídos» na vida plena e total que Deus oferece. E não só não pedem para ser libertados da prisão em que se encontram, mas pretendem que a mesma lhes seja «reconhecida» como uma sua livre escolha, seja ela qual for, com todos os direitos, incluindo os religiosos, e, injustamente, culpam a Igreja por não lhes ceder estes direitos, como se lhe pertencessem. Ora a Igreja, fiel a Jesus Cristo, não pode alterar ou inventar direitos que não existem. Tais pessoas parecem tratar a Igreja como se fosse mais um Ministério governamental aonde dirigir-se do que como a Família dos filhos de Deus.

A oração do *Pai nosso* nos reconduz[6], gradualmente, a descobrir a estrada para recuperarmos a nossa realidade profunda com Deus, a santidade, e a nossa realidade humana, feita de amor e fraternidade. O *Pai nosso* faz-nos

---

[3] *Bíblia*. Livro da Sabedoria 1, 13.
[4] *Bíblia*. Cf. Carta aos Romanos 7, 18-23.
[5] *Bíblia*. Cf. Evangelho segundo S. Mateus 7, 14.
[6] *Bíblia*. Cf. Evangelho segundo S. João 10, 14-18.

reencontrar a estrada de casa, é «a oração do regresso» à casa do Pai. Nós somos importantes para Ele. O Pai é a Verdade que nos salva da mentira, da rebelião, do pecado, da traição e da morte.

Teremos necessidade do dom do Pai e de Jesus, o Espírito Santo, para nos santificar e fazer-nos recuperar, gradualmente, a nossa santidade e também a nossa integridade.

Precisaremos de Jesus para que tome sobre si todos os nossos pecados e pague pessoalmente. Só assim, vendo os seus espinhos, vendo em que estado o reduzimos, «em que estado reduzimos o homem» – «Eis o homem!»[7] – é que cada um poderá abrir os olhos e dar-se conta de que está olhando para a imagem do proprio mal que praticou, porque Jesus crucificado é o retrato da humanidade, das atrocidades de que é capaz a humanidade contra o Belo, o Bom, o Verdadeiro, o Santo, o Justo. O Crucificado nos fala do amor imenso de Deus por nós e, simultaneamente, do mal terrível que, através do pecado, se pode manifestar no homem e na mulher: temos coisas não boas dentro de nós. Lesamos quem é pobre, quem é pequeno, quem é humilde, quem ama. Lesamos e prejudicamos. Não é verdade que praticamos só o bem! Jesus é como o retrato da nossa humanidade, tomou sobre si a nossa humanidade, os nossos pecados, o nosso sentido de destruição, de traição, chegando ao ponto de no-lo mostrar.

Este é o amor de Jesus por nós: nos redime e faz ver que Ele, na misericórdia, é mais forte do que o pecado e o mal dilacerante que a humanidade tem dentro de si e é capaz de fazer. Isto verifica-se de modo emblemático com Judas.

Judas

Antes de chegar à ação externa, a traição consuma-se interiormente e vai contra a verdade e o bem que habitam dentro de cada um. Consideremos a traição em Judas. Ele ouviu a pregação, viu os numerosos milagres de Jesus. Como pôde trair o Mestre? E por que Jesus escolheu um como Judas para o grupo dos doze Apóstolos? Jesus não tem «necessidade» da traição de Judas, não precisa dos nossos pecados: Deus não nos instrumentaliza. Na verdade, se não tivesse havido o pecado e a consequente necessidade de redimir a humanidade, Jesus teria manifestado igualmente o seu amor por nós. Uma vez, porém, que a nossa realidade humana «está» no pecado, Jesus a encontra e escolhe para a redimir: por isso escolheu «também» Judas para o número dos apóstolos. Judas representa a realidade humana de todos.

Cada um sente-se atraído por Judas, porque de algum modo o temos dentro de nós mesmos. Trata-se daquele «veneno» do pecado, de que é símbolo a serpente, que está dentro da nossa humanidade, mas que, no fundo, realmente não é «nosso»: gostaríamos de eliminá-lo da sociedade, das famílias, dos filhos, das nossas amizades. Mas, como fazer? Vejamos o percurso de Judas.

Que espécie particular de mal tem Judas? Porque, de alguma forma, nunca melhora, antes precipita-se sempre mais? Os acontecimentos o fazem piorar,

---

[7] *Bíblia.* Evangelho segundo S. João 19, 5.

em vez de melhorar. Que se passa com Judas? O paralelo com Pedro pode-nos ajudar a compreender. Pedro, cheio de entusiasmo, tinha no coração a pessoa de Jesus, amava-o; mas, a certa altura, quando estão para acusá-lo de pertencer ao círculo dos apóstolos, por medo, começa a renegá-lo: «Não, eu não sou um dos seus discípulos»[8]. Ele o faz uma, duas, três vezes, por medo, um medo que contradiz o seu amor. Contudo, arrepende-se pelo amor que tinha a Jesus e, mais tarde, Jesus lhe perguntará: «Simão, filho de João, tu me amas mais do que estes?»[9]. Jesus pede-lhe por três vezes para declarar o amor, como três vezes Pedro caíra: por fraqueza e por medo. Queria seguir Jesus, mas à sua maneira, por medo de ter que segui-lo, talvez, até à prisão. Mas Pedro se arrepende e continua a amar Jesus e, por isso, receberá a força para segui-lo por toda a parte.

Ao contrário, Judas não amava Jesus e, apesar de viver com Ele, era outra coisa que amava. De Jesus, pegava só o que lhe interessava. O Mestre o havia chamado para viver com Ele, como fizera aos outros Apóstolos, e lhe havia confiado «o seu amor pelos pobres» e a respectiva bolsa do dinheiro[10]. Mas Judas roubava «porque era ladrão: ele guardava a bolsa e roubava o que nela se depositava»[11]. Utilizava o amor de Jesus pelos pobres para o seu objetivo; mostrava-se capaz de recolher dinheiro «para os pobres», mas não os amava. Portanto, a traição passa primeiro pela mentira e, depois, sempre pelo roubo. No fim do dia, Judas estava sereno, «satisfeito», como tantas pessoas que vão dormir tranquilas mas com os pecados na consciência.

Em Judas, o roubo eras apenas um vício ou servia-se das coisas alheias para um «plano» seu? Não o sabemos. Mas o que sucedeu a Judas é emblemático para todos. Mais do que exteriormente, Judas é «ladrão» interiormente. Não tem respeito por Jesus, mas usa-o. Não ama a Jesus, mas ama aquilo que Jesus faz; e não por ser Jesus que o faz, mas porque, atraindo as multidões, a «bolsa» enchia-se. Jesus conserva Judas junto de si, dando-nos o exemplo, porque quer estar perto do homem, mesmo quando peca, tendo em vista a sua redenção. E quando todos se interrogam sobre quem o iria trair, Jesus, em vez de denunciar Judas diante de todos os outros Apóstolos, manifestar-lhe-á mais uma vez a sua benevolência, o seu amor, oferecendo-lhe como sinal de amizade um bocado de pão ensopado[12]. Jesus é o nosso verdadeiro companheiro de vida, sempre e em toda parte, até o fim. Infelizmente será Judas a «acabar com a vida». Pensava, talvez, que Jesus não lhe havia perdoado, como fez com Pedro?

Porque Judas não se converteu? Quando Jesus falava, Judas não escutava, mas estava ocupado em calcular quanto podia roubar da bolsa do dinheiro, consideradas as inúmeras pessoas que vinham até Jesus. Judas não quer seguir o projeto de Deus, mas o «próprio» projeto: ama-se a si mesmo mais do que a Deus. Isto é a traição. Por trinta moedas de prata Judas entregará Jesus aos judeus[13], pondo-se de acordo também sob o sinal de identificação: «Aquele

---

[8] *Bíblia.* Cf. Evangelho segundo S. João 18, 15-27.
[9] *Bíblia.* Evangelho segundo S. João 21, 15.
[10] *Bíblia.* Cf. Evangelho segundo S. João 12, 6.
[11] *Bíblia.* Evangelho segundo S. João 12, 6.
[12] *Bíblia.* Cf. Evangelho segundo S. João 13, 26.
[13] *Bíblia.* Cf. Evangelho segundo S. Lucas 22, 47-48.

que eu beijar, é ele; prendei-o»[14]. Por dinheiro, por ambição, por um projeto próprio, Judas não hesita em usar um gesto de carinho. Jesus apela para a sua consciência: «Amigo, para que vieste?»[15], fazendo-lhe ver que está usando o amor, o carinho, a sua confiança para trair! Mas Judas, convencido de estar procedendo bem, mais uma vez não ouve.

Esta é a insensatez que entrou no ser humano com o pecado: pensa que, traindo, está fazendo o bem. Aqui se detêm a psicologia, a física, a química e até mesmo as neurociências, incapazes de explicar as razões profundas do espírito humano e da liberdade humana.

Jesus diz a verdade a Judas, mas este não ouve a verdade. Por que? Porque ele, na sua vida, não teve amor pela verdade, sufocou o amor pela verdade, não lhe interessa, deseja seguir o que ele quer. Mostra-se sensível a qualquer coisa? À perda do que ele desejava. Preso Jesus, Judas dá-se conta de que Jesus não faz um milagre, não se impõe para desbaratar a todos, como talvez ele, Judas, esperava, porque não havia visto, nos milagres de Jesus, o seu amor para com cada homem. Viu nos milagres o que ele queria ver: o poder e a capacidade de fazer crescer a bolsa, de onde roubava o dinheiro. Não conhece o amor de Deus, não conhece a verdade do projeto de Deus; durante anos, não quis saber de conhecer a Palavra de Deus e o «como» de Deus. Judas quer usar Jesus, quer realizar o seu projeto, mesmo através de Jesus, mas as coisas seguem uma estrada diversa da que ele pensava. A esta altura, o projeto da sua traição desaba. Conforme diz a Bíblia, vemos mais uma vez como se engana o pensamento do homem que não segue Deus: «O Senhor sabe como são fúteis os pensamentos dos homens»[16]. Assim também: «é melhor ser repreendido pelo sábio do que alegrar-se com o canto dos insensatos»[17].

Assim se precipita na autodestruição, o que resultou em suicídios «excelentes» na história. Eis que surge de novo satanás e impele Judas à autodestruição e ao suicídio. O programa satânico avança por graus: a mentira, a traição, o roubo, o desespero, a auto-destruição, o homicídio e a morte. O processo satânico termina com o homicídio ou o suicídio.

Pode-se chegar também ao arrependimento e à rejeição da própria história perversa, mas precisa-se sempre de Jesus e da sua misericórdia para se salvar. Com efeito, Judas «ficou arrependido e foi devolver as trinta moedas de prata»[18], dinheiro este que devia servir ao seu amor próprio e não ao amor de Deus e do próximo. Quando desaba o projeto, aquele amor próprio torna-se rejeição de si mesmo e do que se fez. Então, com o amor desordenado, desaba também a sua vida que, incapaz de se realizar e desprovida de outros valores fortes, cai na auto-destruição com o suicídio[19].

Há um amor errado de si mesmo que vai ao ponto de se tornar traição de si mesmo. Atraiçoa-se porque a vida é traída. A traição manifesta-se em três

---

[14] *Bíblia*. Evangelho segundo S. Mateus 26, 48.
[15] *Bíblia*. Cf. Evangelho segundo S. Mateus 26, 49-50.
[16] *Bíblia*. Livro dos Salmos 94, 11.
[17] *Bíblia*. Livro do Eclesiastes 7, 5.
[18] *Bíblia*. Evangelho segundo S. Mateus 27, 3.
[19] *Bíblia*. Cf. Evangelho segundo S. Mateus 27, 5.

níveis: o primeiro é a chamada «desintegração», isto é, o homem deixa de ser íntegro e continua a fazer escolhas desintegradas.

A primeira traição se supera quando se reencontra a autenticidade da pessoa. A cura será retomar toda a vida, em suas dimensões espiritual, afetiva, física e sexual, cultural, mental, histórica e ambiental e revê-las para as harmonizar, removendo as mentiras e as ambiguidades. É um processo de autenticidade para se reencontrar as raízes e a unidade do ser humano. Hoje, pelo contrário, a proposta é realizar uma parte de si mesmo: viagens, a carreira, o trabalho... «pedaços» através dos quais a pessoa possa tornar-se dominante e satisfeita. Esta exacerbação da realização humana é uma traição que convém à economia, porque assim o mercado pode vender muitos «produtos» úteis para que cada um realize uma parte de si mesmo. Aquela parte de si, idolatrada, torna-se o tudo. Esta é a traição desumanizadora, organizada e proposta pela sociedade.

A traição do casal

O segundo nível da traição é a desagregação do casal e da família: concretamente, traição da palavra dada, a palavra de pertença «no dom sincero e fiel de pessoa a pessoa».

Não se pode oferecer em dom a unidade conjugal, a unidade das pessoas, se antes não se encontrar a autenticidade pessoal. Na verdade, hoje a maior parte das pessoas são educadas para possuir, gozar, tirar proveito. Assim, não será fácil para os dois juntar as suas vidas sem se encastrarem para proveito próprio: devem dar a vida, mas não sabem que parte dar.

Este é o problema de hoje: o homem e a mulher, o que se dão? Os interesses comuns? Até que ponto resistem? Daqui nasce o medo de se casarem, o medo de se amarem, o medo de darem à luz os filhos. Bloqueia-se, pura e simplesmente, a vida. «Terei eu possibilidades econômicas para satisfazer um desejo do meu filho?» «Até quando conseguiremos estar juntos?» O casal entra em crise, porque a primeira «traição» está nas raízes. Não se pode enganar a vida humana, porque não funcionaria. Se trais a vida, a vida atraiçoa-te. Quisemos usar a vida sem a respeitar! O homem trai a sua missão, a missão que Deus lhe confiou, de governar a natureza em nome d'Ele[20]. O homem a explora, manipulando-a. Resultado: a certa altura a natureza deixa de funcionar como deveria.

Se não amamos a nós mesmos, respeitando-nos tal como Deus nos fez, também não podemos amar os outros: não podemos amar a família, se não vivemos em harmonia com a nossa verdade profunda. As próprias relações serão marcadas pelo utilitarismo: não doarão a vida um ao outro em comunhão, nem a darão a novos seres humanos em nome do verdadeiro amor, a não ser que sejam filhos para satisfazer a própria ambição. Por isso, o futuro das crianças está em perigo. Na realidade, o filho será querido sob medida. Assim como se escolhe o carro, o apartamento, as roupas segundo o próprio gosto, o mesmo pode acontecer com os filhos. Estamos diante de uma nova

---

[20] *Bíblia.* Cf. Livro de Gênesis 1, 28ss.

traição fundamental, não só da própria vida, mas também da vida dos filhos, tornados uma espécie de novos escravos.

Ao contrário, quando o casal tem, realmente, as suas raízes bem plantadas na «rocha» experimenta a beleza e a grandeza da vida, a capacidade de amar e de se dar «à imagem de Deus», em caminho com Deus, para o bem da vida de outros seres humanos capazes de amar. Este mistério da vida como «dom», que ultrapassa a vida meramente «dos dois», está confiado ao seu amor.

A traição da realidade pessoal, ignorada e espezinhada, faz com que se atraiçoe também a outra realidade, o dom e o mistério a que é chamado o casal. Espezinhando o sacramento do Matrimônio, de que são os ministros, os esposos espezinham o dom e o mistério do amor e também da fé. É isto o adultério[21]. Melhor seria verificar a autenticidade do vínculo e do sacramento, antes de qualquer ulterior decisão. Para isso, porém, é preciso sentir uma pertença maior do que o próprio «pedaço» ganho ou perdido na vida; é preciso sentir-se comunidade cristã, sentir-se «Igreja».

A própria economia tem conduzido a satisfazer a necessidade de cada um, o próprio «pedacinho» de vida. E os filhos estão sendo educados neste sentido: a escolherem um «pedacinho». E não importa se este «pedacinho» irá prejudicar ou não a outros: quero-o e basta! Mesmo no seio da família, afinal, cada um decide segundo o «próprio» interesse, usando a família, mas sem atender à missão que a família tem.

E esta é a traição da família, porque cada um rouba a vida quando o mistério é ocultado, manipulado ou desfeito em pedaços para se tirar dele apenas o que interessa e obter o que se quer, aquilo que cada um decidiu «ter» na vida a fim de que ela realize aquele sonho que se tem em mente, e não o mistério da vida, nem o mistério do casal e da família. Aqui está a traição. Há uma «cultura da traição», como existe uma «cultura da morte», das quais, muitas vezes, as pessoas não se dão conta. Por isso, reencontrar as raízes cristãs da pessoa, da família e da sociedade é essencial para descobrir novamente quem somos e o futuro que Deus quer para nós.

A traição da sociedade

Por fim, vejamos a traição da sociedade. O falido processo de maturação e autenticidade da vida pessoal, bem como da vida de casal e da sua missão social acarreta também um extravio na sociedade: a preocupação, em nível individual, não é ter algo de bom para partilhar na vida social, mas cada um propõe-se, como finalidade, a usar os outros de modo a desfrutar em proveito próprio as várias situações, à medida que vão surgindo. O egoísmo pessoal torna-se egoísmo social, egoísmo do mais forte, do mais astuto, por parte de quem tem mais possibilidades e amizades «úteis».

O egoísmo vivido na família torna-se o egoísmo das famílias vivido na vida social; e torna-se ainda pior quando a sociedade torna-se o lugar e o ambiente da delinquência, da proliferação das várias formas de crime e da máfia: a

---

[21] *Bíblia*. Cf. Evangelho segundo S. Mateus 19, 3-9; Evangelho segundo S. Marcos 10, 11-12.

prostituição e as drogas, o comércio de armas, a exploração e o comércio de vidas humanas. Assim, o próprio direito e o amor pela justiça, mais cedo ou mais tarde, desaparecem. O direito torna-se um direito de poucos, e não se busca o bem-estar para todos, «para o homem todo e para todo o homem», como vimos.

Mais ainda, juntam-se em grandes agregações econômicas para se apoiarem nos seus interesses egoístas. Nos grandes centros comerciais encontra-se de tudo: o bem-estar facilmente colocado à disposição, tanto no inverno como no verão; as pessoas se encontram; são livres e pode-se fazer de tudo; são como pequenas cidades, com uma dimensão humana, onde todos podem encontrar respostas às suas necessidades e exigências, mas onde nos damos conta apenas do que se vê e pode ser útil ao comércio.

Todos se servem de tudo, mas sem saber quem são e para onde vão: está-se organizando o mundo sem a espiritualidade, sem Deus Pai, sem saber quem somos e para onde vamos. Juntam-se e acasalam-se: uma espécie de mundo dos animais humanizado, ou então um mundo humano feito de «animais como se deve». Se depois as pessoas, incluindo adolescentes, se suicidam, bastando dirigir-se à farmácia para pedir a morte, como acontece nalguns países, isso não interessa a ninguém! A vida social, que deveria estar a serviço do mistério da pessoa e do mistério do casal, ao invés, põe-se a serviço dos interesses egoístas, a serviço de uma vida e cultura da especulação e do lucro arrasador.

Mas o que falta a este projeto humano de bem-estar para todos, com recursos sem conta e múltiplas possibilidades de realização? Falta aquela dimensão que a humanidade está esquecendo de forma programática: a dimensão espiritual autêntica. Assim, desapareceram também o projeto e o bem comum. O desenvolvimento torna-se ambição e poder econômico que explora e, por sua vez, deve ser explorado: utilizam-se ao máximo a vida e os recursos, de todas as pessoas, dando-lhes para comer o que querem. O importante é que estejam satisfeitas, cevadas como leitõezinhos, porque é assim que servem, de modo que cada um possa estar satisfeito no seu egoísmo, ou melhor ainda, no «egoísmo de massa».

Já não são o amor e o bem que fazem mover as coisas, mas o amor próprio, o amor interesseiro: o amor que constrói com base no interesse – *do ut des* (dou-te, se me deres) – e não sobre o bem e a verdade. Por isso, as nossas sociedades e o mundo tornam-se cada vez mais áridos, sem amor, sem espiritualidade, sem Deus. Já não é uma humanidade, uma sociedade que revela ao homem a verdade e o ajuda. É uma sociedade que o faz regredir, porque o utiliza, serve-se dele. Uma utilização recíproca e democrática. Globalização, rede financeira mundial e desenvolvimento econômico «virtual» estão colocando fortemente em crise o modelo social de desenvolvimento.

Quem comanda o projeto comum? Parece ser, como na história simbólica de Pinóquio, o «Come-fogo» que não se vê mas que, por detrás do cenário, mexe as cordas das suas marionetes. Sabemos que existe o inimigo, como lhe chama Jesus[22], que quer ocupar o lugar de Deus e, para isso, serve-se dos seus "gregários", de espíritos mas também de homens, dos vários «Come-fogos»,

---

[22] *Bíblia*. Cf. Evangelho segundo S. Mateus 13, 39.

que brincam com o fogo, ou dos vários tiranos de plantão. Na sociedade, tiraram Deus para se colocarem no lugar de Deus...

Portanto, o terceiro nível de traição verifica-se na sociedade, quando esta não vive o seu serviço ao bem comum e a todos os cidadãos. Assim, a sociedade atraiçoa a si mesma. No fim, a vida social já não está a serviço de todos os cidadãos, mas apenas daqueles que «triunfam» no sistema. Não é para o homem todo, mas apenas para aquele «pedaço» do homem que é útil à engrenagem econômica, política e social. No fundo, não passa de uma sociedade ambiciosa e gananciosa, onde o projeto individual, ou de poucos, se torna a máxima aspiração. Então, por comodidade e condescendência, chega-se a aceitar o mal. Numa sociedade assim, o dever dos cristãos é colocar novamente em evidência, no respeito, na liberdade e na solidariedade, o significado e o alcance dos valores. Somos chamados a superar a traição, inserindo novas energias e novas esperanças em prol da cidade dos homens e ao serviço do reino de Deus.

Para onde vamos? Dependerá de nós. A estrada em descida é a auto-destruição. A traição da vida conduz à vida que atraiçoa: na pessoa, manifesta-se através do suicídio; no casal, propõe-se o adultério e as «novas experiências» para tornar aprazível a vida. Deste modo, temos a traição recíproca e a dissolução das famílias, com graves consequências sobre os filhos: qual deles chegará, um dia, a acreditar na família estável e fiel? Vem, depois, a desintegração e a destruição da sociedade: torna-se a destruição dos seres humanos com a morte e o homicídio, como a história nos demonstra. Hoje, destrói-se o significado e o sentido da vida. E já começou.

Por exemplo, na vida dos embriões humanos isto já está acontecendo: fala-se de milhões e milhões de vidas destruídas cada ano. Já existem vários anúncios que incentivam o aborto. Porventura não temos já o aborto em massa quando se induzem as pessoas, democraticamente, a eliminar 40 milhões de vidas cada ano? «Se a vida alheia te incomoda, elimina-a». Embora de gênero diverso, é o fenômeno da limpeza étnica. Recorda-nos muito concretamente Hitler, com o seu projeto de eliminação para ficarem os melhores. Assim, amanhã matar-se-á para um futuro melhor no mundo. Que futuro? Se esta é a terra, se não há outra solução, se não há algum paraíso... pretende-se fazer uma super-terra. Não uma super-raça, como dizia Hitler, mas uma super-sociedade. Por que deixar vir à luz crianças doentes que não poderão sobreviver muito tempo? E um idoso que já não produz? Queremos subtrair esse dinheiro útil à construção de um lindo parque para as crianças, que estão crescendo, a fim de o dar a idosos já decrépitos?! O problema se concentrará cada vez mais sobre *a vida*, nas suas fases inicial e final: desde a concepção até ao seu fim natural. Precisamente por isso se inflamou o zelo da Igreja nos últimos anos, apelando para se recomeçar do amor verdadeiro e do verdadeiro serviço à vida. A oração do *Pai nosso* no-lo recorda constantemente em todas as suas fases.

A traição leva, por si só, à destruição da vida na própria sociedade que a defende, propõe e realiza, com o consentimento e os meios econômicos dados pelos próprios cidadãos. Verdadeiramente, com a palavra «traição» se quer despertar a consciência, com um apelo aos seres humanos para que saibam deter-se e redimir-se, acolhendo a superação que nos oferece Jesus.

«Judas, com um beijo tu entregas o Filho do Homem?»[23]. É isto mesmo o que está acontecendo. Cobrem a traição da vida e dissimulam-na com termos de afeto e utilidade, como fez Judas. O inimigo, satanás, o artífice de toda a «traição da vida» usa do bem para semear o mal, assim como Judas, que atraiçoa com um beijo. É com o dinheiro do marido ou da esposa que se atraiçoa o cônjuge. É com a sua dedicação aos filhos que o progenitor atraiçoa a sua missão. É com o afeto egoísta que os pais atraiçoam os filhos, e estes atraiçoam a si próprios e aos pais. Assim, com a mordaça até muito colorida e com vários direitos que não se sabe donde nascem, a sociedade trai os cidadãos e os seres humanos: com algo até de belo, de aprazível que atrai, fascina e impressiona, porque a traição chega sempre pelas costas. Por isso, é tão letal: entra nas casas, no coração, no corpo, na economia, na política. A traição é sempre uma dissolução que vai contra a vida social, contra Deus e contra o próprio indivíduo.

Mas, a mesma palavra «traição» se nos apresenta também como um apelo na nova evangelização, porque ajuda a dar-se conta e tomar consciência. É o mesmo apelo que o próprio Jesus fez também a Judas, a fim de pararmos e darmo-nos conta, antes da morte e da destruição, de como podemos intervir e bloquear o mal. É um grande apelo que podemos assumir e, como cristãos, propor ao coração, às inteligências e às consciências em nível pessoal, do casal e da sociedade.

Com efeito, podemos nos amar e ajudar porque estamos todos na mesma condição, numa grande aldeia global, e será melhor ouvir mais a todos, sem nos subtrairmos às responsabilidades pensando que somos mais inteligentes, como pensou Judas, que não ouviu o apelo de Jesus.

Com o seu amor, Jesus volta a procurar-nos, a bater à nossa porta[24], insistindo repetidamente com o convite: «Mas o Filho do Homem, quando vier, será que vai encontrar fé sobre a terra?»[25]. Deus nos repreende para nos aproximar dele: «"É isto que fizeste, e eu me calaria? Pensas que eu sou como tu? Eu te acuso e te lanço tudo em face. Compreendei isto, vós que vos esqueceis de Deus»[26]. «Não procureis a morte com uma vida desregrada»[27].

«Eu repreendo e educo os que eu amo»[28].

Os ensinamentos do *Pai nosso* ajudam-nos a subir de novo a encosta e sair fora da traição pessoal, familiar e global. Na verdade, «O Senhor se faz íntimo de quem o teme, dá-lhe a conhecer sua aliança»[29]. No início da sabedoria, como nos lembra a Bíblia, temos o santo «temor do Senhor»[30]: para nós, é uma dimensão boa que nos faz bem, porque «o temor do Senhor alegra o

---

[23] *Bíblia*. Evangelho segundo S. Lucas 22, 48.
[24] *Bíblia*. Cf. Livro do Apocalipse 3, 20.
[25] *Bíblia*. Evangelho segundo S. Lucas 18, 8.
[26] *Bíblia*. Livro dos Salmos 50, 21-22.
[27] *Bíblia*. Livro da Sabedoria 1, 12.
[28] *Bíblia*. Livro do Apocalipse 3, 19.
[29] *Bíblia*. Livro dos Salmos 25, 14.
[30] *Bíblia*. Cf. Livro de Eclesiástico 1, 14.

coração, dá contentamento, gozo e vida longa»[31]. Com efeito, o «santo temor de Deus» não é o medo de algo ou alguém que está acima de nós e que não conhecemos, mas significa considerar que Deus, porque o conhecemos, é verdadeiramente nosso Pai, que podemos voltar a Ele e a todo o seu Bem, à sua força de amor com Jesus Cristo, nosso Senhor e Salvador. Todos nos alegramos ao ver quando alguém volta e se recupera da traição.

Quantos casais e quantas famílias salvas! Quantas ações sociais se purificaram da «traição», voltando a ser genuíno serviço de ajuda para o verdadeiro bem-estar dos cidadãos. A verdadeira humanidade ensinou a muitos como é bela a solidariedade. Como nos recorda João Paulo II na carta encíclica *Dominum et vivificantem*, «o homem vive em Deus e de Deus, vive "segundo o Espírito" e "ocupa-se das coisas do Espírito"»[32].

Para sair da traição, é preciso um regresso dos corações à verdadeira sabedoria. É isto que realiza a oração do *Pai nosso*.

---

[31] *Bíblia*. Livro de Eclesiástico 1, 12.
[32] *Magistério*. JOÃO PAULO II, Carta encíclica *Dominum et vivificantem* (1986) n. 58. Uma citação mais ampla encontra-se no n. 98 do Apêndice, disponível no site figlidichi. altervista.org

Conclusão

Deus espera por nós na oração, como nos espera entre os homens. Viemos de Deus, Bem Supremo e Supremo Amor, sendo esta a nossa raiz mais profunda e também a nossa verdadeira meta. Só no âmbito deste horizonte, podemos permanecer humanos sem nos perdermos, porque perfeitamente inseridos em nossa realidade.

Com o mal, perde-se o sentido da vida e insinua-se o embrutecimento das consciências: verificam-se não só a queda de qualquer ideal e da fronteira entre bem e mal, mas também o entorpecimento do pensamento e a inépcia da liberdade. Numa palavra, uma adaptação ao que é selvagem, primeiro ao gosto do prazer e, depois, ao gosto da destruição.

Afastando-nos de Deus, raiz e seiva vital de cada ser humano, não podemos esperar nada de bom para a humanidade inteira. Com o regresso ao amor de Deus, a humanidade só tem a ganhar.

Cabe a todas as pessoas de boa vontade, e de modo particular aos cristãos, «firmes» na raiz, arregaçar as mangas para devolver a seiva à planta, antes que as nações e a terra inteira estejam repletas de frutos de morte nos pensamentos, nos sentimentos, nas ações e nos programas.

Cabe aos cristãos, que vivem em comunhão com Deus Pai nosso e o Senhor Jesus Cristo, colocar-se, juntamente com as pessoas de boa vontade, a serviço da vida, da família e da sociedade com aquele amor à verdade, que é Jesus Cristo, antes que seja demasiado tarde, como nos lembra Deus na Bíblia:

> «antes que se rompa o cordão de prata
> e se despedace a taça de ouro,
> a jarra se quebre na fonte
> e a roldana se arrebente no poço»[1].

É o amor que impele a Igreja, aquele amor que ela recebe do Senhor e é capaz de espalhar: «Este é o amor para com todos os homens, globalmente; e deseja todo o bem verdadeiro para cada um deles, para cada comunidade humana, para cada família, cada nação, cada grupo social, para os jovens, os adultos, os pais, os idosos e os doentes. Enfim, é um amor para com todos sem exceção, ou seja, solicitude por garantir a cada um todo o bem autêntico e esconjurar todo o mal. (...) Por mais forte que possa ser a resistência da história humana, por mais marcante que se apresente a heterogeneidade da

---

[1] *Bíblia*. Livro do Eclesiastes 12, 6.

civilização contemporânea e, enfim, por maior que possa ser a negação de Deus no mundo humano, maior ainda deve ser, todavia, a nossa proximidade a tal mistério que, oculto por séculos em Deus, foi depois comunicado ao homem no tempo, mediante Jesus Cristo»[2].

O pastor acompanha sempre o seu rebanho, ainda que este, não lhe prestando ouvidos, acabe por errar e se volte para outro lado. Mesmo nesta eventualidade, a voz do pastor continuará a fazer-se próxima da humanidade desorientada. Esta é a «ovelha» de que fala Jesus no Evangelho[3], como o são o indivíduo, o amor humano, a família e a sociedade que, perdendo a estrada de Deus, se extraviaram.

Jesus Cristo vai ao encontro de todo o homem e do homem todo, vai ao encontro da humanidade inteira recordando: «Como está escrito,

o que Deus preparou para os que o amam é algo
que os olhos jamais viram, nem os ouvidos não ouviram,
nem coração algum jamais pressentiu.

A nós, Deus revelou esse mistério por meio do Espírito. Pois o Espírito sonda tudo, mesmo as profundezas de Deus. Quem dentre as pessoas conhece o que é próprio do ser humano, a não ser o espírito humano que nele está? Assim também, ninguém conhece o que é de Deus, a não ser o Espírito de Deus. Nós não recebemos o espírito do mundo, mas recebemos o Espírito que vem de Deus, para conhecermos os dons que Deus nos concedeu»[4].

É precisamente na relação sincera com Deus que crescem o sentido do bem e o sentido verdadeiro da vida. Jesus no-lo ensinou na sublime oração do *Pai nosso* com a qual nos dirigimos a Deus. É precisamente na oração que cresce o nosso amor a Deus e à humanidade. Quando se reza, as coisas também mudam. «A oração é dom do Espírito, que nos torna homens e mulheres de esperança, e rezar mantém o mundo aberto a Deus (cf. Encíclica *Spe salvi*, 34). (...) Por estas mesmas pegadas do povo da esperança – formado pelos profetas e pelos santos de todos os tempos – nós prosseguimos rumo à realização do Reino, e em nosso caminho acompanha-nos a Virgem Maria, Mãe da Esperança. Aquela que encarnou a esperança de Israel, que deu ao mundo o Salvador e permaneceu firme na esperança aos pés da Cruz, é para nós modelo e amparo. Sobretudo Maria intercede por nós e guia-nos na escuridão das nossas dificuldades para o alvorecer radioso do encontro com o Ressuscitado»[5]. É este o sentido das suas aparições e das suas mensagens cheias de amor para que o mundo se salve.

Na terra, além dos sinais da presença de Jesus[6] e do seu reino para quem, purificando o seu coração, os queira ver, há ainda o dom da Palavra de Deus. Na verdade, ele nos consola e encoraja com a sua Palavra, a Bíblia, onde nos

---

[2] *Magistério.* JOÃO PAULO II, Carta encíclica *Dives in Misericordia* (1980) n. 15.
[3] *Bíblia.* Cf. Evangelho segundo S. Lucas 15, 1-7.
[4] *Bíblia.* Primeira Carta aos Coríntios 2, 9-12.
[5] *Magistério.* BENTO XVI, *Mensagem para a XXIV Jornada Mundial da Juventude* (22 de Fevereiro de 2009).
[6] *Bíblia.* Cf. Evangelho segundo S. Mateus 28, 20.

mostra realizado no amor aquilo que nos promete e que será plenamente vivido no paraíso: a unidade da humanidade com Deus nas «*núpcias eternas*».

«*"Aleluia!*
O Senhor, nosso Deus, o Todo-poderoso passou a reinar.
Fiquemos alegres e contentes e demos glória a Deus,
porque chegou o tempo das núpcias do Cordeiro.
Sua esposa já se preparou. Foi-lhe dado vestir-se
com linho brilhante e puro".
(O linho significa as obras justa dos santos.)
E o anjo me disse: "Escreve: Felizes os convidados para o
banquete das núpcias do Cordeiro."
Disse ainda: "Estas são as verdadeiras palavras de Deus"»[7].

Portanto, cada um, como aliás toda a humanidade, está em viagem rumo ao Amor que é luz e vida.

Depois de termos compreendido, rezado e vivido a oração do *Pai nosso*, a oração de Jesus para nós e para toda a humanidade, a nossa última palavra dirigida a Deus na oração só pode ser como aquela dos primeiros cristãos e que é a última com que termina a Bíblia no livro do Apocalipse: «Vem, Senhor Jesus!»[8].

---

[7] *Bíblia*. Livro do Apocalipse 19, 6-9.
[8] *Bíblia*. Livro do Apocalipse 22, 20.

Bibliografia

Documentos do Magistério

«A reprodução dos textos do Magistério, tanto cartáceos como eletrônicos, de propriedade da LEV (© LIBRERIA EDITRICE VATICANA) presentes neste volume, foi autorizada pela editora».

CONCÍLIO ECUMÊNICO VATICANO II, Constituição dogmática sobre a Igreja *Lumen Gentium*, 1964.

CONCÍLIO ECUMÊNICO VATICANO II, Constituição dogmática sobre a Revelação Divina *Dei Verbum*, 1965.

CONCÍLIO ECUMÊNICO VATICANO II, Constituição pastoral sobre a Igreja no mundo contemporâneo *Gaudium et Spes*, 1965.

CONCÍLIO ECUMÊNICO VATICANO II, Declaração sobre a educação cristã *Gravissimum Educationis*, 1965.

CATECISMO DA IGREJA CATÓLICA, Gráfica de Coimbra - Libreria Editrice Vaticana, Coimbra 19992.

COMPÊNDIO DO CATECISMO DA IGREJA CATÓLICA, Gráfica de Coimbra 2 - Libreria Editrice Vaticana, Coimbra 2005.

Cartas Encíclicas

JOÃO PAULO II, *Redemptor Hominis*, Cidade do Vaticano 1979. JOÃO PAULO II, *Dives in Misericordia*, Cidade do Vaticano 1980. JOÃO PAULO II, *Laborem Exercens*, Cidade do Vaticano 1981.
JOÃO PAULO II, *Dominum et Vivificantem*, Cidade do Vaticano 1986. JOÃO PAULO II, *Redemptoris Mater*, Cidade do Vaticano 1987.
JOÃO PAULO II, *Veritatis Splendor*, Cidade do Vaticano 1993.
JOÃO PAULO II, *Evangelium Vitae*, Cidade do Vaticano 1995. BENTO XVI, *Deus Caritas Est*, Cidade do Vaticano 2005. BENTO XVI, *Spe Salvi*, Cidade do Vaticano 2007.
BENTO XVI, *Caritas in Veritate*, Cidade do Vaticano 2009.

Exortações Apostólicas

JOÃO PAULO II, *Familiaris Consortio*, Cidade do Vaticano 1981.
JOÃO PAULO II, *Reconciliatio et Paenitentia*, Cidade do Vaticano 1984. JOÃO PAULO II, *Redemptoris Custos*, Cidade do Vaticano 1989.
JOÃO PAULO II, *Pastores Dabo Vobis*, Cidade do Vaticano 1992. BENTO XVI, *Sacramentum Caritatis*, Cidade do Vaticano 2007. BENTO XVI, *Africae Munus*, Cidade do Vaticano 2011.

Cartas Apostólicas

JOÃO PAULO II, *Mulieris Dignitatem*, Cidade do Vaticano 1988.
JOÃO PAULO II, *Tertio Millennio Adveniente*, Cidade do Vaticano 1994.

Cartas

JOÃO PAULO II, Carta às famílias *Gratissimam Sane*, Libreria Editrice Vaticana, Cidade do Vaticano 1994.

BENTO XVI, *Carta aos bispos, aos presbíteros, às pessoas consagradas e aos fiéis leigos da Igreja Católica na República Popular da China*, Libreria Editrice Vaticana, Cidade do Vaticano 2007.

BENTO XVI, *Carta à diocese e à cidade de Roma sobre a tarefa urgente da educação*, Libreria Editrice Vaticana, Cidade do Vaticano 2008.

BENTO XVI, *Carta pastoral aos católicos da Irlanda*, Libreria Editrice Vaticana, Cidade do Vaticano 2010.

BENTO XVI, *Carta ao Presidente do Pontifício Conselho para a Família acerca da preparação para o VII Encontro Mundial das Famílias*, Libreria Editrice Vaticana, Cidade do Vaticano 2010.

Mensagens

JOÃO PAULO II, *Mensagem aos participantes na Plenária da Pontifícia Academia das Ciências*, Libreria Editrice Vaticana, Cidade do Vaticano 1996.

JOÃO PAULO II, *Mensagem para a celebração do XXXV Dia Mundial da Paz*, Libreria Editrice Vaticana, Cidade do Vaticano 2001.

BENTO XVI, *Mensagem para a celebração do XLIV Dia Mundial da Paz*, Libreria Editrice Vaticana, Cidade do Vaticano 2010.

BENTO XVI, *Mensagem para a celebração do XLV Dia Mundial da Paz*, Libreria Editrice Vaticana, Cidade do Vaticano 2011.

BENTO XVI, *Mensagem para o XLII Dia Mundial das Comunicações Sociais*, Libreria Editrice Vaticana, Cidade do Vaticano 2008.

BENTO XVI, *Mensagem para a XXIV Jornada Mundial da Juventude*, Libreria

Editrice Vaticana, Cidade do Vaticano 2009.

BENTO XVI, *Mensagem para o 98º Dia Mundial do Migrante e do Refugiado*, Libreria Editrice Vaticana, Cidade do Vaticano 2011.

BENTO XVI, *Mensagem «Urbi et Orbi» - Natal 2011*, Cidade do Vaticano 2011.

Os discursos, as homilias, as alocuções nas Audiências Gerais e ao «Angelus» dos Sumos Pontífices podem ser consultados no site institucional da sede do Vaticano: www.vatican.va

Monografias

JOÃO PAULO II, *Uomo e donna lo creò. Catechesi sull'amore umano*, Libreria Editrice Vaticana - Città Nuova Editrice, Roma 20099.
JOÃO PAULO II, *Dom e Mistério*, Paulinas, Lisboa 1996.

JOÃO PAULO II, *Memória e Identidade* (Colóquios na transição do Milénio), Bertrand Editora, Lisboa 2005.

BENTO XVI (JOSEPH RATZINGER), *Jesus de Nazaré* (1ª parte: Do Baptismo no Jordão até à Transfiguração), A Esfera dos Livros, Lisboa 2007.

BENTO XVI (JOSEPH RATZINGER), *Jesus de Nazaré* (2ª parte: Da Entrada em Jerusalém até à Ressurreição), Princípia, Cascais 2011.

JOSEPH RATZINGER, *Il Dio di Gesù Cristo. Meditazioni sul Dio uno e trino*, Editrice Queriniana, Brescia 20063.

BEATO ISAAC DE L'ÉTOILE, *I sermoni, vol. II: Mariale. Santorale. Tempo Ordinario*, D. Pezzini (ed.), Paoline Editoriale Libri, Milão 2007. Cf. *Liturgia das Horas*, IV, 283-284.

SANTO AFONSO MARIA DE LIGÓRIO, *Pratica di amar Gesù Cristo*, F. Desideri SS.R. (ed.), Città Nuova Editrice, Roma 2008.

SANTO AGOSTINHO, *Confissões*, J. Oliveira Santos – A. Ambrósio de Pina (eds.), Livraria Apostolado da Imprensa, Porto 19758.

SANTO AGOSTINHO, *Opere di Sant'Agostino. Discorsi/1* (1-50: Sobre o Antigo Testamento), P. Bellini – F. Cruciani –V. Tarulli (eds.), Città Nuova Editrice, Roma 1979.

SANTO ATANÁSIO, *Lettere a Serapione. Lo Spirito Santo*, E. Cattaneo S.I. (ed.), Città Nuova Editrice, Roma 1986. Cf. *Liturgia das Horas*, III, 592-593.

SÃO BERNARDO DE CLARAVAL, *Discorsi*, in *Opera Omnia*, Edizioni Cisterciensi, 1970.

SÃO BERNARDO DE CLARAVAL, *Sermoni sul Cantico dei Cantici*, D. Turco (ed.), vol. II, Edizioni Vivere In, Roma 1996. Cf. *Liturgia das Horas*, IV, 1217-1218.

SANTA CATARINA DE SENA, *Il dialogo della Divina Provvidenza*, P. Tito S. Centi O.P. (ed.), Edizioni Cantagalli, Sena 20063.

SÃO CIPRIANO, *A Donato, L'unità della Chiesa, La Preghiera del Signore*, C. Failla (ed.), Città Nuova Editrice, Roma 1967.

SÃO FRANCISCO DE ASSIS, *Gli scritti di Francesco e Chiara d'Assisi*, Edizioni Messaggero di Padova, Pádua 19813.

SÃO GREGÓRIO MAGNO, *La Regola Pastorale*, M.T. Lovato (ed.), Città Nuova Editrice, Roma 1981.

SANTO IRENEU DE LIÃO, *Contro le eresie/2. Smascheramento e confutazione della falsa gnosi*, A. Cosentino (ed.), Città Nuova Editrice, Roma 2009. Cf. *Liturgia das Horas*, III, 218.

SÃO JOÃO CRISÓSTOMO, *Homilia antes de partir para o exílio*, in: *Patrologia graeca*, vol. 52.

SÃO JOÃO MARIA VIANNEY, «Catequese sobre a oração», in: A. MONNIN, *Esprit du Curé d'Ars*, Paris 1899.

SÃO LEÃO MAGNO, *Omelie. Lettere di San Leone Magno*, T. Mariucci (ed.), UTET, Turim 1969. Cf. *Liturgia das Horas*, IV, p. 269.

SÃO MAXIMILIANO M. KOLBE, *Scritti*, ENMI, 2009. Cf. *Liturgia das Horas*, IV, pp. 1192-1194.

SÃO POLICARPO, *Lettera ai Filippesi* in: *I Padri Apostolici*, G. Corti (ed.), Città

Nuova Editrice, Roma 19713. Cf. *Liturgia das Horas*, IV, pp. 350-351.

SANTA TERESA BENEDITA DA CRUZ (EDITH STEIN), *Essere Finito e Essere Eterno. Per una elevazione al senso dell'essere*, L. Vigone (ed.), Città Nuova Editrice, Roma 19922.

SANTA TERESA DO MENINO JESUS, *Storia di un'anima o Scritti autobiografici* in:

Gli scritti, Postulação Geral dos Carmelitas Descalços, 1970.

DOCUMENTAÇÃO INTERNACIONAL FIAMC, *40 anni di Enciclica HUMANAE Vitae*, R. Ehmann (ed.), trad. di A.F. Filardo, 21 de Novembro de 2009:

<http://medcath.ch/upload/dokumente/FIAMC%20h.V.pdf> (5 de Fevereiro de 2011).

Fontes (e siglas)

CENTRO BÍBLICO DOS CAPUCHINHOS (ed.), *Bíblia Sagrada*, Difusora Bíblica, Lisboa/Fátima 20085.

CONCÍLIO ECUMÉNICO VATICANO II, *Constituições, Decretos, Declarações. Documentos pontifícios e Legislação pós-conciliar*, Secretariado Nacional do Apostolado da Oração em Portugal, Braga 1967.

CONSELHO PONTIFÍCIO «JUSTIÇA E PAZ», *Compêndio da Doutrina Social da Igreja*, Libreria Editrice Vaticana – Princípia, São João do Estoril/Cascais 2005.

CONFERÊNCIA EPISCOPAL PORTUGUESA, *Missal Romano*, reformado por decreto do Concílio Vaticano II e promulgado por autoridade de S. S. o Papa Paulo VI, Gráfica de Coimbra, Coimbra 1992.

CONFERÊNCIA EPISCOPAL PORTUGUESA, *Liturgia das Horas*, segundo o Rito Romano, em 4 volumes: I (19984), II (19994), III (20004) e IV (20014), Gráfica de Coimbra, Coimbra.

* * *

DS - H. DENZINGER – A. SCHÖNMETZER, *Enchiridion Symbolorum definitionum et declarationum de rebus fidei et morum*.

CCL - *Corpus Christianorum* (*Series Latina*).

CSEL - *Corpus Scriptorum Ecclesiasticorum Latinorum*. PG - *Patrologia Graeca* (J. P. MIGNE).
PL - *Patrologia Latina* (J. P. MIGNE).

Abreviaturas bíblicas

At - Livro dos *Atos dos Apóstolos*
Ap - Livro do *Apocalipse*
1 Cor - *Primeira Carta aos Coríntios*
2 Cor - *Segunda Carta aos Coríntios*
Dt - Livro do *Deuteronômio*
Ef - *Carta aos Efésios*
Ez - Livro do Profeta *Ezequiel*
Fl - *Carta aos Filipenses*
Gl - *Carta aos Gálatas*
Gn - Livro de *Gênesis*
Hb - *Carta aos Hebreus*
Is - Livro do Profeta *Isaías*
Jo - *Evangelho de S. João*

1 Jo - *Primeira Carta de S. João*
Jr - Livro do Profeta *Jeremias*
Lc - *Evangelho de S. Lucas*
Mc - *Evangelho de S. Marcos*
Mt - *Evangelho de S. Mateus*
1 Pd - *Primeira Carta de S. Pedro*
Ecl - Livro do *Eclesiastes*
Rm - *Carta aos Romanos*
Sb - Livro da *Sabedoria*
Sl - Livro dos *Salmos*
2 Sm - *Segundo* livro de *Samuel*
Tg - *Carta de S. Tiago*
1 Tm - *Primeira Carta a Timóteo*

Printed in the United States
By Bookmasters